# 论语贯通

LUN YU GUAN TONG

岳家骁 编著

山西出版传媒集团
北岳文艺出版社
BEIYUE LITERATURE & ART PUBLISHING HOUSE
·太原·

**图书在版编目（CIP）数据**

论语贯通 / 岳家骁编著. — 太原 : 北岳文艺出版社, 2024.3
ISBN 978-7-5378-6582-1

Ⅰ. ①论… Ⅱ. ①岳… Ⅲ. ①《论语》—通俗读物
Ⅳ. ① B222.2-49

中国国家版本馆 CIP 数据核字（2024）第 055356 号

论语贯通

岳家骁 / 编著

//

出品人
郭文礼

选题策划
谢放

责任编辑
谢放

装帧设计
王利锋
谢放

印装监制
郭勇

出版发行：山西出版传媒集团·北岳文艺出版社
地址：山西省太原市并州南路 57 号　邮编：030012
电话：0351-5628696（发行部）　0351-5628688（总编室）
传真：0351-5628680
印刷装订：山西万佳印业有限公司

开本：787mm × 1092mm　1/16
字数：491 千字　印张：36.5
版次：2024 年 3 月第 1 版
印次：2024 年 3 月山西第 1 次印刷
书号：ISBN 978-7-5378-6582-1
定价：98.00 元

# 自 序

孔子，生于公元前551年，卒于公元前479年，东周鲁国人，殷商后裔，没落贵族，子姓，孔氏，名丘，字仲尼，思想家、教育家，儒家创始人。他的思想直接体现在作为儒家经典的《论语》中。论即论理，语即语录，《论语》既是一部孔子及其弟子们的言行集，又是一套完整而缜密的思想体系，它从各个侧面反映了孔子及其弟子们的个人修养、价值取向、为政主张、哲学思想等。

《论语》成书于孔子去世，即公元前479年之后，时值春秋结束、战国伊始。这是一个特殊的历史阶段，不仅当政者昏腐不堪，使得社会权力由旧势力向新势力转移成为必然，而且以分封制为基础的生产关系也趋于崩溃，使得社会结构由旧生产关系向新生产关系过渡也成为必然。对于即将夺取社会权力的新势力来说，他们面临的是一次双重挑战：不仅要推翻昏腐的旧势力，成为新的当政者，还要建立新的生产关系，满足新的生产力的发展要求。划时代的历史阶段需要划时代的理论，孔子之学，包括《论语》，就是在这样一个大背景下应运而生的，它阐明了人类社会中仁德与个人、个人与社会、社会与天道之间的关系，揭示出影响人类历史发展的诸多深层因素，并据此对个人、社会以及整个人类的发展做出展望。这是一套高远而丰富的理论，既能让人在三言两语的对话中领悟到那些真实而朴素的道理，又能使人在现实生活中轻松而普遍地付诸行动，这使它在以后的百家争鸣中以儒家的身份脱颖而出，对历史产生了深远影响，最终成为连接个人与社会，以及整个人类历史进程的思想纽带之一。

公元前213年至公元前212年，秦始皇焚书坑儒，《论语》的文本流传被中断。到汉朝初期，《论语》仅在鲁国和齐国以口头传授的方式流传了下来，即《鲁论语》和《齐论语》。汉武帝时，朝廷招贤纳士，大批儒生进入仕途，儒家思想在社会中抬头，但其修学内容仍以《诗经》《尚书》《仪礼》《易经》《春秋》等为主。直到西汉初元年间，张禹为当时还是太子的汉成帝讲解《论语》，《论语》才重新引起社会的重视。张禹将《齐论语》《鲁论语》合二为一，篇目以《鲁论语》为根据，去掉了《齐论语》中《问王》《知道》两篇，形成了“采获所安”“另成一论”的《张侯论》，流传至今的《论语》版本几乎都是由此而来。

世传还有一部用秦朝之前六国文字书写的《论语》出现于世，俗称《古论语》。这个传说最早出现在东汉班固的《汉书·艺文志》中，书中记载：“武帝末，鲁共王坏孔子宅，欲以广其宫，而得《古文尚书》及《礼记》《论语》《孝经》凡数十篇，皆古字也……安国献之，遭巫蛊事，未列于学官。”关于这个事件的相关记载可以上溯到王莽时期刘歆的《移书让太常博士》一文，文中说：“鲁恭王坏孔子宅，欲以为宫，而得古文于坏壁之中，《逸礼》有三十九篇，《书》十六篇。天汉之后，孔安国献之，遭巫蛊仓卒之难，未及施行……藏于秘府，伏而未发。”但里面并没有提及《论语》。与汉武帝、孔安国同时期的司马迁，在《史记·儒林列传》中记载：“孔氏有古文《尚书》，而安国以今文读之，因以起其家。逸《书》得十余篇，盖《尚书》滋多于是矣。”说孔家不仅有古文《尚书》，并且孔安国还能读懂，因为古文版的《尚书》流变较少，所以他家的古文《尚书》就被人们当作学习《尚书》的起点；同时，外界流传的《尚书》中失传的十几篇内容还因此得到了补充，然后，这个版本早、内容好的《尚书》就被广为流传了。由此可见，古文《尚书》一直就是孔家家学，从未中断，并不是由于墙壁损坏而偶然发现的，更不是与

《古论语》一起被偶然发现的。而藏书于壁的故事，在《史记·儒林列传》中也有记载，“秦时焚书，伏生壁藏之……汉定，伏生求其书，亡数十篇，独得二十九篇”。尽管人们不难想象孔家的古文《尚书》也必然是因为妥善藏匿才躲过一劫，但更应该能想到，孔家也会在适当时间妥善取出；因此，《古论语》因鲁共王坏孔子宅而被偶然发现的可能性不大。在孔安国去世约三十年后，张禹为当时还是太子的汉成帝讲解《论语》，既没有参考孔家的《古论语》，也没有参考皇家藏于秘府的《古论语》，好像他根本不知道还有一部《古论语》的存在，这也是不合情理的。由以上几点或可以推测，班固有关《古论语》的记载，是在刘歆杜撰古文《尚书》之上的进一步杜撰。在《隋书·经籍志》中提到郑玄所注的《论语》时说：郑玄以《张侯论》为本，参考《齐论》《古论》而为之注。其中的《古论》也不可能是传说中的《古论语》，而应该是《张侯论》“采获所安”“另成一论”所依据的《鲁论语》。

之所以长篇累牍去证明一个传说中存在过的版本实际上并没存在过，是想再次强调一下这种认识：历史会沉淀出事物真实的一面，也会编进去一些美好的传说。

古今注解《论语》者不乏其人，历史上流传较广的有三国何晏的《论语集解》、南宋朱熹的《论语集注》等，近现代人注解《论语》，大多以收集古今注解为务，或者再对这些注解进行辨析，或者再将这些注解翻成白话，并没有增添多少新义。这是因为即使有人想从《论语》的原文出发增加些许意见，也会由于自己或他人对孔子的敬畏而放弃，进而只能对着注解不断地苛求，以至于再难有新义；还有人虽然不受敬畏的束缚，且能一边注解一边说：“孔子某某观点是不正确的，而之所以不正确，是受其历史局限性使然。”但当他用白话为《论语》作注时，却不再顾忌那些古代注解者的历史局限性而照搬照翻，如此则不仅发现不了新义，反而还令《论语》蒙尘。

本书取名《论语贯通》，就是不想收集古今注解贯于一串，任由诚惶诚恐的读者去拣择，也不想假借现代文明成果对《论语》擅自褒贬，引诱易走极端的读者去轻视，而是想用一种最直接最纯粹的以《论语》注解《论语》的方式，重回原文原义，不再拘于古今注解，将孔子之道贯之以一，将圣人之义还之以圣。对于古今注解，只在它们与本书中对字、词、句的注解差异较大时，才会加以引用，并在文中以“xx，古今多解释为：xx”的形式罗列出来。但做这种引用并非引导读者也可作此理解，而是旨在以否定的态度提醒读者在面对这些注解时一定要审慎对待。

本书得以编撰，源于一次涉及《论语》的资料查找——在查找过程中，发现以儒家文化为根基的中华文化对儒家文化的根基《论语》，虽然已有颇多注解，但仍存在许多不尽如人意之处。

例如在01-03章中，原文为：“子曰：‘巧言令色，鲜矣仁！’”古今多解为：“先生说：‘花言巧语、虚伪讨好的人鲜有仁德！’”为了迎合此意，有人还将令字增加了“善”的含义；甚至有人为了避免这个“善”义的突兀，还解释说：“凡令训善者，灵之假借字也。”其实，这种强词夺理式的刻意附会，反倒正是他们努力解释，又准备批评的那种“巧言令色”。把巧言赋予贬义是这个词产生很久后的事情，至少在孔子时期，巧言还不是贬义。巧言者以善巧的语言与人交流，讲清道理，陈明事实，令人恍然大悟，这不仅不是不仁者所为，而且正是仁者为仁的一种方式。人们讨嫌的巧言，其实只是那种出于愚而终于利的巧言，那样的巧言，只会弄巧成拙，并非真正的巧言。所以，如果我们能够尊重令的本义，明白仁的本义，那么这句话的原意就应该是：“子曰：‘巧言令色鲜矣，仁！’”译为：“先生说：‘用善巧的言辞令人面貌一新，这才是仁！’”

在01-08章中，原文为：“子曰：‘君子不重则不威，学则不固。主忠信。无友不如己者。过，则勿惮改。’”古今多解为：“先生说：‘君子不庄重、不厚重，就没有威严，即使学习了也不会牢固。做人要讲忠诚，守信用。不要与不同于自己的人（主要指道德品性方面）交朋友。自己错了，就不要害怕改正。’”这个解释有几个问题。首先，君子不重，并没有说要重什么，而如果把重解释为自重，则不自重与不威严又没有必然关系；其次，君子并不在意外表的威严，赋予君子威严的形象，多半出于常人的想象；再次，人的重或威与人的学或固也没有必然的关系；最后，即使说君子择友需谨慎，但也不至于不和不同于自己的人交朋友，因为，“三人行，必有我师焉”。君子又如何判断哪个人就不如自己，就不能做自己的朋友呢？其实，所有问题都出在对“则”这个字的理解上，如果将“则”解释为准则、教条，而不是将“则”看作一个连词，那这句话就不再是一句有关庄重、威严，学习、巩固，交友及改过等方面的教条了，而变成了一句直接针对教条的教条，也就是说，教人在面对教条时应当遵循怎样的原则。那么，将这句话重新断句为：“子曰：‘君子不重则，不威学，则不固，主忠信，无友不如己者，过则勿惮改。’”译为：“先生说：‘君子不会强调规则，也不靠学术树立权威，他对规则不固执、拘泥，倡导忠实、可信，他不会友待那些违背自己内心的东西，对于错误的规则他从来都不会因为禁忌而不敢去纠正。’”由此看出，这句话不仅反映了孔子对教条主义的态度，并且这种态度与那些作为经典的古今注解中的态度几乎是截然相反的。

在05-04章中，原文为：“子贡问曰：‘赐也何如？’子曰：‘女，器也。’曰：‘何器也？’曰：‘瑚琏也。’”对此，古今多认为这是孔子以瑚琏的华美高贵比喻子贡的才能及人品。实际上，孔子是用瑚琏来比喻子贡把自己当作衡量之器并用陈旧的衡量标准去衡量事物；因为瑚琏不仅有着华美高贵的材质，还具有区分社会等级的功能。

在17-25章中，原文为：“子曰：‘唯女子与小人为难养也，近之则不孙，远之则怨。’”古今多解为：女子与小人皆无正性，是最难养的。后来有人觉得圣人之母也是女子，这样说女子有点欠妥，遂将女子的范围缩小为女仆。其实，千百年来，人们既不需要替孔子解围，也不需要替女人鸣冤，“女子”即“汝子”，也就是“你家孩子”的意思，孔子只不过是指出了一个人人都知道的教养难点：“天下唯有你家的孩子和小人是最难教养的啊。亲近他，他就会骄慢；疏远他，他就会怨恨。”因为孩子和小人总是从小处出发，难以领会并遵从父母或教导者从大处出发对他们教诲。

以上种种，不一而足，或者世人多有和我一样的理解，但因传统力量的根深蒂固或学术权威的不容置疑，所以世人一则不敢改变，二则无力改变，致使这些误解流经千百年依然如故。假如有人能够针对这些问题做些救过、补阙的工作，无疑会使《论语》这盏照亮人心的举世明灯更加明亮。笔者只是一介匹夫，无名可累，因此也就不畏他人耻笑，专心为《论语》作注，编成所谓《论语贯通》，希望以此为圣人之道清源、浚流。凡事不敢勉成，因此窃思倘或不济，也要以自己的唐突、鲁莽而为他人阅读《论语》蹚开一条新路，促其挣脱某些桎梏，进而能从《论语》中获得某些领悟。

另外，从古至今，人们都将《论语》当作一种简单的言论汇集来学习，即使偶然感觉到编撰者对篇目有刻意的安排。例如以孔子最关注的学习开篇，以学以致用的为政次之；或者乡党篇的整篇内容比较统一等等。但总的来说，《论语》内容的罗列无序是千百年来人们所公认的；特别是近代以来，随着西方哲学的引入，似更凸显出《论语》的杂乱无章。然而事实上，《论语》的各篇各章之间不仅有着内在的联系，而且随着这种联系的展开，呈现在读者面前的是一套立体的、全息的、多侧面多层次的理论体系。这种理论体系的特点是以最直观的原理、最凝练的方式迅速构建出一个最全面的恢宏结构。正因为其恢宏，才使人既觉得深远又觉得混乱。基于这个原因，笔者也会尽力在本书中将贯穿于各篇各章的线索抽取出来，并加以额外的说明，以便将《论语》的内在联系及其整体结构呈现给读者，使读者不仅能从字里行间看到儒家的要义，还能从全文结构看到一个秩序的世界。

《论语》之所以没有用多余的语言来证明每句话的对错，即对结构的每一部分加以论证，是因为它将主旨放在了应用上，而对应用来说，功能的构造及构造的自洽显然才是更为重要的部分。不过，对于《论语》中直接称述出来的那些结论，如果读者觉得不敢苟同或意犹未尽，认为最好找到一些更加翔实的论据对这些结论加以佐证，那么读者可以借鉴中国的诸子文化对这些论点加以领悟，也可以借鉴同时期印度的佛学内容对这些论点加以理解，还可以借鉴同时期希腊的哲学形式对这些论点加以论证，如此则可补足那些被《论语》省略了的论证部分。

事物只要诉诸言语，总有全详或者偏略，但既为圣人作注，便当极尽其义，而要极尽其义，就不能一边说自己“愚也无识”之类的谦逊之辞，一边又说圣人“当言如是”，因此甘领读者诛伐，也不得不赧颜强辩说：“仁者见仁，智者见智。因略知古仁人之心，故愿为古仁人作注。”笔者知道天高地厚不可自量，也明白人微言轻不可自强，所以诚求读者诸君：不以笔者人微而不屑于阅读，不以笔者不逊而轻蔑于文义。至于心迹粗浅，还能佯装高深，但文笔粗鄙就只能历历呈现于读者面前了。对此，笔者已不敢求恕，唯祈愿读者诸君不吝斧正，并一同以智以德、以仁以义，使圣人的所思所想成为我们所思所想的依据，使圣人的所作所为成为我们所作所为的楷模。是为盼。

岳家骁

2024年3月20日于太原

# 凡　例

1.本书中所用《论语》原文，选自当代通行版本，共分为二十篇，各篇又有分章分节，分章分节前用数字标示，如02-19表示第二篇的第十九章，10-01-01表示第十篇的第一章的第一节。

2.本书在原文下设句读新校、注解、译文、延伸几部分。

3.“句读新校”是对当代通行版本中个别句读的一个修正。这也是本书亮点部分。

4.“注解”中注解文字小于原文，以便于与原文区别。注解形式以单字注解为主，便于不熟悉文言文的读者更直观地理解原文；如果需要对两个字或两个字以上的词语一起做注解，一般会摘录一次，再做注解，但对于两字或两字以上的人名，不另行摘录。对多音字和生僻字添加拼音，以便不同学习阶段的读者顺利阅读。“注解”中如有迥异于古今的注解，通认的“注解”以“补充”这一形式补录在“注解”之后。

5.“延伸”中多引用有《论语》中的其他相关章节，这是希望通过对比分析、归纳综合，使读者将本章节的内容与其他章节的内容融会贯通，进而理解整部《论语》的结构。

6.本书每篇均设有“概述”，对各篇内容略做分析总结，以期为偏重知识结构的读者提供一种框架，为偏重知识脉络的读者提供一种背景。

# 目　录

本篇共计三十八章，以志趣为讨论的核心，以孔子对精神的追求为线索，围绕孔子在道、德、礼、仁以及个人、社会等方面的志趣展开讨论。



本篇共计二十一章，以垂范为讨论的核心，以人能达成的完美社会行为和个人形象为线索，围绕人在德行、礼教、身体、形象、朋友、交谊、人生、社会、才能、智识、为士、为政、音乐等方面的典范表现展开讨论。



本篇共计三十一章，以思想为讨论的核心，以孔子在各种情况下的思想体现为线索，围绕孔子对人对己对事对物的认识方法、认识过程，以及由此得出的认识结论展开讨论。



本篇原为一章，现分为二十七节。本篇以教养为讨论的核心，以孔子日常活动中的具体细节为线索，围绕孔子在工作生活、待人接物、衣食住行等方面的言行举止、仪容仪表等展开讨论。



本篇共计二十六章，以教学为讨论的核心，以孔子与本门弟子之间的故事为线索，围绕弟子们在道德品质、情怀趣味、性格特点、志向才能等方面的表现及受教情况展开讨论。



本篇共计二十四章，以归仁为讨论的核心，以个人与社会的根本问题为线索，围绕仁德、道义、明智、诚信、正名、司法、风尚等涉及仁义的问题展开讨论。

# 学而篇第一

本篇共计十六章，以道学为讨论的核心，以人们对道的认识为线索，围绕道的学习、掌握、体现、应用等方面展开讨论。本篇从道的角度对一些概念做了直观的引导，如对学习、君子、孝悌、仁义、德政、礼乐等。之所以说是做引导而不说是做解释，就是因为每句话只是涉及了某个概念，顺便展示出这个概念的一部分内容，其余的内容则要靠读者举一反三地去填补，这与现代理论中尽可能完整详尽地定义一个概念是不一样的，这也是《论语》的一个特点。

○

○

〖01-01〗**子曰：“学而时习之，不亦说乎？有朋自远方来，不亦乐乎？人不知而不愠，不亦君子乎？”**

**【注解】** 子这里指孔子。直接称子而不称孔子，以示亲敬。子的本义为血统继承者，后来引申为一切统制的继承者曰说：“学周朝官学以六艺（礼、乐、射、御、书、数）为主，孔子则更注重仁义君子的培养，将六艺统摄于修身为政之下而时时常，与间相对习练习、习得之指那些所学内容，不亦也说音yuè。同“悦”，喜悦、开心乎？有朋志同道合的人自从远方来，不亦乐音lè。快乐乎？人不知理解而不愠音yùn。愠怒，不亦君子君子：本义为君王之子，君权的承载者，后引申为人类高尚精神的承载者乎？”

（［补充］学，古今多解释为：学习知识技能。时，古今多解释为：适时。习，古今多解释为：掌握知识技能的练习。来，古今多解释为：来看望。乐，古今多解释为：欢聚之乐。）

**【译文】** 先生说：“能学习并不断践行，不也令人愉悦吗？能有朋友从远方来，不也值得高兴吗？没人理解也不懊恼，不也更显得君子吗？”

**【延伸】** 本章论述对道的学习、交流及掌握。这是《论语》的开篇，也是孔子理论的起点。首先讲的是学习以及体验学习的愉悦，再次讲的是朋友以及体验有朋友的快乐，最后讲的是君子以及体验做君子的情怀。而这里所说的由学习引起的愉悦、由认可带来的快乐、由提升修养获得的情怀虽与日常的愉悦、快乐、情怀有相同的地方，但却更多地体现为对日常愉悦、快乐、情怀的一种超越。

对于学习的重要性，即使只从功利的角度看，人们也容易体会；但对于学习的愉悦性，仅从功利出发，不仅不能体会到愉悦，还会视学习为负担。若功利至上，教育工作者会用“吃得苦中苦方为人上人”或“书中自有黄金屋”这样的话来诱导学生。当学生靠吃苦获得知识的积累，并赢得社会的认同时，这种扭曲的学习目的不仅不会被调整，还会因为其有效性而促使人们竞相模仿，它也因此而大行其道。高强度的填鸭式教育、不动手的巨婴式培养，也就随之而产生了。在这种情形下，对大多数人而言，学习不仅成了一种苦难，心灵也会因此而扭曲。

在06-20章中，有“知之者不如好之者，好之者不如乐之者”一语。在孔子眼里，学习不是为了尽义务，也不是为了服务谁，更不是为了压迫谁；学习本身就自带一种喜悦，一种由无知到有知、由无能到有能、由小人到君子的喜悦。所以，要想使学习成为一件令人愉悦的事情，就只能从学习本身出发，从人们对学习的喜爱之心出发，从人们对所学内容的喜爱之心出发，这样，人们才能体会到学习的愉悦，才能把某件事做到至臻至善，才能最终成为一个个德行君子、行业翘楚。

在20-03章中，有“不知命，无以为君子也。不知礼，无以立也。不知言，无以知人也”一语。则指出了学习的核心内容就是命、礼、言，并且从反面说明了不学命、礼、言的后果。一个不知命、不知礼、不知言的人会到处碰壁，难以被社会所认可，他会因之而失去其在社会中的归属感、安全感及幸福感，进而陷入迷失、惶恐、痛苦的感情中。

人所面对的，除了客观的事物，便是主观的人类，人类靠社交而成为一个整体，这个整体的进步又靠社交得以实现。

在13-16章中，有“近者说，远者来”一语。德有芬芳，闻者自来。人类的文明成果在客观上有着被传播的要求，有朋自远方来，不仅给个人带来快乐，更给社会带来进步。

在02-14章中，有“君子周而不比，小人比而不周”一语，此句正说明君子总是在补己之短而不逞己之强，所以君子能做到人不知而不愠。人类文明成果的推广和应用是艰难曲折的，但也是伟大崇高的，一个人一旦立志于这样的事业，不仅会乐此不疲地学习这些文明成果，还会成为它的传承者，更会成为它的体现者。

在08-07章中，有“士不可以不弘毅，任重而道远。仁以为己任，不亦重乎？死而后已，不亦远乎”一语。“弘毅”让人肃然起敬，因为人们都知道那是用来对付艰难曲折的；人们不容易明白的是，本章所说的“个人学习之悦”和“远方来朋之乐”以及对理解的理解，正是那些弘毅之力的来源，一个人不可能不学、不爱、不理解就能拥有弘毅的品质。

总之，孔子将君子一词的含义从血统继承意义上的君王之子转化为文化继承意义上的仁义君子。前者不论智愚，一生下来就是；后者不论贵贱，学习就能成就。

○

○

〖01-02〗**有子曰：“其为人也孝弟，而好犯上者，鲜矣；不好犯上，而好作乱者，未之有也。君子务本，本立而道生。孝弟也者，其为仁之本与！”**

**【注解】** 有子孔子的学生，姓有，名若，字子有，小孔子四十三岁曰：

“其为人也孝善为人子弟音tì。同“悌”，善为人弟，而好音hào。喜好犯逆反、冒犯上指社会地位在己之上者，鲜鲜见矣；不好犯上，而好作乱者，未没有之指以上情况有存在也。君子务致力于本根本，这里指德本。在《周礼·地官·师氏》中有“以三德教国子：一曰至德以为道本，二曰敏德以为行本，三曰孝德以知逆恶”一语，本立而道指为人之道生。孝弟也者，其为仁仁道之本与语气助词，表感叹！”

【译文】有子说：“为人孝悌却好犯上的人是鲜有的；不好犯上而好作乱的人就更没有了。君子注重根本，根本确立，相应之道也就随之而生了。而这孝悌之德，应该就是仁道之本了啊！”

【延伸】本章论述仁道之本。《论语》以学为开端，但并非让人漫无目的什么都学，孔子提倡之学主要是围绕着仁道而展开的。有子这句话位列第二章，我以为，主要是因为他谈到了仁道之本，而仁道又是孔子之道的核心。不过这里需要注意的是，有子所说的仁之本，并不是指比仁道更深层的东西，而是指可以体现出仁道的那些具体品质。

在05-13章中，有“夫子之文章，可得而闻也。夫子之言性与天道，不可得而闻也”一语。天道当然是至极的、究竟的，但也是难以企及的，所以孔子没有将精力投放到天道上，而是投放到天下之道，即仁道的学习及推广上。

在03-24章中，有“二三子何患于丧乎？天下之无道也久矣，天将以夫子为木铎”一语。我们可以从这个视角看出孔子之道就是天下之道，就是个人、社会以及人类之道。

在03-03章中，有“人而不仁，如礼何？人而不仁，如乐何”一语。孔子将社会问题归结于礼崩乐坏，将人的问题归结为人而不仁，然后又将这两个问题联系在一起，认为使天下归仁才是解决这些问题的必由之路。因此，使天下归仁的仁道便成为孔子思想的核心，成为孔子及其弟子们一切行为的宗旨，而对仁之本的探讨也就顺理成章地成了核心中的核心。

在17-05章中，有“公山弗扰以费畔，召，子欲往”一语。不论公山弗扰是否出于正义，反叛就是犯上作乱，而孔子还想去帮他，由此可见，有子说仁以孝悌为本，仁人不好犯上，更不作乱，这其实是与孔子的思想有出入的。

在17-07章中，有“佛肸召，子欲往。子路曰：‘昔者由也闻诸夫子曰：“亲于其身为不善者，君子不入也。”佛肸以中牟畔，子之往也，如之何？’”一语，可见孔子不止一次地要加入这些犯上作乱者的阵营。

在06-07章中，有“回也，其心三月不违仁，其余则日月至焉而已矣”一语。有子对于仁，最多也是“日月至焉”，对这一点，有子自己也是有所觉察的，所以他和孔子在探讨仁之本时并未下定论。用现代人关于本末的观点看，有子所说的仁之本，并不是指决定仁之为仁的那个本质，而是指能将仁表现出来的那些现象。

在12-22章中，有“樊迟问仁。子曰：‘爱人。’”一语。爱人的概念显然大于孝悌，也更能体现仁的精神；但主张爱人就意味着要求社会权力的拥有者只能在爱人的前提下使用他们的权力，在阶级社会中这是不可能的。爱人可以大肆宣说，但唯独不能成为一种主张，而孝悌、不犯上却可以成为一种明确的主张，成为一种从家长到王侯都梦寐以求的主张。而有子也通过这个主张，表明了自己的妥协，相当于直接告诉一切当权者：我们追求的是仁，作为仁者，既不犯上，又不作乱，在家孝悌，在国忠义。无论当权者是明主还是昏君，他们都看得明白，作为儒家的仁者，对他们是有百利而无一害的。

有子虽然提出了容易使人误解的主张，并且也没有深刻地指出仁的本质，但却因此在客观上使儒家更容易获得当权者的支持，同时也使儒家更容易被普通人所接受，其观点也就顺理成章地成为所有人共同奉行的道德依据。有子的这句话为孔子仁道的推广和应用带来了极大的便利，由此我们也可以理解有子这句话被置于整部《论语》第二句的深远意义。

○

○

## 〖01-03〗子曰："巧言令色，鲜矣仁！"

【句读新校】子曰："巧言令色鲜矣，仁！"

【注解】子曰："巧善巧言言说令使得色指人的精神面貌鲜鲜活矣，仁！"

（[补充]巧言令色，古今多解释为：花言巧语。鲜，古今多解释为：少。

本章古今多译为："先生说：'花言巧语、虚伪讨好的人鲜有仁德！'"这种解读是将"令"解释为一个形容词，意思为美好的、可爱的，然后再将巧言令色解释为好听的言语、好看的脸色。那么问题就来了：一个和颜悦色地说着善巧言辞的人是不仁的吗？不和颜悦色而且也不讲究措辞的人就仁吗？何况即使有人靠好言好色、低三下四获得一点可怜、同情或信任，并以此使自己的生活稍加改善，也值得孔子用不仁这么大的概念去批评吗？因此，我们有必要对这种解读是否正确进行进一步的研究。

在《书·皋陶谟》中载："能哲而惠，何忧乎驩兜？何迁乎有苗？何畏乎巧言令色孔壬？"对此，古今多解释为："能知人并安民，怎会担忧驩兜呢？怎会迁走三苗呢？怎会畏惧花言巧语、虚伪讨好的大奸人呢？"当然我们也可以说，防备花言巧语、虚伪讨好的大奸人很重要，但比起自己也用善巧的语言获得他人极大的信任而言，防备奸人就不能算"能哲而惠"了。所以，这句话应解读为："能做到智哲与仁惠，何必担忧像驩兜那样的人呢？何必将有苗迁走呢？何必担心用善巧的言辞说服人，从而取得别人极大的信任呢？"也就是说，有智慧和仁惠的人，能通过善巧的语言交流，和他人结为一体，不必担心现在的盟友背叛，也不必将已经归降的敌人赶走。

由上可知，“巧言令色，鲜矣仁”这样的句读及解读，既不合逻辑，又不合文法；既不合人情，又不合事理，非常牵强。之所以出现这样的错误，主要是由于在上者无论在家庭生活中还是在邦国为政中，最害怕的就是“以巧言令在下者色鲜”，因为他们做不到；而在下者最憎恶的就是在上者“以巧言令在下者色怒”，因为那不是强词夺理就是谎话连篇。斗争的结果就是，在下者也被允许不以巧言令在上者色鲜，而且默认谁要以巧言令在上者色鲜，谁就是对在下者的背叛。这样一来，在上者既推脱了以巧言令在下者色鲜的责任，而且还能大肆选用那些唯利是图的巧言者，因为这些人的巧言既能令在上者色鲜，又能消减在下者的色怒。对于唯利是图的巧言者而言，与其说他们无耻，不如说他们坦诚，因为他们也并非不知道无耻有多难受，但他们更知道他们的无耻正是更无耻的在上者选用他们的条件。

如果说孔子正好是因为读到《书·皋陶谟》的这段话而发此感慨，那可能性是很小的；但如果说编撰者将孔子的这句感慨之语置于整篇《论语》的第三句是刻意所为，那就不无可能了。毕竟，能将真理娓娓道来，能令所有人展颜微笑，这样的人，难道不是所有人共同期待的那种能哲而惠、知仁且义的人吗？

本章很短，而论述如此之长，实在是因为人们受两千年来古今注解的影响，已经形成一种根深蒂固的观念，非三言两语所能改变。）

【译文】先生说：“用善巧的言辞令人面貌一新，这才是仁！”

【延伸】本章论述仁道的外在表现。在讲了学习、务本之后，什么是仁的问题便被提了出来。《论语》中对仁的论述有七处，都是他人问仁，孔子具有针对性地作答；这一句是孔子自己直抒胸臆，因而被排在了整部《论语》的第三句，显然，弟子们认为这句话体现了老师对仁的最深刻的认识。

在14-04章中，有“有德者必有言，有言者不必有德”一语。有德者之言一定是既不刚猛伤人也不柔弱好欺的善巧之言，而只有这种既不强迫也不乞求的正确的善巧言辞，才可能使人无可辩驳并予以正视，直至使人喜闻乐见并欣然接受；不难想象，这时候人们的面色，一定会像春花般鲜艳灿烂。

在15-23章中，有“君子不以言举人，不以人废言”一语。言辞巧不巧和说话的人仁不仁没有必然关系，所以君子不会因为言辞而推举人。

在12-01章中，有“克己复礼为仁。一日克己复礼，天下归仁焉。为仁由己，而由人乎哉”一语。孔子要克己复礼，要天下归仁，但克己复礼不是每个人都可以自己完成的，必须有人进行广泛地推广。谁来推广？仁者！怎么推广？强迫、诱骗都不是长久之计，最好的方法就是以善巧之言灌输仁者之道。只有这样，才能逐步地令天下人脸上尽显仁色，最终都成为仁人！而这正是仁者的仁行，正是孔子所感慨的最高尚的仁德！

本章与17-17章内容相同。

○

○

〖01-04〗**曾子曰：“吾日三省吾身：为人谋而不忠乎？与朋友交而不信乎？传不习乎？”**

**【注解】** 曾子姒姓，曾氏，名参，字子舆，小孔子四十六岁曰：“吾日一日三省检查吾身自身：为人谋谋事而不忠忠实乎？与朋友交而不信诚信乎？传传授不习实践乎？”

（［补充］三省，古今多解释为：多次反省检查。传不习，古今多解释为：对老师传授的不复习。）

**【译文】** 曾子说：“我每天会就三件事情反省自身：为人谋

事有不忠之处吗？与人交往有不信之处吗？在传道上有不践习之处吗？”

**【延伸】**本章论述道的践行。如果说善巧是仁道的外在表现，那自省就是仁道的内在体现。

在19-08中，有“小人之过也必文”一语。人没有不善待自己的，有人认为粉饰自己的错误就是善待自己，这种认识显然是错误的。因为不反省错误就意味着还要因这种错误而招来损害。

在15-30章中，有“过而不改，是谓过矣”一语。君子不仅有错则改，还会通过内省找错来改，这才是真正地善待自己！

曾子自省，分三个方面：对上容易不忠，所以检查忠；对平等的人容易失信，所以检查信；对下容易轻言，所以检查习。

○

○

**〖01-05〗子曰：“道千乘之国，敬事而信，节用而爱人，使民以时。”**

**【注解】**子曰：“道导，引导千乘音shèng。千乘：千辆可乘人的马拉战车。每乘配备四马一车，车上甲士三人，车下步卒七十二人，后勤二十五人，一乘共计一百人之国，敬敬慎事指处理事务而信讲诚信，节节制用费用而爱爱护人，使动用民民众以根据时时令、时节。”

（［补充］本章古今多译为：“先生说：‘治理一个千乘之国，要严肃治事并守信，节俭爱人，适时用民。’”）

**【译文】**先生说：“领导一个千乘之国，更应该恭敬处事并重视信誉，更应该节俭并爱人，更应该在使用民力上因时制宜。”

【延伸】本章论述道的应用。对于一个大国来说，最容易滋生傲慢、骄奢、肆意等倾向，它们不仅妨碍国家发展，还容易导致国家走向灭亡。大国容易傲慢，所以要注意恭敬诚信；大国容易骄奢，所以要注意节俭爱人；大国容易肆意，所以要注意审时度势。只有这样做了，大国才能更好地保持自己的地位，才能充分发挥自己的优势，才能以大国的身份影响天下，从而使天下的道德、信用、物质、文化、生产等，得以高效发展。

在16-12章中，有“齐景公有马千驷，死之日，民无德而称焉”一语。无德的人领导一个大国，是国家的不幸，更是自己的不幸。

○

○

**〖01-06〗子曰：“弟子入则孝，出则弟，谨而信，泛爱众而亲仁。行有余力，则以学文。”**

【句读新校】子曰：“弟子入则孝，出则弟，谨而信泛，爱众而亲仁，行有余力，则以学文。”

【注解】子曰：“弟子弟子：为人弟、子的人，与父、兄相对，泛指所有后生晚辈入在家则孝执父子礼，孝亲，出出门则弟音tì。悌，执长幼礼，敬人，谨谨慎而信信任泛宽广，爱友爱众众人而亲亲近仁仁义，行指做……的事有余力，则原则上以学文文化。”

（［补充］弟子，古今多解释为：学生。本章古今多译为：“先生说：‘一个年轻人，在家要孝顺父母，出门要敬顺兄长，谨慎而守信，普爱大众又亲近有仁德的人。做到以上这些后还有余力，那就用来学习文章典籍。’”）

【译文】先生说：“作为弟子之辈，在家则会孝敬父母，出门则会爱敬长者，言行谨慎而又愿意相信他人，关爱大众而又亲近仁义，主动做一些力所能及的事，但原则上还是会以学习文化知识为主业。”

【延伸】本章论述道的指导作用。作为弟子，迟早要对家国有所担当，德才方面的培养与学习是弟子时期最重要的内容。本章寥寥数语，塑造了一个理想的弟子形象。

在16-09章中，有“生而知之者上也，学而知之者次也；困而学之，又其次也；困而不学，民斯为下矣”一语。学习不应该是一项特权，只要是“弟子”，学习都应该是他的一项最日常、最必要、最重要的任务。官学是学，私学是学，自学也是学。不论出身什么家庭，大家都是人类的后代，都应该从小就开始德、智、体、美、劳的学习，并使自己得到全面的、健康的发展。

在08-13章中，有“笃信好学，守死善道。危邦不入，乱邦不居。天下有道则见，无道则隐。邦有道，贫且贱焉，耻也；邦无道，富且贵焉，耻也”一语。小时候的学习决定了成人后的品质。

○

○

〖01-07〗**子夏曰：“贤贤易色；事父母，能竭其力；事君，能致其身；与朋友交，言而有信。虽曰未学，吾必谓之学矣。”**

【注解】子夏姓卜，名商，字子夏，小孔子四十四岁曰：“贤认为……好贤好易平易，不厉色脸色；事事奉父母，能竭用尽其力；事君，能致献出其身；与朋友交，言而有信。虽曰未学指从学，吾必谓之学指有学识矣。”

（［补充］贤贤易色，古今多解释为：“重视贤德，不重女色”，或“以好色之心去好贤”。“虽曰未学，吾必谓之学矣”，古今多解释为：“虽然他说自己没学过，我也一定说他学过了”。）

【译文】子夏说：“以贤为贤，平易近人；事奉父母能竭尽全力；为君王做事能奋不顾身；与朋友交往能言而有信。虽说他没有经过专门学习，我也必须得承认他学得很好了。”

【延伸】本章论述对道的掌握。第一个“学”字是指学于老师，第二个“学”字则是指学于社会的知识，社会中存在着各种各样的思想和主张，统称为意识形态。根据意识形态的影响程度可以分为主流意识、非主流意识，根据意识形态的文明取向又可以分为进步的意识形态、落后的意识形态。自然的人，总会默认主流意识而否认非主流意识。所以，在接受社会主流意识的灌输时，一定要明白其中仍然有落后之处；在抵制非主流意识的影响时，也还要明白其中仍然有进步之处。牢记这一点是重要的。例如，一个接受正规教育的人，可能会因为受主流意识形态的影响而对其中阴暗腐朽的内容也一并接受，最终沦为一个阴暗腐朽的人；而另一个没有接受正规教育的人，可能会因为受多种意识形态的影响而对其中进步的内容进行了全面的学习，反而最终成长为一名君子。

对于那些没有机会接受正规教育的子弟，本章对他们的学习做了特别补充，揭示了学习的普遍性与可行性，肯定了任何形式之下的学习都是学习：通过学习，任何人都可以获得学习成果，成为一个合格的人。

在04-09章中，有“士志于道，而耻恶衣恶食者，未足与议也”

一语。贤德是最基础的学问，如果一个学者不具备贤德，那也不算有学，因为他不可能在贤德的基础上施展他的才学。相反，一个有贤德的人，即使没有学者的环境，但由于他的学识用于贤德的方向，也总会做出成果。由此可以看出，学习很重要，但这种重要不靠单纯的学习成绩来体现，教师教学的任务和目标，是通过各种方式，首先把人培养成贤德之人，而贤德之人，不仅会更好地学习，还能更好地作用于这个社会。

在19-22章中，有“文武之道，未坠于地，在人。贤者识其大者，不贤者识其小者。莫不有文武之道焉。夫子焉不学？而亦何常师之有”一语，以孔子为例，生动地阐释了善于学习及学习正道对学习的重要性。

○
○

〖01-08〗**子曰：“君子不重则不威，学则不固。主忠信。无友不如己者。过，则勿惮改。”**

**【句读新校】**子曰：“君子不重则，不威学，则不固，主忠信，无友不如己者，过则勿惮改。”

**【注解】** 子曰：“君子不重重视则规则、教条，不威树立权威学指在教学上，则不固拘泥，主主张忠忠实信真实可信，无不友友好的态度不如依照己指自己的内心者，过错误则勿不惮害怕改。”

（［补充］重，古今多解释为：自重。则，古今多解释为：就。威，古今多解释为：威严。固，古今多解释为：学得牢固。无，古今多解释为：没有。友，古今多解释为：朋友。不如己，古今多解释为：不如自己。本章古今多译为：“先生说：‘君子不庄重、不厚重，就没有威严，即使学习了也不会牢固。做人要讲忠诚，守信用。不要与不同于自己的人交朋友。自己错了，就不要害怕改正。’”）

【译文】先生说：“君子不会强调规则，也不靠学术树立权威，他对规则不固执、拘泥，倡导忠实、可信，他不会友待那些违背自己内心的东西，对于错误的规则他从来都不会因为禁忌而不敢去纠正。”

【延伸】本章论述对道的学习态度。学习是孔子理论的基础，在明确了学习与人的关系，明确了学习的重要性，明确了所有人都应该学习、都能够学习之后，学习方式与学习内容的问题就凸显出来了。

在03-13章中，王孙贾问曰：“与其媚于奥，宁媚于灶，何谓也？”孔子曰：“不然，获罪于天，无所祷也。”孔子的仁道，作为一种人文主张，势必要与其他人文主张进行碰撞，特别是那些占社会主导地位的主张，例如与那些到处泛滥着的急功近利的实用主义发生冲突。

在03-03章中，有“人而不仁，如礼何？人而不仁，如乐何”一语，说明丧失实质的礼乐文化仍居于社会的明处。

在05-25章中，有“巧言、令色、足恭，左丘明耻之，丘亦耻之。匿怨而友其人，左丘明耻 成 之，丘亦耻之”一语。心口不一，对不如自己所愿的人或事表示友好，是可耻的；但这种友好，有时候会被当作一种缓解人事关系紧张的美德，进而成为一种社交规则。假如人们接受了这个规则，就不仅于心有违，而且于事有害。面对这些错误的规则，孔子给出的建议是：不要因为忌惮它根深蒂固的力量而不敢去改正。

阴暗的、腐朽的思想会阻碍人与社会的发展，所以，孔子在开展六艺学习的同时，更注重思想上的改造，即教导人们如何成为君子，如何正确面对社会主流意识中的一些成规定则，如何大胆指出并改正社会主流意识中那些阴暗腐朽的一面，如何从实际出发树立新的观念而不是树立新的权威。毫无疑问，这些问题，无论对个人还是对社会，都是极其重要的。

思想教育，向来就是一种社会行为，但它又会具体体现在个别先进者通过语言或行动唤醒或带动众多落后者的行为上。而一个人要想找到独到而先进的思想并成为先进者，就必须善于学习。当然，仅凭几个善于学习的人偶然成为君子根本满足不了社会对进步的要求，所以，有意识、大规模地造就君子就成为社会发展的必由之路。孔子的伟大正在于此，他不仅靠自己的努力成为君子，而且还为社会提供了一套批量培养君子的完整的方案。在这个方案中，他将不重教条、不立权威、忠于事实、不违于心、勇于改错的形象，设计为造就或衡量君子的一个原则——一个开放的原则。

本章与09-25章有相同内容：“主忠信，毋友不如己者，过则勿惮改。”

○
○

〖01-09〗**曾子曰：“慎终追远，民德归厚矣。”**

**【注解】** 曾子曰：“慎注意终结果追探究远长远，民德归归于、趋于厚敦厚矣。”

（［补充］终，古今多解释为：命终。慎终追远，古今多解释为：父母的葬礼要谨慎对待，死了很久的远祖也要追思。）

**【译文】**曾子说：“注重最终结果，追究长远影响，民众的道德情感就会变得敦厚了。”

【延伸】本章论述重道对厚德的影响。与学习内容相伴而来的，便是对现实的思考。急功近利是社会堕落的根源，慎终追远则为人们指明了摆脱这个陷阱的方法。如果人们不仅能从人的主观欲望出发，更能从事物的客观规律出发，那么个人学习就会建立在深厚的道德基础之上，而社会道德也会因此而逐渐得到完善。

在08-03章中载："曾子有疾，召门弟子曰：'启予足！启予手！《诗》云："战战兢兢，如临深渊，如履薄冰。"而今而后，吾知免夫！小子！'"对事物的"慎终"体现在个人身上时，就是谨慎地对待自己的一生。曾子慎终，由此可见。

○

○

**〖01-10〗子禽问于子贡曰："夫子至于是邦也，必闻其政。求之与？抑与之与？"子贡曰："夫子温、良、恭、俭、让以得之。夫子之求之也，其诸异乎人之求之与？"**

【注解】子禽妫姓，陈氏，字子亢，一字子禽，孔子学生，小孔子四十岁问于子贡姓端木，名赐，字子贡，孔子学生，小孔子三十一岁曰："夫子夫子：古代对男子的尊称，这里指孔子至到于是这邦邦国、诸侯国也，必闻过问其政政策。求求得、求取之指闻政之事与语气助词，吗？抑抑或与给与之与？"子贡曰："夫子温、良、恭、俭、让以用来得取得之。夫子之求要之也，其那诸指各方面异不同乎于人常人之求之与？"

【译文】子禽问于子贡说："先生到了这些邦国，总会过问该国之政。是他想要那样呢，还是人家找上他了呢？”子贡说：“先生是以温、良、恭、俭、让来取得闻政资格的。先生他想要的闻政，肯定完全不同于常人想要的那种闻政吧？”

**【延伸】**本章论述道的传播。学以求用，充分应用君子之道也就是君子之求。本章直接以孔子为例，描述出一位仁人义士作用于社会的理想方式：他们不向人乞求，也不受人施舍，他们以温、良、恭、俭、让为原则，以推行仁义为追求。为此，他们一方面总会积极地参与为政，表现得像个功利之徒；但另一方面却总不会被当权者所左右，表现得像个迂腐之人。任何时候，他们既不会因为当权者的拒绝而停止这种追求，也不会因为当权者的拉拢而改变这种追求。这便是孔子，这便是孔子的精神，这便是被人称作“知其不可而为之”的孔子，这便是被人称作“知其不可而为之”的精神。

一般来说，从功利的角度去理解人和事，会显得简单而明了，但像孔子这种人的这种精神，如果从功利的角度去理解，就有些令人费解了。子禽的提问代表了功利主义者对孔子的一种诘难，在这个诘难中隐含着这样一个判断： 孔子在各国，虽然“必闻其政”，却不被重用，所以，如果“闻政”是孔子自求，那结果就是求而不得，这就说明了孔子是个失败者；如果“闻政”是诸侯给予他的机会，那结果就是孔子总把握不住机会，这也说明了孔子不堪重用，是个失败者。截至今日，这种认识仍然存在于一些人的观念中。面对这种诘难，子贡解释说：夫子想要什么，和一般人想要什么是不一样的。那么，有什么不一样呢？一般人要的是权力职位散发出来的光芒，夫子要的则是权力职能所蕴含的力量；一般人靠求、靠给予获得权力的形式，夫子则靠品质与能力成为权力的内容；一般人只知道用权力谋取福利，夫子则总想着用权力推广道义。因此，人们总看见夫子在社会权力面前或求而不得，或得而复失，却看不见历史早已赋予了他不求而得、得而不失地引领社会走向文明的洪荒之力。

在07-15章中载：“冉有曰：‘夫子为卫君乎？’子贡曰：‘诺，吾将问之。’入，曰：‘伯夷、叔齐何人也？’曰：‘古之贤人也。’曰：‘怨乎？’曰：‘求仁而得仁，又何怨？’出，曰：‘夫子不为也。’”孔子谋求出仕为政就能出仕为政时，会得仁；谋求出仕为政而不能出仕为政时，也会得仁。这便是孔子之求不同于他人之求的地方。

○

○

**〖01-11〗子曰：“父在，观其志；父没，观其行；三年无改于父之道，可谓孝矣。”**

**【注解】** 子曰：“父在，观其志意愿；父没音mò。殁，死，观其行行为；三年无改于父之道导，教导，可谓孝矣。”

（［补充］父在观其志，古今多解释为：父亲在世时观察他的志向。三年无改于父之道，古今多解释为：三年不改变父亲做事的方式和定下的规矩。）

**【译文】**先生说：“父亲在时，看他自己的行事意愿；父亲不在了，看他的行为，三年不忘父亲教导的，就可以称为孝了。”

**【延伸】**本章论述道的传承。君子也有一死，君子之道该如何传承呢？在本章中，孔子通过对孝的阐释，指出了孝的核心就是对道的传承。对于孝，普通人总会想到子女与父母在一起的各种互动场景，而在本章中，孔子却以“三年不改父之道”为孝，这是为什么呢？

在01-02章中，有“君子务本，本立而道生。孝弟也者，其为仁之本与”一语。有子只是试着将仁和孝做了联系，并没有对孝进行特别的说明；所以，人们可能会以为这个仁之本的孝，也不过就是普通的孝敬父母的各种言行。如果这样以为了，就势必影响人们对仁的理解，自然而然地将仁归于感情一类。在本章中，孔子将孝与父之道联系在一起，这就将孝的概念进行了深化。显然，在孔子看来，父对子的教导才是父子关系中最核心的内容，才是衡量孩子孝与不孝的根本标准，而作为本能的感情倒没必要再去强调；因为这种教导一旦被接受，亲情自然也会得到升华。事实上，无论父母多么愚昧、庸俗，他们也不会教导子女愚昧、庸俗，子女聪明能干是所有父母的愿望。如果子女能牢记父母的教导而不挑剔父母自身的品德、智慧、财富、做法等，子女就可以不受父母的各种负面影响，而用全新的思想走出全新的人生之路。孔子对孝的这一全新定义，将孝与道的传承融为一体，使孝真正成为仁义之道中的一个重要环节。

在02-08章中载：“子夏问孝。子曰：‘色难。有事，弟子服其劳；有酒食，先生馔，曾是以为孝乎？’”对孝的认识深度不仅影响自己与父母的关系，也影响着家庭与社会的关系。

在02-07章中载：“子游问孝。子曰：‘今之孝者，是谓能养。至于犬马，皆能有养。不敬，何以别乎？’”孝敬不仅是指对父母的态度，还指对父母之道的态度。

在19-18章中，有“不改父之臣与父之政，是难能也”一语。不改父之道，甚至不改父之臣与父之政，的确难能。

本章与04-20章有相同内容：“三年无改于父之道，可谓孝矣。”

○

○

〖01-12〗**有子曰："礼之用，和为贵。先王之道，斯为美，小大由之。有所不行，知和而和，不以礼节之，亦不可行也。"**

**【注解】**有子曰："礼之用应用，和和谐为贵可贵。先先前王王者之道，斯这为美，小小事大大事由遵循之指代礼。有所不行施行，知知道和而和，不以礼节节制之，亦不可行也。"

（［补充］小大由之，古今多解释为：小事大事按这种方式都能做好。有所不行，古今多解释为：如果仍有行不通的时候。）

**【译文】**有子说："礼的应用，以和为贵。先王治政之道，美好的地方就在这里，大事小事都按此而定。但如果这样的话，有些事就不能施行，只知道为和而和，不以礼来节制，也是不可行的。"

**【延伸】**本章论述道与礼的关系，即道在社会应用中以礼的方式得以落实。如果说上一章阐述的是继承，这一章则对继承的内容进行了陈述，那就是礼制之美。礼的意义在于建立一个有序的和谐的社会，而有序的和谐的社会是人类幸福的前提，是人人都有所作为的基础。春秋时期，即使是礼崩乐坏，也只是指礼乐被僭越，并不是指礼乐被抛弃。在任何时代中，礼乐都会在社会中占据主要地位，只是它们的作用有大有小、有正有负，这是由于不同时代礼的形式和内容有所不同。

在03-03章中，有"人而不仁，如礼何？人而不仁，如乐何"一语。礼崩乐坏指的是礼乐的实质，即仁的崩坏。

在09-15章中，有“吾自卫反鲁，然后乐正，《雅》《颂》各得其所”一语。恢复礼乐，是孔子社会理想的一个重要组成部分，而阐明礼乐的实质和意义，就成为孔子理论的一个重要部分。

○

○

〖01-13〗**有子曰：“信近于义，言可复也。恭近于礼，远耻辱也。因不失其亲，亦可宗也。”**

**【注解】**有子曰：“信近接近于义，言可复回复、兑现也。恭近于礼，远远离耻辱也。因通“姻”，联姻不失离失其亲血亲，亦可宗宗亲也。”

（［补充］复，古今多解释为：颠覆。因，古今多解释为：因为、依靠。宗，古今多解释为：成为宗主。本章古今多译为：“有子说：‘信近似于义但不同于义，因为语言是可以颠覆的。恭近似于礼但不同于礼，因为恭只能避免耻辱。依靠的人必须是亲近的人，这样也才可以成为宗主。’”或：“有子说：‘立信符合于义，承诺才能兑现。恭敬符合于礼，才能远离耻辱。所依靠的人关系亲密，也才能靠得住。’”）

**【译文】**有子说：“诚信接近于义，所以能言行一致；恭敬接近于礼，所以能远离耻辱。婚姻建立起血亲关系，所以才能形成宗族。”

**【延伸】**本章论述道的系统性。构建一个主次分明的理论体系，需要对一些概念进行整合。信是认识层面的连接纽带，义是事实层面的连接纽带，将信与义统一起来，可以避免信的狭隘和义的滥用；恭是内心对人的态度，礼是表面对人的态度，将恭与礼统一起来，可以避免谄媚和骄慢；血缘是人际关系，宗族是社会关系，将血缘与宗族统一起来，可以使社会不失亲情又有秩序。由此可以看出儒家的思维轨迹——通过改变观念来改变人的思想，再通过改变人的思想来改变社会。《论语》看似是对一堆零零星星、只言片语的杂乱收集与简单记录，其实潜藏其下的是一套结构严谨、内容完备的思想体系。

在08-02章中，有“恭而无礼则劳，慎而无礼则葸，勇而无礼则乱，直而无礼则绞。君子笃于亲，则民兴于仁；故旧不遗，则民不偷”一语。观念的一致是内心一致的基础，内心一致是言行一致的基础，言行一致是社会和谐的基础。

在17-08章中，有“好仁不好学，其蔽也愚。好知不好学，其蔽也荡。好信不好学，其蔽也贼。好直不好学，其蔽也绞。好勇不好学，其蔽也乱。好刚不好学，其蔽也狂”一语。德与知的统一，是一切人文现象统一的基础。

○

○

**〖01-14〗子曰：“君子食无求饱，居无求安，敏于事而慎于言，就有道而正焉，可谓好学也已。”**

**【注解】** 子曰：“君子食吃饭无求饱，居起居无求安，敏于事而慎于言，就靠近有道而正修正焉，可谓好学也已。”

（［补充］有道，古今多解释为：有道之人。）

**【译文】** 先生说：“君子食不求饱，居不求安，做事干练而言语谨慎，朝着有道之处不断求证，就可以说是非常好学了！”

【延伸】本章论述对正道的追求。君子好学，而好学又成就了君子，学习的态度、勇气、方向也很重要。

在01-01中，有“学而时习之，不亦说乎”一语，指出学习的愉悦。本章则以一个好学的君子形象，描述出这种愉悦的具体情形，同时也更明确了学习的内容及方向。需要注意的是，学习负面的东西也会获得超越饱食和安居的愉悦感，所以，因为乐于学习而废寝忘食，还不足以说明他是一个好学的君子，衡量好学的君子，关键要看他是不是“就有道而正焉”。

○

○

〖01-15〗**子贡曰：“贫而无谄，富而无骄，何如？”子曰：“可也。未若贫而乐，富而好礼者也。”**

**子贡曰：“《诗》云：‘如切如磋，如琢如磨。’其斯之谓与？”子曰：“赐也，始可与言《诗》已矣，告诸往而知来者。”**

【注解】子贡曰：“贫而无谄谄媚，富而无骄骄横，何如？”子曰：“可也。未不若贫而乐，富而好礼者也。”

子贡曰：“《诗》云：‘如切分割如磋去粗取精，如琢细雕如磨抛光。’其斯指这个道理之谓说与？”子曰：“赐子贡名也，始开始可与言谈论《诗》已矣，告诸之于往去某处而知来来某处者。”

（［补充］往，古今多解释为：过往。来，古今多解为：未来、即将。“告诸往而知来者”，古今多解释为：“告诉你已经发生的事，你就可以知道未来的事”，或“你能从我讲过的话中悟到我没说过的意思”。）

【译文】子贡说："贫而不谄媚，富而不骄横，如何？"先生说："可以。不过比起贫而快乐、富而好礼来还差点。"

子贡说："《诗经》里讲'如切如磋，如琢如磨'，那说的就是这个道理吧？"先生说："赐啊，从此就能和你谈论《诗经》了，因为告诉你怎么去做而你就能知道怎么来做了。"

【延伸】本章论述道的层次性。认识事物，必须经历过程，这个过程就是"就有道而正焉"。本章讲述的就是一个"就有道而正焉"的例子，切磋、琢磨这两个词非常形象地说明了学习的这个过程。

在16-13章中，有"不学诗，无以言"一语。《诗经》中有道，《诗经》在孔子的教学活动中占有重要的地位。

在09-08章中，有"吾有知乎哉？无知也。有鄙夫问于我，空空如也。我叩其两端而竭焉"一语。对事物的认识是一个不断往来的过程，一方面需要一步一步逼近事物，一方面又要一步一步远离事物，这样就既能从微观结构上又能从宏观位置上看清整个事物的来龙去脉。

○

○

〖01-16〗**子曰："不患人之不己知，患不知人也。"**

【注解】子曰："不患担心人他人之不己知，患不知人也。"

【译文】先生说："不担心他人不了解自己，就怕我不了解他人。”

【延伸】本章论述的是对人之道的认识。本篇第一章中说君子“人不知而不愠”，最后一章则说君子“不患人之不己知”。如果不愠仅仅是因为不患，那对君子的不愠不患就好理解多了。因为假如对方是小人，小人自然是不知君子的；假如对方是君子，君子自然是能知君子的。这样想来，君子就的确没什么可愠可患的了。然而君子患不知人，要理解君子为什么会有这样的忧患是不容易的。因为有人觉得既然不在乎他人，就没必要了解他人了；有人则觉得人心叵测，了解他人是不可能的事。所以他们悲观地认为，如果君子以不知人为患，那恐怕就要抱“患”终身了。

在14-24章中，有“古之学者为己，今之学者为人”一语。为己，就是要做好自己，要解决自己之患，而为己就不能不学习。如果把学习当作使自己获得多知、位高、权重、势广等成就的手段，那就只能靠他人的认可，或与他人做比较来衡量自己的成就了。如果衡量的结果不能令自己满意，愠怒或担心就可能发生。如果把学习当作自己认识自己、自己成为自己的过程，依靠他人来对自己进行衡量就失去了意义；因为自己认识自己的过程，本身就是自己衡量自己的过程，而且这种衡量的结果，会更符合事实。足以令人欣慰的是，人一旦学会正确衡量自己，也就相当于学会了正确衡量他人，并且以此也就可能做到所谓的知人了。所以，君子所谓的患不知人，就相当于患不知己，而自己对自己的认识过程一旦展开，他人对自己的知或不知就已经无关紧要了。

作为一个人，生于社会中，了解自己和他人无疑是一件最基本也最迫切的事。

# 为政篇第二

本篇共计二十四章，以德行为讨论的核心，以对德的践行为线索，围绕德在治国、出仕、齐家、修身、正心等方面的体现展开讨论。德是一个人思想与情感的成熟，思想与情感的成熟是理想人际关系的基础，理想的人际关系是理想社会的基础，理想的社会是所有人思想与情感成熟的基础。作为一个思想与情感成熟的人，帮助他人在思想与情感上趋于成熟是其应尽的义务，这种义务在孔子看来就是为政。而作为一个掌握了社会权力的为政者，帮助他人在思想与情感上趋于成熟就成为其应尽的责任，这种责任在孔子看来就是立德。本篇通过一句“为政以德”将为政与立德的关系展现出来，然后又围绕这一关系，对相关的一些概念以及这些概念之间的关系再展开讨论，将为政以德、在家尽孝、君子不器、施于有政等人生场景全部融为一体，从而将一个国家的为政大事下沉到个人的品德建设上来，然后再由个人品德的成熟上升到国家为政的成功上去。由此可见，孔子为政的内容就是立德，立德的内容就是做人，做人的内容就是为政，这使得孔子的为政行为天然就是最深刻的人文要求，而他的道德修养也天然就是最严谨的社会规定。

○

○

〖02-01〗**子曰：“为政以德，譬如北辰居其所而众星共之。”**

【注解】子曰：“为从事政行政工作以德德行，譬如北辰北辰：北极星居处于其所所在之所而众星共同“拱”，环绕之。”

【译文】先生说：“为政以德为核心，就比如北极星位于了它该在的位置，众星自然会围绕着它运行。”

【延伸】要理解思想，就必须对承载思想的那些词语了解透彻，如果不能明白这些词语的真实含义，例如不能明白德的含义，就可能以不德为德，进而以不德为政了。德是一种各居其所的结果，而各居其所的前提是各知其所，也就是说，人要有德，就必须知己知人知道。

在12-17章中，有“政者，正也。子帅以正，孰敢不正”一语。为政即为正。为正需要一个正的标准，而要对正做深层的解释，势必会牵扯到对整个天道的解释，而天道并非孔子想要深入探究的领域；所以，孔子用世俗的德作为正的标准，并以德来衡量为政的正确性。

在17-13章中，有“乡原，德之贼也”一语。世俗对德的认识与孔子对德的认识有很大的偏差。例如，乡原就容易与德相混淆，为政者们一旦将乡原当成了德，就会以乡原为政，其结果就是他们以为自己为政以德，但天下道德却因他们的为政无德而越来越沦丧了。

在12-10章中，有“主忠信，徙义，崇德也。爱之欲其生，恶之欲其死。既欲其生，又欲其死，是惑也”“诚不以富，亦祇以异”等语。要了解德的真正含义，就要在更广泛的范围内忠于事实、诚信待人、见义勇为，而不是局限在很小的范围内忠于、信于、有义于某人或某团体。

○

○

〖02-02〗**子曰：“诗三百，一言以蔽之，曰：‘思无邪。’”**

**【注解】** 子曰：“诗三百，一言以蔽概括之，曰：‘思指所思所想无邪音xié。不正当。’”

**【译文】** 先生说：“《诗经》的三百篇，用一句话概括，那就是‘思无邪’。”

**【延伸】** 孔子用“思无邪”不仅概括了《诗经》的内容，更概括了《诗经》对人的影响，那便是以正确的思想统御正确的言行。

在12-19章中载：“季康子问政于孔子曰：‘如杀无道，以就有道，何如？’孔子对曰：‘子为政，焉用杀？子欲善而民善矣。君子之德风，小人之德草。草上之风，必偃。’”思无邪则善，为政者思无邪，则为民者必思无邪，整个社会便因此而得善。《诗经》对人的教化作用就是思无邪，因此，这篇看似关于《诗经》的文学评论，就出现在了“为政篇”的第二章中。

在05-13章中，有“夫子之文章，可得而闻也。夫子之言性与天道，不可得而闻也”一语。这说的是孔子的一个特点，他从不使用较深的概念，例如天道或本质属性等名词来解释得失、正邪、善恶、对错等社会现象，即使非用不可，他也只是使用其中最浅显的那一层意思。他总是用一些常人可见、可闻、可知、可感觉的东西来阐述他的理论。例如在本章中，他就通过对《诗经》的学习阐述了什么是正，什么是德。

在14-26章中，有“君子思不出其位”一语。“思不出其位”也就是“思无邪虑”，而为政以德也就是居其所居、思其所思。

“思无邪”出自《诗经·鲁颂·駉》篇，原句为：“駉駉牡马，在坰之野。薄言駉者，有骃有騢，有驔有鱼，以车祛祛。思无邪，思马斯徂。”描述了乘车人的思想正直无邪，他想那些拉车的马儿也如他一样，心无旁骛地沿着道路慨然前行。

○

○

〖02-03〗**子曰：“道之以政，齐之以刑，民免而无耻。道之以德，齐之以礼，有耻且格。”**

【注解】子曰：“道导，引导之以政政令，齐使齐整，整治之以刑刑罚，民免免于而无耻指耻辱感。道之以德德教，齐之以礼礼制，有耻指羞耻心且格指严格区分，并与可耻的行为格格不入。”

（［补充］格，古今多解释为：改正，以符合当权者的要求。）

【译文】先生说：“以政令引导公民，以刑法制约公民，公民即使不犯罪也会变得无耻；以德教导，以礼统一，公民就会因为有羞耻感而杜绝不道德的行为。”

【延伸】本章明确了德教的施行方式并指出德教施行的结果。需要注意的是，以德教导，是指在思想意识上将德置于政的前面，并不是要取代政令；而以礼统一，也是指在行为规范上将礼置于刑的前面，并不是要废除刑罚。在封建社会中，一个靠血统继承君位的君王很少能成为一个文化意义上的君子的，如果只以君王的思想教导国民，以君王的意志奖罚国民，无疑会扭曲国民的思想，败坏国民的行为。如果能将德教从政令中划分出来，将礼制从刑罚中划分出来，一个国家就不会因为出现了一个君子君王而廉洁高尚，也不会因为出现了一个小人君王而腐败无耻。

在15-25章中，有“吾之于人也，谁毁谁誉？如有所誉者，其有所试矣。斯民也，三代之所以直道而行也”一语。事实上，维持正道的力量一直就在民众那里，维持秩序的力量也一直就在民众那里，作为为政者，如果能将民众的这种力量挖掘出来，置于为政的首要地位，民众也不会仅仅止于有耻且格了！

○

○

〖02-04〗**子曰：“吾十有五而志于学，三十而立，四十而不惑，五十而知天命，六十而耳顺，七十而从心所欲，不逾矩。”**

【注解】子曰：“吾十有通“又”五，而志立志于学，三十而立立业，四十而不惑，五十而知明白天天道命命运，六十而耳听顺通顺，七十而从听从心所欲欲愿，不逾音yú。逾越矩规矩。”

【译文】先生说：“我十五才有志于学，三十才学有所用，四十才不惑于人事，五十才知晓天命，六十才不觉人言逆耳，七十才能随心所欲而又不出规矩。”

**【延伸】**本章讲述了“道之以德”体现于个人身上的情形。孔子以自己在学问、能力、事业、修养、思想、精神等方面的发展过程为例，揭示出了个人求学和社会教育的重要作用。如果社会能对公民进行正确、正规、系统的教育，那公民就可以在更小的年龄达到从心所欲而不逾矩的境界了，而如果公民都具有这样的境界，社会中的一切负面现象也就不复存在了。

在14-28章中，有“仁者不忧，知者不惑，勇者不惧”一语。志于学，就是志于获得仁、智、勇这样一种品质，就是志于实现不忧、不惑、不惧这样一种人生。

○

○

〖02-05〗**孟懿子问孝。子曰：“无违。”**

**樊迟御，子告之曰：“孟孙问孝于我，我对曰，无违。”樊迟曰：“何谓也？”子曰：“生，事之以礼；死，葬之以礼，祭之以礼。”**

**【注解】** 孟懿音yì子姬姓，仲孙氏，也称孟孙，名何忌，谥号懿，鲁国孟孙第九代宗主，孔子的学生问孝。子曰：“无违违逆。”

樊迟姓樊，名须，字子迟，孔子的学生，小孔子三十六岁御驾车，子告之指樊迟曰：“孟孙问孝于我，我对曰，无违。”樊迟曰：“何谓也？”子曰：“生活着，事事奉之以礼；死去世，葬之以礼，祭之以礼。”

（［补充］无违，古今多解释为：无违于亲。）

【译文】孟懿子问什么是孝。先生说："无违。"

樊迟驾车时，先生告诉樊迟说："孟孙问我什么是孝，我对他说，无违。"樊迟说："什么意思啊？"先生说："父母活着，以礼事奉；去世，以礼埋葬，并且以礼祭祀。"

【延伸】本章讲述了"齐之以礼"体现于社会关系中的情形。在家天下的封建社会中，孝道几乎是一切社会活动的基础，将孝归于礼，对孝做出正确解读，正是孔子"道之以德，齐之以礼"的一个重要内容。

在01-02章中，有"其为人也孝弟，而好犯上者，鲜矣；不好犯上，而好作乱者，未之有也"一语。可见有子对于孝的看法与孔子是有差异的。有子对孝的理解更多的是不违于亲，孔子对孝的理解则是以不违于礼为原则的。值得一提的是，历史上一些愚忠愚孝的现象和当权者别有用心的鼓吹不无关系，当权者故意强调不违于亲，故意忽略不违于礼。

在03-19章中，有"君使臣以礼，臣事君以忠"一语。家好靠孝，国好靠忠。孔子强调以礼尽孝，也就是强调了以礼尽忠。社会的一方是当权者，另一方是民众，优化的社会关系体现为双方矛盾最小化，合力最大化，而以礼乐统摄孝忠则正好可以达到这样的理想效果。

〇

〇

〔02-06〕**孟武伯问孝。子曰："父母唯其疾之忧。"**

【注解】 孟武伯姬姓，仲孙氏，名彘，谥号武。前481年任孟孙氏十代宗主问孝。子曰：“父母唯只有其指代儿女疾疾病之忧担忧。”

【译文】孟武伯问什么是孝。先生说：“唯一能令父母担心的就是儿女生病。”

【延伸】完美的德行不仅令自己心安，也能令父母放心。而尽量减少父母对自己的担忧，也是孝的一种表现。人不能完全控制身体上的病，但却可以努力做到精神上健全。孔子将精神健全与孝统一起来，也就是将正确行为与日常生活统一起来。同时，将健全的精神与孝相联系，也就是将个人健全的精神与社会健康地发展联系起来。

在07-13章中，有“子之所慎：齐，战，疾”一语。疾病的发生是难以把握的。

在01-11中，有“父在，观其志；父没，观其行；三年无改于父之道，可谓孝矣”一语。听父母的话为孝，但唯独生病是由不得父母也由不得自己的。

○

○

**〖02-07〗子游问孝。子曰：“今之孝者，是谓能养。至于犬马，皆能有养。不敬，何以别乎？”**

【注解】 子游姓言，名偃，字子游，小孔子四十五岁问孝。子曰：“今当今之孝者，是谓能养供养。至于犬马，皆能有养。不敬礼敬，何以别区别乎？”

【译文】子游问什么是孝。先生说：“当今所说的孝，是指能供养就行。但就是犬马，也有人养活啊。供养父母而不礼敬，那和养活犬马有什么分别呢？”

【延伸】道德要想体现于人处理事物的行为中，就要对人、事物以及人与该事物之间的关系有一种正确的认识，这样就可以在人处理事物的过程中表现得相得益彰而不是相互背离。以旁观者的角度看，这种相得益彰就体现为德行，而人对事物的正确认识就体现为诚敬。

在14-43章中载：“原壤夷俟。子曰：‘幼而不孙弟，长而无述焉，老而不死，是为贼。’以杖叩其胫。”孝敬那些对社会有所贡献的老人，没什么人反对。而孝敬那些一脑子坏思想、一身坏习惯，不仅没贡献反而有危害的老人，即使作为子女也会觉得为难。

○

○

〖02-08〗**子夏问孝。子曰：“色难。有事，弟子服其劳；有酒食，先生馔，曾是以为孝乎？”**

【注解】子夏姓卜，名商，字子夏，小孔子四十四岁问孝。子曰：“色脸色难不容易。有事，弟子弟子：年幼者服承担其劳劳作；有酒食，先生先生：年长者馔音zhuàn。吃喝，曾乃，表疑问是以用来为当作孝乎？”

【译文】子夏问什么是孝。先生说：“侍奉父母时和颜悦色，这是很难的。有事时，打发子女去做；有酒食时，让父母去吃，这种样子就算尽孝了吗？”

【延伸】影响德行的因素除了对事物的认识之外还有一个关键因素，那就是人的情怀。作为父母，一般看不得子女难看的脸色，这也是人之常情，哪怕他只是由于恭敬而显得严肃。就孝而言，应该体现为父母与子女两方面都需要、都满意的一种状态，而不应该仅仅看作是一方对另一方的责任或义务；因为责任或义务，从另一个角度看，就是负担。

在06-13章中，有“女为君子儒，无为小人儒”一语。孝也可分为君子孝与小人孝。君子对于孝，自然而亲切，幸福而安乐；小人对于孝，就难以自然而亲切、幸福而安乐，而是表现得煞有介事，这都是因为他忽视了自己的内心，将孝当作一种僵化的礼制去遵守了。

○

○

〖02-09〗**子曰：“吾与回言终日，不违，如愚。退而省其私，亦足以发，回也不愚。”**

【注解】子曰：“吾与回颜回，曹姓，颜氏，名回，字子渊，又称颜渊，孔子的学生言终日，不违反驳，如愚指愚人。退离去而省反省其私，亦足以发受到启发，回也不愚。”

（［补充］“退而省其私，亦足以发”，古今多解释为：“事后考察他私下的言行，发现他能充分发挥我讲过的内容”。）

【译文】先生说：“我整日给颜回讲学，他从不违逆一下，像个愚人。但事后从他的角度想，也足以使我受到启发，颜回一点都不愚啊。”

【延伸】本章论述德与智的关系。孔子从自己的角度看颜渊，会对颜渊得出一个结论；从颜渊的角度看颜渊，又会对颜渊得出一个结论。两个结论相对照，就能发现颜渊这种在孔子看来近似愚人的表现，正出于他德行方面的完善，而完善的德行背后一定有着超常的智慧。

在06-07章中，有“回也，其心三月不违仁，其余则日月至焉而已矣”一语。当孔子遇到终日不违于自己的教诲并且总是和颜悦色的颜渊时，先怀疑，再考察，最后得出结论，这不是愚，而是仁——仁者不愚，只是近似于愚。

在16-09章中，有“生而知之者上也，学而知之者次也；困而学之，又其次也；困而不学，民斯为下矣”一语。本章的重点不在于夸奖颜渊，而在于展示一种德行，一个人愿意接受教育，这本身就是一种品德。教育可以使人摆脱愚昧，培养品德，如果民众甘于受教，不违于仁，那么世界上的一切争端也就无从发生了。

○

○

〖02-10〗**子曰：“视其所以，观其所由，察其所安。人焉廋哉？人焉廋哉？”**

**【注解】** 子曰：“视其所以，观其所由，察其所安指心里安乐。人焉廋音sōu。隐藏哉？人焉廋哉？”

**【译文】** 先生说：“审视其所作所为，观察其行事依据，了解他的心情安乐与否。这样的话，这个人怎么能隐藏得了呢？怎么能隐藏得了呢？”

**【延伸】** 上一章，孔子对颜渊“退而省其私”，如何省？就从本章提出的这三点来省。这三点可以反映出一个人的真实状态，决定了一个人仁或不仁、德或不德、愚或不愚。

在05-10章中，有“始吾于人也，听其言而信其行；今吾于人也，听其言而观其行。于予与改是”一语。可见语言是一方面，还要看行为。

在01-16章中，有“不患人之不己知，患不知人也”一语。知人有道，人的言行会展示一切；所以，谁也不用担心别人了解不了自己做得如何，谁也可以了解他人是个怎样的人。

○

○

〖02-11〗**子曰：“温故而知新，可以为师矣。”**

【注解】子曰：“温重温故过往的而知新，可以为师矣。”

（［补充］可以为师矣，古今多解释为：可以当老师了。）

【译文】先生说：“通过重温旧事而获得新的认识，自己就可以做自己的老师了。”

【延伸】德行从哪里来？从总结经验教训中来。前事不忘，后事之师，道理就蕴含在事实中，德行就体现在做事中。为人或为政，面对的是一件件具体的事情，善于发现这些事情中的道理并善加应用，就能使为人或为政获得令人满意的效果。

在01-04章中，有“吾日三省吾身：为人谋而不忠乎？与朋友交而不信乎？传不习乎”一语，可见反省是提升德行的捷径。

○

○

〖02-12〗**子曰："君子不器。"**

【注解】子曰："君子不器器皿。代指有局限。"

【译文】先生说："君子不给自己设限。"

【延伸】君子不是以某种专长成为君子的，而是以美好的德行成为君子的。不能根据一个人所从事的工作说这人是君子或不是君子，并且君子在具体的工作中也不会挑剔说我只能做这工作或那工作。

在02-01中，有"为政以德，譬如北辰居其所而众星共之"一语。君子为政以德，不需要规定有什么专长。

在07-12章中，有"富而可求也，虽执鞭之士，吾亦为之。如不可求，从吾所好"一语，则从另外一个角度阐释了君子不器的含义，那就是什么工作都可以做。我们可以想象，凭着君子的品德，他无论做什么，一定会尽心尽责地去做，而这样做事，又怎么可能不将各种所从事的工作做成专长呢?

○

○

〖02-13〗**子贡问君子。子曰："先行其言而后从之。"**

【句读新校】子贡问君子。子曰："先行其言，而后从之。"

【注解】子贡问君子。子曰：“先首先行履行其言言语，主张，而后从跟从，指持之以恒之。”

（［补充］从，古今多解释为：符合、一致。先行其言而后从之，古今多解释为：先做再说，然后说的要符合做的。）

【译文】子贡问怎样能成为君子。先生说：“首先，言出必行，而后，持之以恒。”

【延伸】道理与德行之间，存在着一个承接的问题，也就是言行一致不一致的问题，口头上头头是道，行动上迟缓拖拉，这种现象司空见惯。在这里，孔子明确指出，德行不仅是对道理的践行，而且是对持之以恒的践行，只有做到这些的人，才是有德之人，才是君子。

在13-20章中，有“言必信，行必果，硁硁然小人哉！抑亦可以为次矣”一语。由此可见，孔子很看重言行的一致性、行为的一惯性，他把这个特征当成了士的最低标准。

○

○

**〖02-14〗子曰：“君子周而不比，小人比而不周。”**

【注解】子曰：“君子周周全而不比比较，小人比而不周。”

（［补充］周，古今多解释为：因亲密而忠信。比，古今多解释为：勾结。本章古今多译为：“先生说：‘君子团结但不勾结，小人勾结而不团结。’”）

【译文】先生说：“君子完善不足而不比较好坏，小人只知比较而不会完善。”

【延伸】德，有言有行，这些言行，是以周为出发点，以周为落脚点的，而不能以比为出发点和落脚点。君子从仁心出发，就会对人关怀备至；君子从大局出发，就会对事尽善尽周。小人不仁，只会对人苛刻比较；小人自私，只会对事进行毁誉。

在04-11章中，有“君子怀德，小人怀土；君子怀刑，小人怀惠”一语。君子清醒、弘毅，所以不用比较；小人糊涂、犹豫，所以周全不了。

○

○

〖02-15〗子曰：**“学而不思则罔，思而不学则殆。”**

【注解】子曰：“学而不思则罔音wǎng。迷惘，思而不学则殆懈怠。”

【译文】先生说：“学而不思则会迷惘，思而不学则会懈怠。”

【延伸】从道理到德行的转化过程是一个学习并思考的过程。学是对知识和技能的学习，如果搞不清这些知识技能的进步意义和正确应用，不仅不能受益，还可能遭损，这就不免会使人陷入困惑之中；思是对意义和应用的思辨，如果缺乏丰富的知识和高超的技能，不仅于事无补，还可能坏事，这就不免令人落入沮丧之中。学与思的关系，也对应于才智与德行的关系，有能力而没有人生方向就会迷惘，有人生方向而没有能力也是空谈。

在01-01章中，有“学而时习之，不亦说乎”一语。只有学还不够，同时还要思考学习的意义和作用。

在16-10章中，有“君子有九思：视思明，听思聪，色思温，貌思恭，言思忠，事思敬，疑思问，忿思难，见得思义”一语。思是一种超越，是对具体事物的超越，是德行建立并坚守的必由之路。

○

○

## 〖02-16〗子曰：“攻乎异端，斯害也已。”

【注解】子曰：“攻攻击乎异不同于己端事情，斯这害有害也已。”

（［补充］攻，古今多解释为：治学或攻击。异端，古今多解释为：各种杂学、技艺。本章古今多译为：“先生说：‘攻击那些错误思想，祸害就可以消除了。’”或：“先生说：‘攻读杂学、技艺，这是有害的呀。’”）

【译文】先生说：“攻击异于自己的主张，这本身就是极其有害的。”

【延伸】德行是对道理的践行，不是对道理的保护，更不是对其他道理的攻击。用攻击的手段消除异己、统一思想，是思想斗争中常见的现象；但以这种方式统一思想恰恰会给人类思想的解放和发展造成极大的伤害。这种现象的极端表现就是，自己不学不思，只想简单地从肉体上消灭异己，从而达到消灭异己思想的目的。

在07-21章中，有“子不语怪、力、乱、神”一语。孔子对这些异端中的异端，也只是不语而已。

在13-23章中，有“君子和而不同，小人同而不和”一语。异端未必就是错误的，共识也未必就是正确的。个人之德未必就是邪道，众人之德也未必就是正道。

○

○

〖02-17〗**子曰："由！诲女知之乎！知之为知之，不知为不知，是知也。"**

【句读新校】子曰："由，诲，女知之乎？知之为知之，不知为不知，是知也。"

【注解】子曰："由姓仲，名由，字子路，孔子的学生，诲教诲，女通"汝"，你知之乎？知之为知之，不知为不知，是知也。"

（［补充］本章古今多译为："先生说：'仲由，我教导你的，你知道了吗？知道就说知道，不知道就说不知道，这才是智慧啊！'"）

【译文】先生说："仲由，关于'教诲'，你明白吗？知之为知之，不知为不知，这样才算明白啊。"

【延伸】德行要靠教诲培养，教诲要靠德行支撑。教诲，一般是指通过三观方面的指引，达成品德方面的完善。教诲尽管也会指出他人的不足与错误，但教诲更多的是指明方向、提供方法。教诲以启迪思路为主，而不会进行人身攻击，这也就是周而不比在教育上的应用。在教诲中，如果被教诲者听不进去，或者教诲者教得有问题，都会影响教诲的效果。子路接受孔子的教诲，同时也会教诲他人，本章记录的便是孔子教诲子路如何接受教诲以及如何教诲他人：不要因为不知又不敢提问而错失接受教诲的机会，也不要因为不知又不敢承认而胡乱地教诲他人。

在01-15章中载："子贡曰：'贫而无谄，富而无骄，何如？'子曰：'可也。未若贫而乐，富而好礼者也。'"由此可以看出，孔子教诲子贡的方式。

在07-34章中，有"若圣与仁，则吾岂敢？抑为之不厌，诲人不倦，则可谓云尔已矣"一语。诲是立足于正道之上的对人的引导，是立足于真知之上的对人的教授，如果达不到这种程度的言传，那么承认自己的不知，本身也是一种身教，也能达到诲人的效果。

在14-04章中，有"有德者必有言，有言者不必有德"一语。要使天下归仁，社会教育是不可或缺的途径，选用有德者从事社会教育的工作，会加速天下归仁的进程。

○

○

〖02-18〗**子张学干禄。子曰："多闻阙疑，慎言其余，则寡尤；多见阙殆，慎行其余，则寡悔。言寡尤，行寡悔，禄在其中矣。"**

**【注解】** 子张姓颛孙，名师，字子张，孔子的学生，小孔子四十八岁学干音gān。求取禄官俸。子曰："多闻阙音quē。消减疑，慎言其余，则寡尤忧；多见阙殆音dài。危殆，慎行其余，则寡悔后悔。言寡尤，行寡悔，禄在其中矣。"

（［补充］本章古今多译为："子张要学谋取官职的办法。先生说：'多听，搁置有疑惑的问题，对其余有把握的也谨慎说，可以少犯错误；多看，搁置有疑惑的事情，对其余有握的也谨慎做，就能减少后悔。说话少过失，做事少后悔，官职俸禄就在这里了。'"）

【译文】子张求教涉政之道。先生说："多听是为了消减疑惑，少说些多余的话，这样忧患就会减少；多看是为了远离危险，不要干些多余的事，这样懊悔就会减少。说话上没什么可担忧的，行事上没什么可后悔的，完身尽职之道便在其中了。"

【延伸】本章论述在为政中以德行取得斗争的胜利并保证自身的安全。为政是儒家安身立命、实现人生价值的首选途径。为政以德，但仅仅以德还是不够的，权力斗争不仅不会对有德的人网开一面，而且对他们会更加残酷、不公。子张是激进的，所以，孔子对他的建议是密切注意言行上的过失，既要以德实现为政目的，还要以智维持为政权力，这既不同于一味进取，也不同于明哲保身。

在17-06章中载："子张问仁于孔子。孔子曰：'能行五者于天下为仁矣。''请问之。'曰：'恭、宽、信、敏、惠。恭则不侮，宽则得众，信则人任焉，敏则有功，惠则足以使人。'"以德行去为政，以为政去为仁，这是一致的。

在19-16章中，有"堂堂乎张也，难于并为仁矣"一语。子张光明正大，但木秀于林风必摧之，所以孔子教诲子张要保守稳健，其爱惜之情溢于言表。

○

○

**〖02-19〗哀公问曰："何为则民服？"孔子对曰："举直错诸枉，则民服；举枉错诸直，则民不服。"**

【注解】 哀公鲁国国君，姓姬，名蒋，谥号哀。前494至前468年在位问曰："何如何为做则民服服从？"孔子对曰："举举用直正直错指整治诸枉枉曲，则民服；举枉错诸直，则民不服。”

（［补充］错，古今多解释为：放置。）

【译文】哀公问：“怎么做就能使国民心服呢？”孔子答道：“以正直整治各种枉曲，则国民心服；以枉曲整治各种正直，则民心不服。”

【延伸】为政以德，以德服人，但具体该怎么做呢？

在12-17章中，有“政者，正也”一语。一般来说，为政者征服民众的手段除了威逼，就是收买，但即使哀公也知道，这样是征服不了人心的。那么，人心究竟服于什么？孔子认为：人心服于正，人心服于直。举正错邪，举直错枉，民众自然心服。

在12-22章中载：“樊迟退，见子夏曰：‘乡也吾见于夫子而问知，子曰：“举直错诸枉，能使枉者直。”何谓也？’”“子夏曰：‘富哉言乎！舜有天下，选于众，举皋陶，不仁者远矣。汤有天下，选于众，举伊尹，不仁者远矣。’”汤、舜被民众铭心传颂，正因为他们可以举君子错小人。

○

○

〖02-20〗**季康子问：“使民敬、忠以劝，如之何？”子曰：“临之以庄，则敬；孝慈，则忠；举善而教不能，则劝。”**

【句读新校】季康子问：“使民敬忠以劝，如之何？”子曰：“临之以庄，则敬。孝慈，则忠。举善而教，不能则劝。”

【注解】季康子姬姓，季氏，名肥，谥康问：“使让民敬忠以通过劝规劝、劝说，如之何？”子曰：“临面对之民以庄庄重，则敬；孝慈，则忠；举动用善善举、善行而教指身教，不能则劝。”

【译文】季康子问：“以规劝的方式使民众拥有敬忠之心，怎么样？”先生说：“你对人庄重，人就会敬重你；你孝老爱幼，人就会忠诚于你。先用自身善行来教人，不行的话再进行规劝。”

【延伸】推广德行，单纯靠劝导是不起作用的，必须首选自身恪守。

在12-19章中载：“季康子问政于孔子曰：‘如杀无道，以就有道，何如？’孔子对曰：‘子为政，焉用杀？子欲善而民善矣。君子之德风，小人之德草。草上之风，必偃。’”以杀戮没有道德的人来维持社会道德水准的想法，恰恰是那些没有道德的人的想法，他们这样想的时候，只想到要杀戮没有道德的别人，并没有想到要杀戮没有道德的自己。

在12-17章中，有“子帅以正，孰敢不正”一语。由此看出，孔子总是把为政的问题转移到为政者自己身上，引导他们对自己进行反思，同时也将正直、恭敬、孝忠、德政等观念耐心地灌输给他们。

○

○

〖02-21〗**或谓孔子曰：“子奚不为政？”子曰：“《书》云：‘孝乎惟孝，友于兄弟，施于有政。’是亦为政，奚其为为政？”**

【句读新校】或谓孔子曰："子奚不为政？"子曰："《书》云：'孝乎惟孝？友于兄弟。'施于有政，是亦为政，奚其为为政？"

【注解】或有人谓孔子曰："子奚为什么不为政？"子曰："《书》云：'孝乎惟只是孝？友友爱于兄弟。'施施加于有政，是亦为政，奚何止其为是为政？"

（［补充］"孝乎惟孝，友于兄弟"，古今多解释为："孝啊，只是孝顺父母？还能友爱兄弟"。施，古今多解释为：施行，举措。"是亦为政，奚其为为政？"古今多译为："这也是为政，不然怎样才算为政呢？"）

【译文】有人对孔子说："先生为什么不为政呢？"先生说："《尚书》上说：'孝乎惟孝？友于兄弟。'施加影响于那些执政的人，这就是为政，何止是你说的那种为政呢？"

【延伸】在孔子看来，为政就是对德的推广，而对德的推广就是为政。孔子还指出，对为政者施加影响也是为政，这就以普遍联系的方式给了为政一个民主的定义。他在揭示出现实中人人都在以直接或间接的方式为政的同时，也为人人可以直接或间接地为政提供了理论上的支撑。

在01-10章中，有"夫子至于是邦也，必闻其政。求之与？抑与之与"一语。孔子在各国国君向他询问为政之道时，都会推行自己的为政之道，这不仅是为政，而且为的都是核心之政。

在08-14章中，有"不在其位，不谋其政"一语。有的为政者，只是名义上的为政者，占据着社会权力中明显的位置，却在其位不谋某事——这种人谋的不是为政，他们谋的是如何攫取利益，他们的行为侵害了社会，因此，他们才是社会败坏的根源。而一个没有社会权力的人，想有益于社会，他的为政，就只能靠自己的德行，通过日常行为与社会发生联系，进而对社会产生尽可能大的影响。

在02-01章中，有“为政以德，譬如北辰居其所而众星共之”一语。为政要靠德行。

“孝乎惟孝？友于兄弟。”出自《尚书》，译为：“孝只有孝敬父母吗？友爱兄弟也是孝啊！”

○

○

〖02-22〗**子曰：“人而无信，不知其可也。大车无輗，小车无軏，其何以行之哉？”**

【注解】子曰：“人而无信信用，不知其可也。大车无輗音ní。车部件，小车无軏音yuè。车部件，其何以行之哉？”

【译文】先生说：“人而无信，真不知道他可以做什么。就像大车无輗，小车无軏，它怎么能行驶呢？”

【延伸】德行所展现出来的是一种内在的必然的自我约束，当这种约束成为一种社会素养时，就称之为信。信是人和人之间良好关系的基础，也是整个社会良好关系的基础。

在01-13章中，有“信近于义，言可复也”一语。从道义的角度看，信使社会事务简洁明了；从生活的角度看，信使人类生活安稳愉快。

在07-25章中，有“子以四教：文、行、忠、信”一语。信是文明的基本特征之一。

○

○

〖02-23〗**子张问："十世可知也？"子曰："殷因于夏礼，所损益，可知也；周因于殷礼，所损益，可知也。其或继周者，虽百世，可知也。"**

【注解】子张问："十世朝代可知也？"子曰："殷因因袭于夏礼，所损减少益增加，可知也；周因于殷礼，所损益，可知也。其或继周者，虽百世，可知也。"

【译文】子张问："十世之后的情况能知道吗？"先生说："商继承夏礼，并有所增减，这是可知的；周继承商礼，并有所增减，这是可知的。那些可能继承周礼的，虽过百世，也是可知的。"

【延伸】社会的发展是有规律的，变化的形式掩盖不了不变的本质。把握住社会的本质，就可以将个人的发展与社会的发展统一起来——从个人来说，这就是德行；从社会来说，这就是德政。

在13-12章中，有"如有王者，必世而后仁"一语。社会一定会走向仁，这是社会发展的必然，这是可知的。什么时候，或者说多少世代之后，达到仁的社会，则是不可知的。

○

○

〖02-24〗**子曰："非其鬼而祭之，谄也。见义不为，无勇也。"**

【注解】子曰：“非其鬼而祭之，谄音chǎn。谄媚也。见义不为，无勇也。”

【译文】先生说：“不该由你祭的鬼却去祭祀，是谄媚。遇见合乎道义的事却不去做，是无勇。”

【延伸】本章论述人们对于德行的选择问题。无论是个人生活还是各家政事，都会在事件中以选择的方式展开。如何选择，就成为一切事件中最关键的一个环节。

朝代的更替犹如个人的生死，反过来，为政者对生死的看法也势必会影响到他的为政。君子喻于义，当生则生、当死则死，面对生死时坦然，面对为政时也坦然；小人喻于利，见生则贪、遇死则惧，面对生死时激动，面对为政时也会冲动。如果一个为政者不能正确面对生死，就容易不信人而信鬼，不信该信的鬼而信不该信的鬼，宁愿在虚无缥缈的事情上无下限地追求，也没勇气在改善现实的事情上做一点尝试，从而使得自己和国家因为一个错误选择而败坏，而灭亡。

在20-01章中，有“所重：民、食、丧、祭”一语。祭祀虽然重要，但祭祀出了差错，大不过是羞愧一番，假如三观出现了差错，那后果可就严重了。

在02-05章中，有“生，事之以礼；死，葬之以礼，祭之以礼”一语。孔子不反对祭祀，但他主张祭祀要按祭祀之礼来，不能按当权者自己的意愿来。因为按当权者自己的意愿来，他就可能想祭谁祭谁了。

在20-03章中，有“不知命，无以为君子也。不知礼，无以立也。不知言，无以知人也”一语。礼的意义在于立人，使人在知识缺乏的情况下也能做出正确的选择。

在12-02章中，有“出门如见大宾，使民如承大祭”一语。这是一个很巧妙的引申，对于为政者来说，真正值得大祭的是他为之服务的民众。

在14-04章中，有“仁者必有勇，勇者不必有仁”一语。选择对了，没有勇气去做也是一个问题。必然的勇来自必然的仁，只有不断地推行仁义，才可能产生越来越多见义勇为的勇者。

# 八佾篇第三

本篇共计二十六章，以礼乐为讨论的核心，以对礼乐的遵守为线索，围绕礼乐的形式、本质、历史、现实、观念、意义等方面展开讨论。紧接道之以德的，便是齐之以礼，如果说德是社会文明的内在表现形式，那么礼就是社会文明的外在表现形式。本篇从具体的细节和现实的事例对礼乐进行了探讨，在阐释礼乐与道德、政治、伦理、艺术等领域的关系时，也揭示了礼乐之本以及礼乐在社会中所具有的重要地位，使人从这些细节和事例中感受到主动破坏礼乐的消极后果以及被动遵守礼乐的积极作用。

○

○

〖03-01〗**孔子谓季氏，“八佾舞于庭，是可忍也，孰不可忍也？”**

【注解】孔子谓季氏鲁国大夫季孙氏，可能指季平子，名意如，“八佾音yì。八佾：天子规格的舞乐，六十四人方队。按礼制，诸侯、大夫、士的舞乐规模应随级递减舞于庭指季氏家的庭堂，是可忍容忍也，孰什么，哪些不可忍也？”

【译文】孔子谈起季氏时说：“他让天子规格的八佾之舞舞于庭院，对撺掇这种事的人都能容忍，还有什么不能容忍的呢？”

【延伸】当权者以权谋私时，自然会感受到来自礼乐制度的约束，他们或许会就此认为这种礼乐制度限制了自己的自由，制约了自己的幸福，从而产生一种打破它的冲动。以权谋私成为一种普遍现象时，整个社会就将打破与践踏礼乐制度当作一种新潮的事物去追求。

在09-03章中，有“麻冕，礼也。今也纯，俭，吾从众。拜下，礼也。今拜乎上，泰也。虽违众，吾从下”一语。如果只是改变礼乐的形式从而使之更符合礼乐的本质，孔子不仅赞成，还为此做出解释；但如果要连礼乐的本质也一并抛弃，他就会明确地反对。

孔子从季氏对礼乐的僭越看出人们对礼乐的轻蔑，从人们对礼乐的轻蔑看出人心的“狠忍”，人心狠忍不仅会践踏礼乐，而且会践踏一切文明，使人的内心退回到野蛮的状态。

在02-03章中，有“道之以政，齐之以刑，民免而无耻。道之以德，齐之以礼，有耻且格”一语。狠忍正是民免而无耻带来的直接后果。有品德、有礼教、知耻自律、不跟风、不狂妄才是社会发展所需要的精神面貌，推崇这种积极的精神面貌，在任何时代，都是抵制社会乱象的一剂良方。

○

○

**〖03-02〗三家者以《雍》彻。子曰：“‘相维辟公，天子穆穆’，奚取于三家之堂？”**

【注解】三家三家：鲁国孟孙氏、叔孙氏、季孙氏三个把持朝政的家族者以《雍》指为周天子行祭礼后唱颂《雍》彻撤去。子曰：“‘相相助维唯，只有辟音bì。公辟公：指诸侯，天子周天子穆穆庄严而和谐’，奚取于三家之堂？”

【译文】鲁国的三大家族祭祀结束后唱颂着《雍》诗撤场。先生说：“‘相维辟公，天子穆穆’，在这三家大夫的庙堂上，凭借哪一点唱此诗呢？”

【延伸】以僭越的礼乐来行礼乐之事，是自相矛盾的，最终还是不合礼乐的。这三家人既不知诗，又不知礼，无德无知却有权有势，礼乐被他们把持，他们就会用自己所理解的礼乐来行礼乐之事，这种无德无知的礼乐实际上已经与礼乐的本质脱节了，他们对礼乐的这种扭曲反过来也使他们扭曲了。如果仅仅是这三家自己扭曲还不要紧，要紧的是，这三家还把持着一个国家，他们的这种扭曲，势必会祸及国家。

在03-24章中，有“天下之无道也久矣，天将以夫子为木铎”一语。可见人们把当权者从上到下对礼乐的这种僭越现象称之为天下无道。

在08-13章中，有“邦无道，富且贵焉，耻也”一语。三家人只知道富贵之荣，根本不知道无道之耻，这也是造成礼崩乐坏的主观原因之一。

在19-13章中，有“仕而优则学，学而优则仕”一语。学可以知，可以明，可以端正而不扭曲，让那些能干的人学习，让那些好学的人做事，可以使天下的人们既彬彬有礼又轻松愉快，而这也是挽救礼崩乐坏的有效方法之一。

“相维辟公，天子穆穆。”出自《诗经·周颂·雍》，译为：“助祭之人是诸侯，天子在祭礼上庄严而静穆。”

○

○

〖03-03〗

## 子曰：“人而不仁，如礼何？人而不仁，如乐何？”

**【译文】**先生说：“一个人没有仁德，怎么能遵循礼？一个人没有仁德，怎么会懂得音乐？”

**【延伸】**礼乐的核心是仁义。孔子认为礼崩乐坏不是礼乐自身的问题，而是人而不仁的问题。一切礼乐，包括一切被人推崇的品性和行为，如果没有仁的支撑，都无法体现自身的意义。

在04-03章中，有“唯仁者能好人，能恶人”一语。有礼有乐而不仁不义，礼乐就不能让人感到美好，反而会让人厌恶。

○

○

〖03-04〗**林放问礼之本。子曰：“大哉问！礼，与其奢也，宁俭。丧，与其易也，宁戚。”**

【注解】林放姓林，名放，字子邱，小孔子一岁问礼之本根本，指落实之处。子曰：“大广而深哉问指这个问题！礼，与其奢奢华，繁复也，宁宁可俭节俭，简约。丧，与其易简易也，宁戚忧戚，愁蹙。”

（［补充］易，古今多解释为：整治。“礼，与其奢也，宁俭。丧，与其易也，宁戚。”古今多译为：“礼节仪式，与其奢侈浪费，宁可俭省节约。而治丧，与其仪式完备周到，宁可内心真正哀悼。”）

【译文】林放问什么是礼的根本。先生说：“好深刻呀，这个问题！礼节仪式，与其注重奢华，宁可注重俭约。而在丧礼中，与其注重简易，宁可注重哀戚。”

【延伸】就像在第一篇中有子说仁之本一样，本章所说的礼之本，也不同于现代人用语言直接揭示出来的礼的本质，即支撑礼的那个基础，而是以礼的某些具体表现形式来间接地指示出礼的本质所在。从奢至俭，是指行为在量上符合于礼；从易到戚，是指行为在质上符合于礼。

在03-03章中，有“人而不仁，如礼何？人而不仁，如乐何”一语。可见礼乐的基础，即本质，就是仁。林放问礼之本，实际上就是问仁在礼中是如何体现的。

在17-11章中，有“礼云礼云，玉帛云乎哉？乐云乐云，钟鼓云乎哉”一语。人类制定礼乐，本来是为了制定一套符合道德标准的行为规范，但久而久之，人们便会着眼于礼乐本身的内容反而忽视了礼乐的初衷。林放这一问，正好切中这个要害，促使人对这一问题进行反思，以恢复初衷。因此，孔子对林放的这个问题大加赞赏，并由此认为林放能深思于礼，也能深知于礼。

○

○

〖03-05〗**子曰：“夷狄之有君，不如诸夏之亡也。”**

**【注解】** 子曰：“夷狄音dí。夷狄：古代对华夏族以外异族的冷称之有君君王，不如诸夏诸夏：指中原地区的各诸侯国之亡通“无”也。”

**【译文】**先生说：“夷狄之地即使有君王，也不如无君的诸夏之地。”

**【延伸】**礼乐制度是社会文明的特征之一。野蛮社会因为有礼而步入文明社会，文明社会因为失礼而退回野蛮社会。孔子深感拥有先进文明的重要性，所以发出这样的感叹，有没有文明比有没有君王对社会来说更为重要，野蛮社会即使有君王，也不如没有君王的文明社会更适合人类的生存和发展。孔子在赞叹诸夏文明的同时，也为诸夏的文明的衰落感到忧虑；因为有一种现象比有文明没君王还糟糕，那就是诸夏有一个促使礼崩乐坏的君王，而现实是，这样的君王在诸夏还远远不止一个。

在13-11章中，有“善人为邦百年，亦可以胜残去杀矣”一语。如果出现一个文明的君王，文明就会在一定的时间内快速发展，即使他不在位了，文明的影响也会持续一段时间，即使无君，文明也不会一下被扼杀。

在19-22章中，有“文武之道，未坠于地，在人。贤者识其大者，不贤者识其小者。莫不有文武之道焉”一语。文明社会造就文明的人，文明的人引领社会文明，文明社会可以没有君王，但不能没有文明的人。

○

○

〖03-06〗**季氏旅于泰山。子谓冉有曰：“女弗能救与？”对曰：“不能。”子曰：“呜呼！曾谓泰山不如林放乎？”**

**【注解】** 季氏旅祭名，祭祀山川为旅于泰山。子谓冉有姓冉，名求，字子有，孔子的学生，小孔子二十九岁曰：“女弗不能救阻止与？”对曰：“不能。”子曰：“呜呼！曾谓泰山泰山：指泰山神不如林放乎？”

**【译文】** 季氏一行人去泰山祭祀。先生对冉有说：“你不能劝阻了吧？”冉有回答说：“不能。”先生说：“唉！难道泰山神不如林放知礼而去接受这祭祀吗？”

**【延伸】** 本章论述不知礼乐的害处。人们不知礼乐之本，就会追求那些表面上看起来更高级、更奢华的礼的形式。例如，以大夫的身份去行诸侯所行之礼，不该祭祀泰山而执意去祭祀。如果真有泰山神，怎么可能会让那些僭越礼乐的人得到他们想要的结果呢？

在03-13章中，有“获罪于天，无所祷也”一语。只考虑自己的利益，对泰山神的神圣性熟视无睹，用亵渎神灵的方式祭祀神灵，怎么可能得其所愿呢？

○

○

〖03-07〗**子曰：“君子无所争。必也射乎！揖让而升，下而饮。其争也君子。”**

【注解】子曰：“君子无所争。必也射指射礼乎！揖音yī。拱手行礼让谦让而升指上场，下指下场而饮指胜者罚饮，以示因对方谦让而取胜。其争也君子。”

【译文】先生说：“君子没有什么可以争的事。一定要有所争的话就是参加射礼了吧！他们相互揖让着上场，相互谦让着下场，饮酒。他们的争是君子之争。”

【延伸】本章论述知礼的益处。君子之争，在于争做君子，在于争行君子之礼，而君子之礼，恰恰在于各自遵守，而不是相互争夺。本章以君子在射礼上的表现为例，说明了礼的制定与礼的遵守之间那种既主动又被动的微妙关系。

在01-10章中，有“夫子温、良、恭、俭、让以得之。夫子之求之也，其诸异乎人之求之与”一语。君子无所争，并不是无所求或无所得。

在04-05章中，有“富与贵，是人之所欲也；不以其道得之，不处也。贫与贱，是人之所恶也；不以其道得之，不去也”一语。君子所得，都得之以道。大道不与天地争，但大道流行于天下，天下万物无不被征服。

○

○

〖03-08〗**子夏问曰："'巧笑倩兮，美目盼兮，素以为绚兮。'何谓也？"子曰："绘事后素。"**

**曰："礼后乎？"子曰："起予者商也！始可与言《诗》已矣。"**

【注解】子夏问曰："'巧笑倩形容笑容美好动人兮，美目盼眼睛黑白分明，形容眼目流转的美丽兮，素本色以为绚色彩华丽兮。'何谓也？"子曰："绘彩绘，美化事事物后素本色。"

曰："礼后乎？"子曰："起开启予我者商子夏名也！始可与言《诗》已矣。"

（［补充］"巧笑倩兮，美目盼兮，素以为绚兮"前二句出自《诗经·卫风·硕人》，第三句未见于《诗经》中，可能是逸诗。此三句古今多译为："可爱的笑容真漂亮啊，顾盼的眼睛真美丽啊，白净的脸上妆饰得真美丽啊。"绘事后素，古今多解释为："绘画时先以素色做底子，后施五彩"，或"先布以五彩，再用白色细条勾勒"。"礼后乎？"古今多译为："礼形成于仁德的基础上吧？"）

【译文】子夏问："'巧笑倩兮，美目盼兮，素以为绚兮。'这是说什么呢？"先生说："美化事物是以本色为基础的。"

子夏说："礼就是这种基础吧？"先生说："启发我的正是你卜商啊！从此就能与你谈论《诗经》了！"

【延伸】人的形象之美基于人的素质之美，人的素质之美又基于礼乐之美。

在17-09章中，有"小子何莫学夫诗？诗，可以兴，可以观，可以群，可以怨。迩之事父，远之事君。多识于鸟兽草木之名”一语。孔子很重视对《诗经》的学习，而子夏通过学习《诗经》已有所得。

在01-12章中，有“礼之用，和为贵。先王之道，斯为美”一语。礼能使事物和谐，和谐的事物即使不装饰，也能使人感受到美的存在。

○

○

**〖03-09〗子曰：“夏礼，吾能言之，杞不足征也；殷礼，吾能言之，宋不足征也。文献不足故也。足，则吾能征之矣。”**

**【注解】** 子曰：“夏夏朝礼礼制，吾能言之，杞指杞国，夏后裔的封国不足征也；殷殷朝礼，吾能言之，宋指宋国，殷后裔的封国不足征也。文指典籍献贤者不足足够故也。足，则吾能征之矣。”

**【译文】** 先生说：“夏礼，我能阐明，但杞国却不足为证；殷礼，我也能阐明，但宋国却不足为证。这都是因为典籍和贤者不足的原因。如果典籍和贤者足够多，那我就能引以为证了。”

**【延伸】** 本章论述礼乐的演变。由于朝代更迭，上一朝代的文明成果常会遭到摒弃，这种损失是令人痛心的。孔子在感慨那些文明成果遗失的同时，又何尝不想对有幸流传下来的文明成果继续传承呢？人类不应该使一个朝代的文明成果与那个朝代一同灭亡，成为那个朝代的陪葬品，朝代可以灭亡，文明一定要继承。

在02-23章中载：“子张问：‘十世可知也？’子曰：‘殷因于

夏礼，所损益，可知也；周因于殷礼，所损益，可知也。其或继周者，虽百世，可知也。’”礼乐在变化中也有不变的部分。

在07-01章中，有“述而不作，信而好古，窃比于我老彭”一语，也说明了孔子传承文明的决心。

〇

〇

〖03-10〗**子曰：“禘自既灌而往者，吾不欲观之矣。”**

【注解】子曰：“禘音dì。祭名，指隆重的宗庙大祭自既表示动作等已经完成灌灌礼而往往后者，吾不欲观之矣。”

【译文】先生说：“禘礼自完成灌礼以后的仪式，我就不想看它了。”

【延伸】合礼则美，不合则丑，礼乐应该表现崇高的内容，而不应该表现低俗的东西。本章描述了一种无知之礼——徒有礼的名称，却没有礼的实质。

在02-17章中，有“由！诲女知之乎！知之为知之，不知为不知，是知也”一语。孔子作为一位礼仪专家，看一帮自以为是的人不伦不类地举行礼仪，不忍卒视。

〇

〇

〖03-11〗**或问禘之说。子曰：“不知也。知其说者之**

**于天下也，其如示诸斯乎！”指其掌。**

【注解】或问禘之说。子曰：“不知也。知其说者之于天下也，其如示通“置”诸之于斯这乎？”指其掌。

【译文】有人问关于禘礼的道理。先生说：“我不知道。如果那些知道这个道理的人来治理天下，犹如把东西放在这上面一样容易吧！”说着，他指了指手掌。

【延伸】礼不仅是有关仪式的知识，更是一种生命的意义。就知识而言，有的知识来源于学习，有的知识来源于经历，有的知识则来源于自己的内心；就礼来说，虽然礼看似源于外在的传承，实则这些礼仪、礼规都来源人的内心。

在07-28章中，有“盖有不知而作之者，我无是也。多闻，择其善者而从之；多见而识之；知之次也”一语。如果不知道礼的内容，也不知道礼的用途，就要举行这样那样的大礼，不仅增加不了社会凝聚力，反而会令民众离心离德。

○

○

〖03-12〗**祭如在，祭神如神在。子曰：“吾不与祭，如不祭。”**

【注解】祭指祭祖如在，祭神如神在。子曰：“吾不与认可祭，如如同不祭。”

（［补充］吾不与祭，古今多解释为：我不亲自参与祭祀。）

【译文】先生祭祖时，就像祖先真在那里；祭神时，就像神真在那里。先生说："我内心不认可的祭祀，就会觉得像没有进行祭祀一样的！"

【延伸】本章论述礼的形式与内容的统一。当权者养尊处优、道德败坏，但表面上还要作祭作祀、崇信崇敬，做的是一套，想的是另一套，这是不知礼之本、不知祭之本的表现，也是自欺欺人、礼制沦丧的体现。

在07-21章中，有"子不语怪、力、乱、神"一语。对于鬼神，不因为自己觉得有就去谈论；在祭祀时，也不因为自己觉得无就去怀疑。只有秉持这种态度，才能做到既尊重事实又符合人情。

在06-22章中载："樊迟问知。子曰：'务民之义，敬鬼神而远之，可谓知矣。'"孔子对鬼神的态度一点也不暧昧，更不亲昵，在祭祀中，他会表现得一丝不苟、敬而远之。相比那些仪式隆重却不诚不敬的祭礼来说，这无疑是对待鬼神最明智的方式。无论什么样的鬼神，对这样的祭礼还有什么可挑剔的呢？

○

○

**〖03-13〗王孙贾问曰："与其媚于奥，宁媚于灶，何谓也？"子曰："不然。获罪于天，无所祷也。"**

【注解】王孙贾音gǔ。人名问曰："与其媚献媚，示好于奥居室的西南角，古人认为那里有神，宁宁可媚于灶指灶神，何谓也？"子曰："不然。获罪于天，无所祷祷告，祈求佑护也。"

【译文】王孙贾问道："与其媚于奥，宁媚于灶，这话什么意思？”先生说：“这话不对。得罪了上天，就没地方祷告了！”

【延伸】礼应该依于义，而不应该依于利。孔子是主张实用的，人们却不觉得他的道理实用；而人们认为实用的道理，在孔子看来，不仅不实用而且还危险。

在13-17章中载：“子夏为莒父宰，问政。子曰：‘无欲速，无见小利。欲速则不达，见小利则大事不成。’”当眼下的利益不能统一于长久的利益时，眼下的利益就可能不足以抵消其长久的损失；当表面的利益不能统一于根本的利益时，表面的利益就可能不足以抵消其实际的损失。当礼乐也被急功近利地应用时，礼乐带来的利益也就可能不足以抵消其造成的损失，当礼乐不仅无益而且有害时，就被称为礼崩乐坏。

“与其媚于奥，宁媚于灶”出自古代俗语，译为：“与其讨好地位尊贵的奥神，还不如讨好负责饮食的灶神。”

○

○

〖03-14〗**子曰：“周监于二代，郁郁乎文哉！吾从周。”**

【注解】子曰：“周监借鉴于二代指夏、商两朝，郁郁形容富盛的样子乎文文明气息哉，吾从追随周。”

【译文】先生说：“周借鉴了夏、商二代，文明是何等昌盛呀！我愿追随周的文化！”

【延伸】礼是人类文明的直接体现，所以爱人类的人也会爱文明，也会被文明的进程所鼓舞。由落后到先进是文明，由先进到再先进更是文明。如果说由落后到先进是社会自然发展的结果，那么由先进到更先进则是人类主动努力才可能得到的结果。

在09-05章中载："子畏于匡。曰：'文王既没，文不在兹乎？天之将丧斯文也，后死者不得与于斯文也。天之未丧斯文也，匡人其如予何？'"从文明发展的角度看时代变迁，就容易看出时代变迁的主线，就不容易被各种社会现象所迷惑。

在19-22中载："子贡曰：'文武之道，未坠于地，在人。贤者识其大者，不贤者识其小者。莫不有文武之道焉。'"人活在世上，也行于道上，而使人能够健康地活在世上，坚定地行于道上的，就是人的文明、人的文化。

○

○

〖03-15〗**子入大庙，每事问。或曰："孰谓鄹人之子知礼乎？入大庙，每事问。"子闻之，曰："是礼也。"**

【注解】子入大庙，每事问。或曰："孰谓鄹音zōu。鲁国小邑人之子鄹人之子：孔子的父亲叔梁纥做过鄹邑大夫，故称孔子为鄹人之子知礼乎？入大庙，每事问。"子闻之，曰："是礼也。"

（［补充］"是礼也"，古今有不同解释。一为：虽知也问，谨就是礼。一为：这些僭越之礼，是礼吗？）

【译文】先生进入太庙，每件事都要问问。有人便说："谁说这位鄹人之子知礼呢？进了太庙，啥事也问。"先生听到这话，说："这样问才是礼啊！"

**【延伸】**将礼内化，才叫懂礼。本章记录了孔子对礼的好学，以及对礼的身体力行。有一点值得注意，那就是孔子学以致用的方式，从他对礼的应用来看，他的学以致用是即时的，也是全面的。

在01-01章中，有“人不知而不愠，不亦君子乎”一语。礼也分小人礼与君子礼，对于他人的不理解，愠怒是小人之礼，不愠怒则是君子之礼。孔子以好礼著称，他人却说孔子不知礼，孔子如果因此而愠怒，就算不得君子了。那么孔子是如何做到不愠怒的呢？是靠“难道你说我不知礼我就真不知礼”的轻视？还是靠大人不计小人过之类的胸怀？都不是，从本章我们可以看出，孔子首先认同了对方所默认的观点，即知礼是好的，不知礼是不好的；其次还认同了对方的推理，即多问是无知的表现；最后，孔子对多问这种行为本身进行了阐明，指出对于一个无知者来说多问本身的合礼性，从而推翻了对方心中所默认的多问就是无礼的观念。孔子所采用的这种对问题分别对待、层层分析的方式，不仅可能改变对方个人的观念，还可能改变一切听闻此事的人的观念。而通过这件事情，也正好解释了君子为什么能做到人不知而不愠。

在02-17章中，有“由！诲女知之乎！知之为知之，不知为不知，是知也”一语。知礼不只表现为知道很多礼的知识，更表现为对这些知识所代表的文明的追求。一个文明的人，不论知礼多少，不论问或不问，都能因为细致谦和而表现得彬彬有礼；一个不文明的人，不论知礼多少，不论问或不问，都会因为粗俗傲慢而表现得野蛮无礼。

如果孔子因为不知而发问，那么正是对礼敬的一种尊敬，对知识的一种求索，对文明的一种践行。如果孔子对先人的事迹明知故问，那么正能引发人们对先人的追思，而追思正是太庙之礼中的核心之礼。

○

○

〖03-16〗**子曰："射不主皮，为力不同科，古之道也。"**

【句读新校】子曰："射不主皮，为力不同。科，古之道也。"

【注解】子曰："射射礼不主皮用兽皮做成的靶子，为力不同。科衡量，古之道也。"

（［补充］科，古今多解释为：级别。本章古今多译为："先生说：'比赛射箭，主要不看入靶深度，因为人的力气有不同级别，这是古人的道理呀。'"）

【译文】先生说："比射不考量射穿靶皮的深度，因为人的力量各不相同。科判之道，自古就有啊！"

【延伸】科判之道，也就是如何设立标准。考察不同的事物，需要设立相应的考察标准，否则，就容易得出错误的结果。礼乐制度作为一种人为设立起来的体制，如何判断一个人知不知礼、守不守礼也存在一个判断标准的问题。

在09-06章中载："太宰问于子贡曰：'夫子圣者与？何其多能也？'子贡曰：'固天纵之将圣，又多能也。'子闻之，曰：'太宰知我乎！吾少也贱，故多能鄙事。君子多乎哉？不多也。'"以圣者不多能为标准，则会得出孔子非圣的结论；以圣者多仁为标准，则会得出孔子为圣的结论。把对礼仪礼规的了解程度当作知礼的标准，则会得出孔子不知礼的结论；把对文明的了解及应用程度当作知礼的标准，就会得出孔子知礼的结论。

○

○

〖03-17〗**子贡欲去告朔之饩羊。子曰：“赐也！尔爱其羊，我爱其礼。”**

**【注解】** 子贡欲去省去告朔告朔：有关历法之礼。告：布告。朔：每月第一天之饩音xì。杀而不烹，生祭羊。子曰：“赐子贡名也！尔爱其羊，我爱其礼。”

**【译文】** 子贡想取消在告朔礼上杀羊献祭。先生说：“赐啊！你爱惜那羊，而我爱惜那礼。”

**【延伸】** 本章的重点不是去不去羊的问题，更不是对羊有爱心没爱心的问题，而是关于礼的价值的问题。如果子贡是从更符合礼的角度而不是从一只羊的价值角度提出“去”羊，结果或许就是另外一种情况了。

在03-04章中载：“林放问礼之本。子曰：‘大哉问！礼，与其奢也，宁俭。丧，与其易也，宁戚。’”物质文明是财富，应当爱惜；精神文明也是财富，也应当爱惜。但当人们面对事物时，仅从爱惜物质的角度去奢从俭，就可能既损害了精神，又因为这种不当的节俭而造成更大的浪费。所以，只有从爱惜精神的角度去奢从俭，才可能既顾及精神的增长，又发挥出节俭的价值。

生产力的发展使人们的物质生活越来越丰富，但丰富的物质生活又很容易使人在物质享受中沦陷，而难以在精神上有所建树，如何在丰富的物质条件下使精神更加丰富，是一个值得探讨的问题。

在06-11章中载："子曰：'贤哉，回也！一箪食，一瓢饮，在陋巷，人不堪其忧，回也不改其乐。贤哉，回也！'"精神丰富的人在贫困时仍不改其乐，在富贵时其乐当然应该更甚。

在09-27章中载："子曰：'衣敝缊袍，与衣狐貉者立，而不耻者，其由也与？'"要守道，要丰富精神，要与仁为伍，就不能让贫寒或富贵阻碍礼的施行，这是显而易见的，也是难以做到的。孔子之道虽然不能流行于天下，但它构造了一道坚固屏障，使横流的物欲不能轻易地将人冲刷回原始的丛林。

○

○

〖03-18〗**子曰："事君尽礼，人以为谄也。"**

【注解】子曰："事事奉君尽尽到礼礼节，人他人以为谄谄媚也。"

【译文】先生说："事奉君王尽到臣子之礼，他人却以为这是谄媚！"

【延伸】影响礼乐的因素除了制度本身外，还有人的因素，也就是施礼方、受礼方与旁观者的个人因素，任何一个因素出现问题，都会给礼乐的整体体现带来影响。不能正确认识礼乐，就不能正确对待礼乐；不能正确对待礼乐，礼乐就不能发挥其应有的作用，就会丧失其应有的地位，进而导致社会动乱。

在06-16章中载："子曰：'不有祝鮀之佞，而有宋朝之美，难乎免于今之世矣。'"事君尽礼之所以会被人当作谄媚，是因为有些无知之君不尽君主之职却贪君主之礼，而有些趋利之臣只尽臣子之礼却不尽臣子之忠。

○

○

〖03-19〗**定公问："君使臣，臣事君，如之何？"孔子对曰："君使臣以礼，臣事君以忠。"**

**【注解】** 定公鲁国的君主，姓姬，名宋，谥号定问："君使使用臣，臣事事奉君，如之何？"孔子对曰："君使臣以礼，臣事君以忠。"

**【译文】**定公问："君主使用臣子，臣子事奉君主，该如何做？"孔子回答说："君主要以礼使用臣子，臣子要以忠事奉君主。"

**【延伸】**礼是维系社会关系的纽带，是节制关系双方的力量，守节双赢，不守双损。君臣关系是社会中最重要的关系，如果君不能以礼使臣或臣不能以忠事君，那就只能误君误臣误国误民了。

在15-38章中载："子曰：'事君，敬其事而后其食。'"臣事君以忠，相对来说容易些。

在13-15章中载："定公问：'一言而可以兴邦，有诸？'孔子对曰：'言不可以若是其几也。人之言曰："为君难，为臣不易。"如知为君之难也，不几乎一言而兴邦乎？'曰：'一言而丧邦，有诸？'孔子对曰：'言不可以若是其几也。人之言曰："予无乐乎为君，唯其言而莫予违也。"如其善而莫之违也，不亦善乎？如不善而莫之违也，不几乎一言而丧邦乎？'"君使臣以礼，相对来说就难一些了。

○

○

〖03-20〗**子曰："《关雎》乐而不淫，哀而不伤。"**

【注解】子曰："《关雎音jū》乐而不淫过度，哀哀婉而不伤指过度忧伤。"

【译文】先生说："《关雎》这首诗快乐而不放荡，哀婉而不悲伤。"

【延伸】礼节作为一种关系的维系，太松了就没了约束，太紧了就成了负担。

在02-02章中载："子曰：'诗三百，一言以蔽之，曰："思无邪。"'"思无邪，情也无邪；情无邪，行也无邪。而行无邪，也正是礼节要达到的作用。快乐止于礼就不会因为邪而轻浮，相思止于礼也不会因为邪而沉重。

○

○

〖03-21〗**哀公问社于宰我。宰我对曰："夏后氏以松，殷人以柏，周人以栗，曰使民战栗。"子闻之，曰："成事不说，遂事不谏，既往不咎。"**

【注解】哀公问社土地神。选一种木头象征土地神并进行祭祀叫作立社于宰我姓宰，名予，字子我，小孔子二十九岁。宰我对曰："夏后氏夏后氏：夏朝以松，殷商朝人以柏，周周朝人以栗，曰使民战栗。”子闻之，曰：“成事不说，遂已经完成事不谏劝谏，既往不咎指责。”

（［补充］“成事不说，遂事不谏，既往不咎。”古今多译为：“做了的事不必再解释了，干完的事不必再劝谏了，过去的事不必再追究了。”）

【译文】哀公向宰我问关于立社的事，宰我回答说：“夏代用松树，商人用柏树，周人用栗树，说是能使民战栗。”先生听到后说：“成就事业不用人鼓动，遂心的事不用人劝谏，既成往事不必再责怪。”

【延伸】事物的发展是有规律的，而礼制就是基于这种规律而制定的。礼制不仅限定人与人之间的关系，同时也限定了人与事之间的关系，从而使人的目的与事物的发展相一致。但当权者的能力较差时，礼制就无法正常运作，无礼的混乱不仅会破坏人与人之间的关系，也会破坏人与事之间的关系。在这种情况下，为臣之人为了维护礼制而对为君之人所做的各种急于求成的游说、劝谏非但不能使礼制恢复到正常状态，反而会使它更加混乱。

在06-26章中载：“宰我问曰：‘仁者，虽告之曰“井有仁焉”，其从之也？’子曰：‘何为其然也？君子可逝也，不可陷也；可欺也，不可罔也。’”可见宰我一直认为孔子所说的仁政太宽厚、难作为，所以宰我企图说服哀公用“使民战栗”的严刑峻法来治国。

在02-03章中载：“子曰：‘道之以政，齐之以刑，民免而无耻。道之以德，齐之以礼，有耻且格。’”齐之以礼，就是以礼作选择，以礼去实施，以礼来对待，如此则成事不用说，遂事不用谏，既往也不用咎了。

○

○

〖03-22〗子曰：**“管仲之器小哉！”**

**或曰：“管仲俭乎？”曰：“管氏有三归，官事不摄，焉得俭？”**

**“然则管仲知礼乎？”曰：“邦君树塞门，管氏亦树塞门。邦君为两君之好，有反坫，管氏亦有反坫。管氏而知礼，孰不知礼？”**

【句读新校】子曰：“管仲之器小哉！”

或曰：“管仲俭乎？”曰：“管氏有三归官，事不摄，焉得俭？”

“然则管仲知礼乎？”曰：“邦君树塞门，管氏亦树塞门。邦君为两君之好，有反坫，管氏亦有反坫。管氏而知礼，孰不知礼？”

【注解】子曰：“管仲姬姓，管氏，名夷吾，字仲。齐国国相之器器量小哉！”

或曰：“管仲俭不奢侈，有俭德乎？”曰：“管氏有三三处归归处官官署，事事务不摄控制，摄于一处，焉得俭？”

“然则管仲知礼乎？”曰：“邦君树立起塞门塞门：入门处遮挡视线的屏壁，管氏亦树塞门。邦君为两君之好，有反反向，这里指向上垫坫音diàn。反坫：高出地面的土台，用以接待他国国君，管氏亦有反坫。管氏而知礼，孰不知礼？”

（［补充］“管氏有三归，官事不摄，焉得俭？”古今多译为：“他有三房妻室（或三处藏金台、三处封邑），官干和家事也是一人一职而不兼任，哪能说是节俭呢？”反坫，古今多解释为：君主招待别国国君时，放置空酒杯的土台，类似后来木制的台几。）

【译文】先生说："管仲的器量很小呀！"

有人问："管仲节俭吗？"先生说："管仲有三处属于他自己的官署，做事不知收摄，哪称得上节俭呢？"

"那么管仲懂得礼吧？"先生说："国君立一屏壁，管仲也立一屏壁。诸侯为了两国国君交好，设有反坫，管仲也设有反坫。管仲要是知礼，那谁不知礼呢？"

【延伸】当权者无德无能令人失望，当权者有能力而德不足也令人惋惜。在本章中，孔子指出管仲的两处不足之处，一处是为奢侈之风找理由，一处是为礼崩乐坏做推手。礼的深度和广度也反映了一个人的器度。

在14-17章中载："子曰：'管仲相桓公，霸诸侯，一匡天下，民到于今受其赐。微管仲，吾其被发左衽矣。岂若匹夫匹妇之为谅也，自经于沟渎而莫之知也？'"可见孔子对管仲的评价是很高的，说管仲器小并不是真的说他器小，而是感慨管仲之器还不够大。

在14-16章中载："子曰：'桓公九合诸侯，不以兵车，管仲之力也。如其仁，如其仁。'"孔子认为管仲对仁的理解也就到这个程度了。那么，孔子希望管仲大器到什么程度呢？当然是大到至仁的程度，然后再克己复礼于天下，而不是打着尊王攘夷的口号只图一国的繁荣强盛，跟着齐王立屏壁、垫土台，只管一人的荣华富贵。

○

○

**〖03-23〗子语鲁大师乐，曰："乐其可知也：始作，翕如也；从之，纯如也，皦如也，绎如也，以成。"**

【句读新校】子语鲁大师乐，曰："乐，其可知也，始作。翕如也，从之。纯如也，皦如也，绎如也，以成。”

【注解】子语鲁鲁国大师乐官名。大通“太”乐音yuè。音乐，曰：“乐，其可知也，始开始作演奏。翕音xī。一致如……的样子也，从顺从之。纯一体如也，皦音jiǎo。清亮如也，绎连续如也，以以此成。”

（［补充］从，古今多解释为：纵。本章古今多译为：“先生告诉鲁国太师演奏音乐的过程：‘演奏音乐的过程大概是可以知道的：开始时，乐声热烈；随着演奏的继续，乐声很纯美，很分明，并且连绵悠长，乐曲就这样完成了。’”）

【译文】先生与鲁国太师谈论音乐时说：“音乐，一定要在理解它的情况下，再开始演奏。随之而来的是心手一致，直到相合。直到纯粹如一、清晰，并且可以持续不断的时候，就成功了。”

【延伸】如果说礼是可见的文明，乐便是可听的文明，礼乐在社会文明教化中具有共同的作用。与音乐的流畅美妙相比，礼的历史充满了曲折与艰辛。

在09-15章中载：“子曰：‘吾自卫反鲁，然后乐正，《雅》《颂》各得其所。’”知乐者才能正乐。

在07-14章中载：“子在齐闻《韶》，三月不知肉味，曰：‘不图为乐之至于斯也。’”与知肉味相比，知礼与知乐更符合人的追求。

在08-15章中载：“子曰：‘师挚之始，《关雎》之乱，洋洋乎盈耳哉！’”孔子能站在音乐与诗歌的共同本质上欣赏二者了。

在08-08中载：“子曰：‘兴于诗，立于礼，成于乐。’”音乐不是孔子的谋生手段，也不是娱乐自己的特长，他是要将音乐应用于社会设计的顶层。

○

○

〖03-24〗**仪封人请见，曰："君子之至于斯也，吾未尝不得见也。"从者见之。出曰："二三子何患于丧乎？天下之无道也久矣，天将以夫子为木铎。"**

【注解】仪卫国邑名封人封人：职名，边防官请见，曰："君子之至于斯这里也，吾未尝不得见也。"从者见之。出曰："二三子何患于丧指失去官位乎？天下之无道也久矣，天将以夫子为木铎音duó。木铎：木铃，木头梆子。天子发布政教时，用它召集百姓。"

（［补充］木铎，古今多解释为：木头铛簧的大铜铃。）

【译文】仪邑的封人求见先生，他说："只要君子到此，我没有不相见的。"随从弟子们引他见了先生。他出来后说："你们几个何必担心前途暗淡呢？天下无道很久了，天将以先生为天下指示其道。"

【延伸】天下之道，总要被具体的人来阐明，天下之礼，也总要由具体的人来体现。

在01-01章中载："子曰：'……有朋自远方来，不亦乐乎？人不知而不愠，不亦君子乎？'"这一次是孔子自己到了远方，远方的朋友就来拜见孔子。孔子乐不乐不知道，但从仪封人的话语中，不难看出孔子的弟子们是垂头丧气的，仪封人和孔子谈了些什么我们不得而知，不过从他断言天将以夫子为木铎来看，他比孔子的弟子们更理解孔子。显然，这种及时并且有力的话语给垂头丧气的弟子们带来了信心和勇气，使他们牢记不忘，最终载入《论语》。

在15-02章中载：“在陈绝粮，从者病，莫能兴。子路愠见曰：‘君子亦有穷乎？’子曰：‘君子固穷，小人穷斯滥矣。’”礼使人穷而不滥。

○

○

〖03-25〗**子谓《韶》，“尽美矣，又尽善也”。谓《武》，“尽美矣，未尽善也”。**

【注解】子谓《韶》韶乐，舜帝时乐曲名，“尽美矣，又尽善也”。谓《武》武乐，周武王时乐曲名，“尽美矣，未尽善也”。

【译文】先生说《韶》乐非常完美又非常完善，说《武》乐非常完美，但还没非常完善。

【延伸】礼乐的意义就在于使人过上尽善尽美的生活。礼乐中有美，人容易感受；说它有善，就难以理解了。然而正是礼乐中的善，才是使人得到文明教化的主要内容。

在15-11章中载：“颜渊问为邦。子曰：‘行夏之时，乘殷之辂，服周之冕，乐则《韶》《舞》。放郑声，远佞人。郑声淫，佞人殆。’”人分正邪，音乐也分正邪。也有人会以郑声为美，但因其邪淫不正却永远不能被称为善。

○

○

〖03-26〗子曰：**“居上不宽，为礼不敬，临丧不哀，吾何以观之哉？”**

【译文】先生说：“居于上位待人不宽，行礼时不严肃恭敬，逢丧事不哀伤，我怎么能看得下去这种人呢？”

【延伸】礼是因为礼的正大、礼的庄严、礼的厚重等这些内容才被赞美；人是因为人的仁爱、人的诚敬、人的孝悌等这些品质才被赞美。礼的这些内容加上人的这些品质就构成了值得赞美的社会生活，进而构成了值得赞美的人类生存形态。

在06-19章中载：“子曰：‘人之生也直，罔之生也幸而免。’”作为一个人，就应该以人的方式生于世间，有心胸、有信仰、有情怀。不宽、不敬、不哀的人，不仅缺失了作为人应该拥有的各种美好感受，还会因为自己的迷惘给自己或他人造成损失。

# 里仁篇第四

本篇共计二十六章，以仁义为讨论的核心，以对仁的感受为线索，围绕仁的美好、安乐、贤明、温和、慈爱、友善等方面展开讨论。如果说德为人所应有的外在表现，那么仁即人所应有的内心状态。完善的心态是个人人格的基础，是社会道德礼乐的基础，是人类文明的基础。文明对野蛮的否定体现在每个人身上就是仁对不仁的否定，就是仁心对不仁之心的否定，就是仁之美对不仁之丑的否定。

○

○

〖04-01〗**子曰："里仁为美。择不处仁，焉得知？"**

**【注解】** 子曰："里五家为邻，五邻为里。这里指街坊、村落仁为美。择选择不处仁，焉得知知晓？"

（［补充］知，古今多解释为：智。本章古今多译为："先生说：'住在有仁德风气的地方才是美好的。如果选择的住处没有仁德风气，哪能算得上明智呢？'"）

**【译文】**先生说："邻里间的仁爱最为美好。选择的住处不在有仁爱的地方，哪能知道这些呢？"

**【延伸】**仁是美好的，这种美好是不仁者难以领略的。不仁者难以领略仁的美好，是因为不仁者没有处在仁的环境中，缺乏对仁的感受。如果有意识地加强对仁的感受和熏陶，不仅能使人感受到仁的美好，还会因此而使越来越多的人成为仁者。

在12-22章中载："樊迟问仁。子曰：'爱人。'"爱人是一种美好的感受，被人爱也是一种美好的感受。

在04-25章中载："子曰：'德不孤，必有邻。'"有仁德的人能使人感受到仁爱之美，因此人人都愿意与有仁德的人为邻。仁爱是人际关系良性循环的起点。

○

○

**〖04-02〗子曰：“不仁者不可以久处约，不可以长处乐。仁者安仁，知者利仁。”**

【注解】子曰：“不仁者不可以久处约简约，不可以长处乐音lè。仁者安仁，知智者利仁。”

（［补充］约，古今多解释为：穷困。）

【译文】先生说：“不仁者不可以长久处于简单之中，不可以长久处于安乐之中。而仁者则可以因安心于仁而长久处于简单之中，智者则可以因受益于仁而长久处于安乐之中。”

【延伸】仁之美就在于使仁者安，使智者利。事物的发展如果有规律，那么遵循这种规律生活就既简单又快乐。如果仁是对人的发展规律的遵守，那么不仁则是对人的发展规律的无视。无视规律就难以得偿所愿，就会烦躁不安，就会有烦恼。

在07-16章中，有“饭疏食饮水，曲肱而枕之，乐亦在其中矣。不义而富且贵，于我如浮云”一语。仁者与智者，不管生活条件如何简单，他都能因守仁而安处，因利仁而快乐。

在06-23章中，有“知者乐水，仁者乐山。知者动，仁者静。知者乐，仁者寿”一语。仁者智者的快乐，是乐山乐水，不是乐富乐贵，因此仁者智者的快乐简单而长久。因为只要想感受山水，山水永远在那里。

○

○

〖04-03〗**子曰：“唯仁者能好人，能恶人。”**

【注解】子曰：“唯仁者能好音hào。取悦人，能恶音wù。使心情恶劣人。”

（［补充］仁者，古今多解释为：仁人。好人，古今多解释为：对人好。恶人，古今多解释为：对人不好。本章古今多译为：“先生说：‘只有仁人才能真正爱人，才能真正恨人。’”）

【译文】先生说：“只有仁，既能令人感到美好，又能令人感到烦恼。”

【延伸】本章从人的感情体验出发，揭示出了仁对人们内心的影响：仁能给人带来美好，同时也能给人带来烦恼。

在06-11章中，有“贤哉，回也！一箪食，一瓢饮，在陋巷，人不堪其忧，回也不改其乐。贤哉，回也”一语。仁能让人在恶劣的生活环境下也感到快乐。

在15-35章中，有“民之于仁也，甚于水火。水火，吾见蹈而死者矣，未见蹈仁而死者也”一语。仁也能让人感到煎熬。

○

○

〖04-04〗**子曰：“苟志于仁矣，无恶也。”**

【注解】子曰：“苟如果志于仁矣，无恶音wù。烦恼也。”

（［补充］恶，古今多解释为作恶或憎恶。本章古今多译为：“先生说：‘如果一个人有志于仁，就不再有恶行了。’”或：“先生说：‘如果一个人立志为仁，他就不会有什么憎恶之心了。’”）

【译文】先生说：“如果人立志于求仁了，也就没有烦恼了。”

【延伸】一旦决心为仁，心胸就会打开，人就不再纠结，快乐就会一涌而来。另外，仁能给人好感，无论多么可恶的人，一旦悔过，决心向好，人们对他不仅不会再憎恶，而且还会给予帮助。

在07-30章中，有“仁远乎哉？我欲仁，斯仁至矣”一语。有志于仁就会得仁，得仁就能感到仁的美好。

在12-22章中载：“樊迟问仁。子曰：‘爱人。’”爱人不仅可以消除自己的烦恼，而且因为爱人也会得到他人的关爱。

○

○

〖04-05〗**子曰：“富与贵，是人之所欲也；不以其道得之，不处也。贫与贱，是人之所恶也；不以其道得之，不去也。君子去仁，恶乎成名？君子无终食之间违仁，造次必于是，颠沛必于是。”**

【句读新校】子曰：“富与贵，是人之所欲也；不以其道得之，不处也。贫与贱，是人之所恶也；不以其道得之，不去也。君子去仁，恶乎成名君子，无终食之间违仁，造次必于是，颠沛必于是。”

【注解】子曰："富与贵，是人之所欲也；不以其道得之，不处也。贫与贱，是人之所恶音wù。厌恶也；不以其道得之，不去摆脱也。君子去丧失仁，恶音wù。厌恶乎成成就名名誉君子，无终食吃一顿饭之间违仁，造造成次不好的结果必于是，颠沛必于是。"

（[补充]恶乎，古今多解释为：于何、由何。造次，古今多解释为：匆忙、紧急。本章古今多译为："孔子说：'富、贵是人想要的，但如果不是用正道获得的，君子是不会安心享有的；贫、贱是人厌恶的，但如果不是因为行为失当而导致的，君子是不会去主动摆脱的。君子丧失了仁德，如何能成就名声呢？君子是连一顿饭的时间也不违背仁德，即使在最紧迫的时刻也必须按仁德去做，即使在流离困顿的时候也必须按仁德去做。'"）

【译文】先生说："人都想要富贵，但不以正道获得的富贵是不能长久的。人都厌恶贫贱，但如果不是因为行为失当而导致的贫贱是不能摆脱的。那些有了地位的人不要仁德，是因为他们讨厌成为名副其实的君子后，不能有一顿饭的工夫违背仁德，情况变糟也必须这样，颠沛流离也必须这样。"

【延伸】人们想要富贵，但讨厌以仁德的方式获得，因为以仁德的方式不一定能获得；人们讨厌贫贱，但不想以仁德的方式摆脱，因为以仁德的方式不一定能摆脱。人们因为急于求成就会选择不仁，因而也会放弃仁的美好而甘受不仁之苦。

在15-09章中，有"志士仁人，无求生以害仁，有杀身以成仁"一语。杀身成仁会令不能理解仁德的人对仁义望而却步。

在15-02章中载："在陈绝粮，从者病，莫能兴。子路愠见曰：'君子亦有穷乎？'子曰：'君子固穷，小人穷斯滥矣。'"人难以忍受贫贱，但不明白贫贱之下的滥行不仅摆脱不了贫贱，而且会加剧贫贱之苦。君子也并非厌恶富贵而喜欢贫贱，只是君子会按道义生活，富贵时安于富贵，贫贱时安于贫贱。

○

○

〖04-06〗子曰：**“我未见好仁者，恶不仁者。好仁者，无以尚之；恶不仁者，其为仁矣，不使不仁者加乎其身。有能一日用其力于仁矣乎？我未见力不足者。盖有之矣，我未之见也。”**

**【注解】** 子曰：“我未见好音hào。爱好仁者，恶音wù。厌恶不仁者。好仁者，无以尚之；恶不仁者，其为仁矣，不使不仁者加乎其身。有能一日用其力于仁矣乎？我未见力不足者。盖大概有之矣，我未之见也。”

**【译文】**先生说：“我还没见过完全崇尚仁的人和完全厌恶不仁的人。完全崇尚仁的人，是至高无上的；而完全厌恶不仁的人，他完全崇尚仁，不会让那些不仁的东西沾到他身上。有谁能整天把精力全部用在仁上？我没见过精力不足的。或许有这样的人吧，只是我没碰到过。”

**【延伸】**本章论述成仁的方式。喜欢仁义的人有两种，一种是喜欢别人仁义，一种是喜欢自己仁义；憎恶不仁的人也有两种，一种是憎恶别人不仁，一种是憎恶自己不仁。喜欢别人仁义的人很多，憎恶别人不仁的人也不少，喜欢自己仁义的人就少一些了，憎恶自己不仁的人就更少了。

在09-18章中，有“吾未见好德如好色者也”一语。靠对仁的爱好而成为仁人，是不可能的。

在17-24章中载："子贡曰：'君子亦有恶乎？'子曰：'有恶。恶称人之恶者，恶居下流而讪上者，恶勇而无礼者，恶果敢而窒者。'"对仁产生好感不难，但仅凭对仁的爱好是不足以成为仁人的，还要对不仁的事物抱有憎恶的态度，与不仁势同水火，对不仁绝不沾染，这样才会使自己成为一个仁义的人。

在16-11章中，有"见善如不及，见不善如探汤。吾见其人矣，吾闻其语矣"一语。虽说知道仁人很好但总不愿做个仁人，知道不仁不好却总想要尝试一下，这样的人屡见不鲜，究其原因，还是他对不仁心存幻想而非心怀憎恶。

○

○

〖04-07〗**子曰："人之过也，各于其党。观过，斯知仁矣。"**

**【注解】** 子曰："人之过也，各于其党在《周礼·地官·大司徒》中有"五家为比，五比为闾，四闾为族，五族为党"，一党约五百户。引申义为同一群体、同一范围、同一类型。观观察、审察过，斯知仁矣。"

**【译文】** 先生说："人的过错也各自归于各种类别。看他的过错，也能看出仁与不仁了。"

**【延伸】** 本章论述仁义之过。物以类聚，人以群分，同类人犯的错误或类似。仁人的过错都在于不为物质生活设置底线，不仁的人犯的过错都在于不为仁义道德设置底线。

在19-08章中，有"小人之过也必文"一语。文过饰非，就是一种过错类型。

在14-25章中载："蘧伯玉使人于孔子。孔子与之坐而问焉，曰：'夫子何为？'对曰：'夫子欲寡其过而未能也。'使者出。子曰：'使乎！使乎！'"欲寡其过，也是一种过错类型。

在05-27章中，有"已矣乎！吾未见能见其过而内自讼者也"一语。自讼其过，又是一种过错类型。

○

○

## 〖04-08〗子曰："朝闻道，夕死可矣。"

【译文】先生说："早晨闻知真理，晚上死了也可以啊。"

【延伸】本章论述道义可以使人心甘情愿地为之献出生命。闻道会使人的思想发生突变，进而会使人的行为明确而坚决。人的过错莫过于身死，仁者之过莫过于不仁，宁肯犯身死之过，也不犯不仁之过，以此就能看出一个人的仁义程度了。

在04-04章中，有"苟志于仁矣，无恶也"一语。人们一旦立志于道，面对死亡也不纠结。

在11-12章中载："季路问事鬼神。子曰：'未能事人，焉能事鬼？'曰：'敢问死。'曰：'未知生，焉知死？'"或许有人认为，了解死后的状态更便于人进行生死抉择，但孔子并不认为了解死亡对人的生死抉择能有更多的帮助，他采用了一种由近及远的策略，先对自己、对人、对社会这些活生生的现实进行了解，然后据此建立起自己的仁道体系，进而将生死的问题置于仁道范围之内，并以此作为生死抉择的理论依据。仁道的特点就在于它可以使人在不涉及终极之道的情况下，成就最正确、最完美、最有价值的人生，当生则生，当死则死。

这16-09章中，有“生而知之者上也，学而知之者次也；困而学之，又其次也；困而不学，民斯为下矣”一语。人生短如朝夕，未知瀚如烟海，道就如同人类的指路明灯，人类不应该坐而受困，一定要看到学习的迫不得已，同时还应该抱着迫不及待的态度去学习。

○

○

**〖04-09〗子曰：“士志于道，而耻恶衣恶食者，未足与议也。”**

【注解】子曰：“士志追求于道，而耻恶音è。恶劣的衣恶食者，未足与议也。”

（［补充］本章古今多译为：“先生说：‘假如说一位士人立志于道而又耻于穿破衣吃粗食，那就不值得与他论道了。’”）

【译文】先生说：“假如一位立志于道的人以穿破衣吃粗食为可耻，那他就不够格一起论道啊。”

【延伸】仁者求仁，而不是求锦衣玉食。有志于道义的人，就不会有志于衣食；有志于衣食的人，也不会有志于道义，他们对道义没兴趣，所以也不明白。

在08-07章中，有“士不可以不弘毅，任重而道远。仁以为己任，不亦重乎？死而后已，不亦远乎”一语。如果耻于恶衣恶食，就谈不上弘毅了。

在09-27章中载：“子曰：‘衣敝缊袍，与衣狐貉者立，而不耻者，其由也与？’”以子由为例，说明求道者不以恶衣为耻。

在15-32章中，有“君子谋道不谋食。耕也，馁在其中矣；学也，禄在其中矣。君子忧道不忧贫”一语，说明谋道者深远，谋食者浅近。

○

○

〖04-10〗**子曰：“君子之于天下也，无适也，无莫也，义之与比。”**

**【注解】** 子曰：“君子之于天下也，无适适宜也，无莫不能也，义之与比并排，比较。”

（［补充］适，古今或解释为专主，或认为“适”通“敌”。莫，古今或解释为不肯，或认为“莫”通“慕”。比，古今多解释为：附从，合。）

**【译文】** 先生说：“君子在天下，没有什么是适宜的，没有什么是不能的，一切都是通过义来做衡量。”

**【延伸】** 君子因道立义，因义行事，穷困是因为义，富贵也因为义。

在07-12章中，有“富而可求也，虽执鞭之士，吾亦为之。如不可求，从吾所好”一语。富贵能求之以义，则求。

在07-16章中，有“饭疏食饮水，曲肱而枕之，乐亦在其中矣。不义而富且贵，于我如浮云”一语。富贵不能求之以义，不求。

○

○

〖04-11〗**子曰：“君子怀德，小人怀土；君子怀刑，小人怀惠。”**

【注解】子曰：“君子怀挂怀德，小人怀土地盘；君子怀刑法度，小人怀惠好处。”

【译文】先生说：“君子想的是德行，小人想的是地盘；君子想的是法度，小人想的是恩惠。”

【延伸】本章论人的不同情怀。重义使人坚守品德，规范行为，成为君子；不义使人放纵私欲，贪图利益，沦为小人。

在15-34章中，有“君子不可小知而可大受也，小人不可大受而可小知也”一语。君子深明大义，所以怀德怀刑；小人只知小利，所以怀土怀惠。

在16-08章中，有“君子有三畏：畏天命，畏大人，畏圣人之言。小人不知天命而不畏也，狎大人，侮圣人之言”一语。君子明白天道不爽，所以见利思义，唯恐因不义而遭受惩罚；小人对天道无知无畏，所以见利忘义，因不义而受损时又责怪时运。

○

○

〖04-12〗**子曰：“放于利而行，多怨。”**

【注解】子曰：“放放任于利依利而行，多怨。”

（［补充］放，古今多解释为：依照，依据。本章古今多译为：“先生说：‘依照利益行事，必定会招致很多怨恨。’”）

【译文】先生说：“放任自己根据利益来行事，只会增添怨恨。”

【延伸】本章从遵循道义的反面论述了放纵私利的恶劣后果。群体不同，利益不同，如果各方都将自己的利益任意扩大，势必会加剧各利益群体之间的矛盾。要协调各利益群体之间的矛盾，就必然会用到礼让的原则，即强不凌弱，大不欺小，小不自大，弱不自强。

在17-13章中，有“乡原，德之贼也”一语。乡原被称为德之贼，就是因为它表面讲情义，实际上却放于利而行。一个人心中只怀有利益的时候，一方面会贪婪地向他人索取利益，使自己沦为寄生虫；一方面又会以利益收买他人，使他人沦为满足自己私利的工具。纯粹的利益关系是人与人之间、人与社会之间怨恨丛生的根本原因。

○

○

〖04-13〗**子曰：“能以礼让为国乎？何有？不能以礼让为国，如礼何？”**

【注解】子曰：“能以用礼让礼让：守礼兼让为国乎？何有？不能以礼让为国，如礼何？”

【译文】先生说：“能以礼让治国吗？有什么不能的呢？如果不能以礼让治国，那要礼来干什么呢？”

【延伸】放于利而行多生怨恨，以礼让治国才可能回归仁爱。

在02-01章中，有“为政以德，譬如北辰居其所而众星共之”一语。以礼让治国实际上就是以仁治国，就是以德为政，就是依义而行，就是使社会向着最适合人类生活的方向发展。

〇

〇

**〖04-14〗子曰：“不患无位，患所以立。不患莫己知，求为可知也。”**

**【注解】** 子曰：“不患担心无位地位，患所以立立身，指获得地位。不患莫没有己知，求求取，追求为可知也。”

**【译文】** 先生说：“不必担心没有社会地位，而应担心凭什么立足社会；不必担心没人了解，而应担心让人了解什么。”

**【延伸】** 本章论述仁义是礼让为国的思想基础。实至而名归，以仁立身，就能适应一切高贵的地位；因仁而为人所知，就能当得起一切美好的赞誉。仁者所拥有的正是一个人最内在、最实在的东西。

在06-30章中，有“夫仁者，己欲立而立人，己欲达而达人”一语。仁者有这样的胸怀，所以当他人不“立”自己时，他就以仁“立”人；当他人不“知”自己时，他就以仁“知”人。

在08-13章中，有“邦有道，贫且贱焉，耻也；邦无道，富且贵焉，耻也”一语。能立于有道之邦，多以有道而立，如此则名副其实，所以不必担心人们不称颂他；立于无道之邦，多以无道而立，如此则名不副实，所以也不用指望人们会赞美他。

○

○

〖04-15〗**子曰："参乎！吾道一以贯之。"曾子曰："唯。"**

**子出，门人问曰："何谓也？"曾子曰："夫子之道，忠恕而已矣。"**

【注解】子曰："参曾子名乎！吾道一以贯之。"曾子曰："唯是。"

子出，门人问曰："何谓也？"曾子曰："夫子之道，忠忠于事实恕推己及人而已矣。"

【译文】先生说："参啊！我的理论可以用一个核心把它们贯穿起来。"曾子说："是！"先生出去后，其他门人问曾子说："什么意思？"曾子说："先生的理论，就是忠恕啊！"

【延伸】本章论述仁道也是忠恕之道。忠即忠于事实，恕即理解他人。曾子用忠恕总结出了孔子对客观事物与主观意识两大领域所用的研究方法。

在15-24章中载："子贡问曰：'有一言而可以终身行之者乎？'子曰：'其恕乎！己所不欲，勿施于人。'"恕比起仁来，就具体多了，也容易施行，所以孔子建议子贡终身行之以恕，而不是终身行之以仁。

在01-04章中载："曾子曰：'吾日三省吾身：为人谋而不忠乎？与朋友交而不信乎？传不习乎？'"曾子将自己的日常贯之以忠恕，既是对孔子之道的领悟，也是对自身实践的提炼。

○

○

〖04-16〗子曰：**“君子喻于义，小人喻于利。”**

【注解】子曰：“君子喻明晓于义义理，小人喻于利利益。”

【译文】先生说：“君子以明白道义为明达，小人以明白利益为明达。”

【延伸】喻于义是奉行忠恕的前提，喻于利则是欲愿横行的诱因。义是指人对事物的正确认识，利是指事物为人提供的便利。义近于仁，经常与仁一起称作仁义；利近于私，经常与私一起称作私利。

在15-34章中，有“君子不可小知而可大受也，小人不可大受而可小知也”一语。君子善于从大局出发，因而喻于义，他不仅明白事物能给人带来利益，同时还明白事物也能给人带来损害，这样就能摆正人和事物之间的关系，使人以正确的态度及措施对待事物。小人总是从小处出发，只局限于事物有利的一面，而忽视有害的一面，想得很好，结果却可能很糟。

○

○

〖04-17〗子曰：**“见贤思齐焉，见不贤而内自省也。”**

【注解】子曰：“见贤好的思齐齐备焉，见不贤而内内心自省审察也。”

（［补充］见贤思齐焉，古今多解释为：见到贤人应该想着向他看齐。）

【译文】先生说：“见到好，要想着具备这一点，见到不好，就要在内心反省自己了。”

【延伸】本章论述忠恕的具体应用。见贤思齐，就是忠实的表现；见不贤而内自省，就是恕谅的表现。

在07-22章中，有“三人行，必有我师焉。择其善者而从之，其不善者而改之”一语，道理近似。

○

○

〖04-18〗**子曰：“事父母几谏，见志不从，又敬不违，劳而不怨。”**

【注解】子曰：“事事奉父母几很少谏劝谏，见发现志欲愿、想法不从听从，允许，又又能敬孝敬不违违逆，劳为父母操劳而不怨怨恨。”

（［补充］几谏，古今多解释为：微言以谏。劳，古今多解释为：“劳辱，因父母而受劳辱”，或“忧劳，忧劳父母之过”，或“劳苦，谏不从，当反复再谏”。本章古今多译为：“先生说：‘事奉父母，见其有过，要委婉劝谏，看见父母决意不从，又当敬爱父母而不违抗，继续劝谏而不埋怨。’”）

【译文】先生说：“事奉父母时，尽量不要劝谏他们，当自己的想法不被父母认可时，仍能像往常一样对父母恭敬不违，劳而不怨。”

【延伸】本章论述忠恕之道应用于父母的情形。见到父母之贤要思齐，见不贤要内自省，但要不要指出来？本章从忠恕的角度出发，对如何处理子女与父母的意见分歧提出了具体的指导。

以忠恕之道事奉父母也就是仁孝，如果一个人做不到仁孝，是难以如本章所说那样事奉父母的，如果没有仁孝的概念，一个人就连这种行为都难以理解了。

在17-25章中，有“唯女子与小人为难养也，近之则不孙，远之则怨”一语。从父母的角度来说，与子女保持恰当的关系是一件困难的事；从子女的角度去看，与父母保持正确的关系就更难了。一般来说，父母与子女的关系好坏，主要取决于他们对事物的看法有多大程度上的不同以及对这种不同又有怎样不同的看法。而对事物的看法，一般取决于一个人对事物的认识深度；对看法的看法，则取决于一个人对人自身的认识深度。事物是千差万别的，人也是瞬息万变的，想使认识达到一致是很困难的。那么，能不能在认识不足的情况下用规定的方式达成一种相对来说最好的关系呢？当然可以，这种方式就是礼制。在礼制的方式下，仁与孝绕开了认识差异，使得父母与子女的关系维持在了一种效果最好的状态中。

在02-05章中载：“孟懿子问孝。子曰：‘无违。’樊迟御，子告之曰：‘孟孙问孝于我，我对曰，无违。’樊迟曰：‘何谓也？’子曰：‘生，事之以礼；死，葬之以礼，祭之以礼。’”对父母事之以礼和对父母谏之以理相比，前者更近于义，也更近于孝。

○

○

〖04-19〗**子曰：“父母在，不远游，游必有方。”**

【注解】子曰："父母在，不远游，游必有方安排，方式。"

（［补充］游必有方，古今多解释为：远游必须要有确定的去处。）

【译文】先生说："父母在，不远游，远游则一定要定好计划。"

【延伸】行孝于家与行仁于天下是一致的。子女小的时候，父母是子女天然的老师；父母老的时候，子女是父母当然的依托。

在01-06章中，有"弟子入则孝，出则弟，谨而信泛，爱众而亲仁，行有余力，则以学文"一语。不远游不能增进学问时，可以考虑远游。

在02-06章中载："孟武伯问孝。子曰：'父母唯其疾之忧。'"尽量减少父母的担忧，是孝的一个重要特征。儿行千里母担忧，很好的远游计划，能够减少父母的担忧。

○

○

〖04-20〗**子曰："三年无改于父之道，可谓孝矣。"**

【注解】子曰："三年无改于父之道教导，可谓孝矣。"

【译文】先生说："三年不忘父亲的教导，就可以称之为孝。"

【延伸】父亲对子女的教导，不仅有爱，还有理性，因此也是最接近于仁道的教导。

○

○

〖04-21〗**子曰：“父母之年，不可不知也。一则以喜，一则以惧。”**

**【注解】** 子曰：“父母之年年岁，年龄，不可不知惦记也。一则以喜，一则以惧。”

（[补充]本章古今多译为：“先生说：‘父母的年龄，不可以不知道。一方面为他们长寿而欢喜，一方面为他们年老而担心。’”）

**【译文】** 先生说：“父母的年龄，不可不谨记，一来以此喜悦、欣慰，二来以此警惧、珍惜。”

**【延伸】** 本章论述仁义的感情基础。人对父母的感情是最天然、最基本的，从一个人对待父母的态度可以看出一个人是否怀有仁爱之心。不同的人牵挂着不同的事，因为牵挂不同的事而成为不同的人；仁孝的人牵挂父母的年事，牵挂父母年事的人会成为仁孝的人。

在01-02章中，有“君子务本，本立而道生。孝弟也者，其为仁之本与”一语。仁充分体现在孝上，孝也最能体现出仁；知仁者必能尽孝，尽孝者方能达仁。因牵挂父母而欣喜和忧惧，既是孝心，也是爱心，还是仁心。

○

○

〖04-22〗 子曰：“古者言之不出，耻躬之不逮也。”

【注解】 子曰：“古过去者言之不出出格，耻耻于躬躬行，亲自做之不逮赶上也。”

（［补充］出，古今多解释为：说出口、说出来。）

【译文】先生说：“在过去，人说话不会出格，因为他觉得行为跟不上是种耻辱。”

【延伸】本章论述仁义的心理基础。耻辱感是一种心理机制，可以阻止人向不仁的方向发展。说话本身不难，难的是说对，而说对不仅是内容说对，还得于心不违。

在12-03章中，有“仁者，其言也讱”一语。君子说话从不轻率，因为他要使语言和事实相一致。

在14-27章中，有“君子耻其言而过其行”一语。在一般人看来，说一两句错话不算什么，但君子却会以此为耻。

孔子说古人以此为耻，则从一个侧面说明当下人不以此为耻。当天下不以夸夸其谈为耻时，天下也就失道了。

○

○

〖04-23〗 子曰：“以约失之者鲜矣。”

【注解】 子曰：“以约约束失损失之者鲜矣。”

【译文】先生说："因为自我约束而导致损失的情况是鲜有的。"

【延伸】本章论述仁义的自我约束机制。不出格，就难遭损。约与骄奢淫逸相对立，在精神上自我约束，在物质上注重节约，不仅能使人尽其才、物尽其用，还可以使人事不易犯错，使财物不易丢失。

在12-15章中，有"博学于文，约之以礼，亦可以弗畔矣夫"一语。约之以礼的同时，最好博学于文，这样就不会主动去背离道了。

在07-26章中，有"善人，吾不得而见之矣；得见有恒者，斯可矣。亡而为有，虚而为盈，约而为泰，难乎有恒矣"一语。精简则泰然，经过提炼的思想不容易动摇，经过整理的财物不容易丢失。

○

○

〖04-24〗**子曰："君子欲讷于言而敏于行。"**

【句读新校】子曰："君子欲，讷于言而敏于行。"

【注解】子曰："君子欲想往，讷音nè。说话迟缓于言而敏敏捷于行。"

（［补充］君子欲讷于言而敏于行，古今多解释为：君子总是想着说话谨慎些，行动敏捷些。）

【译文】先生说："君子想怎样，不会耽于言说而会迅速行动。"

【延伸】本章论述仁义与事业之间的关系。不说出格的话，并不是因此而处处约束自己、无所事事，而是要锁定目标，集中精力，敏捷行动，以最快的速度达成所欲。

在12-03章中载："司马牛问仁。子曰：'仁者，其言也讱。'曰：'其言也讱，斯谓之仁已乎？'子曰：'为之难，言之得无讱乎？'"君子并不是不善言谈，而是成就仁道的艰难令君子说话也异常谨慎。

在08-07章中，有"士不可以不弘毅，任重而道远。仁以为己任，不亦重乎？死而后已，不亦远乎"一语。因为任重而道远，说话自然不可能轻松，脚步自然不可能悠缓。

○

○

〖04-25〗**子曰："德不孤，必有邻。"**

【注解】子曰："德不孤孤单，必有邻邻伴。"

【译文】先生说："有德之人不会孤单，必定有人与他相伴。"

【延伸】本章论述仁义的社会基础，即仁义在社会中有着天然的吸引力。人难免会有这样的疑问：天下失道，得道者会不会因此而被孤立？实际上，光明总会传播，黑暗才会被孤立。得道者即使很少，也不会是被孤立的对象，而是孤立失道者的力量。

在04-01中，有"里仁为美。择不处仁，焉得知"一语。人都愿意生活于和美的地方，而仁者自律内敛，与人为善，生活之处也因他而和美，人们择居时就会首先选择与仁者为邻，所以仁者不仅不会被孤立，而且还会赢得邻里友谊。

○

○

〖04-26〗**子游曰："事君数，斯辱矣。朋友数，斯疏矣。"**

【注解】子游曰："事君数音shǔ。数数，算计，斯辱矣。朋友数音shǔ，斯疏疏远矣。"

（［补充］数，古今多解释为：屡次，烦琐，数落。本章古今多译为："子游说：'事奉君主太烦琐，就会遭到羞辱。交往朋友时太烦琐，就会被疏远。'"）

【译文】子游说："事奉君主时用心算计，这就辱没君臣关系了。结交朋友时用心算计，就会导致疏远。"

【延伸】本章论述仁义在人际关系中的作用。有德不孤，无德则数。仁者事君以忠，不会视君如虎，就不会辱没君臣关系；仁者交友以恕，不会视友如敌，就不会疏远朋友关系。如果为臣则视君如虎，交友则视友如敌，不仅会辱没君臣、朋友关系，而且会将自己陷入孤立的境地。

在11-24章中，有"吾以子为异之问，曾由与求之问。所谓大臣者，以道事君，不可则止。今由与求也，可谓具臣矣"一语。孔子认为臣子事奉君主应该用正道，君主不听就算了，而不应该利用权术来控制君主或保护自己。

在12-23章中载："子贡问友。子曰：'忠告而善道之，不可则止，毋自辱焉。'"对好朋友要忠诚、要"善道之"，而不应该使用心计，用心计换不来友谊，因为友谊的基础就是信任和坦诚。

# 公冶长篇第五

本篇共计二十八章，以为人为讨论的核心，以人的素质为线索，围绕人的品德、才能、言行、名誉、特点、智识、观念、好恶、志向等方面展开讨论。在评价人的观念对错以及言行得失时，所依据的标准不同，得出的结论也会不同。例如一般认为是对的、好的、有益的人或事物，从仁义的角度看，就可能是错的、坏的、有害的。本篇通过列举孔子对一些真人真事所做的分析判断，展示出这些人和事的不同侧面以及孔子评价这些人和事的标准、方法及结论，如果结合普通人可能会有的各种看法，再对孔子的这些标准、方法及结论进行分析，就更能发现孔子的正确之处，这就最终使人在直观上对那些人和事的对错、好坏、损益形成一种清晰而正确的认识。这种对认识的进一步认识意味着对认识的超越，意味着更接近了事物的本质，意味着道、德、礼、仁等内容更容易被人理解并能令更多的人成为道、德、礼、仁各方面都完善的人。

○

○

〖05-01〗**子谓公冶长："可妻也。虽在缧绁之中，非其罪也。"以其子妻之。**

【注解】子谓评价，谈及公冶音yě长音cháng。公冶长，复姓公冶，名长，字子芝，孔子的女婿："可妻也。虽在缧音léi。捆绑绁音xiè。粗绳。缧绁：指监禁之中，非其罪也。"以其子女儿妻之。

【译文】先生谈论起公冶长时说："可以将女儿嫁给他啊。他虽因受牵连而受刑罚，但那并非他的过错。"遂将女儿嫁给了他。

【延伸】看人要看本质，看长远。本质不错的话，一定会发挥出来；有前途的话，终究会发展起来。

在15-32章中，有"君子谋道不谋食……君子忧道不忧贫"一语。道才是最重要的，孔子择婿也是以道为标准，因为遵循道来生活，富贵时能安于富贵，贫贱时能安于贫贱。

○

○

〖05-02〗**子谓南容："邦有道，不废；邦无道，免于刑戮。"以其兄之子妻之。**

【注解】 子谓南容姓南宫，名括，一名适，字子容，孔子侄女婿：“邦有道，不废埋没；邦无道，免于刑刑罚戮音lù。杀戮。”以其兄之子女儿妻之。

【译文】先生谈及南容时说：“国家有道时，他不会被埋没；国家无道时，他能免遭刑戮。”遂将兄长的女儿嫁给了他。

【延伸】在12-22章中载：“问知。子曰：‘知人。’”智莫过于知人，我们通过孔子择婿这件事，可以看出孔子的知人之智。

本章与11-06章有相同内容，在11-06章中，有“南容三复白圭，孔子以其兄之子妻之”一语。

○

○

〖05-03〗**子谓子贱：“君子哉若人！鲁无君子者，斯焉取斯？”**

【注解】 子谓子贱姓宓（音fú），名不齐，字子贱，小孔子三十岁，或说四十九岁：“君子哉若人！鲁无君子者，斯说这话的人焉从哪取获得斯这样的结论？”

（［补充］“鲁无君子者，斯焉取斯？”古今多译为：“如果鲁国没有君子的话，这人是从哪里学到这种品德的呢？”）

【译文】先生谈及子贱：“这人就是个君子啊！说‘鲁国无君子’的那个人是从哪里得出这个结论的呢？”

【延伸】评价一个人要有根据，没有标准的评价是无意义的。

评价一个人，不仅和被评价者本人的真实情况有关，还和评价者自身的情况以及评价者所用的依据有关。

在04-16章中，有“君子喻于义，小人喻于利”一语。君子以义能分辨出君子、小人，小人以利是分辨不出君子、小人的。

在05-28章中，有“十室之邑，必有忠信如丘者焉”一语。有些事情，不必亲见，也可以推知它的存在。这么大的鲁国，怎么会没有君子呢？不是没有，而是有人视而不见。

○

○

〖05-04〗**子贡问曰：“赐也何如？”子曰：“女，器也。”曰：“何器也？”曰：“瑚琏也。”**

**【注解】** 子贡问曰：“赐子贡名也何如？”子曰：“女汝，你，器器物，有内容，有功用也。”曰：“何器也？”曰：“瑚音hú琏音lián。瑚琏：宗庙中盛黍稷的贵重礼器。《礼记·明堂位》载“夏后代之四琏，殷之六瑚，周之八簋。”也。”

（［补充］“女，器也”，古今多解释为：你是个可用之器。瑚琏也，古今多解释为：像瑚琏一样高贵华美的宗庙之器。）

**【译文】** 子贡问：“我这个人怎么样？”先生说：“你如同一个器具。”子贡说：“啥器啊？”先生说：“像瑚琏那样的礼器。”

**【延伸】** 评价不同的人难免要用不同的评价系统，所以需要注意的是，评价标准本身也有局限性。孔子对子贡的评价，简单明了、寓意深刻，同时还幽默风趣、形象生动。瑚琏是夏商时代的礼器，到了周朝，改用。孔子把子贡比作夏商的瑚琏之器，一是提醒他不要沦为衡量之器；二是提醒他使用过时的衡量标准难以得出正确的衡量结果。

在14-29章中载：“子贡方人。子曰：‘赐也贤乎哉？夫我则不暇。’”方人就总要用到标准，标准有问题，方人的效果也不会好。

在02-12章中，有“君子不器”一语。本章孔子说子贡为瑚琏之器，并非说子贡不是君子，而是说子贡在使用标准时反而被标准局限住了自己。

○

○

〖05-05〗**或曰：“雍也仁而不佞。”子曰：“焉用佞？御人以口给，屡憎于人。不知其仁，焉用佞？”**

【注解】或有个人，不特指曰：“雍姓冉，名雍，字仲弓，小孔子二十岁也仁仁厚而不佞音nìng。口才好。孔子之后多用于贬义。”子曰：“焉用佞？御征服人以口口舌给音jǐ。给用，屡憎于人。不知其仁，焉用佞？”

（［补充］“焉用佞？”古今多译为：“哪用得着才智呢？”御，古今多解释为：抵御，应对。不知其仁，古今多解释为：不知道他是否可称为仁。）

【译文】有人说：“雍这个人有仁德但是没有口才！”先生说：“哪里用得着口才呢？以口才征服他人，常常遭人憎恶。这是对仁不了解啊，有仁德的人哪用得着口才呢？”

【延伸】本章论述人的仁德与口才的关系。有不了解君子而谈论君子的人，也有不了解仁而谈论仁的人，面对这种情况，孔子指出问题所在——人们并不能确定自己所说的君子就是君子，所说的仁就是仁，同一个概念在不同文化层次的人那里有着不同的理解。在本章中，当人们将仁理解为品德中的一种时，就会将仁与才智对立起来。

在14-04章中，有“有德者必有言，有言者不必有德”一语。仁者一定是有言可说的，但他注重的是表达事实，而不是表达得“佞不佞”。

在01-03章中，有“巧言令色鲜矣，仁”一语。仁者巧言会令人“色鲜”，而不仁者的巧言不是压制人就是触怒人。

在11-25章中载：“子路使子羔为费宰。子曰：‘贼夫人之子。’子路曰：‘有民人焉，有社稷焉，何必读书，然后为学？’子曰：‘是故恶夫佞者。’”仁者巧言，依于道义；佞者巧言，依于私利。仁而且佞，如锦上添花；佞而不仁，就惹人嫌恶了。

在04-24章中，有“君子欲，讷于言而敏于行”一语。将才智用在行动上，这本身就是一种才智。

○

○

〖05-06〗**子使漆雕开仕。对曰：“吾斯之未能信。”子说。**

**【注解】** 子使漆雕开姓漆雕，名开，字子开，一说字子若，小孔子十一岁仕出仕，做官。对曰：“吾斯这样之去未能信信任。”子说音yuè。悦。

（［补充］吾斯之未能信，古今多解释为：我对当官这种事还没信心。）

**【译文】**先生让漆雕开去做官。漆雕开回答说：“我这样去了不能取信于人。”先生听了很满意。

【延伸】人贵有自知之明。通过一个人对待出仕的态度也可以看出他是否有自知之明。

在03-07章中，有“君子无所争，必也射乎！揖让而升，下而饮。其争也君子”一语。君子不争，是因为君子不以胜败来评价自己。

在19-13章中，有“仕而优则学，学而优则仕”一语。学得很好，出仕也比较容易。

○

○

〖05-07〗**子曰：“道不行，乘桴浮于海。从我者，其由与？”子路闻之喜。子曰：“由也好勇过我，无所取材。”**

【注解】子曰：“道不行施行，乘桴音fú。桴筏浮于海。从我者，其由子路名与？”子路闻之喜。子曰：“由也好喜欢勇勇于过批评我，无所取材木料。”

（［补充］“由也好勇过我，无所取材”，古今多解释为：“仲由比我好勇，却找不来做桴筏的材料”，或“仲由比我好勇，但这是不可取的”。）

【译文】先生说：“道不得推行，我便乘木筏出海。肯跟我走的，大概只有仲由吧？”子路听了这话很高兴。先生又说：“仲由呢，总喜欢勇敢地指出我的过错，说我连做桴筏的材料都没有呢！”

【延伸】人各有所长，也各有所短。子路听到夸奖便沾沾自喜，展示出一种不成熟的人格，这种不成熟的人格既需要道来使自己成熟，同时又因为不成熟而给道的施行带来阻碍。作为孔子最忠实的弟子对道的接受都如此艰难，何况那些不信任孔子的为政者们呢？

天下最需要改变的是人的思想，而最难改变的，也是人的思想。行道是艰难的，玩笑是轻松的，充满了仁爱和智慧的玩笑不仅使艰难的行道变得轻松起来，而且还直白地道出了传道之所以艰难的原因。

在15-02章中载："在陈绝粮，从者病，莫能兴。子路愠见曰：'君子亦有穷乎？'子曰：'君子固穷，小人穷斯滥矣。'"在子路朴素的认识中，君子不应该有穷困的时候。其实，君子超乎常人的地方是生活的原则，而不是生活的能力。

在17-24章中载："子贡曰：'君子亦有恶乎？'子曰：'有恶。恶称人之恶者，恶居下流而讪上者，恶勇而无礼者，恶果敢而窒者。'曰：'赐也亦有恶乎？''恶徼以为知者，恶不孙以为勇者，恶讦以为直者。'"令人不快的表现之下，是思想的不成熟。

在11-04章中，有"回也非助我者也，于吾言无所不说"一语。与颜渊对孔子的言说"无所不悦"相比，子路经常对孔子表现出愠怒的神色。这次子路高兴一次，反倒挨了孔子的揶揄，那是因为子路这种喜不当喜、怒不当怒的表现正是需要用道弥补的地方。

○

○

〖05-08〗**孟武伯问："子路仁乎？"子曰："不知也。"又问。子曰："由也，千乘之国，可使治其赋也，不知其仁也。"**

**"求也何如？"子曰："求也，千室之邑，百乘之家，可使为之宰也，不知其仁也。"**

**"赤也何如？"子曰："赤也，束带立于朝，可使**

**与宾客言也，不知其仁也。”**

【注解】孟武伯问：“子路仁乎？”子曰：“不知也。”又问，子曰：“由子路名也，千乘音shèng。千乘：千辆可乘人的马拉战车，每乘配备四马一车，车上甲士三人，车下步卒七十二人，后勤二十五人，一乘共计一百人之国，可使治治理其赋军事也，不知其仁也。”

“求冉有名也何如？”子曰：“求也，千室户宅之邑城邑，百乘之家指卿大夫家，可使为之宰家臣也，不知其仁也。”

“赤公西华名也何如？”子曰：“赤也，束带立于朝朝堂，可使与宾客言也，不知其仁也。”

【译文】孟武伯问：“子路仁吗？”先生说：“不知道。”又问，先生说：“仲由呢，可在千乘之国治理军事，但我不知道他的仁德怎样。”

“冉求如何？”先生说：“冉求啊，可在千室之邑、百乘之家做家臣，但我不知道他的仁德怎样。”

“公西赤如何？”先生说：“公西赤嘛，可以穿上礼服立于朝廷，与宾客议事，但我也不知道他的仁德怎样。”

【延伸】相比较而言，人的能力是一个较明显的存在，也容易被别人了解，所以对他人能力的评价就容易些；而人的仁德则较为隐秘，所以也难以评判。不过，基于仁义的教育，即使不能成仁，也足以应事。

在06-07章中，有“回也，其心三月不违仁，其余则日月至焉而已矣”一语。由此可见，仁作为一种精神状态时，可以一直持续，也可以偶尔坚持一段时间。孔子所说的不知，即是指不能确定三人什么时候处于什么状态。

○

○

〖05-09〗**子谓子贡曰："女与回也孰愈？"对曰："赐也何敢望回？回也闻一以知十，赐也闻一以知二。"子曰："弗如也，吾与女弗如也。"**

【注解】子谓子贡曰："女汝与回颜回名也孰愈胜过？"对曰："赐子贡名也何敢望回？回也闻一以知十，赐也闻一以知二。"子曰："弗不如也，吾与女弗如也。"

【译文】先生对子贡说："你与颜回谁更强些？"子贡回答说："我哪敢与颜回相比！颜回是闻一以知十，我是闻一以知二。"先生说："是不如啊，我与你都不如他啊。"

【延伸】人要善于发现他人的优点。子贡因"方人"被老师批评过，这次，老师却要他将自己和颜渊做一个比较，子贡凭着自知之明交出了一份令老师都为之感慨的"答卷"。

在11-19章中，有"回也其庶乎，屡空。赐不受命，而货殖焉，亿则屡中"一语。颜渊贫而子贡富，但子贡不比富而比学，这才是君子之比。

在07-08中，有"不愤不启，不悱不发。举一隅不以三隅反，则不复也"一语。闻一知二、举一反三、闻一知十都是学习的好方法。

○

○

〖05-10〗**宰予昼寝。子曰："朽木不可雕也，粪土之墙不可杇也。于予与何诛？"子曰："始吾于人也，听其言而信其行；今吾于人也，听其言而观其行。于予与改是。"**

【注解】宰予昼白天寝睡觉。子曰："朽木不可雕也，粪土之墙不可杇音wū。粉刷，抹光也。于予宰我名与给予何何种诛谴责？"子曰："始吾于人也，听其言而信其行；今吾于人也，听其言而观其行。于予与改是。"

【译文】宰予在白天睡觉。先生说："朽木不可雕啊，粪土之墙不可粉刷。对宰予还能给予怎样的责骂呢？"先生又说："原先我对别人，是听其言而信其行；现在我对别人，是听其言而观其行。改成这样都是拜宰予所赐啊！"

【延伸】为人要言行一致，考察人也要从言行两方面进行考察。学习的效果与天资及方法有关系，还与态度有关系。人生态度贯穿于学习态度中，从一个人的学习态度，可以看出他的人生态度，进而看出他的人生结果。

在11-03章中，有"言语：宰我，子贡"一语。宰我以言语与子贡同列，可见宰我天资聪颖，即使昼寝，学习成绩还是很好的。

在17-21章中载："宰我问：'三年之丧，期已久矣。君子三年不为礼，礼必坏；三年不为乐，乐必崩。旧谷既没，新谷既升，钻燧改火，期可已矣。'子曰：'食夫稻，衣夫锦，于女安乎？'曰：'安。''女安，则为之！夫君子之居丧，食旨不甘，闻乐不乐，居处不安，故不为也。今女安，则为之！’宰我出。子曰：‘予之不仁也！子生三年，然后免于父母之怀。夫三年之丧，天下之通丧也。予也有三年之爱于其父母乎？’”由此可见，孔子对宰我的狠狠批评，针对的不仅是他白天睡觉，更是他急功近利的思想倾向，只管结果、不顾过程是不会有好结果的，这让孔子倍感痛惜。

○

○

**〖05-11〗子曰：“吾未见刚者。”或对曰：“申枨。”子曰：“枨也欲，焉得刚？”**

【注解】子曰：“吾未见刚刚毅者。”或对曰：“申枨音chéng。姓申，名枨，字周。孔子弟子。”子曰：“枨也欲，焉得刚？”

【译文】先生说：“我没见过刚毅的人！”有人说：“申枨是这样的人。”先生说：“申枨欲望强烈，哪能刚强不屈呢？”

【延伸】评价一个人不仅要看表面，还要看实质。刚毅是指心与道通、行与德合的清醒的不可动摇，而被强烈私欲驱使的人，道德对他们来说反而会是障碍，当他们固执地坚持那些因私欲而形成的错误观念时，也会表现得很刚强，但这不是刚毅，而是执着。表面执着越强烈，内心反而越虚弱，所以孔子说有欲不能得刚。

在14-04章中，有“有德者必有言，有言者不必有德。仁者必有勇，勇者不必有仁”一语。有德，则说话明确而符合事实；有仁，则做事果断而贴合人心，这才叫刚。

○

○

〖05-12〗**子贡曰：“我不欲人之加诸我也，吾亦欲无加诸人。”子曰：“赐也，非尔所及也。”**

【注解】子贡曰：“我不欲人之加侵凌诸我也，吾亦欲无加诸人。”子曰：“赐子贡名也，非尔所及办到也。”

【译文】子贡说：“我不愿人强迫我，我也不愿强迫人。”先生说：“赐啊，这不是你能做得到的！”

【延伸】人的想法要与事实保持一致。就欲望而言，它有反对制约的一面，又有任意扩张的一面。如果仅仅从单方面的欲望出发，就会因为随心所欲而不能按照事物的规律做事，从而达不到目的，致使欲望落空。所以只有两方面同时兼顾，并据此调整自己的欲望，使它符合外界事物的发展方向，才可能实现目的，成其所欲。

在15-24章中载：“子贡问曰：‘有一言而可以终身行之者乎？’子曰：‘其恕乎！己所不欲，勿施于人。’”人不能避免他人的强迫，但可以控制自己不强迫他人。

对欲的控制来源于对欲的认识。所谓天下有道或天下无道，从欲的角度看，就是看因为欲望而引起的人与人之间的强迫在范围上是否广泛，在强度上是否强烈，在方向上是否正确。人类的这种强迫性是客观存在的，有益处也有害处，人不能也不应该摆脱这种强迫，但人可以通过某种方式有意识地来弱化那些有害的强迫，主动地接受那些有益的强迫。孔子推崇仁道，也正是希望能起到这样的作用。

○

○

〖05-13〗**子贡曰："夫子之文章，可得而闻也。夫子之言性与天道，不可得而闻也。"**

【注解】子贡曰："夫子之文文教章章法，体系，可得而闻也。夫子之言讲述性事物本质与天道宇宙原理，不可得而闻也。"

【译文】子贡说："夫子有关人文教化的学说，我们可以听到。夫子关于'性与天道'的见解，我们就听不到了。"

【延伸】本章论述人的认知领域。认知领域不可封闭，因为事物的本质之下还有本质。对于明显的空想，人们只会想想而不会付出实际的行动去证明，因为那不是能力的问题，但面对性与天道的各种理论，要证明它们就显然成了一个能力的问题，这不仅需要为之努力，还要为之穷尽想象。

孔子的仁道是围绕人的社会属性建立起来的一套理论，从这一点看，它既谈论了性又谈论了道，而子贡所说的性与天道，显然是指事物更深层次的性质与规律。但在那个年代，人类是不可能彻底认识宇宙及宇宙中一切事物的性质与规律的，对性与天道的深刻探讨很可能会流于高玄而脱离现实。

在02-17章中，有"由，诲，女知之乎？知之为知之，不知为不知，是知也"一语。孔子作为一个导师，他严格奉行了这个教诲他人的原则，他只教授自己确实知道的知识。人的生命是短暂的，能力也是有限的，一个人应该而且也只能完成人类文明中的部分内容。因此将全部精力灌注于某一领域，使之融会贯通，才是最明智的。

在01-04章中，有“吾日三省吾身……传不习乎”一语。此语也秉承了孔子的这一原则。

在17-02章中，有“性相近也，习相远也”一语。站在整个人类视角看待人性，那一定是相近的，具体到每一个人时，个体差异才凸显出来，而站在宇宙的尺度看待天道，也是如此。性与天道作为事物最本质、最边界的两个范畴，具有绝对的意义，因而也不具备讨论的条件。而不谈及并不等于不认识，恰恰相反，对性与天道的认识，正是孔子理论的起点，正是基于对性与天道的正确认识，才使孔子之道成为一种对人类来说是正确的、积极的、理想的理论，从而被人广泛接受。

在17-19章中载：“子曰：‘予欲无言。’子贡曰：‘子如不言，则小子何述焉？’子曰：‘天何言哉？四时行焉，百物生焉，天何言哉？’”天道运行，秩序井然，天地与人类社会相比，宏阔而久远。由此可见，性与天道，既是孔子之道的起点，又是孔子之道的终点。

孔子的理论只针对人类社会，尽管他思考的范围必须远大于此，但他对超出此范围的性与天道却很少谈及，我们不必为此感到遗憾，因为只有这样，他才能更好地完成他所能完成的工作。

○

○

〖05-14〗**子路有闻，未之能行，惟恐有闻。**

【注解】子路有闻，未之能行，惟恐有通“又”闻。

【译文】子路听了一种道理，如果还没能去奉行，总怕再听到其他的道理。

【延伸】勇于行道的人是值得赞扬的。正确的理论只有付诸实践才能实现其意义。谈论起来头头是道，行动起来无依无靠，对子路这样的人来说，他不能忍受这种理论脱离实践的现象。道不是出于口入于耳的一些语言，而是出于心入于血的那种动力。

在11-26章中载："子路率尔而对曰：'千乘之国，摄乎大国之间，加之以师旅，因之以饥馑，由也为之，比及三年，可使有勇，且知方也。'"由此可见子路的果敢与热衷于行动。

○

○

〖05-15〗**子贡问曰："孔文子何以谓之'文'也？"子曰："敏而好学，不耻下问，是以谓之'文'也。"**

【注解】子贡问曰："孔文子姓孔，名圉，又称仲叔圉，谥号文。孔悝的父亲何以谓之'文'指孔文子的谥号也？"子曰："敏而好学，不耻以……为耻下问下问：问在自己之下的人，是以谓之'文'也。"

【译文】子贡问道："孔文子凭什么得到'文'的谥号呢？"先生说："聪敏又好学，不以向不如自己的人请教为耻，因此而得到'文'的谥号。"

【延伸】本章以孔文子为例，描述了好学但践行稍差的一类人。子贡这样问，大概是觉得孔文子在文的理论高度和文的实践成果上有些脱节，而孔子则从学问方面对孔文子的文做了肯定。文明是人类的方向，文明的学问和文明的实践都是文明不可或缺的部分。这种对人一分为二的评价方式，使评价标准变得更加精细，从而使评价结果更具有积极的意义。

在14-19章中载：“子言卫灵公之无道也，康子曰：‘夫如是，奚而不丧？’孔子曰：‘仲叔圉治宾客，祝鮀治宗庙，王孙贾治军旅。夫如是，奚其丧？’”仲叔圉即孔文子，可见孔文子的才智与祝鮀、王孙贾等相当，而善治宾客则说明他也将文用于待人接物，并得到了社会认可。

○

○

〖05-16〗**子谓子产：“有君子之道四焉：其行己也恭，其事上也敬，其养民也惠，其使民也义。”**

【注解】子谓子产姬姓，公孙氏，名侨，字子产，郑国大夫：“有君子之道四焉：其行己也恭，其事上也敬，其养维护民也惠仁惠，其使使用民也义道义。”

【译文】先生评论子产：“他的君子之道体现在四个方面：他自己的言行很庄重谦逊，他事奉君上很恭敬有礼，他养护民众有恩惠，他役使民力很合理。”

【延伸】本章以子产为例，描述了各方面比较完善的一类人。对于文明人，总有着这样的顺序：先有道，然后有德；先有思想，然后有行为；先完善自己，然后帮助他人；先为民众服务，然后引领民众。如果说孔文子是处在过程中的文明人，那子产就是到达结果的文明人。

在14-09章中载：“或问子产。子曰：‘惠人也。’”子产是君子，而且是君子中的惠人。

在14-08章中，有“为命，裨谌草创之，世叔讨论之，行人子羽修饰之，东里子产润色之”一语。润色，就是更贴合人心，君子之道的方向不是远离人心，而是更贴合人心。

○

○

〖05-17〗**子曰：“晏平仲善与人交，久而敬之。”**

**【注解】** 子曰：“晏平仲姬姓，晏氏，名婴，字仲，谥号平，史称晏子，齐国大夫善与人交，久而敬之。”

（［补充］久而敬之，古今多解释为：相识越久别人越尊敬他。）

**【译文】** 先生说：“晏平仲善于与人交往，对老友也敬之如初。”

**【延伸】** 本章以晏平仲为例，论述了人的交友之道。从交友看人品，交友贵在长久，能对朋友尊敬不减，友谊才能长久。

在12-05章中，有“君子敬而无失，与人恭而有礼。四海之内，皆兄弟也”一语。敬而无失，久而如一，这样的朋友，谁不愿意交往呢？

○

○

〖05-18〗**子曰：“臧文仲居蔡，山节藻梲，何如其知也？”**

【注解】子曰："臧文仲姬姓，臧氏，名辰，谥号文，鲁国大夫居置于居室中蔡国君的守龟，出蔡地，因以为名，山节斗拱藻音zǎo。彩绘藻井棁音zhuō。梁上短柱，何如其知也？"

（［补充］"何如其知也？"古今多译为："他的智慧如何呢？"）

【译文】先生说："臧文仲把鲁君的守龟置于居室中养起来，其居室有雕刻成山形的斗拱和绘有藻草的梁上短柱，这怎能配得上他智慧的名声啊？"

【延伸】本章以臧文仲为例，描述了徒有其名而没有真知的一类人。行为是思想的延伸，由其行为可以追溯其思想。

在07-28章中，有"盖有不知而作之者，我无是也。多闻，择其善者而从之；多见而识之；知之次也"一语。不知道就不乱来，这个道理并不深奥，那么顶着"智慧"光环的臧文仲却对一只乌龟如此敬奉，他是"不知而作之者"呢？还是真的认为这只乌龟是尊贵的呢？无论哪种情形，都说明他的智慧没有人们所说的那么高。

在15-14章中，有"臧文仲其窃位者与？知柳下惠之贤而不与立也"一语。没有贤德做支撑的聪明才智，配不上聪明才智的美誉。

○

○

〖05-19〗**子张问曰："令尹子文三仕为令尹，无喜色；三已之，无愠色。旧令尹之政，必以告新令尹。何如？"子曰："忠矣。"曰："仁矣乎？"曰："未知，焉得仁？"**

**"崔子弑齐君，陈文子有马十乘，弃而违之。至于**

**他邦，则曰：‘犹吾大夫崔子也。’违之。之一邦，则又曰：‘犹吾大夫崔子也。’违之。何如？”子曰：“清矣。”曰：“仁矣乎？”曰：“未知，焉得仁？”**

【注解】子张问曰：“令尹楚国最高官职子文鬬姓，名穀，字於菟，楚国令尹三仕为令尹，无喜色；三已之，无愠色。旧令尹之政，必以告新令尹。何如？”子曰：“忠矣。”曰：“仁矣乎？”曰：“未还未知知仁，焉哪能得得成仁？”

“崔子姜姓，崔氏，名杼，齐国大夫，前548年杀齐庄公弑音shì。杀，等级低者杀等级高者齐君，陈文子陈姓，田氏，名须无，谥号文，齐国大夫有马十乘，弃而违离开，避开之。至于他邦，则曰：‘犹吾大夫崔子也。’违之。之一邦，则又曰：‘犹吾大夫崔子也。’违之。何如？”子曰：“清矣。”曰：“仁矣乎？”曰：“未知，焉得仁？”

（［补充］“未知，焉得仁？”古今多译为：“不知道啊，但这怎能算是仁呢？”）

【译文】子张问道：“令尹子文三次官为令尹，而没有喜色；三次免职，而没有愠色。每次必将自己任上的政事告知接替他的新令尹。这人如何？”先生说：“够忠的了！”又问：“可以说是仁了吗？”先生说：“不知道啊，从哪能看出他得仁了？”

“崔子弑齐君时，陈文子有马十乘，他都舍弃不要，离开了齐国。到了他国，则说：‘这儿的执政者也像齐国的大夫崔子啊！’又离去。又到一国，则又说：‘这儿的执政者也像齐国的大夫崔子啊！’又离去。这事如何？”先生说：“够清的了！”说：“可以说是仁了吗？”先生说：“不知道啊，从哪能看出他得仁了？”

【延伸】本章举例说明了有的人忠，有的人清，这已经很难得了，但距离仁，他们还有一定的差距。仁作为人类思想和情怀的最高标准，理解起来不太容易。不过仁者自然会有一些独到的言行，人们可以从这些言行中一窥仁者的内心。子张的学习方法就值得一提，当他从理论上无法理解仁时，就找一些实例来对照理解，这不失为一种了解仁的好方法。

在19-16章中，有“堂堂乎张也，难于并为仁矣”一语，说明子张努力求仁，并在知仁和为仁上取得了一定成果。

○

○

〖05-20〗**季文子三思而后行。子闻之，曰：“再，斯可矣。”**

【注解】季文子姬姓，季氏，名行父，谥号文三思而后行。子闻之，曰：“再重复一次，斯可矣。”

【译文】季文子凡事三思而后行。先生听到后说：“多想一次就够了。”

【延伸】本章以季文子为例，描写了三思而后行的一类人。孔子认为，重复的思考不会使结论更正确。多思在学习阶段是一种优点，在做决定付诸行动时，就未必是一种优点了。决定的对错，关键还在于知与不知、义与不义，与多思几次没有必然的关系，但对决定做一次检查还是有必要的。

在06-08章中载：“季康子问：‘仲由可使从政也与？’子曰：‘由也果，于从政乎何有？’曰：‘赐也可使从政也与？’曰：‘赐也达，于从政乎何有？’曰：‘求也可使从政也与？’曰：‘求也艺，于从政乎何有？’”就做事而言，果敢、通达、多才比三思更为关键。

○

○

〖05-21〗**子曰：“宁武子，邦有道，则知；邦无道，则愚。其知可及也，其愚不可及也。”**

【注解】子曰：“宁武子姓宁，名俞，谥号武。卫文公、成公时任卫大夫，邦有道指卫文公时期，则知；邦无道指卫成公时期，则愚。其知可及也，其愚不可及也。”

（[补充]愚，古今多解释为：装傻。）

【译文】先生说：“宁武子，邦国有道时，被人称作智者；邦国无道时，被人称作愚者。他那智者的行为别人是可以做到的，他那愚者的行为别人就做不到了。”

【延伸】本章以宁武子为例，描写了一类无视邦国有道无道的忠义之臣。邦国有道，在开明君主的麾下建功立业，这样的智者不少，也容易被人们理解并认可。而在邦国无道、国君昏暗的情况下依旧为国为君竭尽全力，这样的智者就难以被人们理解并认可了。在一般人看来，这样的行为是徒劳的、不智的，是最出力不讨好的一种愚人愚行。但在孔子看来，这种知其不可为而为之的愚行恰恰是一种常人难以企及的行为。

在08-13章中，有“天下有道则见，无道则隐”一语，这说的是一种常规的智者形象。

在15-07章中，有“直哉史鱼！邦有道，如矢；邦无道，如矢”

一语。这说的就是一种非常规的智者形象了。对于这种无视有道、无道的人来说，对他们的评价只能用至刚至阳来形容了。

○

○

〖05-22〗**子在陈，曰："归与！归与！吾党之小子狂简，斐然成章，不知所以裁之。"**

【注解】子在陈国名，曰："归与！归与！吾党古代户籍编制单位。《周礼·地官·大司徒》中载："五家为比，五比为闾，四闾为族，五族为党。"一党约五百户。这里引申为家乡之小子狂狂热简简单、单纯，斐然成章斐然成章：意为富有文采，文章可观，不知所以裁裁夺，整理之。"

【译文】先生在陈国时，说："回吧！回吧！我家乡的小子们热情单纯、文采斐然可观，却不知道该如何裁处、整理它们。"

【延伸】本章以孔子为例，描述了回归本邦、为国效力的一类人。哀公不算有道之君，孔子也不是至阳至刚之人，但鲁国仍有可为之处，那就是鲁国的年轻人。年轻人是未来，年轻人的思想就是未来的思想，年轻人的文化就是未来的文化，如果仁道能成为年轻人裁夺事物的依据，未来的天下就必定会向着仁的方向演变。

在13-09章中载："冉有曰：'既庶矣，又何加焉？'曰：'富之。'曰：'既富矣，又何加焉？'曰：'教之。'"人类思想的教育，可以凭借社会的力量来实施，也可以凭借个人的力量来影响，从家乡子弟们的热情单纯中，孔子看到了希望，也看到了自己的价值。

失之东隅，收之桑榆。孔子政治理想没有实现，教育事业却取得了成果，没有什么事能比将灿烂的文化传承下去更有意义了。

○

○

〖05-23〗**子曰：“伯夷、叔齐不念旧恶，怨是用希。”**

**【注解】** 子曰：“伯夷、叔齐商末孤竹国国君的两个儿子，因让国、阻拦武王伐纣、不食周粟饿死而闻名不念旧恶，怨是用作用，影响希稀，稀少。”

（［补充］本章古今多译为：“先生说：‘伯夷、叔齐不记过去的仇恨，因此怨恨他们的人也很少。’”）

**【译文】** 先生说：“伯夷、叔齐不记过去交往中的过节，就很少受怨恨这种情绪的影响了。”

**【延伸】** 本章描述的是不念旧恶的一类人。人的情绪来源于观念，以常人的观念想象伯夷、叔齐的情绪，难免不生起怨恨，但如果理解了他们不念旧恶的观念，便可以明白他们无怨无悔的情结。孔子漂泊多年，求仁得仁，如今归鲁，也不念旧恶。

在04-04章中，有“苟志于仁矣，无恶也”一语。仁人的心态不能以常人的心态去理解。

在07-15章中载：“‘伯夷、叔齐何人也？’曰：‘古之贤人也。’曰：‘怨乎？’曰：‘求仁而得仁，又何怨？’”伯夷、叔齐不仅不念旧恶，而且求仁而得仁，故而心中没有怨恨。

在03-21章中，有“成事不说，遂事不谏，既往不咎”一语。做到既往不咎，心中便无积怨。

○

○

〖05-24〗子曰：**“孰谓微生高直？或乞醯焉，乞诸其邻而与之。”**

【注解】子曰：“孰谓微生高鲁国人，姓微生，名高直直率？或乞醯音xī。醋焉，乞诸其邻而与之。”

【译文】先生说：“谁说微生高直率呢？有人去他家讨点醋，他不直说没有，却到邻居家讨来给那人。”

【延伸】本章论述人的直率。通于义则直，就于利则曲。有就是有，无就是无，这才与义相符。一人求他，他再求另一人，孔子认为这是委曲示好，并不是直。

在13-18章中载：“叶公语孔子曰：‘吾党有直躬者，其父攘羊，而子证之。’孔子曰：‘吾党之直者异于是。父为子隐，子为父隐，直在其中矣。’”面对这种似直非直、似信非信的观念，必须仔细分辨，如果粗心大意，就可能被这些似是而非的观念所误导。

○

○

〖05-25〗子曰：**“巧言、令色、足恭，左丘明耻之，丘亦耻之。匿怨而友其人，左丘明耻之，丘亦耻之。”**

【句读新校】子曰：“巧言令色足恭，左丘明耻之，丘亦耻之。匿怨而友其人，左丘明耻之，丘亦耻之。”

【注解】子曰："巧言令色足足够恭恭敬，左丘明姓左，名丘明。鲁人，著《左传》，小孔子四十九岁耻耻于之这种行为，丘亦耻之。匿藏匿怨怨恨而友示好其人，左丘明耻之，丘亦耻之。"

（［补充］巧言令色足恭，古今多解释为：说好话，扮好脸，让自己显得够恭顺。）

【译文】先生说："工于说话，令人对自己表现出足够恭敬的神色，左丘明认为这很可耻，我孔丘也认为这很可耻。对人心怀怨恨却表现出友好的神色，左丘明认为这很可耻，我孔丘也认为这很可耻。"

【延伸】本章论述了人的两种可耻行径。做作、虚伪之所以要兜那么一个圈子，就是要用做作、虚伪的公义绕过真正的公义，达到谋取私利的目的。巧言令色足恭，匿怨而友其人，这已经超出了不直的范围，到了扭曲的程度了。

在15-27章中，有"巧言乱德：小不忍则乱大谋"一语。左丘明以之为耻的"巧言令色足恭"，正是孔子所说的"巧言乱德"；左丘明以之为耻的"匿怨而友其人"，正是孔子所说的"小不忍则乱大谋"。

○

○

〖05-26〗**颜渊、季路侍。子曰："盍各言尔志？"**

**子路曰："愿车马衣轻裘与朋友共敝之而无憾。"**

**颜渊曰："愿无伐善，无施劳。"**

**子路曰："愿闻子之志。"**

**子曰："老者安之，朋友信之，少者怀之。"**

【注解】颜渊、季路侍服侍。子曰："盍音hé。何不各言尔志？"

子路曰："愿希望车马衣穿着轻轻暖裘皮衣与朋友共在一起敝蔽败，落魄之而无憾。"

颜渊曰："愿无伐侵伐善，无施施压劳劳苦者。"

子路曰："愿闻子先生之志。"

子曰："老者安安于，安享之，朋友信信仰之，少者怀怀抱之。"

（［补充］施，古今多解释为：显耀。本章古今多译为："颜渊、季路侍立在孔子身旁。先生说：'你们何不各谈谈自己的志向？'子路说：'我愿意将车马、衣服与朋友共享，破旧了也不抱怨。'颜渊说：'我愿不夸耀自己的善处，不显扬自己的功劳。'子路说：'我们也想听听您的志向。'先生说：'让老者放心我，让朋友信任我，让少年怀念我。'"）

【译文】颜渊、季路侍立在先生身旁。先生说："何不各自说说你们的志向呢？"

子路说："希望驱车马，穿轻裘，与朋友们待在一起，一生无用也不遗憾。"

颜渊说："愿天下没有人去侵害善良者，没有人去压迫劳苦者。"

子路说："想听听先生之志。"

先生说："老人能安享晚年，朋友能诚信做事，少年能富有情怀。"

【延伸】本章论述的是人的志向。道德仁礼只从理论上解决了如何做人的问题，究竟如何做人，还要看实际中的实践。每个人都有他的理论成果和实践动力，而志向就是这些理论与实践的天然纽带。

一般来说，有什么样的志向，便有什么样的人生。在本章中，师生三人各言其志，虽然表述有异，但方向是一致的，那就是不论子路从个人生活出发，还是颜渊从社会管理出发，还是孔子从整个人类的情怀出发，最终都以实现仁道为目标。

在09-27章中，有“衣敝缊袍，与衣狐貉者立，而不耻者，其由也与”一语。子路不耻于穿破旧的缊袍，但不等于他不愿意穿崭新的轻裘，这正是仁者能够安于仁的表现。如果使天下人都能安于仁，那天下就归仁了。

在14-07章中，有“爱之，能勿劳乎？忠焉，能勿诲乎”一语。以爱人之名将自己所欲加诸于人，或以尽忠之名将自己所见强教给人，这都是社会初期的表现，等人们能安仁利仁时，这些现象就会消失。

在02-04章中，有“吾十有五而志于学，三十而立，四十而不惑，五十而知天命，六十而耳顺，七十而从心所欲，不逾矩”一语。少年怀志，中年信义，晚年安于仁，是孔子自己的写照，而令天下老者安仁、朋友信义、少者怀志，正是他对天下人的期许。

○

○

**〖05-27〗子曰：“已矣乎！吾未见能见其过而内自讼者也。”**

**【注解】** 子曰：“已结束矣乎！吾未见能见其过而内内心自自行讼争讼，谴责者也。”

**【译文】** 先生说：“算了吧！我还没见过能看到自己的过错而在内心谴责自己的人。”

【延伸】本章论述人的自我检查与自我批评。对人而言，做自我批评是困难的。没有谁愿意做错，过错一般都是被当成正确的事情做出来的，所以，当人犯错的时候，自己可能并不知道。但是，这不能作为开脱过错的借口，因为过错一定会带来相应的后果，这个后果不是自己承担，就是他人承担。如果能时刻想到过错的严重后果，人就会多一些自省，少犯一些错误了。

在19-08章中，有“小人之过也必文”一语。文过是一种能令自我感觉良好，而实际上更恶劣的对待错误的方式。

在15-30章中，有“过而不改，是谓过矣”一语。无知的臆想或错误的观念一旦在头脑中建立，是很难被自己发现的，所以要改过，就必须加强平时的学习，积累知识，提高能力，从根源上阻断错误观念的建立。还有一种错上加错的情况是，发现了过错，却借口找不到更好的选择而将错误的选择当作最优选择继续执行下去，这种错而不改是很可怕的，它会令人眼睁睁地陷入绝望。

○

○

〖05-28〗**子曰：“十室之邑，必有忠信如丘者焉，不如丘之好学也。”**

【注解】子曰：“十室之邑，必有忠信如丘孔子自称者焉，不如丘之好学也。”

【译文】先生说：“只要是有十户人家的村落，一定有像我这样忠信的人，不过就是不能像我这样好学啊。”

【延伸】本章以孔子为例，论述了人的好学是人最可贵的品质。学习不仅是人类天生具备的本能，还是人类所应从事的事业。学习使人类成为人类，也使人类成为更好的人类。

在04-15章中，有“参乎！吾道一以贯之”一语。好学，是孔子的理论得以一以贯之的基础。

# 雍也篇第六

本篇共计三十章，以处世为讨论的核心，以投身社会事务为线索，围绕社会的政治、政策、教育、人才、经济、变革、精神、思想等因素展开讨论。人的社会属性使人在形成社会的同时也依赖于社会，而社会在为人提供成长条件的同时，也需要有人来推动这个社会的运转。如果这种运转顺畅而高效，则被称为天下有道；反之，则被称为天下无道。

○

○

〖06-01〗**子曰："雍也可使南面。"**

【注解】子曰："雍仲弓名也可使南向南面。"

（［补充］南面，古今多解释为：人君听政之位。本章古今多译为："先生说：'雍啊，可以使他担起一国君王之任。'"）

【译文】先生说："雍啊，可以像北辰一样面对南方了。"

○

○

〖06-02〗**仲弓问子桑伯子。子曰："可也，简。"**

**仲弓曰："居敬而行简，以临其民，不亦可乎？居简而行简，无乃大简乎？"子曰："雍之言然。"**

【注解】仲弓问子桑伯子嬴姓，公孙氏，名枝，字子桑。秦穆公时秦国大夫。子曰："可也，简简练，简略，不拘小节。"

仲弓曰："居敬而行简，以临其民，不亦可乎？居简而行简，无乃大太，极端简乎？"子曰："雍之言然对。"

【译文】仲弓问先生子桑伯子这人如何。先生说："行啊。有简略之德。”

仲弓说：“居心诚敬而做事简单，这样来治理百姓，不也挺好吗？如果内心疏简而做事简单，这就太简单了吧？”先生说：“雍这话说得对。”

【延伸】本章及上章论述立身以德的处世原则及简洁诚敬的做事原则。做事的首要条件就是有德，德就代表所做之事符合人类文明的方向；其次要有能力，能力就是使事物以最高效的方式运作。

在02-01章中，有“为政以德，譬如北辰居其所而众星共之”一语。以德为政，是最理想的为政模式；以德立身，是最理想的处世模式。

在11-03章中，有“德行：颜渊，闵子骞，冉伯牛，仲弓”一语。孔子称赞仲弓可以南面而居，显然是认为他若为政，一定会做得非常完美。而仲弓对行简的看法，也印证了他的道德深厚，同时还可以看出，敬是有德之人对事物最基本的态度。

在01-05章中，有“道千乘之国，敬事而信，节用而爱人，使民以时”一语。简意味着合理，意味着高效，意味着有益。例如，敬事而信就会使管理简捷，节用而爱人就会使财物简省，使民以时就会使民力精简。

○

○

〖06-03〗**哀公问：“弟子孰为好学？”孔子对曰：“有颜回者好学，不迁怒，不贰过。不幸短命死矣。今也则亡，未闻好学者也。”**

【注解】哀公问："弟子孰为好学？"孔子对曰："有颜回者好学，不迁转向怒愠怒，不贰重复过过错。不幸短命死矣。今也则亡无，未闻好学者也。"

【译文】哀公问："弟子中有谁称得上好学呢？"孔子回答说："曾有个叫颜回的好学，不会因不懂而恼怒，不会犯同样的过失。他不幸短命死了。现在就没这样的人了，我也没听说谁还好学了。"

【延伸】本章论述好学、健康是处世的基础。做事是理论用诸实践，随时会遇到新问题，好学才能在实践中出智慧，才能及时解决问题，使事情顺利进行。如果不懂便恼怒，让同一个问题不断困扰，那事情就做不好了。作为老师，无不希望学生好学，投入孔子门下求学的人，总是好学的，但好学智术者多，好学道德者就不多了，好学正道而且学得很好的就更少了。"不迁怒，不贰过。"不仅是好学的标志，也是德行的标志，更是智慧的标志。

在05-28章中，有"十室之邑，必有忠信如丘者焉，不如丘之好学也"一语。笨人好学，也终究会成为智者。

在08-03章中载："曾子有疾，召门弟子曰：'启予足！启予手！《诗》云："战战兢兢，如临深渊，如履薄冰。"而今而后，吾知免夫！小子！'"曾子八十岁而终，这就是健康长寿的处世优势。

本章与11-07章有相同内容："季康子问：'弟子孰为好学？'孔子对曰：'有颜回者好学，不幸短命死矣，今也则亡。'"

○

○

〖06-04〗**子华使于齐，冉子为其母请粟。子曰："与之釜。"**

**请益。曰："与之庾。"**

**冉子与之粟五秉。**

**子曰："赤之适齐也，乘肥马，衣轻裘。吾闻之也：君子周急不继富。"**

【注解】子华使于齐，冉子为其母请粟。子曰："与之釜音fǔ。一釜约二十公升，装粟米约十二公斤。"

请益增加。曰："与之庾音yǔ。或说二釜有半谓之庾，则一庾粟米约三十公斤。"

冉子与之粟五秉音bǐng。成捆的禾谷。以汉制，下禾一秉约打三斗粟米，上禾一秉约打九斗粟米，以每斗二公升、一点二公斤算，五秉粟米约十八至五十四公斤。

子曰："赤子华名之适齐也，乘肥马，衣轻裘。吾闻之也：君子周急不继富。"

（[补充]釜，古今多解释为：一釜六斗四升。庾，古今多解释为：一庾二斗四升。秉，古今多解释为：一秉十六斛、一百六十斗。"子华使于齐，冉子为其母请粟"，古今多解释为："子华出使齐国，冉有替子华母亲向孔子申请粟米"。与之庾，古今多解释为：再多给一庾。）

【译文】子华出使齐国，冉子为给子华母亲粟米的事请求先生。先生说："给她一釜吧。"

冉子请求再多点。先生说："给她一庾吧。"

后来冉子给了她五秉。

先生说："赤去齐国时，乘的是肥马，穿的是轻裘。我听说啊，君子应该周济危困，而不是要使富者更富。”

○

○

〖06-05〗**原思为之宰，与之粟九百，辞。子曰：“毋！以与尔邻里乡党乎！”**

【句读新校】原思为之宰，与之粟九百，辞。子曰：“毋以与尔邻里乡党乎？”

【注解】原思姓原，名宪，字子思，小孔子三十六岁为之宰，与之粟九百，辞推辞。子曰：“毋音wú。毋宁以与尔邻里乡党乎？”

（［补充］原思为之宰，古今多解释为：原思为孔子作宰臣。）

【译文】原思为先生家做宰臣时，先生给他的酬劳是粟米九百，原思嫌多辞让。先生说：“不会用它给你的邻里乡党们吗？”

【延伸】本章和上章论述处世时对待财物的问题。做事一定会涉及物质财富，所以，如何看待财物、使用财物就显得尤为重要。冉有为政有才有艺，打仗有勇有智，他说服鲁国迎回孔子，帮助同门也不遗余力，但他对待财物的方式却受到孔子的批评。原思对待财物的方式虽然与冉有不同，但在孔子看来，仍然有待改善。

在03-17章中载：“子贡欲去告朔之饩羊。子曰：‘赐也！尔爱其羊，我爱其礼。’”正如孔子批评子贡一样，孔子对冉有、原思的批评也事关于礼，而礼的基础是仁义而不是财物的多寡。

在11-17章中载：“季氏富于周公，而求也为之聚敛而附益之。子曰：‘非吾徒也。小子鸣鼓而攻之，可也。’”孔子对冉有为季氏聚敛财富的行为深感痛惜，他认为社会财富的作用就是周济危困，而不是供富有的人骄奢淫逸。

○

○

〖06-06〗**子谓仲弓，曰：“犁牛之子骍且角，虽欲勿用，山川其舍诸？”**

【注解】子谓仲弓，曰：“犁牛犁牛：耕牛之子骍音xīng。赤色，代指赤色的牲畜且角音jiǎo。指角长得周正，虽欲勿用指用于祭祀，山川其舍诸？”

【译文】先生谈起仲弓，说：“耕牛的牛犊毛色赤红、角长得周正，人们虽不想将它用于祭祀，但山川之神哪肯舍弃它呢？”

【延伸】德才兼备是处世的最好条件。人的才能既是个人的，也是社会的。一个人的社会背景，不影响他成为一个优秀的人；而一个优秀的人，总会被社会所选用。

在01-07章中，有“贤贤易色；事父母，能竭其力；事君，能致其身；与朋友交，言而有信。虽曰未学，吾必谓之学矣”一语。有德也是有学。

在08-11章中，有“如有周公之才之美，使骄且吝，其余不足观也已”一语。仅有出众的才能，而没有美德做基础，是难以很好处世的。

○

○

〖06-07〗**子曰："回也，其心三月不违仁，其余则日月至焉而已矣。"**

【注解】子曰："回也，其心三月泛指长时间不违违背仁仁心，其余则日月或一日或一月，泛指短时间至焉而已矣。"

【译文】先生说："颜回呢，他的心天长地久不会违背于仁，其余人也就一日或一月能做到仁罢了！"

【延伸】以德立身还算容易，处世而能不违于仁，就不容易了。做事的初心和目标对做事的结果有较大影响。

在12-01章中载："颜渊问仁。子曰：'克己复礼为仁。一日克己复礼，天下归仁焉。为仁由己，而由人乎哉？'颜渊曰：'请问其目。'子曰：'非礼勿视，非礼勿听，非礼勿言，非礼勿动。'颜渊曰：'回虽不敏，请事斯语矣。'"从美好的仁爱之心出发，才可能做到不违于礼；克己复礼，才可能做到仁；不违于仁，才可能实现天下归仁的事业。

在12-02章中载："仲弓问仁。子曰：'出门如见大宾，使民如承大祭。己所不欲，勿施于人。在邦无怨，在家无怨。'仲弓曰：'雍虽不敏，请事斯语矣。'"做事的心态，决定了成败。

○

○

〖06-08〗**季康子问："仲由可使从政也与？"子曰：**

**“由也果，于从政乎何有？”**

**曰：“赐也可使从政也与？”曰：“赐也达，于从政乎何有？”**

**曰：“求也可使从政也与？”曰：“求也艺，于从政乎何有？”**

【注解】季康子问：“仲由可使从政也与？”子曰：“由也果果决，于从政乎何有？”

曰：“赐也可使从政也与？”曰：“赐也达通达，于从政乎何有？”

曰：“求也可使从政也与？”曰：“求也艺才艺，于从政乎何有？”

【译文】季康子问：“仲由可以让他从政吗？”先生回答说：“仲由果敢，从政对于他来说有什么困难呢？”

季康子又问：“端木赐可以让他从政吗？”先生回答说：“端木赐通达，从政对于他来说能有什么困难呢？”

季康子再问：“冉求可以让他从政吗？”先生回答说：“冉求多艺，从政对于他来说能有什么困难呢？”

【延伸】为政是一种主动的处世方式，为政需要能力，更需要品质，比如果敢、通达、多才多艺等，有了这些品质，才能做好事情，无愧于社会。

在13-13章中，有“苟正其身矣，于从政乎何有？不能正其身，如正人何”一语。打铁必须自身硬。

在13-20章中载：“子贡问曰：‘何如斯可谓之士矣？’子曰：‘行己有耻，使于四方，不辱君命，可谓士矣。’曰：‘敢问其次。’曰：‘宗族称孝焉，乡党称弟焉。’曰：‘敢问其次。’曰：‘言必信，行必果，硁硁然小人哉！抑亦可以为次矣。’曰：‘今之从政者何如？’子曰：‘噫！斗筲之人，何足算也！’”天下无道，是因为斗筲之人从政，如果士能从政，天下就会变得有道。

○

○

〖06-09〗**季氏使闵子骞为费宰。闵子骞曰：“善为我辞焉！如有复我者，则吾必在汶上矣。”**

【注解】季氏使闵音mǐn子骞音qiān。姓闵，名损，字子骞，小孔子十五岁为费费邑，季氏私邑宰。闵子骞曰：“善为我辞焉！如有复我者，则吾必在汶音wèn上汶上：汶河以北，接邻齐国。这里暗指闵子骞离开了鲁国矣。”

【译文】季氏派使者请闵子骞做费邑之宰。闵子骞说：“好好替我推辞掉这事吧！如再来召我，那我就只能在汶水以北待着了。”

【延伸】本章论述的是一种对抗世俗的处世精神。就事情本身来说，有的是因为去做而成功，有的是因为不做而成功。不用自己的能力做不义之事，也是一种品质；守护好做事的底线，也是一种成功。

在11-14章中载：“鲁人为长府。闵子骞曰：‘仍旧贯，如之何何？必改作。’子曰：‘夫人不言，言必有中。’”闵子骞对三桓的做事方式，与孔子一样，看得很清楚，面对三桓的邀请，他选择了不妥协、不合作。

在18-08章中，有“不降其志，不辱其身，伯夷、叔齐与”一语。闵子骞选择的也是不降其志、不辱其身。

○

○

〖06-10〗**伯牛有疾，子问之，自牖执其手，曰：“亡之，命矣夫！斯人也而有斯疾也！斯人也而有斯疾也！”**

**【句读新校】**伯牛有疾，子问之，自牖执其手，曰：“亡之命矣。夫斯人也，而有斯疾也！斯人也，而有斯疾也！”

**【注解】** 伯牛姓冉，名耕，字伯牛，小孔子七岁有疾病，子问问讯，看望之，自牖音yǒu。窗洞执其手，曰：“亡之命矣。夫斯人也，而有斯疾也！斯人也，而有斯疾也！”

**【译文】**伯牛患病，先生去慰问他，通过窗洞握着他的手，说：“没有天理了呀！这么好的人，竟然患上这样的病啊！这么好的人，竟然患上这样的病啊！”

**【延伸】**本章论述处世中对德行的坚守。伯牛得恶疾，闭门自绝于屋内，老师来了，也只能通过窗洞与他握握手，由此可见伯牛之德。疾病上身，不分善人恶人，对待疾病，一定能防则防。

在11-09章中载：“颜渊死。子曰：‘噫！天丧予！天丧予！’”贤德之人事业未竟而中道病故，好令人痛惜。

○

○

〖06-11〗**子曰："贤哉，回也！一箪食，一瓢饮，在陋巷，人不堪其忧，回也不改其乐。贤哉，回也！"**

【注解】子曰："贤哉，回也！一箪音dān。盛饭的竹器食，一瓢饮，在陋巷，人不堪其忧，回也不改其乐。贤哉，回也！"

【译文】先生说："多有修养呀，颜回！一箪饭食，一瓢水饮，身在陋巷，别人受不了这种忧苦，颜回却不改其乐。多有修养呀，颜回！"

【延伸】本章论述乐观的处世精神。做事中的乐观精神会使艰难曲折的过程不再难挨。当贤能与困苦相遇时，更能看出贤能的程度。

在15-02章中载："子路愠见曰：'君子亦有穷乎？'子曰：'君子固穷，小人穷斯滥矣。'"君子穷且益坚。

在04-02章中，有"不仁者不可以久处约，不可以长处乐。仁者安仁，知者利仁"一语。这正是颜渊约而且乐，安而且利，仁而且智的写照。

○

○

〖06-12〗**冉求曰："非不说子之道，力不足也。"子曰："力不足者，中道而废。今女画。"**

【句读新校】冉求曰："非不说子之道，力不足也。"子曰："力不足者，中道而废今女画。"

【注解】冉求曰："非不说悦，喜欢子之道，力能力不足也。"子曰："力不足者，中道而废今女画划，计划。"

（［补充］画，古今多解释为：停止。"力不足者，中道而废。今女画"古今多解释为："力量不足的人，应是走到中途停下来，你现在是还未用力就已经停止了"。）

【译文】冉求说："不是不喜欢夫子之道，是我能力不足啊。"先生说："所谓能力不足，是走了一半以后再废除你现在的计划。"

【延伸】接受怎样的处世理论，就会有怎样的处世态度。而接受哪种处世理论，不是靠能力，而是靠意愿。符合道义的处世态度使人在做事时不需要找借口；取决于利的处世态度则会使人在做事时搪塞推托、遮遮掩掩。

在04-06章中，有"有能一日用其力于仁矣乎？我未见力不足者。盖有之矣，我未之见也"一语。为仁不需要多大的能力，但需要有为仁的动力。

在09-19章中，有"譬如为山，未成一篑，止，吾止也。譬如平地，虽覆一篑，进，吾往也"一语。客观上的或止或进，来源于主观上的或止或进。

在07-30章中，有"仁远乎哉？我欲仁，斯仁至矣"一语。普通人说自己能力不足以学孔子之道，情有可原，如果冉有说自己能力不足，那天下还有几个足的？冉求这句自谦的话不仅没有令自己蒙混过关，反而被孔子明明白白地拎了出来，指出他所谓的不足，是因为有了一套新计划，从而放弃了成为仁人的旧计划。本章没有叙述冉求的新计划，但通过历史资料可以知道，冉求接受了孔子的教育，且形成了另外一套不同于孔子的思想，他希望用妥协的方式来处理理想与现实的冲突。对于这种似乎能两全其美的妥协，孔子是极力反对的，因为这种妥协会使现实的黑暗难以恢复光明。

○

○

〖06-13〗**子谓子夏曰：“女为君子儒，无为小人儒。”**

【注解】子谓子夏曰：“女为君子儒有学之士，有术之士，无为小人儒。”

【译文】先生对子夏说：“你要去做君子那样的儒者，不要去做小人那样的儒者！”

【延伸】本章论述以妥协的方式处世会使学者沦为小人的道理。从理论上说，人在社会活动中应该依循正道，而不应该向当权者妥协，如果这个人是学者，则被称为君子儒。但在实践中，总会有人放弃正道而选择妥协，如果这个人是学者，则被称为小人儒。事大事小是一回事，心大心小又是一回事，不论事大事小，都应该以君子的心态去面对，这样才能使事与事实相一致，使人与人心相一致，使事的结果与人的目的相一致。

在13-24章中载：“子贡问曰：‘乡人皆好之，何如？’子曰：‘未可也。’‘乡人皆恶之，何如？’子曰：‘未可也。不如乡人之善者好之，其不善者恶之。’”不放弃正道则善者好之，不向不善者妥协则不善者恶之。

○

○

〖06-14〗**子游为武城宰。子曰："女得人焉尔乎？"曰："有澹台灭明者，行不由径，非公事，未尝至于偃之室也。"**

【句读新校】子游为武城宰。子曰："女得人焉，尔乎？"曰："有澹台灭明者，行不由径，非公事，未尝至于偃之室也。"

【注解】子游为武城武城：鲁国邑名宰。子曰："女得人焉，尔乎？"曰："有澹音dàn台灭明姓澹台，名灭明，字子羽，小孔子三十九岁者，行不由径小路，借指不正当的途径，非公事，未尝至于偃音yǎn。子游名之室也。"

（［补充］"女得人焉尔乎？"古今多译为："在那里你得到什么人才了吗？"）

【译文】子游做武城邑宰。先生说："你在那里遇到贤人了，是吧？"子游说："有个叫澹台灭明的，行止不走捷径，除非公事，从不去我的房间。"

【延伸】处世不妥协，就要有力量。善于发现人才，善于组建团队，不仅可以事半功倍，而且可以成为坚持道义的中坚力量。

在13-02章中载："仲弓为季氏宰，问政。子曰：'先有司，赦小过，举贤才。'"人决定不了上司的昏庸，但可以决定下属的贤良。

○
○

〖06-15〗**子曰：“孟之反不伐，奔而殿，将入门，策其马，曰：‘非敢后也，马不进也。’”**

【注解】子曰：“孟之反姓孟，名侧，字之反不伐，奔败逃而殿殿后，在最后，将入门，策鞭打其马，曰：‘非敢后也，马不进也。’”

【译文】先生说：“孟之反是个不自夸的人啊！军队败逃时他殿后，将入城门时，他才鞭打着马，说：‘不是我敢于殿后，是我的马不使劲跑啊。’”

【延伸】处世切忌自伐。在社会上有所作为就会有所贡献，有功就难免自夸。如果有功而不自夸，看似反常，其实是知常，因为居功自夸不仅难以再有所作为，还有可能导致损失。

在09-29章中，有“知者不惑，仁者不忧，勇者不惧”一语。有功不伐，这不仅是个智的问题，也是个仁的问题，还是个勇的问题。

○
○

〖06-16〗**子曰：“不有祝鮀之佞，而有宋朝之美，难乎免于今之世矣。”**

【注解】子曰：“不不能有祝鮀音tuō。姓史，名鮀，字子鱼，也称祝鮀。卫灵公时任大夫之佞，而有宋朝子姓，宋氏，名朝，宋国公子。卫灵公时任大夫之美，难乎免于今之世矣。”

（［补充］本章古今多译为：“先生说：‘没有祝鮀那样会说，却有宋朝那样的美貌，难以在当今之世免于被迫害了。’”）

【译文】先生说：“没有祝鮀那样的口才，而又有宋朝那样的美貌，就难以于当今之世得以保全了。”

【延伸】人以德才处世，但社会不会因为德才而对人网开一面，因此在不妥协的同时也不应自夸。特别在无道之世，有德有才者被排斥，执政者们喜欢漂亮的话，喜欢漂亮的人，而不在乎对方有无德才。如果有人既不会说话又长得不美，而且还恃才傲物，不畏权势，必然会遭遇不幸，轻则被驱逐，重则遭屠戮。

在15-07章中，有“直哉史鱼！邦有道，如矢；邦无道，如矢。君子哉蘧伯玉！邦有道，则仕；邦无道，则可卷而怀之”一语。史鱼即祝鮀，虽然他的直不容于人，但他的佞却能帮他免于屠戮。

在08-03章中载：“曾子有疾，召门弟子曰：‘启予足！启予手！《诗》云：“战战兢兢，如临深渊，如履薄冰。”而今而后，吾知免夫！小子！’”像曾子这样德才兼具的人，一生保持手足完好，这种幸运的结果与他谨慎处世是密不可分的。

○

○

〖06-17〗子曰：“谁能出不由户？何莫由斯道也？”

【注解】子曰：“谁能出不由经由户屋门？何莫没人由斯道借指正道也？”

（［补充］“何莫由斯道也？”古今多译为：“为何没人从我这条道上走呢？”）

【译文】先生说："谁能出入而不走门呢？但为何没人打这正道上过呢？"

【延伸】虽然世事凶险，但人仍然应该以正确的处世之道处世。人以正道就可以获得成功，然而人总不愿意走正道。孔子以为捷径的正道，人却以为迂回；人以为捷径的邪道，孔子以为无道。

在07-21章中，有"子不语怪、力、乱、神"一语。人应该走人的路，走怪力乱神的路是走不通的。

在04-16章中，有"君子喻于义，小人喻于利"一语。喻于义，必然由道而行；喻于利，就难以由道而行了。

○

○

〖06-18〗**子曰："质胜文则野，文胜质则史。文质彬彬，然后君子。"**

【注解】子曰："质实质胜胜过文文采则野粗野，文胜质则史文绉绉。文质彬彬彬彬：形容交杂而均合的样子，然后君子。"

（[补充]质，古今多解释为：质朴。文，古今多解释为：文采。野，古今多解释为：粗鲁。史，古今多解释为：浮夸。"质胜文则野，文胜质则史。"古今多译为："质朴胜过文采就显得粗野，文采胜过质朴就显得虚伪。"）

【译文】先生说："内涵胜过表现就会像野人一样粗野，表现胜过内涵就会像史官一样文绉绉的，表现和内涵相辅相成，然后才像个君子。"

【延伸】处世既要注重内容，又要注意形式。不会表达，但可以真诚；不够漂亮，但可以端庄。好的事情加上好的过程，这样的事情才会被人接受，才会顺利进展。对个人来说，君子要成为君子，不仅需要有君子的内容，也需要有君子的形式。个人形象低于自身品质时，就显得不够文明；个人形象高于自身品质时，就显得偏离真实，都不算完善。

在05-18章中，有“臧文仲居蔡，山节藻梲，何如其知也”一语。徒好其文而没有其质是不可取的。

在17-24章中载：“子贡曰：‘君子亦有恶乎？’子曰：‘有恶。恶称人之恶者，恶居下流而讪上者，恶勇而无礼者，恶果敢而窒者。’曰：‘赐也亦有恶乎？’‘恶徼以为知者，恶不孙以为勇者，恶讦以为直者。’”形式与内容矛盾更不可取。

○

○

## 〖06-19〗子曰：“人之生也直，罔之生也幸而免。”

【注解】子曰：“人之生生存也直正直，罔音wǎng。迷惘之生也幸侥幸而免指免遭灾难。”

（［补充］罔，古今多解释为：枉曲，不正直。）

【译文】先生说：“人生于世靠的是正直，迷惘的人求生存就只能靠侥幸来免于灾难。”

【延伸】处世要有原则，这个原则就是正直。如果做人没主张，处世没原则，那就麻烦了。对于人生的必然与偶然，无数的人进行过探讨，孔子也不例外，他认为作为一个自由的人生于世间，应该以直为必然，这样，事情的结果无论好坏，都能坦然接受。如果迷迷茫茫生于世间，任由偶然事件所左右，那么整个人生就无从把握了。

在06-17章中，有“谁能出不由户？何莫由斯道也”一语。直不是孔子随意选择的生存方式，而是最符合客观规律的一种方式，因为就空间而言，直线距离最短，就时间而言，最直接的方式效率最高。

在15-25章中，有“吾之于人也，谁毁谁誉？如有所誉者，其有所试矣。斯民也，三代之所以直道而行也”一语。时代依直道而行，作为个人，也应该依直道而行，这样的人生与事业，才是一致的，而且也是富有意义的。

○

○

**〖06-20〗子曰：“知之者不如好之者，好之者不如乐之者。”**

【注解】子曰：“知之去，到达，实现者不如好之者，好之者不如乐之者。”

（［补充］之，古今多解释为：代词，指某事。本章古今多译为：“先生说：‘对于学问事业，懂得它的人不如喜好它的人，喜好它的人不如以其为乐的人。’”）

【译文】先生说：“知道如何去的人不如想去的人，想去的人不如乐于去的人。”

【延伸】人生于世，不仅要考虑处世的方式，还要考虑生命的方式。人生目标的实现需要付诸行动，然而这种行动本身最好也是令人幸福的行动。仅仅知道行为与结果的关系，还不足以使人幸福地行动起来；如果对结果心怀向往，就容易使人主动地行动起来；而如果对行为本身就乐此不疲，那么行为与结果就很容易由一种关系变成一个事实了。

在07-19章中载："叶公问孔子于子路，子路不对。子曰：'女奚不曰："其为人也，发愤忘食，乐以忘忧，不知老之将至云尔。"'"孔子对于自己的事业，知之、好之，而且乐之。

○

○

**〖06-21〗子曰："中人以上，可以语上也；中人以下，不可以语上也。"**

**【注解】** 子曰："中人以上，可以语谈论上也；中人以下，不可以语上也。"

**【译文】** 先生说："中等才智以上的人，可以与他谈论高深的道理；中等才智以下的人，不可以与他谈论高深的道理。"

**【延伸】** 处人是处世的重要部分。处人的关键就是说话，就是要将所说内容置于听众的接受能力内，这样才能很好地处人，进而很好地处世。

在16-09章中，有"生而知之者上也，学而知之者次也；困而学之，又其次也；困而不学，民斯为下矣"一语。从无知到有知是一个知识积累的过程，每个人都处在这个过程的不同阶段上，知识的多少决定着一个人的理解能力。在合作共事或探讨问题时，一个人不仅要了解自己的能力，还要了解他人的能力，这样才能在合作交流中使言说者的交流内容与倾听者的接受能力相适应，达到交流的目的。

在15-08章中，有"可与言而不与之言，失人；不可与言而与之言，失言。知者不失人，亦不失言”一语。在交谈时，一定要慎重对待交谈的内容和对象，一定注意交谈的针对性。

○

○

〖06-22〗**樊迟问知。子曰：“务民之义，敬鬼神而远之，可谓知矣。”**

**问仁。曰：“仁者先难而后获，可谓仁矣。”**

【注解】樊迟问知智。子曰：“务致力民之义，敬鬼神而远之，可谓知矣。”

问仁。曰：“仁者先难危难而后获收获，可谓仁矣。”

【译文】樊迟问怎么才算是智慧。先生说：“对民众极尽道义，对鬼神敬而远之，这就可以称为智慧了！”

樊迟又问怎么才算是仁义。先生说：“仁者先去克服困难，然后才享受成果，这样就可以称作仁了。”

【延伸】处事是处世的主要内容，智和仁是处事的重要因素。处事是处世原则的具体化的过程，也就是对事物轻重先后的进一步选择。孔子教导樊迟的处事态度是：从智慧出发，分清事情的轻重；从仁义出发，分清事情的先后。

在13-01章中载：“子路问政。子曰：‘先之劳之。’请益。曰：‘无倦。’”把事情做好，处世也会容易些。

在12-21章中载：“樊迟从游于舞雩之下，曰：‘敢问崇德，修慝，辨惑。’子曰：‘善哉问！先事后得，非崇德与？攻其恶，无攻人之恶，非修慝与？一朝之忿，忘其身，以及其亲，非惑与？’”学会处事，有益于处世。

○

○

〖06-23〗**子曰：“知者乐水，仁者乐山。知者动，仁者静。知者乐，仁者寿。”**

【注解】子曰：“知者乐喜欢水，仁者乐山。知者动，仁者静。知者乐快乐，仁者寿。”

【译文】先生说：“智者爱水，仁者爱山。智者灵动，仁者安静。智者乐多，仁者寿长。”

【延伸】人生于世，是智与仁的展开，是山与水的经历，是动与静的变化，是乐与寿的感受。本章以山水、动静、乐寿等生动形象的概念，阐明了智与仁的特征以及它们之间的区别与联系。知道前因后果，称之为智；立足根本，称之为仁。智是快乐的流动过程，仁是永恒的安居结果。

在04-02章中，有“不仁者不可以久处约，不可以长处乐。仁者安仁，知者利仁”一语。智和仁是提高生命质量的重要因素。

在14-28章中载：“子曰：‘君子道者三，我无能焉：仁者不忧，知者不惑，勇者不惧。’子贡曰：‘夫子自道也。’”君子处世，靠仁智勇。

○

○

〖06-24〗**子曰：“齐一变，至于鲁；鲁一变，至于道。”**

【注解】子曰：“齐齐国一变变革，至达到于鲁鲁国；鲁一变，至于道。”

【译文】先生说：“齐国经历一次变革，就能赶上鲁国；那鲁国经历一次变革，也能成为一个有道之国。”

【延伸】处世不仅是为了活着，还为了要改变这个社会。人类活动的潜在目的就是使社会向着人类文明的方向发生变化，这种变化也叫社会变革。作为个人，一方面要服从于社会的变革，一方面又要推动着社会的变革。社会变革的动力来自社会的能动性，社会的能动性是所有个体能动性的综合。如果社会能充分利用自己的能动性，社会的变革就会将偶然的不自觉的缓慢的变革上升为必然的自觉的迅速的变革。

在13-11章中载：“子曰：‘“善人为邦百年，亦可以胜残去杀矣。”诚哉是言也！’”善人为邦，可以自觉而理性地把握社会的走向，充分利用社会能动性使社会持续而高速地发展。

○

○

〖06-25〗**子曰：“觚不觚，觚哉！觚哉！”**

【注解】子曰："觚音gū。酒器不觚，觚哉！觚哉！"

【译文】先生说："叫觚却不再是过去觚的样子了，这也叫觚呀！这也叫觚！"

【延伸】本章论述社会变化的方式。社会是在不断变化的，一切变化都开始于事物的名实关系，也终结于事物的名实关系。功能决定着名称，名称代表着功能，而一切变革就体现为事物功能与名称的分离或契合。孔子以觚为喻，揭示出功能与名称，或者说内容与形式在时间上的变迁问题，他在感慨名不副实的同时，一定也在思考着名副其实的途径。

在12-11章中载："齐景公问政于孔子。孔子对曰：'君君，臣臣，父父，子子。'公曰：'善哉！信如君不君，臣不臣，父不父，子不子，虽有粟，吾得而食诸？'"由此看出，理顺名实关系也是处世的一项重要内容。

在03-03章中，有"人而不仁，如礼何？人而不仁，如乐何"一语。礼乐是以礼乐为名而以人为实的，人又是以人为名而以仁为实的。反过来说，礼乐的功能离开了人，就失去了意义；人的功能离开了仁，也失去了意义。

○

○

〖06-26〗**宰我问曰："仁者，虽告之曰'井有仁焉'，其从之也？"子曰："何为其然也？君子可逝也，不可陷也；可欺也，不可罔也。"**

【注解】宰我问曰："仁者，虽告之曰'井有仁焉'，其从之也？"子曰："何为其然也？君子可逝去死也，不可陷也；可欺也，不可罔也。"

【译文】宰我问道："作为一个仁者，如果被告之'井里有仁'，那他也得为仁跳入井里吗？"先生说："为什么那样做呢？君子可以为此付出生命，但他不会落入圈套；君子可以被人欺骗，但他不会受到迷惑。"

【延伸】本章论述处世的原则性与灵活性。在社会活动中，如果原则性以仁为基础，灵活性以智为前提，就能保证事物的发展完全符合人类的发展方向。

在17-08章中载："子曰：'由也！女闻六言六蔽矣乎？'对曰：'未也。''居！吾语女。好仁不好学，其蔽也愚。好知不好学，其蔽也荡。好信不好学，其蔽也贼。好直不好学，其蔽也绞。好勇不好学，其蔽也乱。好刚不好学，其蔽也狂。'"对于那些有仁信之名，却因为不好学而有愚贼之实的人来说，要回答宰我的问题，就不那么容易了，他们不是为了虚名而丢了性命，就是为了保命而放弃了仁信。

○

○

〖06-27〗**子曰："君子博学于文，约之以礼，亦可以弗畔矣夫。"**

【注解】子曰："君子博学于文，约之以礼，亦可以弗音fú。不畔音pàn。通叛，指背离道矣夫。”

【译文】先生说：“君子广泛学习于文理，自我约束于礼制，就可以做到不背道而驰了吧。”

【延伸】处世中最大的陷阱就是背叛道义，背叛不仅意味着事业前功尽弃，更意味着个人品德的崩塌。要防止背叛，就要使人博学于文，约之以礼。一个人只有在文上进取，礼上坚守，才能使自己的成长方向与人类的发展方向保持一致，永不背叛。

在02-03章中，有“道之以政，齐之以刑，民免而无耻。道之以德，齐之以礼，有耻且格”一语。免而无耻，本身就是背叛；有耻且格，人就不可能背叛。

在02-04章中，有“吾十有五而志于学，三十而立，四十而不惑，五十而知天命，六十而耳顺，七十而从心所欲，不逾矩”一语。不背叛正义的事业才可能获得真正的成就和真正的自由。

本章与12-15章有相同内容：“博学于文，约之以礼，亦可以弗畔矣夫。”

○

○

**〖06-28〗子见南子，子路不说。夫子矢之曰：“予所否者，天厌之！天厌之！”**

【注解】子见南子卫灵公夫人，有为政之才，与宋公子朝有乱名，子路不说悦。夫子矢直陈，开解之曰：“予所否音pǐ。贬责，认为不好者，天厌之！天厌之！”

（［补充］矢，古今多解释为：誓，发誓。“夫子矢之曰：‘予所否者，天厌之！天厌之！’”古今多译为：“先生发誓说：‘假如我做得不对，就让上天厌弃我！让上天厌弃我！’”）

【译文】先生去见南子，子路对此满脸不悦。先生解释说：“我所认为不对的事物，天也厌恶的！天也厌恶的！”

【延伸】本章论述的是对世俗观念的背叛。人在世俗中生活，不可能不受世俗的影响；因而，为了坚持道义而敢于违背世俗，为了忠于事实而敢于特立独行就显得尤为可贵。孔子不违背天道，就难免会违背世俗者的认定，所以，当子路也不悦于孔子自污清名时，孔子直接向他指出，判定清污的标准不在世俗，而在天道。

在14-35章中载：“子曰：‘莫我知也夫！’子贡曰：‘何为其莫知子也？’子曰：‘不怨天，不尤人，下学而上达。知我者其天乎！’”孔子是以天道为衡量事物标准的。

在14-19章中载：“子言卫灵公之无道也，康子曰：‘夫如是，奚而不丧？’孔子曰：‘仲叔圉治宾客，祝鮀治宗庙，王孙贾治军旅。夫如是，奚其丧？’”灵公无道，朝中却人才济济，这与南子善于为政、招揽贤才有着密切的关系。

在17-07章中载：“佛肸召，子欲往。子路曰：‘昔者由也闻诸夫子曰：“亲于其身为不善者，君子不入也。”佛肸以中牟畔，子之往也，如之何？’子曰：‘然，有是言也。不曰坚乎，磨而不磷；不曰白乎，涅而不缁。吾岂匏瓜也哉？焉能系而不食？’”仁义之人可以面对任何人、任何环境，在面对任何人、任何环境时，他都会尽一切可能去推行他的仁道。

○
○

〖06-29〗**子曰："中庸之为德也，其至矣乎！民鲜久矣。"**

【注解】子曰："中音zhòng。符合，满足庸附庸，大众之为德也，其至矣乎！民鲜久矣。"

（［补充］中，古今多解释为：中和、中正。庸，古今多解释为：平常，不变。中庸，古今多解释为：不偏不倚的平常的道理，折中调和的思想，中道、中行。"民鲜久矣。"古今多译为："民众缺少这种德行很久了。"）

【译文】先生说："中庸作为一种德行，那一定是极致的了吧！民众很久感受不到它了。"

【延伸】在处世之道中，以中庸为至德。人作为世间最灵动的存在，就应该博学于文、约之以礼，满足世间最广泛的需求，不仅不违于天地之道，而且不违于大众所求。

在17-13章中，有"乡原，德之贼也"一语。乡原被称为德之贼，它所贼害的正是中庸之德，中庸之德发自于仁义，乡原之贼发自于欲利。如果为政者不知中庸之德，那就只能以乡原为德了，而民众也只能受乡原之害而难遇中庸之德了。

○
○

〖06-30〗**子贡曰："如有博施于民而能济众，何如？可谓仁乎？"子曰："何事于仁！必也圣乎！尧、舜其**

**犹病诸！夫仁者，己欲立而立人，己欲达而达人。能近取譬，可谓仁之方也已。”**

【注解】子贡曰：“如有博施于民而能济众，何如？可谓仁乎？”子曰：“何事于仁！必也圣乎！尧、舜其犹病忧患诸！夫仁者，己欲立而立人，己欲达而达人。能近取获取，取来譬譬知，以假设而推知，可谓仁之方方法，道路也已完结。”

【译文】子贡说：“如果有人广泛施惠于自己的国民，而且能及时救济大众，这怎么样？可称得上仁了吗？”先生说：“这事何止是仁呢！必称得上圣了！尧舜肯定也会为这些事发愁呢！那些仁者，用自己想树立的形象来维护他人，用自己想达成的目标来成就他人。能近取于自身，譬之于他人，就可以说是成仁之道了。”

【延伸】本章以圣人仁人的行为方式为人们树立了一种处世的最高典范。由于每个人所处的社会位置不同，施惠于人的程度也会有所不同，但施惠于人的仁心可以是完全一样的。

在07-09章中，有“子食于有丧者之侧，未尝饱也”一语。孔子所说的仁不在于对社会贡献大还是贡献小，而在于一个人的内心是否可以感受他人的内心。人的欲望和恐惧是有共性的，这就使得人对人能够感同身受，如果每个人都能从这种感同身受出发，以己欲立而立人，以己欲达而达人，那天下归仁的理想社会就指日可待了。

在16-11章中，有“隐居以求其志，行义以达其道。吾闻其语矣，未见其人也”一语。在16-12章中，有“伯夷、叔齐饿于首阳之下，民到于今称之。其斯之谓与”一语。在做任何事时，不以人微但能求其志，不以事小但能达其道，就可称之为仁人仁事了。

# 述而篇第七

本篇共计三十八章，以志趣为讨论的核心，以孔子对精神的追求为线索，围绕孔子在道、德、礼、仁以及个人、社会等方面的志趣展开讨论。本篇有孔子对自己的分析与评价，有弟子们对他的印象与看法，有他在各种情况下的态度与言行，将这方方面面的信息拼接起来，我们的眼前就会浮现出一个精神饱满、趣味盎然的孔子形象。对这些志趣深入体会，就会发现，孔子是圣人，更是常人。如果人们能有孔子这样的志趣，能对精神不倦追求，并使精神渐趋成熟，也都可以成为孔子那样的人。

○

○

〖07-01〗**子曰："述而不作，信而好古，窃比于我老彭。"**

【注解】子曰："述陈述而不作创作，信而好古，窃私下比比较于我老彭殷商时贤人，长寿。概也一生述而不作、信而好古。"

【译文】先生说："如实陈述而不自作奇论，相信并且爱好古代文化，我私下把自己比作老彭。"

【延伸】在本章中，孔子对自己做了一个总结，他把自己定义为文化传承中的一个环节，并在传承中享受着文化带来的喜悦。

在17-19章中载："子曰：'予欲无言。'子贡曰：'子如不言，则小子何述焉？'子曰：'天何言哉？四时行焉，百物生焉，天何言哉？'"自古以来，圣贤只是陈述天道而非自作天道，语言会变而天道不变，所以只要如实陈述天道，所述内容就都一样，即使人们不予讲述，天道依旧一如既往。

在15-29章中，有"人能弘道，非道弘人"一语。人能弘道并不等于就能讲道，如果不解天道而转述圣贤之道，也可能变成歪曲天道。

○

○

〖07-02〗**子曰："默而识之，学而不厌，诲人不倦，何有于我哉？"**

【注解】子曰："默而识音zhì。记住，认识之，学而不厌满足，诲教诲人不倦倦怠，何有于我哉？"

【译文】先生说："默默地把所见所闻记在心中，学习而不知满足，教导别人而不辞劳倦，对我来说这有什么呀？"

【延伸】孔子对自己的成功之处也做了总结。"默而识之，学而不厌，诲人不倦"这都是一些普通人能做到的普通事，孔子也做到了，他在自豪的同时也认为这真的没什么难的。

在04-06章中，有"有能一日用其力于仁矣乎？我未见力不足者。盖有之矣，我未之见也"一语。人做不到那些完全可以做到的事，并不是因为能力不足，而是因为对这些事缺乏正确的认识。

在07-26章中，有"善人，吾不得而见之矣；得见有恒者，斯可矣"一语。正确的事，不论多么简单或者多么微小，一直做下去，你就是有恒者。

○

○

〖07-03〗**子曰："德之不修，学之不讲，闻义不能徙，不善不能改，是吾忧也。"**

【注解】子曰："德之不修，学之不讲，闻义不能徙音xǐ。迁移，这里指践行，不善不能改，是吾忧也。"

【译文】先生说："不修德行，不讲学问，听闻正义而不能行动，知道不善而不能改变，是我所担忧的啊。"

【延伸】本章讲述孔子之忧。德、学、义、善，是人的根本，对根本处担忧，就会在根本处用力；在根本处用力，才能保证根本处的问题越来越少。

在15-32章中，有"君子谋道不谋食。耕也，馁在其中矣；学也，禄在其中矣。君子忧道不忧贫"一语。孔子之忧都是忧道。天下无道，更使孔子怀忧。反观导致天下无道的那些人们反而对此无忧无虑。

○

○

〖07-04〗**子之燕居，申申如也，夭夭如也。**

【注解】子之燕居燕居：闲居，申舒张申如也，夭音yāo。色鲜夭如也。

【译文】先生闲居时，样子轻松自如。

【延伸】本章描述的是安静时的孔子，忧于道者也能安居于道。

在07-37章中，有"君子坦荡荡，小人长戚戚"一语。忧道则没有戚戚之色，行道则常有荡荡之容。

○
○
〖07-05〗**子曰："甚矣吾衰也！久矣吾不复梦见周公！"**

【注解】子曰："甚很，过分矣吾衰衰弱也！久矣吾不复梦见周公姬姓，名旦，周武王之弟，礼乐的制定者，封地为鲁！"

【译文】先生说："我这衰弱得也太厉害了啊！我很久没再梦见周公了！"

【延伸】本章记录了孔子对梦想的渴望。人在日复一日中老去，梦想却从未随岁月而磨灭——一位老者的执着与不甘跃然纸上。

在03-14章中，有"周监于二代，郁郁乎文哉！吾从周"一语。深沉浓厚的文化就是孔子全部的梦想。

○
○
〖07-06〗**子曰："志于道，据于德，依于仁，游于艺。"**

【注解】子曰："志于道，据于德，依依循于仁，游于艺才艺，狭义的六艺为礼、乐、射、御、书、数。"

【译文】先生说："心要立志于道，行要据守于德，人要依怙于仁，身要游存于艺。"

【延伸】本章描述了孔子对人生的现实规划。这种规划是孔子对人生状态的经验之谈，道德仁艺，是人不可或缺的四个方面。需要注意的是，作为职业技能的艺被排在最后，这也说明孔子认为道德在人的活动中应该居于首要地位，如果人的活动不以道德为核心，而以追求才艺和物质生活为核心，就会远离人的根本。

在19-04章中，有“虽小道，必有可观者焉，致远恐泥，是以君子不为也”一语。君子也游于艺，也关注艺中之道，但他不会把精力都驻足于此。

○

○

〖07-07〗**子曰：“自行束脩以上，吾未尝无诲焉。”**

【注解】子曰：“自自觉行行动，实行束约束脩修正以上上进，向上求学，吾未尝无诲焉。”

（［补充］自，古今多解释为：自从。行，古今多解释为：行礼，送礼。束，古今多解释为：十脯。脩，古今多解释为：干肉。本章古今多译为：“先生说：‘从那些行礼高过十脯干肉的人算起，我没有不教诲的。’”）

【译文】先生说：“主动约束修正自己，以求上进的人，我从没有不予教诲的。”

【延伸】本章描写孔子的职业态度。孔子的职业是老师，但即使是孔子的学生，也不可能都是好学上进的。求学者与教学者的关系，永远是谁愿意学，谁就被教诲；谁提问多，谁就被教得多。

在07-02章中，有“默而识之，学而不厌，诲人不倦，何有于我哉”一语。孔子诲人不倦的动力，与其说是来自敬业精神，不如说是来自文化传承。

在05-22章中载：“子在陈，曰：‘归与！归与！吾党之小子狂简，斐然成章，不知所以裁之。’”对于文化成长的呼唤，孔子总是欣然而往。

○

○

〖07-08〗**子曰：“不愤不启，不悱不发。举一隅不以三隅反，则不复也。”**

【注解】子曰：“不愤激愤不启开启，不悱音fěi。矛盾不发发现。举一隅音yú。角，方面不以三隅反类推，则不复覆，全面也。”

（［补充］愤，古今多解释为：想不通。悱，古今多解释为：讲不出。复，古今多解释为：再。本章古今多译为：“先生说：‘不到他力求明白却明白不了的时候，我就不启示他；不到他想表达却表达不了的时候，我就不开导他。用一角举例，不能推知于其余三角，我就不再教他了。’”）

【译文】先生说：“感觉不到憋屈就不给他启示，感觉不到矛盾就不给他解释。举一角为例而不能类推于另外三角，就说明他还不能领会全部内容啊。”

【延伸】本章叙述孔子的教学之道。学习的欲望来自对知识的需求。不需要知识，学习就是一种负担；强迫教育，反而使人更厌恶学习。好的教育，应该是志趣培植与成长的过程。具体来说，就是先屈而后伸，先乱而后治，先认识一点而后认识全部的过程。

在16-09章中，有“生而知之者上也，学而知之者次也；困而学之，又其次也；困而不学，民斯为下矣”一语。知困、知学、知知，是知性成长的过程，作为一名教育工作者，应该深刻了解这个过程并灵活应用。

在05-09章中载：“子谓子贡曰：‘女与回也孰愈？’对曰：‘赐也何敢望回？回也闻一以知十，赐也闻一以知二。’子曰：‘弗如也，吾与女弗如也。’”触类旁通，是一种学习的能力，举一隅而以三隅反，是这种能力最基本的训练。

○

○

〖07-09〗**子食于有丧者之侧，未尝饱也。**

**【注解】** 子食吃饭于有丧者之侧旁边，未尝饱也。

**【译文】** 先生在有丧事的人旁边吃饭，从不饱食。

○

○

〖07-10〗**子于是日哭，则不歌。**

**【注解】** 子于是这日哭，则不歌。

**【译文】** 先生于那日哭过，那一天里就不再歌咏。

**【延伸】** 本章和上章刻画的是孔子的情感世界。孔子之心，广博而细腻，这就营造了一种特殊的空间，所以旁人伤悲时，自己也不快乐；孔子之心，深刻而沉重，这就营造了一种特殊的时间，所以当他痛哭之后，不能转瞬即喜。

在19-25章中，有“夫子之得邦家者，所谓立之斯立，道之斯行，绥之斯来，动之斯和。其生也荣，其死也哀，如之何其可及也”一语。孔子的心，明亮而热烈，他能深入人心，与人同悲共喜，所以他的举动都能得到人们的响应，他活着能令他人感到荣耀，他死了能令他人感到哀痛。

○

○

〖07-11〗**子谓颜渊曰：“用之则行，舍之则藏，惟我与尔有是夫。”**

**子路曰：“子行三军，则谁与？”**

**子曰：“暴虎冯河，死而无悔者，吾不与也。必也临事而惧，好谋而成者也。”**

【注解】子谓颜渊曰：“用之则行，舍不用之则藏收起，惟我与尔有是夫。”

子路曰：“子行指行使指挥权三军大国军队分为上中下三军，每军万人，则谁与相与？”

子曰：“暴勇猛搏斗虎冯音píng。凌波而渡河，死而无悔者，吾不与也。必也临事而惧，好谋而成者也。”

【译文】先生对颜渊说：“如用我，我就信心十足地去做事；不用，我就心平气和地收起才能，只有我与你可以这样啊！”

子路说：“先生统帅三军时会与谁一起啊？”

先生说：“与虎肉搏、徒步渡河，死而无悔的人，我不会与他一起共事。一起共事的一定是那种临事而谨慎、善于谋划而能成事的人啊。”

【延伸】本章描述孔子对谋略的重视。谋略是对客观力量的利用，为的是实现主观愿望。

就力量而言，道是形而上的，是无形的，它的力量是无穷的；物是形而下的，是有形的，它的力量是有限的，而且还是盲目的。世间的力量首先表现在物质上，即物力；其次表现在身体上，即体力；再次表现在技能上，即能力；最后表现在思想上，即对道义的领悟力。认识了这些客观的力量，才能很好地利用它们。

在11-04章中，有“回也非助我者也，于吾言无所不说”一语。这表明孔子与颜渊的思想较为一致。

在05-07章中载：“子曰：‘道不行，乘桴浮于海。从我者，其由与？’子路闻之喜。子曰：‘由也好勇过我，无所取材。’”这表明孔子与子路的观念差异较大。

○

○

〖07-12〗**子曰：“富而可求也，虽执鞭之士，吾亦为之。如不可求，从吾所好。”**

【注解】子曰：“富而可求求取也，虽执鞭之士，吾亦为之。如不可求，从吾所好追求。”

【译文】先生说：“如果财富可以不违道义地求取到，虽然是给人执鞭当差，我也愿意去做；如果不可依道求富，那就还是依我所爱好的去做好了。”

【延伸】本章展示了孔子对待财富、职业与爱好的态度。孔子对财富不蔑视，对职业不歧视，对爱好不依赖，对不义的思想和手段不容忍。

在02-12章中，有“君子不器”一语。孔子从事的职业，根据事业而定。

在07-16章中，有“饭疏食饮水，曲肱而枕之，乐亦在其中矣。不义而富且贵，于我如浮云”一语。从业而没操守，富贵而没道义，贫贱而没品德，是感受不到生命之乐的。

○

○

〖07-13〗**子之所慎：齐，战，疾。**

【注解】子之所慎慎重：齐同斋，祭祀前净心，战，疾。

【译文】先生谨慎对待三件事：斋戒、战乱、疾病。

【延伸】面对那些影响个人的非意志性因素，孔子非常谨慎。

在06-22章中，有“务民之义，敬鬼神而远之，可谓知矣”一语。就精神而言，敬鬼神而远之很重要，但这就需要更用心，以保持内心的洁净。

在15-01章中载：“卫灵公问陈于孔子。孔子对曰：‘俎豆之事，则尝闻之矣；军旅之事，未之学也。’明日遂行。”就物质而言，守护成果很重要，但这就需要更用心，以保证能抵抗并战胜那些掠夺者。

在02-06章中载：“孟武伯问孝。子曰：‘父母唯其疾之忧。’”就个人而言，避免疾病很重要，但这就需要更用心，以保持身体的健康。

○

○

〖07-14〗**子在齐闻《韶》，三月不知肉味，曰：“不图为乐之至于斯也。”**

【注解】子在齐齐国闻《韶韶乐》，三月不知肉味，曰：“不图料想为乐之至于斯也。”

【译文】先生在齐国听闻《韶》乐，三个月不香肉味，他说：“真不知道音乐之美能达到这样的境地。”

【延伸】本章描写孔子对音乐的爱好。闻《韶》乐不知肉味，说明孔子对音乐有浓厚的兴趣和极高的造诣。礼教的作用是规范人的言行，音乐的作用则是调整人的心灵。礼的社会作用，即使在一个家庭中，也容易体现出来；而乐的作用必须在一定的条件下才能体现出来，这个条件就是必须有精通音乐的乐师演奏，同时又有喜欢音乐的听众欣赏。因此喜欢音乐，不仅是一种爱好，而且是一种要求；不仅是一个人获得快乐的途径，而且是一个社会提高整体素质的方式。

在15-11章中载：“颜渊问为邦。子曰：‘行夏之时，乘殷之辂，服周之冕，乐则《韶》《舞》。放郑声，远佞人。郑声淫，佞人殆。’”有的音乐可以使人的精神通向极高的境界，有的音乐则容易使人萎靡不振、精神堕落。

在09-15章中，有“吾自卫反鲁，然后乐正，《雅》《颂》各得其所”一语。美好的音乐也是社会风气端正的一种体现，孔子知乐才能正乐。

○

○

〖07-15〗**冉有曰："夫子为卫君乎？"子贡曰："诺，吾将问之。"**

**入，曰："伯夷、叔齐何人也？"曰："古之贤人也。"曰："怨乎？"曰："求仁而得仁，又何怨？"**

**出，曰："夫子不为也。"**

**【注解】** 冉有曰："夫子为音wèi。向着卫君卫国新君，卫出公乎？"子贡曰："诺，吾将问之。"

入，曰："伯夷、叔齐何人也？"曰："古之贤人也。"曰："怨怨恨乎？"曰："求仁而得仁，又何怨？"

出，曰："夫子不为也。"

**【译文】**冉有问："夫子会偏向卫君吗？"子贡说："嗯，我去问问！"

子贡进去问先生："伯夷、叔齐是什么样的人啊？"先生说："古代贤人！"子贡说："他们有怨恨吗？"先生说："求仁而得仁，又有什么可抱怨的呢？"

子贡出来后说："夫子不会偏向卫君的。"

**【延伸】**本章描写了孔子如何看待社会权力继承的问题。权力继承的顺逆，直接影响着整个社会的兴衰。在孔子眼里，权力继承至少应该符合礼制，其次才是能力、德行等条件的比较。伯夷、叔齐那种为仁义而舍弃君位的选择正是一切求仁之人应当做出的仁义之举，那种连礼制都不管不顾的权力争夺，孔子是不会支持的。前493年，卫灵公死，其子蒯聩与其孙辄争位，卫人立辄为卫君，而不让流亡晋国的蒯聩回国。子贡问孔子对伯夷、叔齐争让其国的看法，即是问孔子对卫君辄与其父争夺君位的看法，孔子赞成伯夷、叔齐的让国之举，自然会反对卫君辄与其父蒯聩的争位之举，因此子贡说，孔子是不会站在卫君辄这边的。

在13-03章中载："子路曰：'卫君待子而为政，子将奚先？'子曰：'必也正名乎！'"可见在孔子看来，卫君辄即使不让位于其父，也应该以恰当的方式改善他们的父子关系，使其名正言顺。显然，卫君辄没有这样做，在公元前480年，卫君辄最终被他的父亲蒯聩赶出了卫国，不仅彻底丧失了改善父子关系的机会，而且连君位也丢了。

在08-01章中，有"泰伯，其可谓至德也已矣。三以天下让，民无得而称焉"一语。为了天下而让天下的人，已经对天下产生了很好的影响，因为这种行为本身就是一种德行的教化。

○

○

〖07-16〗**子曰："饭疏食饮水，曲肱而枕之，乐亦在其中矣。不义而富且贵，于我如浮云。"**

**【注解】** 子曰："饭食用疏粗疏食饭食饮水，曲弯曲肱音gōng。胳臂而枕之，乐亦在其中矣。不义而富且贵，于我如浮云。"

**【译文】** 先生说："吃粗食，喝清水，困时曲肘而眠，而乐就在其中了。不义的生活哪怕又富又贵，对我来说也如同浮云。”

【延伸】本章叙述孔子不依赖丰富的物质条件也能在生活中获得快乐。丰富的精神可以从贫瘠的生活中汲取快乐，贫瘠的精神却无法从丰富的生活中汲取快乐。

在06-23章中，有“知者乐水，仁者乐山。知者动，仁者静。知者乐，仁者寿”一语。仁与智是快乐生活的深层因素。

当人们以物质利益为核心时，财富和权力就显得很重要，人甚至可以为此而背叛道义；当人以道义为核心时，当初那些重要的东西就显得没那么重要了，人就可以为道义而放弃那些东西了，这种情况，通常被人称之为精神的自由。

○

○

**〖07-17〗子曰：“加我数年，五十以学《易》，可以无大过矣。”**

【注解】子曰：“加多给我数年，五十以学《易书名，古代用于卜筮》，可以无大过过错，失误矣。”

（［补充］本章古今多译为：“先生说：‘让我多活几年，在五十岁时去学习《易经》，我就可以不犯大的错误了。’”）

【译文】先生说：“让我早上几年，能在五十岁时学到《易经》，也就可以避免那些大的过失了。”

【延伸】本章叙述孔子检查过错并为过错而深感惋惜。孔子也为过错找原因，他找的原因是在适当的时候没能进行适当的学习。孔子所说的大过，应该是指堕三都的失败。孔子五十岁时，正值权力巅峰，但由于理论和经验的缺乏，急于成功，在时机不成熟的情况下同时削弱三家势力，最终在权力斗争中一败涂地。

在02-04章中，有“五十而知天命，六十而耳顺，七十而从心所欲，不逾矩”一语。知天命就是知道自己这辈子要干什么，而知识储备则决定了能干到什么程度。

在14-25章中载：“蘧伯玉使人于孔子。孔子与之坐而问焉，曰：‘夫子何为？’对曰：‘夫子欲寡其过而未能也。’使者出。子曰：‘使乎！使乎！’”君子总是欲寡其过。

○

○

〖07-18〗**子所雅言，《诗》、《书》、执礼，皆雅言也。**

**【句读新校】**子所雅言，《诗》《书》。执礼，皆雅言也。

**【注解】** **子所雅言**雅：夏。雅言：夏朝语言，指当时华夏通用语言，相当于现在的普通话，**《诗》《书》。执礼，皆雅言也。**

（［补充］本章古今多译为：“先生也说普通话，读《诗经》《尚书》或主持礼仪时，都是普通话。”）

**【译文】**先生读《诗经》《尚书》时所用的是普通话，主持礼仪时都用普通话。

**【延伸】**本章记录了孔子使用雅言，即普通话的情形，他有的时候说方言，有的时候说普通话。

普通话是文明推广的介质。在文明的发展进程中，作为介质的语言是极其重要的，而在作为介质的语言中，普通话的普及又是重中之重。

〇

〇

〖07-19〗**叶公问孔子于子路，子路不对。**

**子曰："女奚不曰：'其为人也，发愤忘食，乐以忘忧，不知老之将至云尔。'"**

【注解】叶公芈姓，沈氏，名诸梁，字子高，小孔子二十二岁问孔子于子路，子路不对。

子曰："女奚不曰：'其为人也，发愤忘食，乐以忘忧，不知老之将至云尔。'"

【译文】叶公向子路询问孔子的为人，子路不知如何对答。

先生说："你就不会说点'其为人啊，发愤忘食、乐以忘忧、不知老之将至'这样的话啊。"

【延伸】本章叙述了孔子对人生状态的评价标准：一、事业上努不努力；二、生活上快不快乐。

在08-07章中，有"士不可以不弘毅，任重而道远。仁以为己任，不亦重乎？死而后已，不亦远乎"一语。发愤忘食，就是弘毅。

在06-20章中，有"知之者不如好之者，好之者不如乐之者"一语。充满快乐，才能乐以忘忧。

在14-43章中，有"幼而不孙弟，长而无述焉，老而不死，是为贼"一语。孔子幼而孙悌，长而有述，老而受人敬重，所以没有老之将至的凄凉感。

○

○

〖07-20〗**子曰：“我非生而知之者，好古，敏以求之者也。”**

【注解】子曰：“我非生而知之者，好爱好古传统文化，敏勤敏以求之者也。”

【译文】先生说：“我不是天生就知晓这些知识的人，只是爱好古代文化并敏捷地去求知的人啊。”

【延伸】在本章中，孔子明确否认自己是天才，他不神话自己，他说自己的知识累积来源于爱好和追求，而“好古”是他累积知识的出发点。从他知识积累的范围来看，他也的确是围绕传统文化展开的。

在07-01章中，有“述而不作，信而好古，窃比于我老彭”一语。信而好古，正是敏以求学的动力。孔子说自己好学，但这好学的品质显然不是靠好学学来的，而应该是从其他的爱好中引申出来的，这个爱好，就是好古。

○

○

〖07-21〗**子不语怪、力、乱、神。**

【译文】先生不探讨怪异、强力、混乱、神灵等内容。

【延伸】本章叙述孔子对怪力乱神的态度。孔子既没有明确承认怪力乱神，也没有明确否认怪力乱神，对此他保持了缄默。孔子对知识的追求有一定的范围，他谈话的内容也有一定的范围。

在02-17章中，有“知之为知之，不知为不知，是知也”一语。怪力乱神之所以被称为怪力乱神，就是因为它不能为人所知，谈论这些不能为人所知的东西，孔子认为不智。

在14-26章中，有“君子思不出其位”一语。君子不会在怪力乱神上投入精力去思考。

○

○

〖07-22〗**子曰：“三人行，必有我师焉。择其善者而从之，其不善者而改之。”**

【注解】子曰：“三人行行事，必有我师可师从者焉。择其善者而从之，其不善者而改之。”

【译文】先生说：“三个人在一起做事，其中必定有我的老师。选择他们好的方面吸取，看到他们不好的一面要以此为鉴改正。”

【延伸】本章描写孔子善于学习的精神。对孔子来说，获得善就是收获，而学习就是收获的手段，孔子教人的学习方法，就是他自己的学习经验。从哪里能学到善，哪里就是师之所在。他甚至可以把不善的人当作反面的老师，从他人的不善处引以为戒。

在19-22章中载：“卫公孙朝问于子贡曰：‘仲尼焉学？’子贡

曰：‘文武之道，未坠于地，在人。贤者识其大者，不贤者识其小者。莫不有文武之道焉。夫子焉不学？而亦何常师之有？’”大道在天，得者在人。孔子好学，而且善学，这种善学就体现在他善于从身边的人身上学习。

在02-11章中，有“温故而知新，可以为师矣”一语。对好学的人来说，往事都足以为师。

○

○

## 〖07-23〗子曰：“天生德于予，桓魋其如予何？”

【注解】子曰：“天生德于通过予音yǔ。给予，桓音huán魋音tuí。子姓，向氏，名魋。曾为宋景公宠臣其如予何？”

（［补充］予，古今多解释为：我。本章古今多译为：“先生说：‘上天给我生就这么好的品德，桓魋能把我怎么样呢？’”）

【译文】先生说：“天地生成天地之德是由于天地对万物的给予，而桓魋把给予当成什么了呢？”

【延伸】本章叙述了孔子对“给予”的看法。给予是天地生德的一种方式：善于给予，才能生德；生德厚重，才能长久。不能给予甚至巧取豪夺，只能失德失道，迅速败亡。

孔子在知识的学习上是个孜孜不倦的索取者，在物质的利用和精神的传播上又是个无私奉献的给予者，这一切品质的背后，就是他根深蒂固的“天生德于予”的观念。

在09-13章中载：“子贡曰：‘有美玉于斯，韫椟而藏诸？求善贾而沽诸？’子曰：‘沽之哉！沽之哉！我待贾者也。’”价值的实现比拥有价值更有价值，而给予便是价值实现的一种途径。

○

○

〖07-24〗**子曰："二三子以我为隐乎？吾无隐乎尔。吾无行而不与二三子者，是丘也。"**

【注解】子曰："二三子以我为隐隐藏，保留乎？吾无隐乎尔。吾无行践行而不与授予，教给二三子者，是丘也。"

（［补充］吾无行而不与二三子者，古今多译为："我没有什么行为是不告诉你们的"，或"我没有什么行为不是和你们在一起做的"。）

【译文】先生说："你们几个以为我有所隐瞒吗？我对你们没有任何隐瞒。我没践行过的便不教给你们，这就是我孔丘的为人啊。"

【延伸】本章叙述了孔子在教学上的无所隐瞒和有所保留都是出于老师的责任和担当。对于物质财富，有人不舍得给予他人，因为人们知道，物质财富会随着使用而减少；对于精神财富，也有人会采取保守的态度，不舍得给予他人，这是因为他们不知道精神财富会在使用中增加，或者认为精神财富的增加会使精神财富贬值。还有一种传授是值得注意的，那就是不负责任地传授错误的甚至虚假的知识。

在05-13章中，有"夫子之文章，可得而闻也。夫子之言性与天道，不可得而闻也"一语。"不可得而闻"，所以学生才会认为老师有所隐瞒。

在07-21章中，有"子不语怪、力、乱、神"一语。孔子的博学是众所周知的，他关于各种怪力乱神的学问，应该也不会比那些专业研究怪力乱神的专家少，但他对这些学问却从不谈论，这就更增加了弟子们对老师的误解，他们真的以为孔子对他们有所隐瞒。

面对弟子们的质疑，孔子动之以情、晓之以理，开诚布公地向他们陈述自己的教学宗旨——无行不与，他这种平实忠信、去粗取精的教学宗旨，不仅影响了他的弟子，更影响了两千多年的中华文明，使中华文明尽可能地避开宗教的影响。

在01-04章中，有“吾日三省吾身：为人谋而不忠乎？与朋友交而不信乎？传不习乎”一语。曾子不习不传的教学宗旨，也沿用了老师的风格。

在02-17章中，有“由！诲女知之乎！知之为知之，不知为不知，是知也”一语。孔子教学很负责，还教子路也以这样的方式教学。

在17-14章中，有“道听而涂说，德之弃也”一语。在古代，道听涂说都是一种难得的交流方式，而孔子这种无行不与的传授方式，可以算作是严谨的科学精神了。

○

○

## 〖07-25〗子以四教：文、行、忠、信。

**【注解】** 子以用四教：文、行、忠、信。

（［补充］本章古今多译为：“先生教人以四方面的内容：文献、德行、尽忠、守信。”）

**【译文】** 先生以他四方面的模范作用来教诲他人：文明、践行、忠实、诚信。

【延伸】本章叙述孔子所教授的内容。孔子不讲怪力乱神，他讲的是文行忠信，而且他不仅在言语上讲，还用自身的行动讲。知识需要传授，但并不是所有传授者都能很好地传授知识，传授者本身的品质，成为知识传授中不可或缺的一环。文而不野、行而不怠、忠而不奸、信而不欺，这样的人，即使不以教书育人为职业，也会成为他人择其善者而从之的好老师。

在01-06章中，有“弟子入则孝，出则弟，谨而信泛，爱众而亲仁，行有余力，则以学文”一语。文、行、忠、信，是一个人从小至老都应该自学或教授他人的内容。

○

○

〖07-26〗**子曰：“圣人，吾不得而见之矣；得见君子者，斯可矣。”**

**子曰：“善人，吾不得而见之矣；得见有恒者，斯可矣。亡而为有，虚而为盈，约而为泰，难乎有恒矣。”**

【注解】子曰：“圣人，吾不得而见现之矣；得见君子者，斯可矣。”

子曰：“善人，吾不得而见之矣；得见有恒者，斯可矣。亡而为有，虚而为盈，约而为泰丰富，难乎有恒矣。”

（［补充］见，古今多解释为：见到。为，古今多解释为：装作。本章古今多译为：“先生说：‘圣人，我是不能见到了；能见到君子，就不错了。’先生说：‘善人，我是不能见到了；能见到有操守的人，就不错了。没有却装作拥有，空虚却装作充盈，穷困却装作富裕，这样的人是难以保持操守的。’”）

【译文】先生说：“圣人我做不到也表现不了，能表现得像个君子，就可以了。”

先生接着说：“完美的君子我做不到也表现不了，能表现得像个持之以恒的君子，就可以了！没有就想去拥有，空虚就想去充盈，简约就想去丰富，就很难持之以恒了。”

【延伸】孔子面对名誉，既不自大，也不自贬，这使他的谦虚没有一点伪装，使他的自信没有一点盲目。

在14-28章中载：“子曰：‘君子道者三，我无能焉：仁者不忧，知者不惑，勇者不惧。’子贡曰：‘夫子自道也。’”孔子虽说无能于君子之道，但他一刻也没放松努力。有恒者能亡而不为有，所以不忧；能虚而不为盈，所以不惑；能约而不为泰，所以不惧。

在07-34章中载：“子曰：‘若圣与仁，则吾岂敢？抑为之不厌，诲人不倦，则可谓云尔已矣。’公西华曰：‘正唯弟子不能学也。’”为之不厌，诲人不倦，不是有恒者还能是什么呢？

○

○

## 〖07-27〗子钓而不纲，弋不射宿。

【注解】子钓垂钓而不纲网上的粗绳，弋音yì。用带绳的箭射不射宿音sù。歇宿，栖息。

（［补充］纲，古今多解释为：用多钩的粗绳捕鱼。宿，古今多解释为：宿于巢中的鸟。本章古今多译为：先生钓鱼不用多钩的粗绳，射鸟不射巢中宿鸟。）

【译文】先生钓鱼不用纲网捕捞，打猎不射休息中的鸟兽。

【延伸】面对渔猎，孔子没有刻意回避，他亦钓亦弋，但不贪不狠。

在20-02章中，有“君子惠而不费，劳而不怨，欲而不贪，泰而不骄，威而不猛”一语。适度是君子的特征，要做到欲而不贪，就需要在思想上注重用而不注重利，注重技而不注重获，注重能而不注重果，注重本而不注重末。

○

○

〖07-28〗**子曰：“盖有不知而作之者，我无是也。多闻，择其善者而从之；多见而识之；知之次也。”**

【注解】子曰：“盖有不知而作动作，行动之者，我无是也。多闻，择其善者而从之；多见而识之；知之次次序也。”

（［补充］次，古今多解释为：较差。）

【译文】先生说：“总有无知蛮干的人，我没有这样的问题。多听，选择正确的随之而行；多见，以便认识更多的事物。这是获得认知的一个必然过程。”

【延伸】落后者如何通过提高文化知识成为先进者？在本章中，孔子认为落后者必须经历一个多闻多见的知识积累的过程才能成为先进者，而且在做事的时候，最好先弄明白，然后再做。

人无知还敢于蛮干，一方面是由于无知而且不学，另一方面是由于懒惰而且贪婪。由无知到有知需要经历一个过程，那就是多闻多见，越是无知懒惰的人，就越讨厌这个过程，而任何想跳过这一过程的想法和做法都会导致蛮干，进而由蛮干导致不可预料的后果，致使文明的发展举步维艰。

在16-09章中，有“生而知之者上也，学而知之者次也；困而学之，又其次也；困而不学，民斯为下矣”一语。不知而作只能增加困难，学以致用才能解决困难。

在07-20章中，有“我非生而知之者，好古，敏以求之者也”一语。知识是积少成多的。

○

○

〖07-29〗**互乡难与言，童子见，门人惑。子曰：“与其进也，不与其退也，唯何甚？人洁己以进，与其洁也，不保其往也。”**

**【句读新校】**互乡难与，言童子见。门人惑。子曰：“与其进也，不与其退也。”“唯，何甚？”“人洁己以进，与其洁也，不保其往也。”

**【注解】** 互地名乡大夫的采邑范围为乡，此处引申为同一属地。在齐国，商工之乡约两千户，士农之乡约三千户难与帮助，言童子见。门人惑。子曰：“与其进也，不与其退也。”“唯，何甚？”“人洁整洁己以进，与其洁也，不保其往也。”

（［补充］与，古今多解释为：赞许。唯，古今多解释为：这样或必须。保，古今多解释为：保留，守着，死记住。本章古今多译为：“互乡这地方的人很难和他们好好说话，但有个顽劣的孩子受到先生的接见，门人们感到不解。先生说：‘我是赞许他的进步，不赞许他的退步，何必做得太过分呢？别人以一番洁身自好的心来求进步，我就赞许他的洁身自好，而不是死记住他过去的表现啊。’”）

【译文】互乡人难以接受帮助，他们说话很孩子气。门人不知该怎么办。先生说：“要帮他们进步，不要帮他们退步啊。”“好的，但能讲得更详细点吗？”“一个人想把自己弄干净以求上进，那就先帮他弄干净啊！不必死记他以前是怎样啊。”

【延伸】先进者如何帮助落后者取得进步？在本章，孔子指出了进步的速度问题，他建议帮助者不要急于求成。多听多见是一个人扩展知识的必然过程，也是落后者变为先进者的必然过程。作为先进的文明，遇到落后的文明时，应该以先进的文明帮助落后的文明获得进步，而不应该利用先进的文明以野蛮的手段摧毁落后的文明。这就要求先进者在帮助落后者进步时，一定要放下姿态，不要着急，耐心地给予帮助，终使落后者主动地一步一步地向先进的方向靠拢。

在11-01章中，有“先进于礼，乐野人也。后进于礼，乐君子也。如用之则，吾从先进”一语。在孔子看来，帮助野人享受文明成果，比帮助文明人享受文明成果更能体现出文明的意义。

在09-14章中载：“子欲居九夷。或曰：‘陋，如之何？’子曰：‘君子居之，何陋之有？’”文明的核心是人心，九夷可能比互乡还落后，但仁义之心在哪里都能结出文明的硕果。

○

○

〖07-30〗**子曰：“仁远乎哉？我欲仁，斯仁至矣。”**

【译文】先生说：“仁很远吗？我们想要仁，这仁就来了。”

【延伸】本章叙述了孔子对仁的主动追求。无论身处文明之地，还是身处荒蛮之地，都应该多想一想仁，因为成仁的前提就是欲仁，欲仁时仁才会来。一切行为都从思想而来，思想上想要仁，这本身就是仁了，至于行为上的仁行，只不过是思想上欲仁的延续罢了。

在06-12章中载："冉求曰：'非不说子之道，力不足也。'子曰：'力不足者，中道而废今女画。'"对于求仁来说，关键问题是欲不足，而不是力不足。

在04-06章中，有"有能一日用其力于仁矣乎？我未见力不足者。盖有之矣，我未之见也"一语。只是想一想仁，也叫用力于仁，这样的能力应该谁都有的。

○

○

〖07-31〗**陈司败问："昭公知礼乎？"孔子曰："知礼。"**

**孔子退，揖巫马期而进之，曰："吾闻君子不党，君子亦党乎？君取于吴，为同姓，谓之吴孟子。君而知礼，孰不知礼？"**

**巫马期以告。子曰："丘也幸，苟有过，人必知之。"**

【注解】陈陈国司败司败：官名，即司寇，主管司法问："昭公姓姬，名裯（音chóu），鲁君知礼乎？"孔子曰："知礼。"

孔子退，揖音yī。作揖，行礼巫马期姓巫马，名施，字子期，小孔子三十岁而进之，曰："吾闻君子不党相护，君子亦党乎？君取娶于吴，为同姓为同姓：指鲁吴都是姬姓。根据礼制，同姓不能通婚，谓之吴孟子昭公夫人，本该叫吴姬，昭公自欺欺人，叫其吴孟子。君而知礼，孰不知礼？”

巫马期以告。子曰：“丘也幸，苟有过，人必知之。”

【译文】陈司败问：“昭公知礼吗?”孔子说：“知礼！”

孔子走后，陈司败作揖将巫马期请进来，说：“我听说君子不偏私，难道君子也偏私吗？鲁君娶吴君的女儿，他们可同为姬姓啊，本是吴姬，却把她叫作吴孟子。如果说鲁君知礼，那谁不知礼呀？”

巫马期把这话告诉了先生。先生说：“我真幸运啊，只要有错，人家一定会知道。”

【延伸】文化落后会因为愚昧而难以交流，文化先进又会因为傲慢而难以交流。本章描述了孔子在面对先进而傲慢的人时如何应对。人的认识除了表面上的内容与形式外，还隐含着历史原因及社会背景等因素，这就使人在做选择时，需要进行综合的考虑，以决定优先考虑哪个因素。

在本章中，陈司败向他国之人套问他国之君是否知礼，这是违于礼的，但如果孔子不答陈司败之问或指出陈司败的失礼，那也是违于礼的。鲁昭公昏聩，但如果孔子向他国之人诉说本国国君不知礼，不论他说的是不是事实，这都是违于礼的。因此，孔子必须回答陈司败的问题，而且也只能回答说本国国君是知礼的。

在04-10章中，有“君子之于天下也，无适也，无莫也，义之与比”一语。诚实是一种可贵的品质，但如果与义相比，不义的诚实就不可取了。

在04-07章中，有“人之过也，各于其党。观过，斯知仁矣”一语。宁肯自身犯错，也不愿仁义蒙尘，这正是仁者之过啊！

○

○

〖07-32〗**子与人歌而善，必使反之，而后和之。**

【注解】子与人歌而善，必使反返，重复之，而后和音hè。应和，跟唱之。

【译文】先生与人歌唱时，觉得对方唱得好，一定让人再唱一遍，而后自己和声跟唱。

【延伸】本章叙述了孔子如何发现他人的善处并加以学习。从这个欢乐美好、温暖人心而又令人肃然起敬的生活细节中可以看出孔子自身的真善美以及他对真善美的不懈追求。

在07—22章中，有“三人行，必有我师焉。择其善者而从之，其不善者而改之”一语。孔子择善而从之的精神无处不在。

○

○

〖07-33〗**子曰：“文，莫吾犹人也。躬行君子，则吾未之有得。”**

【注解】子曰：“文人文，莫约莫吾犹人也。躬亲自行君子，则吾未之有得。”

【译文】先生说：“就文而言，或许我学得和别人差不多，至于身体力行地做一名君子，那我还没有达到。”

【延伸】本章叙述了孔子评价自己时的客观态度与谦虚精神，他将自己的成功归于平常，归于在正确的方向上不断努力。

在06-18章中，有“质胜文则野，文胜质则史。文质彬彬，然后君子”一语。躬身行道，就是君子之质，在文质彬彬的过程中，孔子对自己的文和行不断提出更高的要求。

在07-26章中，有“圣人，吾不得而见之矣；得见君子者，斯可矣”“善人，吾不得而见之矣；得见有恒者，斯可矣”之语。一个人就应该表现得像个人，有文，有恒，向着君子和圣人的方向不断努力。圣人之道，简单朴实，说天是天、地是地，几乎没有任何理论难度，但将它用于实践时，却能体现出极强的塑造力，散发出灿烂的光辉。

○

○

**〖07-34〗子曰：“若圣与仁，则吾岂敢？抑为之不厌，诲人不倦，则可谓云尔已矣。”公西华曰：“正唯弟子不能学也。”**

【注解】子曰：“若圣与仁，则吾岂敢？抑为之不厌厌烦，诲教诲人不倦倦怠，则可谓云尔已矣。”公西华曰：“正唯弟子不能学也。”

【译文】先生说：“如果说圣与仁，那我怎么敢当？我只是学习工作从不厌烦，教诲别人从不疲倦，就是这样罢了。”公西华说：“正是这一点弟子学不来啊。”

【延伸】本章描述了孔子作为一个老师对弟子们的尽心尽责。孔子的谦虚，是发自内心的，所以，即使是他的谦虚，也让人觉得难以企及。

在07-02章中，有“默而识之，学而不厌，诲人不倦，何有于我哉”一语。孔子说自己就是个用心、好学、爱教诲人的常人，但对常人来说，用心、好学、爱教诲人，也不容易做到。

○

○

〖07-35〗**子疾病，子路请祷。子曰：“有诸？”子路对曰：“有之。《诔》曰：‘祷尔于上下神祇。’”子曰：“丘之祷久矣。”**

【注解】子疾小病病比较严重的病，子路请祷祝祷。子曰：“有诸？”子路对曰：“有之。《诔》音lěi。应作讄。此处指为活人累叙功德、求福免灾所作的祈祷文曰：‘祷尔于上下神祇音qí。地祇。’”子曰：“丘之祷久矣。”

【译文】先生病得厉害，子路请求为他祝祷。先生说：“还有这种办法？”子路回答：“有啊。《诔》文上说：‘祷尔于上下神祇。’”先生说：“那我已祝祷很久了。”

【延伸】本章叙述孔子以敬而远之的态度来处理他和神祇的关系。从这对师徒一个慌不择路一个慢慢悠悠的对话中，可以感受一份来自学生的炽热情怀和一份来自老师的幽默慈爱，这种完全可以把握的人间真情远胜那些虚无缥缈的神祇护佑，以这份情感面对疾病时，忧愁、困惑、畏惧就一扫而空了。

在07-13章中，有“子之所慎：齐、战、疾”一语。在人类知识匮乏、能力有限、素质不高的情况下，疾病是个很严重的问题。

在06-10章中载：“伯牛有疾，子问之，自牖执其手，曰：‘亡之，命矣！斯人也而有斯疾也！斯人也而有斯疾也！’”神祇如果有用，疾病如果可控，善人就不会得恶疾。

在14-35章中载：“子曰：‘莫我知也夫！’子贡曰：‘何为其莫知子也？’子曰：‘不怨天，不尤人，下学而上达。知我者其天乎！’”如果神祇也受命于天，孔子与天早已交流久矣。

○

○

〖07-36〗**子曰：“奢则不孙，俭则固。与其不孙也，宁固。”**

【注解】子曰：“奢奢侈则不孙逊，低调，俭则固固陋，保守。与其不孙也，宁固。”

【译文】先生说：“奢侈则不知逊让，节俭则容易保守。与其不知逊让，宁愿固执保守。”

【延伸】本章论述了孔子在奢侈与简约以及不逊与固执之间的选择。张扬不逊是奢侈导致的过错，固执保守是节俭导致的过错，而奢侈违于仁义，节俭不违仁义，所以孔子说，与其因奢侈而犯张扬不逊的过错，宁肯因节俭而犯固执保守的错误。

在03-04章中载：“林放问礼之本。子曰：‘大哉问！礼，与其奢也，宁俭。丧，与其易也，宁戚。’”关于奢与俭的抉择，不仅决定着人对物质财富的态度，还涉及礼制的根本问题。

○

○

〖07-37〗**子曰：“君子坦荡荡，小人长戚戚。”**

【注解】子曰：“君子坦荡荡恣意，流畅，小人长长久，常戚音qī戚紧迫，急促。”

【译文】先生说：“君子总是坦坦荡荡，小人常是局促忧愁。”

【延伸】本章论述了孔子对坦荡的君子与狭隘的小人在胸怀上进行的区别。坦荡荡是做君子的好处，长戚戚是做小人的坏处。要想体会坦荡荡，就得做君子，要是选择做小人的话，那长戚戚就躲不掉了。

在04-16章中，有“君子喻于义，小人喻于利”一语。义是明确的、必然的，也不需要争夺，所以君子不算不数、坦坦荡荡；利是隐含的、偶然的，小人都会去争抢，所以会在私下里精心算计、幽幽戚戚。

○

○

〖07-38〗**子温而厉，威而不猛，恭而安。**

【注解】子温温和而厉严肃，威威严而不猛刚猛，恭恭敬而安。

【译文】先生温和而严肃，威武而不刚猛，恭敬而安详。

【延伸】本章以旁观者的角度刻画出孔子的神态，这种不偏不倚、不轻不重、不高不低的神态，何其令人神往。

在19-09章中，有“君子有三变：望之俨然，即之也温，听其言也厉”一语，其从另一个角度描述了君子的这种综合特征。

# 泰伯篇第八

本篇共计二十一章，以垂范为讨论的核心，以人能达成的完美社会行为和个人形象为线索，围绕人在德行、礼教、身体、形象、朋友、交谊、人生、社会、才能、智识、为士、为政、音乐等方面的典范表现展开讨论。本篇通过论述人在社会各方面所能达到的完美程度，再加上个人与个人、个人与社会、社会与社会之间的关系，呈现出一幅完美的立体的社会蓝图。个人的完美是社会完美的基础，社会的完美是个人幸福的前提；个人致力于社会完美的努力，同时也在完美着个人；社会致力于个人完美的努力，同时也在完美着社会。总之，由一群完美的人组成的社会才是完美的社会，而一个完美的社会也一定会保证每个人的完美。

○

○

〖08-01〗**子曰：“泰伯，其可谓至德也已矣。三以天下让，民无得而称焉。”**

【注解】子曰：“泰伯姬姓，名泰伯，周太王的长子，周文王的大伯，其可谓至德也已矣。三以天下让，民无得而称焉。”

【译文】先生说：“泰伯，可说是具有至德了啊。屡次辞让王位，民众都不知道该怎样称颂他了。”

【延伸】本章论述完美的德行。孔子认为泰伯达到了德的极致，他面对天下权柄，不贪不占，心甘情愿地将天下让与一位更好的君王，自己默默退出。

在16-12章中，有“齐景公有马千驷，死之日，民无德而称焉。伯夷、叔齐饿于首阳之下，民到于今称之”一语。天下应该由最善于治理天下的人来治理，这是治理天下的最基本原则。谁遵循了这个原则，天下人就称颂谁；谁违背了这个原则，天下人就唾弃谁。

○

○

〖08-02〗子曰：**“恭而无礼则劳，慎而无礼则葸，勇而无礼则乱，直而无礼则绞。君子笃于亲，则民兴于仁；故旧不遗，则民不偷。”**

【注解】子曰：“恭而无礼则劳，慎而无礼则葸音xǐ。畏缩，勇而无礼则乱散漫，直而无礼则绞偏激。君子笃于亲，则民兴于仁；故旧不遗，则民不偷贪爱享受。”

（［补充］偷，古今多解释为：人情淡薄。）

【译文】先生说：“恭敬而无礼则显得劳倦不安，慎重而无礼则显得胆怯懦弱，勇敢而无礼就会犯上作乱，直率而无礼则显得偏激。君子对亲族感情深厚，民间仁义之风就会兴盛；君子不遗弃故交旧友，民众就不会追求浮华奢侈。”

【延伸】本章论述礼教的完善。礼作为一种文明的原则和标志，对人影响至深。礼的制定与实施，形成了一种推动人走向文明的强制力量，使人的各种美德更趋完美。一个遵从礼教的君王对礼教的身体力行，本身就是对民众最好的礼教。

在20-03章中，有“不知命，无以为君子也。不知礼，无以立也。不知言，无以知人也”一语。社会需要礼，只有在礼的制约下，恭、慎、勇、直等品德才能成为美好的品德。在礼的守护下，人与人之间的道德关系才会得到维护和发展，社会才能兴盛起来。

在12-17章中载：“季康子问政于孔子。孔子对曰：‘政者，正也。子帅以正，孰敢不正？’”作为整个社会，应该提倡礼制；作为君主，则应该首先遵行礼制，起到良好的带头作用。如果民众看到君主笃敬孝亲，也自然会仁义自律；看到君主不遗故旧，也自然会踏踏实实地生活。

○

○

〖08-03〗**曾子有疾，召门弟子曰：“启予足！启予手！《诗》云：‘战战兢兢，如临深渊，如履薄冰。’而今而后，吾知免夫！小子！”**

【注解】曾子有疾，召门弟子曰：“启通“晵”，视予足！启予手！《诗》云：‘战战兢兢，如临深渊，如履薄冰“战战兢兢”三句语出《诗经·小雅·小旻》。’而今而后，吾知免夫！小子！”

【译文】曾子病了，招来门人弟子，说：“看看我的脚！看看我的手！《诗经》中说：‘战战兢兢，如临深渊，如履薄冰。’从今往后，我知道自己可以免于那些刑戮毁伤了！学生们！”

【延伸】本章论述完好的身体。作为民众，是没有社会权力的，要想在社会中既修德又完身，是很不容易的。在本章中，曾子以自己为例，告诉弟子们要怀着“战战兢兢，如临深渊，如履薄冰”的心态在社会中做人、做事，这样才可能做到完身尽德。

在06-16章中，有“不有祝鮀之佞，而有宋朝之美，难乎免于今之世矣”一语。在充满未知的社会中，即使是有才华的人，要想过上安稳的生活，也是一件困难的事。

在01-04章中，有“吾日三省吾身：为人谋而不忠乎？与朋友交而不信乎？传不习乎”一语。每日三省，小心谨慎，保持警觉，才能避免灾殃。

○

○

〖08-04〗**曾子有疾，孟敬子问之。曾子言曰："鸟之将死，其鸣也哀。人之将死，其言也善。君子所贵乎道者三：动容貌，斯远暴慢矣；正颜色，斯近信矣；出辞气，斯远鄙倍矣。笾豆之事，则有司存。"**

【注解】曾子有疾，孟敬子姬姓，仲孙氏，名捷问之。曾子言曰："鸟之将死，其鸣也哀。人之将死，其言也善。君子所贵乎道者三：动容貌，斯远暴慢矣；正颜色，斯近信矣；出辞气，斯远鄙倍同"背"，违悖矣。笾音biān。盛放祭品的竹器豆盛放祭品的木器之事，则规则有司有司：主管某方面事务的官吏存。"

（[补充]则，古今多解释为：连词，且。）

【译文】曾子病了，孟敬子来探望他。曾子说："鸟之将死，其鸣也哀；人之将死，其言也善。君子最注重道的应用的地方有三处：使自己容貌严肃，便能远离狂暴和轻慢了；使自己神情端庄，便能近于忠诚可信了；使自己言辞和顺，便能避免卑鄙和矛盾了。至于笾豆之类的礼仪方面的具体事情，会有专门的官吏负责安排。"

【延伸】本章论述完美的形象。完美的形象是君子之文，注意君子之文，就不会在行动时狂暴轻慢，就不会在神色上不讲信义，就不会在说话时卑鄙矛盾。

在12-08章中载："棘子成曰：'君子质而已矣，何以文为？'子贡曰：'惜乎，夫子之说君子也。驷不及舌。文犹质也，质犹文也。虎豹之鞹犹犬羊之鞹。’”有君子之质，而没有君子之文，就不是完美君子。

在15-05章中，有“无为而治者其舜也与？夫何为哉？恭己正南面而已矣”一语。君子南面无为而治，更要注意动容貌、正颜色、出辞气的问题。

虽然曾子所说的君子之道是针对孟敬子说的，但曾子的这个视角，比较别致，具体而微，而且实际，即使普通民众，也容易理解掌握。

○

○

〖08-05〗**曾子曰：“以能问于不能，以多问于寡；有若无，实若虚，犯而不校。昔者吾友尝从事于斯矣。”**

【注解】曾子曰：“以能问于不能，以多问于寡少；有若无，实若虚，犯而不校音jiào。计较。昔者吾友吾友：前人多以为指颜回尝从事于斯矣。”

【译文】曾子说：“作为有才能者却求教于没有才能者，作为知识丰富者却求教于知识较少者；有却像没有一样，充实却像虚空一样，有人冒犯也从不计较。从前我的一个朋友曾是这样做的。”

【延伸】本章论述完美的朋友。完美的朋友能给人的学习、生活、事业带来很大的帮助。人类社会，发源于弱肉强食的动物界，弱肉强食尽管也能继续为人类社会的发展提供动力，但它也是一切社会问题的根源，人类如果想进一步发展，就必须摆脱这种弱肉强食的模式，采用友善互助的模式，使人类的素质得到进一步的提升。

在16-04章中，有“益者三友，损者三友。友直，友谅，友多闻，益矣。友便辟，友善柔，友便佞，损矣”一语。交友要交益友。

在12-24章中，有“君子以文会友，以友辅仁”一语。益友可以辅仁。

○

○

**〖08-06〗曾子曰：“可以托六尺之孤，可以寄百里之命，临大节而不可夺也，君子人与？君子人也。”**

**【句读新校】**曾子曰：“可以托六尺之孤，可以寄百里之命，临大节而不可夺也，君子人与君子人也。”

（［补充］“君子人与？君子人也。”古今多译为：“这种人是君子吗？是君子啊。”）

**【注解】** 曾子曰：“可以托托付六尺之孤六尺之孤：指未成年孤儿，七尺男儿为成年，可以寄百里百里：指诸侯国之命，临大节而不可夺也，君子人与君子人也。”

**【译文】**曾子说：“可以托付年幼的孤儿，可以托付国家的政令，面临紧要关头不会动摇屈服，这是君子之间才会发生的啊！”

**【延伸】**本章论述完美的交谊。完美的人际关系是社会完美的基石，人与人之间最紧密的一种社交关系，就是君子之交，君子与君子之间的交谊，可以超越血缘关系。

在04-10章中，有“君子之于天下也，无适也，无莫也，义之与比”一语。君子之交之所以如此值得信赖，是因为君子都以义为重，义之所在，就是君子的抉择，无论为此付出什么代价他们都不会动摇。

○

○

〖08-07〗**曾子曰：“士不可以不弘毅，任重而道远。仁以为己任，不亦重乎？死而后已，不亦远乎？”**

**【注解】** 曾子曰：“士不可以不弘音hóng。心胸宽广毅坚毅，任责任重而道远。仁以为己任，不亦重乎？死而后已结束，不亦远乎？”

**【译文】** 曾子说：“士不可以不宽宏而刚毅，因为他们责任重大，路途遥远。把实现仁道作为己任，能不重吗？到死才算卸下重任，能不叫远吗？”

**【延伸】** 本章论述弘毅的健全人格。人要成为德行君子，不仅是个人成长的必然，也是社会发展的必然。对仁人志士来说，一边是因为拥有权力而容易堕落的为政者，一边是因为饱受苦难而难脱愚昧的民众，一个人要想在这两者之间获得个人的自由和幸福，就只能责无旁贷地肩负起天下归仁的重担，走上推动整个社会文明进步的道路。作为将要引领民众，但又缺乏权力，同时还要防范权力迫害的仁人志士来说，要适应这样的环境，要完成这样的事业，就不得不具备弘毅的品质、完美的人格。

在13-12章中，有“如有王者，必世而后仁”一语。王者的引领，可以极大地提高整个社会的道德水平，但这种历史机遇是可遇而不可求的，人类进步的重担一定会落到那些弘毅之士的肩上。

○

○

〖08-08〗子曰："兴于诗，立于礼，成于乐。"

【注解】子曰："兴兴起于诗，立稳固于礼，成完善于乐音yuè。"

（［补充］本章古今多译为："先生说：'人的志气兴于诗，立身社会依于礼，完成人格在于乐。'"）

【译文】先生说："社会的兴起有赖于并且也体现于《诗经》，社会的确立有赖于并且也体现于《仪礼》，社会的完善有赖于并且也体现于《乐经》。"

【延伸】本章论述完美的社会。完美的社会是一个诗意盎然、礼教秩然、快乐怡然的社会，这样的社会因为道德而昌盛，因为礼制而巩固，因为快乐而成功。

在17-09章中，有"小子何莫学夫诗？诗，可以兴，可以观，可以群，可以怨。迩之事父，远之事君。多识于鸟兽草木之名"一语。《诗经》在开启文明方面，无论对个人还是对社会，都影响非凡。

在12-01章中载："颜渊问仁。子曰：'克己复礼为仁。一日克己复礼，天下归仁焉。为仁由己，而由人乎哉？'颜渊曰：'请问其目。'子曰：'非礼勿视，非礼勿听，非礼勿言，非礼勿动。'颜渊曰：'回虽不敏，请事斯语矣。'"《仪礼》在稳定关系方面，无论对个人还是对社会，都作用巨大。

在07-14章中载："子在齐闻《韶》，三月不知肉味，曰：'不图为乐之至于斯也。'"《乐经》在生活幸福方面，无论对个人还是对社会，都不可或缺。

○

○

〖08-09〗**子曰：“民可使由之，不可使知之。”**

**【句读新校】**子曰：“民可使，由之；不可使，知之。”

**【注解】**子曰：“民可使，由随顺之，不可使，知了解之。”

（［补充］本章古今多译为：“先生说：‘民众可以使他们听令行事，不可以使他们知道实情。”）

**【译文】**先生说：“民众可以使用，就顺着他们；不可使用，就了解他们。”

**【延伸】**本章论述国家政令与民众行为如何相互完善。民众是推动社会进步的直接动力，充分使用民众的力量，社会才能发展得又快又好。

在15-25章中，有“斯民也，三代之所以直道而行也”一语。民众的意愿代表着天下正道，民众愿意被使用，说明政策可行；不愿意被使用，说明政策有问题，这时候就需要搞清楚问题出在哪里。

在13-06章中，有“其身正，不令而行；其身不正，虽令不从”一语。使用民众的力量时，还要考虑到为政者自身正不正的问题。

在17-04章中载：“子之武城，闻弦歌之声。夫子莞尔而笑，曰：‘割鸡焉用牛刀？’子游对曰：‘昔者偃也闻诸夫子曰：“君子学道则爱人，小人学道则易使也。”’子曰：‘二三子！偃之言是也。前言戏之耳。’”重视教育，提高素质，会使民众的力量更好地释放出来。

○

○

〖08-10〗**子曰：“好勇疾贫，乱也。人而不仁，疾之已甚，乱也。”**

【注解】子曰：“好勇疾痛恨贫，乱也。人而不仁，疾之已甚，乱也。”

（［补充］本章古今多译为：“先生说：‘喜欢暴力又讨厌受穷，就会生乱。对不仁的人太仇恨，也会生乱。’”）

【译文】先生说：“崇尚勇敢而又痛恨贫穷，这是混乱啊。自己不仁，而又对不仁非常痛恨，这也是混乱啊。”

【延伸】本章论述欲使社会完善，必须消除那些导致社会混乱的思想认识。民众的思想认识会形成一种社会化的情绪。社会情绪积极健康，会使社会安定发展；消极扭曲，则会使社会陷入混乱。与其压制社会情绪，不如从民众的思想根源上进行疏导。不要偏激地好勇，不要偏激地疾贫；不要偏激地不仁，不要偏激地疾之。否则，好勇的民众会为了摆脱贫困而劫掠，不仁的人会为了仇恨他人而杀戮。教育民众不好勇而好生产，不疾贫而疾无知，不残忍而仁慈，不恨人而爱人，这才能使社会变成一个人人满意的社会。

在07-03章中，有“德之不修，学之不讲，闻义不能徙，不善不能改，是吾忧也”一语。德可以治勇，学可以安贫，义可以近仁，善可以泯恨。

○

○

〖08-11〗**子曰：“如有周公之才之美，使骄且吝，其余不足观也已。”**

【注解】子曰：“如有周公之才之美，使假使骄且吝吝啬，其余不足观也已。”

【译文】先生说：“即使一个人有周公那样优秀的才能，但他骄横并且吝啬，那他其他方面就不值得一看了。”

【延伸】本章论述完美的才能必须有德相辅相成。一个傲慢且自私的人，无论有多么美的才能，都会因为德行方面的不足而大打折扣，甚至走向反动。

在14-04章中，有“有德者必有言，有言者不必有德。仁者必有勇，勇者不必有仁”一语。用人取德不取才，就是因为有才者未必有德，而有德者必有才，并且这些才不仅可用、好用，而且还不吝使用。

在14-33章中，有“骥不称其力，称其德也”一语。人们称颂君子，并不是因为他的才能有多美，而是因为他的德行有多好。

○

○

〖08-12〗**子曰：“三年学，不至于谷，不易得也。”**

【句读新校】子曰：“三年学不至，于谷不易得也。”

【注解】子曰："三年学不至，于谷古时以谷米为俸禄，这里指做官的食禄不易得也。"

（［补充］本章古今多译为："先生说：'三年专心读书，对做官的事不去想，是很难得的。'"）

【译文】先生说："三年学不到一定程度，去做官也不容易做好啊。"

【延伸】本章论述端正的学习态度与端正的为政态度的一致性。一个人的学习态度与为政态度是一致的，学不好，做官也不容易做好。孔子的这个观点，也为社会选用人才提供了依据。

在19-13章中，有"仕而优则学，学而优则仕"一语。选用学得好又有德的人做官，是社会进步的重要条件。

在14-01章中载："宪问耻。子曰：'邦有道，谷。邦无道，谷，耻也。'"当然，学不好，在无道之邦也容易做官，但这是可耻的。

○

○

〖08-13〗**子曰："笃信好学，守死善道。危邦不入，乱邦不居。天下有道则见，无道则隐。邦有道，贫且贱焉，耻也；邦无道，富且贵焉，耻也。"**

【注解】子曰："笃信好学，守死善道。危危险邦不入，乱混乱邦不居。天下有道则见音xiàn。同"现"，展现，无道则隐。邦有道，贫且贱焉，耻也；邦无道，富且贵焉，耻也。”

【译文】先生说：“笃实诚信并爱好学习，坚守善道并愿为之去死。危险的国家不去，混乱的国家不居。天下有道就出来做事，无道就隐居起来。在有道的国家中过得贫穷而且低贱，这是耻辱啊；在无道的国家中过得富裕而且高贵，这也是耻辱啊。”

【延伸】本章描述了一个完美的士人典范。在本章中，孔子将学业、操守、为政、贫富、贵贱、荣耻等概念之间的关系清晰地呈现出来，这可以对规划自己人生的人起到很好的指导作用。要成为一名完美之士，需要考虑多方面的因素，做好各种心理准备。学不到位不足以出仕，学到位时也不一定要出仕。社会对个人有各种限制，个人于社会而言也有选择的空间。

在18-02章中载：“柳下惠为士师，三黜。人曰：‘子未可以去乎？’曰：‘直道而事人，焉往而不三黜？枉道而事人，何必去父母之邦？’”不离父母之邦的士人，更有乡土情怀。

在13-10章中，有“苟有用我者，期月而已可也，三年有成”一语。不受地域观念的限制，更显学以致用的热情。

○

○

〖08-14〗**子曰：“不在其位，不谋其政。”**

【注解】子曰：“不在其位位置，角度，不谋谋划，考虑其政政事。”

（［补充］本章古今多译为：“先生说：‘不在那个职位上，就不要考虑那个职位上的政事’”）

【译文】先生说：“找不见自己的位置，就做不好自己的事情。”

【延伸】本章从反面论述了为政而不在其位的后果，那就是占据着社会权力的位置却不为社会考虑。社会是个大系统，在这个系统中，每个人都有一个特定的位置，位置与职责应当保持一致，要做到职位在哪，人就在哪；本人在哪，心就在哪，这才是完美的为政模式。如果每个人都能在这个特定的位置上发挥出这个位置该有的作用，社会就会以理想的状态飞速发展；反之，如果每个人都不能在各自特定的位置上发挥出这个位置该有的作用，这势必将由他人代劳，社会发展就会因此而变缓或者停顿，更有甚者，会发生倒退乃至崩溃。

在12-11章中载：“齐景公问政于孔子。孔子对曰：‘君君，臣臣，父父，子子。’公曰：‘善哉！信如君不君，臣不臣，父不父，子不子，虽有粟，吾得而食诸？’”身在其位而心不在其位的人，不仅危害社会，也将自身置于险境。如果有人占据着社会影响力较大的位置却不用心做事，社会就会因为某项功能缺失而导致混乱，继而社会就会以系统修复的方式替换掉这些位置上的人。

在02-21章中载：“或谓孔子曰：‘子奚不为政？’子曰：‘《书》云：“孝乎惟孝？友于兄弟……”施于有政，是亦为政，奚其为为政？’”作为社会一员，不仅要用心谋划自己位置上的事情，还要对整个社会上的事情进行通盘考虑，因为只有这样，才能更好地做好自己的本职工作。

本章与14-26章有相同内容：“不在其位，不谋其政。”

○

○

〖08-15〗**子曰："师挚之始，《关雎》之乱，洋洋乎盈耳哉！"**

【注解】子曰："师挚师挚：鲁国乐师，名挚之始始见，初识，《关雎》之乱纷乱奔涌，洋洋乎盈充盈耳哉！"

（［补充］始，古今多解释为：乐曲的开始。乱，古今多解释为：乐曲的末章。本章古今多译为："先生说：'从师挚演奏乐曲开始，直到最后演奏《关雎》，美妙的乐声充满我的耳朵。'"）

【译文】先生说："刚认识师挚时，他演奏的《关雎》那纷乱奔涌的音乐，洋洋洒洒地灌满了我的耳朵！"

【延伸】本章描述了一位尽心尽责的乐师对音乐的完美演绎。完美的音乐可以带给人完美的享受。作为一名乐师，演奏是他的工作，而要演奏优美的音乐，就需要全身心地投入。

在03-20章中，有"《关雎》乐而不淫，哀而不伤"一语。演奏《关雎》，而非其他靡靡之音，从中也可以看出师挚的人文情怀及音乐素养。

在18-09章中，有"大师挚适齐，亚饭干适楚，三饭缭适蔡，四饭缺适秦，鼓方叔入于河，播鼗武入于汉，少师阳、击磬襄入于海"一语。好的乐队需要各个岗位上都有一个好的乐师，好乐师流散，乐队就会变差。

在8-08章中，有"兴于诗，立于礼，成于乐"一语。成熟美妙的音乐代表着成熟美好的社会。

○

○

〖08-16〗**子曰："狂而不直，侗而不愿，悾悾而不信，吾不知之矣。"**

**【注解】** 子曰："狂而不直直率，侗音tǒng。统，统一而不愿心愿，悾音kōng。诚恳悾而不信崇信，吾不知之矣。"

（［补充］侗，古今多解释为：无知、幼稚。愿，古今多解释为：质朴。本章古今多译为："先生说：'狂妄而不率直，幼稚而不朴实，貌似诚恳而没有诚信，我不明白这种人是怎么了。'"）

**【译文】** 先生说："言行疏狂却不主张刚直，追求统一却不顺从意愿，态度诚恳却不推崇信仰，我不知道这是怎么回事了。"

**【延伸】** 本章论述对待其他社会理论时的恰当态度。人们对不同领域的探索会形成对道的不同理解，孔子之道是以社会领域的问题为核心的，当他的理论与其他领域的理论发生矛盾时，例如，当他遇到那种以不完美为完美的主张时，他仍能以承认自己不理解的态度使矛盾以一种求同存异的方式得到化解。这种处理矛盾的方式，容易理解，但很难做到。

在11-12章中载："季路问事鬼神。子曰：'未能事人，焉能事鬼？'曰：'敢问死。'曰：'未知生，焉知死？'"有疑问，就会有解答，直到现在，世界上仍然有许多关于鬼神和死亡的理论。

在14-34章中载："或曰：'以德报怨，何如？'子曰：'何以报德？以直报怨，以德报德。'"孔子主张以直报怨，但也有人认为以德报怨才是完美的。

在02-16章中，有"攻乎异端，斯害也已"一语。攻击不同见解，是一种有害的做法。

在17-08章中载："子曰：'由也！女闻六言六蔽矣乎？'对曰：'未也。''居！吾语女。好仁不好学，其蔽也愚。好知不好学，其蔽也荡。好信不好学，其蔽也贼。好直不好学，其蔽也绞。好勇不好学，其蔽也乱。好刚不好学，其蔽也狂。'"总之，无论好什么，都应该好好去学习，如果不好学，便难以得到完美的结果。

○

○

## 〖08-17〗子曰："学如不及，犹恐失之。"

【注解】子曰："学如如果不及，犹还恐恐怕失之。"

（[补充]如，古今多解释为：如同。及，古今多解释为：赶上。犹，古今多解释为：犹如。本章古今多译为："先生说：'学习时总觉得像赶不上，学得了还怕再丢失。'"）

【译文】先生说："学习如果学不到精髓，恐怕还会失去的。"

【延伸】本章论述对学问的完全掌握。不学固然不好，但是学习了却学不到真学问，也是值得注意的，不牢靠的知识不能应用，也容易失去，最终导致前功尽弃，这是很可惜的。

在15-33章中，有"知及之仁，不能守之，虽得之，必失之。知及之仁，能守之，不庄以涖之，则民不敬。知及之仁，能守之，庄以涖之，动之不以礼，未善也"一语。知及而不守，还可能失去，何况不及。

在06-20章中，有"知之者不如好之者，好之者不如乐之者"一语。乐之者，就容易知及之并不失之了。

在19-12章中，有“子夏之门人小子，当洒扫应对进退，则可矣，抑末也。本之则无，如之何”一语。所谓学通，就是能将学问从内心中发挥出来，将日常有模有样的洒扫应对进退变为自己自然而然的行为。

○

○

〖08-18〗**子曰：“巍巍乎！舜、禹之有天下也而不与焉。”**

【注解】子曰：“巍巍乎！舜、禹夏朝开国君主之有拥有天下也而不与焉。”

（［补充］不与，古今多解释为：不相关。本章古今多译为：“先生说：‘伟大呀！舜、禹拥有天下，却好像与他们个人不相关一样。’”或：“先生说：‘伟大呀！舜、禹拥有天下，而不干预管理。’”）

【译文】先生说：“真高尚啊！舜、禹拥有天下，却不认为真是那样！”

【延伸】本章论述拥有天下之权又能正确看待天下之权的典范。完美的天下是天下为公的天下。泰伯让天下，没有将拥有天下之权当成自己拥有天下；舜禹拥有天下，仍没有将拥有天下之权当作自己拥有天下。各自的情况虽然不同，但是思想完全相同，正因为他们没有将天下当作自己的私产，天下才更和谐完美。

拥有天下之权，即是承担天下之责，舜帝、大禹他们知道这个事实，所以，天下大权在手，也不会幻想自己拥有天下，而只会尽心竭力做好自己该做的事。

在14-37章中，有“贤者辟世，其次辟地，其次辟色，其次辟言”一语。舜、禹所从事的，正是辟世的事业，而要从事辟世的事业，就必须拥有辟世的思想。在辟世者的思想中，拥有天下之权而无辟世、辟地、辟色、辟言之能，那是一种耻辱。

在13-15章中载：“定公问：‘一言而可以兴邦，有诸？’孔子对曰：‘言不可以若是其几也。人之言曰：“为君难，为臣不易。”如知为君之难也，不几乎一言而兴邦乎？’曰：‘一言而丧邦，有诸？’孔子对曰：‘言不可以若是其几也。人之言曰：“予无乐乎为君，唯其言而莫予违也。”如其善而莫之违也，不亦善乎？如不善而莫之违也，不几乎一言而丧邦乎？’”知道为君之难，即是知道为君之责。天下之权有天大的责任，天大的责任需要天大的付出才能完成。天下之权也有极大的自由，极大的自由就会引起人的垂涎。一旦那种贪图自由而不负责任的人获得了天下之权，结果只能是丧家、丧国、丧天下。

○

○

〖08-19〗**子曰：“大哉尧之为君也！巍巍乎！唯天为大，唯尧则之。荡荡乎！民无能名焉。巍巍乎其有成功也，焕乎其有文章！”**

【注解】子曰：“大哉尧之为君也！巍巍乎！唯天为大，唯尧则效法之。荡荡乎！民无能名描述焉。巍巍乎其有成功也，焕音huàn。灿烂乎其有文文明章典章。”

【译文】先生说：“作为一代君王的尧真伟大啊！多么崇高

啊！只有天是最大的，只有尧能效法天。多么宽广啊！百姓不知道该如何称颂他。他的功绩真伟大啊，他的礼乐制度真辉煌啊。”

【延伸】本章描述了一位堪称典范的君王，他的所作所为是如此的完美。完美之君也是人间至圣，本章从则天、恤民、成功、文章四个方面颂扬了尧帝为君时的伟大，也为后来的历代君王树立了榜样。

在07-25章中，有“子以四教：文、行、忠、信”一语。文章为文，有功为行，恤民为忠，则天为信。

○

○

〖08-20〗**舜有臣五人而天下治。武王曰：“予有乱臣十人。”孔子曰：“才难，不其然乎？唐、虞之际，于斯为盛。有妇人焉，九人而已。三分天下有其二，以服事殷。周之德，其可谓至德也已矣。”**

【注解】舜有臣五人而天下治。武王曰：“予有乱治臣十人。”孔子曰：“才难，不其然乎？唐尧帝时称唐虞舜帝时称虞之际，于斯这时，指周朝武王时为盛兴盛，指人才多。有妇人焉，九人而已。三分天下有其二，以服事殷。周之德，其可谓至德也已矣。”

【译文】舜有五位大臣而天下得治。武王说：“我有治国之臣十人。”孔子说：“人才难得，不仅是在唐尧虞舜时，在武王时人才算最兴盛的了，不算妇人，也才九人而已！周文王时，三分天下就拥有了二分，但仍臣服于殷朝。周朝之德，那已经可以算是至德了啊！”

【延伸】本章描述了一种天下之权的完美结构模式，人才是权力结构中的核心内容。天下这么大，有臣五人就可以治理得很好，有乱臣十人就可以征服一个王朝，可见人才的作用是多么的重要。社会需要明君，也需要人才。君主贤明，人才众多，君臣同心同德，社会就会成为一个美好的社会。

在12-22章中载：“樊迟问仁。子曰：‘爱人。’问知。子曰：‘知人。’樊迟未达。子曰：‘举直错诸枉，能使枉者直。’樊迟退，见子夏曰：‘乡也吾见于夫子而问知，子曰：“举直错诸枉，能使枉者直。”何谓也？’子夏曰：‘富哉言乎！舜有天下，选于众，举皋陶，不仁者远矣。汤有天下，选于众，举伊尹，不仁者远矣。’”要具体地消除天下的不仁、不义、不智等不良现象，稳定社会秩序，提高君民素质，开创天下新气象，只靠君王一个人是不够的，还要靠一帮具体的人才。一个朝代的德行，不仅要看一个朝代的君主之德，还要看一个朝代的臣属之德。

“予有乱臣十人”出自《尚书·周书·泰誓中》，原文为“……受有亿兆夷人，离心离德；予有乱臣十人，同心同德”。译为：“我有杂凑的大臣十人。”

○

○

〖08-21〗**子曰：“禹，吾无间然矣。菲饮食而致孝乎鬼神，恶衣服而致美乎黻冕，卑宫室而尽力乎沟洫。禹，吾无间然矣。”**

【注解】子曰："禹，吾无间空隙，指缺陷、不足之处然矣。菲音fěi。菲薄饮食而致孝乎鬼神，恶衣服而致美乎黻音fú冕音miǎn。祭祀时穿戴的衣帽，卑低矮宫室而尽力乎沟河沟洫音xù。水渠。禹，吾无间然矣。"

【译文】先生说："禹啊，我是没什么批评的了。他不挑饮食而将美食孝敬鬼神，他厌恶打扮而将祭祀冠服做到极美，他的宫室低矮而尽力于农田水利。对啊，我是没什么批评的了。"

【延伸】本章论述了一位堪称典范的君王，他的个人德行是如此完美。作为本篇终章，孔子从衣、食、住几方面对大禹进行了描绘，展现了他在道、德、仁、礼上的成就，为人们塑造了一个既是完美之君又是完美之人的完美形象。孔子内心也真诚感叹："大禹，如此完美，真的没什么可挑剔的啊！"

在02-01章中，有"为政以德，譬如北辰居其所而众星共之"一语。尧舜禹以事实说明了什么是为政以德。

在20-01章中载："尧曰：'咨！尔舜！天之历数在尔躬，允执其中。四海困穷，天禄永终。'舜亦以命禹。"尧舜禹，一脉相承，他们的努力，都在避免一件事，那就是四海困穷，天禄永终。这种目标的设立，这种为此目标献出生命的行为，绝非偶然，它是有一定文化基础的，这个文化基础，就是一直流传至今仍然生生不息的中国传统文化。

# 子罕篇第九

本篇共计三十一章，以思想为讨论的核心，以孔子在各种情况下的思想体现为线索，围绕孔子对人对己对事对物的认识方法、认识过程，以及由此得出的认识结论展开讨论。人的一切言行都是有根据的，这些根据就是人们做一切决定时所用的原则及其标准。就原则而言，可以分为两种：一种以义为原则，一种以利为原则。孔子之道是以义为原则的，但并不排斥利的原则，因为义与利并不是两种地位相同的原则，义可以统摄利，而利是不能统摄义的。也就是说，义是基于事物的客观事实来做选择，因而也会符合选择者的整体利益；利是基于自己的主观感受来做选择，因而就会与义相悖，进而与自己的整体利益背道而驰。本篇通过描述孔子自己实行孔子之道的方方面面，可以使人近距离地了解孔子、理解孔子、学习孔子，进而将他的思想根植于心中，从而成为一个像他那样的人。

○

○

〖09-01〗**子罕言利与命与仁。**

【注解】子罕少言谈论利与参与，支持命命运与仁仁德。

（［补充］与，古今多解释为：和或称赞。本章古今多译为：“先生很少谈论利益与天命以及仁德。”或：“先生很少谈论利益，只会赞许命运，赞许仁德。”）

【译文】先生很少从利益的角度解释他对命运与仁德的选择。

【延伸】本章论述思想的出发点。人生就是一连串的选择，做选择就需要有选择的理由。孔子选择命与仁的理由不是利，而是义。

在04-10章中，有“君子之于天下也，无适也，无莫也，义之与比”一语。义是孔子抉择事物的依据。

在04-16章中，有“君子喻于义，小人喻于利”一语。君子深明大义，所以容易看清命与仁的实质；小人唯利是图，就只能看到命与仁的一些表象。

在04-02章中，有“不仁者不可以久处约，不可以长处乐。仁者安仁，知者利仁”一语。命和天相关，仁和义相关。命与仁决定着人的利益，可人的利益决定不了命与仁。也就是说，人可以得到命与仁带来的利益，却不能因为利益而得到命与仁。

○

○

〖09-02〗**达巷党人曰：“大哉孔子！博学而无所成名。”子闻之，谓门弟子曰：“吾何执？执御乎？执射乎？吾执御矣。”**

【注解】达巷地名党人曰：“大哉孔子！博学而无所成名。”子闻之，谓门弟子曰：“吾何执掌握？执御乎？执射乎？吾执御矣。”

【译文】达巷的那些人说：“孔子了不起呀！他的博学使他不靠一项专长来树立名声。”先生听后，对门人弟子们说：“我专学哪项呢？驾车呢？还是射箭呢？我还是专攻驾车吧。”

【延伸】本章论述思想的意义。思想不会因为职业技能而分门别类，思想可以使人类的一切所作所为至臻至善。人们说孔子的伟大，其实并不在六艺，但孔子不仅将人的赞美限定在六艺之内，而且还将自己所长限定在六艺中最基本的御上，事显而意深。孔子面对名誉的这种谦下，并非源于不懂名誉之利，而是更懂名誉之义。

在09-06章中载：“太宰问于子贡曰：‘夫子圣者与？何其多能也？’子贡曰：‘固天纵之将圣，又多能也。’子闻之，曰：‘太宰知我乎！吾少也贱，故多能鄙事。君子多乎哉？不多也。’”不接受名誉，而接受质疑，就是孔子对命与仁的选择。

人容易好高骛远，难于好低务实。高远的事物固然值得追求，但必须从低近的事物着手才能渐至高远，在礼、乐、射、御、书、数六艺中以御最为近实，孔子说自己以御为专长，就是以“为所当为”为专长了。

○

○

〖09-03〗**子曰："麻冕，礼也。今也纯，俭，吾从众。拜下，礼也。今拜乎上，泰也。虽违众，吾从下。"**

**【注解】**子曰："麻冕帽子，礼也。今也纯黑丝，俭节俭，吾从众。拜下，礼也。今拜乎上，泰骄奢也。虽违众，吾从下。"

（［补充］"拜下，礼也。今拜乎上，泰也。虽违众，吾从下。"古今多译为："臣先拜君于堂下，再拜君于堂上，这是礼所要求的。现在只拜于堂上，这样就很傲慢了啊。所以虽然有违于众人的做法，但我仍坚持拜于堂下的规定。"）

**【译文】**先生说："用麻做礼帽，这是合乎礼的规定的呀。现在都戴黑丝做的帽子，因为这样省俭，我就随大家。上先拜下，这是礼所要求的呀。现在下先拜上，这样显得骄奢了啊。所以虽然有违于众人的做法，我仍遵从拜下之礼。"

**【延伸】**思想不同，表现不同。孔子对于物用，选择以俭为标准；对于礼节，选择以恭为标准。

在03-04章中载："林放问礼之本。子曰：'大哉问！礼，与其奢也，宁俭。丧，与其易也，宁戚。'"礼之本就是义，以义选择，人们自然选择节俭而不选择奢侈，选择恭敬而不选择倨傲。

○

○

〖09-04〗**子绝四：毋意，毋必，毋固，毋我。**

【注解】子绝杜绝四：毋绝不意臆断，毋必强求，毋固，毋我。

【译文】先生杜绝了四种情况：绝不臆断、绝不强求、绝不顽固、绝不自私。

【延伸】本章论述思想的障碍因素。人容易臆断、强求、顽固、自私，一旦陷入这四种情况，那错误的后果也就可想而知了。要想杜绝这种思维习惯，必须代之以另一种习惯。那么，用什么来取代呢？习惯了忠实则不臆断，习惯了宽恕则不强求，习惯了好学则不顽固，习惯了仁义则不自私。

在07-28章中，有“盖有不知而作之者，我无是也”一语。这是说毋意。

在07-27章中，有“子钓而不纲，弋不射宿”一语。这是说毋必。

在07-22章中，有“三人行，必有我师焉。择其善者而从之，其不善者而改之”一语。这是说毋固。

在07-04章中，有“子之燕居，申申如也，夭夭如也”一语。这是说毋我。

在07-25章中，有“子以四教：文、行、忠、信”一语。能以文、行、忠、信教人，是因为杜绝了意、必、固、我。

○

○

〖09-05〗**子畏于匡。曰："文王既没，文不在兹乎？天之将丧斯文也，后死者不得与于斯文也。天之未丧斯文也，匡人其如予何？"**

【注解】子畏遭遇可怕的事于匡地名。曰："文王既没殁，死，文不在兹乎？天之将丧斯文也，后死者不得与于斯文也。天之未丧斯文也，匡人其如予何？"

（［补充］兹，古今多解释为：我这里。后死者，古今多解释为：孔子自谓。与，古今多解释为：参与，知道，掌握。本章古今多译为："先生在匡地受到拘禁。他说：'文王已经死了，文王的文化不都是在我这里吗？上天要让这种文化不传，我也不会掌握这种文化。上天若不想让这种文化丧失，那匡人能把我怎么样呢？'"）

【译文】先生在匡地遭遇威胁。他说："文王已死，文明就不在这里了吗？天要毁灭这方文明，后来的人们就不会认同这文明啊。天不毁灭这方文明，匡人能把我怎么样呢？"

【延伸】思想文化是文明的内核，文明是整个人类发展的内核。从文明发展的角度来选择何去何从，把自己的命运交付给文明的发展进程，是孔子思想的一个特点。用唯物的观点看历史，用历史的观点看事物，就会得出这样的结论：解决匡地的危机取决于匡地的文明程度，匡地的文明程度又取决于文明在匡地的发展历史。

在19-22章中载："卫公孙朝问于子贡曰：'仲尼焉学？'子贡曰：'文武之道，未坠于地，在人。贤者识其大者，不贤者识其小者。莫不有文武之道焉。夫子焉不学？而亦何常师之有？'"文王之文，被周尊崇，并在各地广泛传播，几百年间，影响了无数后来人，匡地匡人也不例外，只要他们受文明影响，对文明尊重，就不可能野蛮地残害思想文化，屠戮仁人义士。

在13-19章中载：“樊迟问仁。子曰：‘居处恭，执事敬，与人忠。虽之夷狄，不可弃也。’”命运控制不了，仁义可以坚守。

○

○

〖09-06〗**太宰问于子贡曰：“夫子圣者与？何其多能也？”子贡曰：“固天纵之将圣，又多能也。”**

**子闻之，曰：“太宰知我乎！吾少也贱，故多能鄙事。君子多乎哉？不多也。”**

**【注解】** 太宰大冢宰，百官之首问于子贡曰：“夫子圣者与？何其多能技能也？”子贡曰：“固天纵之将圣，又多能也。”

子闻之，曰：“太宰知我乎！吾少也贱，故多能鄙事。君子多乎哉？不多也。”

（［补充］固，古今多解释为：本来。“固天纵之将圣，又多能也。”古今多译为：“这本是上天放任他成为圣人，又让他多才多艺的。”“太宰知我乎！”古今多译为：“太宰了解我啊！”）

**【译文】**太宰问子贡说：“夫子是圣人吧？那为何还那么多才多艺啊？”子贡说：“必然是上天为了使他一定成圣，才又使他多才多艺的啊。”

先生听到后，说：“太宰了解我啊！我年轻时贫贱，所以会干很多粗鄙的事。君子还需要多才多艺吗？不需要啊。”

○

○

〖09-07〗**牢曰：“子云：‘吾不试，故艺。’”**

【注解】牢姓琴，名牢，字子开，一字子张，又称琴张曰：“子云：‘吾不试，故艺。’”

（［补充］不试，古今多解为：不被国家重用。）

【译文】琴牢说：“先生说过：‘我不自荐，所以靠艺求生。”

【延伸】本章和上章论述思想的成熟途径和成熟表现。思想与人的生存能力和生活经历没有必然关系，思想可以反过来影响人的生存能力和生活经历。孔子面对太宰的质疑，不加辩驳，还引其为知己，并真诚地还原事实真相。由此可见孔子对事物的透彻认识以及对他人的坦诚相待。

在07-34章中载：“子曰：‘若圣与仁，则吾岂敢？抑为之不厌，诲人不倦，则可谓云尔已矣。’公西华曰：‘正唯弟子不能学也。’”孔子被人尊为圣人、仁人，正是因为他知道自己不是圣人、仁人。这种名实之间的反转关系，来源于人们对利与义的认识反转。

在15-20章中，有“君子疾没世而名不称焉”一语。这从另外一个角度说明了这种相辅相成的名实关系。

在01-10章中载：“子禽问于子贡曰：‘夫子至于是邦也，必闻其政。求之与？抑与之与？’子贡曰：‘夫子温、良、恭、俭、让以得之。夫子之求之也，其诸异乎人之求之与？’”孔子不试，而以温、良、恭、俭、让以得之。

在05-06章中载：“子使漆雕开仕。对曰：‘吾斯之未能信。’

子说。”不试是因为不能被信任。

○

○

〖09-08〗**子曰："吾有知乎哉？无知也。有鄙夫问于我，空空如也。我叩其两端而竭焉。"**

【注解】子曰："吾有知音zhì乎哉？无知也。有鄙夫问于我，空空如也。我叩探究其两端而竭竭尽，穷尽焉。"

（［补充］本章古今多译为："先生说：'我有知识吗？我没有知识。有粗俗卑贱的人来问我问题，我对他的问题一无所知。我只是就他所问从本末、始终两方面不断地反问他，直至把问题搞明白。'"）

【译文】先生说："我聪明吗？我不聪明啊。有偏远之地的人来问我问题，我对他的问题一无所知。我只是顺着问题的本末、始终这两方面在那儿不断探究，然后得出结论。"

【延伸】本章论述思想的方法问题。不承认自己伟大，不承认自己是圣人，不承认自己被天眷顾，甚至都不承认自己聪明，孔子的这些不承认背后，是对事实的承认与坚守，而对事实的承认与坚守，则来自他能以正确的方法对事实做出如实的认知。

在02-17章中，有"由！诲，女知之乎？知之为知之，不知为不知，是知也"一语。无论聪明人还是愚笨人，尊重事实，就是明白人。

在07-20章中，有"我非生而知之者，好古，敏以求之者也"一语。认识事物，需要一个学习和思考的过程，这个过程在孔子那里就体现为顺着事物的始末两方面进行推敲。这种一分为二的认识事物的方法，是中国传统文化中认识事物、解决问题的重要方法。

○

○

〖09-09〗**子曰：“凤鸟不至，河不出图，吾已矣夫！”**

【注解】子曰：“凤鸟凤鸟：凤凰，古代传说中的神鸟，常作为圣王受命的瑞兆不至，河指黄河不出图出图：传说伏羲时黄河中有龙马负图而出，后以此作为圣王受命的吉兆，吾已停止矣夫！”

（［补充］本章古今多译为：“先生说：‘如果凤鸟再不出现，河中再不出图，我就完了。’”）

【译文】先生说：“如果当年凤鸟不至，河不出图，那我就完了！”

【延伸】本章论述思想的传承。人类思想的成就是一代又一代人思想沉淀和积累的结果。知识是人类最宝贵的财富，是文明的基石，作为深受文明熏陶的人类，一旦受到文明的感召，就不愿意再回到没有文明的洪荒时代了。

在14-17章中，有“微管仲，吾其被发左衽矣”一语。孔子深知文明对人类的影响，他对那些推进人类文明的人或事都会由衷感叹。

在07-01章中，有“述而不作，信而好古，窃比于我老彭”一语。为人类思想文化的传承尽一份力也就理所当然地成了孔子的心愿。

○

○

〖09-10〗**子见齐衰者、冕衣裳者与瞽者，见之，虽少，必作，过之，必趋。**

【注解】子见齐音zī衰音cuī。齐衰，用粗麻布制成的丧服。丧服由重至轻分斩衰、齐衰、大功、小功、缌麻五种者、冕音miǎn。一种礼帽衣上衣裳下衣者与瞽音gǔ。目盲者，见遇见之，虽少年少，必作起身作礼，过之，必趋小快步。

（［补充］冕衣裳者，古今多解释为：士大夫衣冠，指有权势者。本章古今多译为："孔子遇到穿齐衰的服丧者、穿戴官服礼帽的尊贵者和盲者，与他们相见时，他们年龄再小，孔子也会站起身来，经过他们面前时，会快步走。"）

【译文】先生不忌讳与穿丧服、祭服和眼盲的人相遇，遇见时，即使对方年少，先生也一定会起身行礼，交错时，一定会快步走过。

【延伸】本章论述思想与心灵的关系。思想来源于心灵对事物的洞见，感受则来源于事物在思想中的呈现。孔子待人以心，不以形象、遇事、身份等分别对待。在面对那些容易被世俗忌讳、规避、轻蔑的人时，孔子更加动心，他那种发乎于心的感召力，足以使他与世俗观念做对抗并改变那些世俗观念。

在03-03章中，有"人而不仁，如礼何？人而不仁，如乐何"一语。有礼制，就会有从礼制中延伸出来的种种忌讳，而有些忌讳不仅愚昧，而且有害。孔子不信吉兆，也不信晦气，他不仅不避讳那些穿丧服、近鬼神、有残缺的人，路上相遇也会给他们以足够的尊重。

在01-12章中，有"礼之用，和为贵"一语。当孔子面对那些令人失和的忌讳之礼时，他会用自己的行动去破除它们。

○

○

〖09-11〗**颜渊喟然叹曰："仰之弥高，钻之弥坚。瞻之在前，忽焉在后。夫子循循然善诱人，博我以文，约我以礼，欲罢不能。既竭吾才，如有所立卓尔。虽欲从之，末由也已。"**

**【注解】** 颜渊喟音kuì。出气深长然叹曰："仰之弥更高，钻之弥坚。瞻之在前，忽焉在后。夫子循遵循循循序然善诱人，博开阔我以文，约制约我以礼，欲罢停止不能。既竭吾才，如有所立卓尔卓尔：高峻的样子。虽欲从之，末微末由也已。"

**【译文】**颜渊喟叹："先生之道，越仰视越觉得高大，越钻研越觉得坚实。刚刚远望在前，忽然却在身后。先生循循善诱，教我以文，使我开阔；教我以礼，使我自约，我想学完，却不能够。这已经让我竭尽所能了，但前面好像还有什么卓然屹立。即使我还想跟随着它，却已没什么痕迹可循了。"

**【延伸】**本章从颜渊的角度，描述了孔子的思想高度。孔子之道，浑然一体，难分高低，难辨前后，无微不至，无比广大。颜渊是最接近孔子之道的人，然而他对于孔子之道，仍然发出这样的喟叹，足见孔子之道的高广深远。

在03-24章中载："仪封人请见，曰：'君子之至于斯也，吾未尝不得见也。'从者见之。出曰：'二三子何患于丧乎？天下之无道也久矣，天将以夫子为木铎。’”没有这样的高广深远，孔子也不会被仪封人称为天下之木铎。

○

○

〖09-12〗**子疾病，子路使门人为臣。病间，曰：“久矣哉，由之行诈也！无臣而为有臣。吾谁欺？欺天乎？且予与其死于臣之手也，无宁死于二三子之手乎！且予纵不得大葬，予死于道路乎？”**

【注解】子疾病，子路使派遣门人为臣家臣。病间轻闲，稍好，曰：“久矣哉，由之行行为诈也！无臣而为有臣。吾谁欺？欺天乎？且予与其死于臣之手也，无宁死于二三子之手乎！且予纵不得大葬，予死于道路乎？”

【译文】先生病得很重，子路派门人以家臣的身份处理先生的事情。病情见好，先生说道：“好久了呀，子由做这种欺骗的事啊！我没有家臣却让我享受有家臣的待遇。我能骗得了谁？能骗得了天吗？而且比起死于家臣之手，我宁愿死在你们几个学生手里！我纵然不得厚葬，难道会死在道路上没人管吗？”

【延伸】思想一旦被人接受并传承，肉体的死亡和后事就显得无足轻重了。

在03-01章中，有“八佾舞于庭，是可忍也，孰不可忍也”一语。对于僭越，孔子是很反感的。春秋时期，大夫以下的人没有家臣，死了以后也不举行葬礼。子路不忍老师死后被草草埋葬，所以派去家臣，要以大夫之礼为老师准备后事。这事令孔子感激，可孔子又不得不批评他，由此可以看出孔子厚生薄死的生死态度。

在07-35章中载：“子疾病，子路请祷。子曰：‘有诸？’子路对曰：‘有之。《诔》曰：“祷尔于上下神祇。”’子曰：‘丘之祷久矣。’”孔子生了病，子路就会想尽一切办法为老师治病，师生之情感人肺腑，这也使孔子对自己的后事更不担心。

在02-05章中载：“孟懿子问孝。子曰：‘无违。’樊迟御，子告之曰：‘孟孙问孝于我，我对曰，无违。’樊迟曰：‘何谓也？’子曰：‘生，事之以礼；死，葬之以礼，祭之以礼。’”葬之以礼、祭之以礼，而不是在死亡的事情上多费心思，这是孔子对死亡的态度，这也侧面反映出他宁可将心思花在对思想的追求上。

在11-11章中载：“颜渊死，门人欲厚葬之。子曰：‘不可。’门人厚葬之。子曰：‘回也视予犹父也，予不得视犹子也。非我也，夫二三子也。’”重视肉体的埋葬，势必轻视思想的萌芽。

○

○

〖09-13〗**子贡曰：“有美玉于斯，韫椟而藏诸？求善贾而沽诸？”子曰：“沽之哉！沽之哉！我待贾者也。”**

【注解】子贡曰：“有美玉于斯，韫音yùn。藏椟音dú。木匣、木盒而藏诸？求善贾音gǔ。商人而沽音gū。卖诸？”子曰：“沽之哉！沽之哉！我待贾者也。”

【译文】子贡说：“如果有美玉在这里，是放在盒子里藏起来呢？还是找个识货的商人卖出去呢？”先生说：“卖了它呀！卖了它呀！我就在等待识货的人啊。”

【延伸】美玉的价值在于取悦生命，生命的价值在于创造思想，思想的价值在于用于现实。本章以美玉比喻孔子之道，体现了孔子物尽其用、人尽其才的价值取向。

在17-07章中，有“吾岂匏瓜也哉？焉能系而不食”一语。仁义不是标榜，用于社会才有价值；人也不是玩物，献身社会才有意义。务实是孔子的特点，但毕竟，人们对仁义之道与它的价值知之甚少，如此一来，推广仁义反倒成了一项投入不小的工作。所以，当人们认为美玉的价值在于赏玩时，孔子却认为它的价值在于卖了换钱。

在07-11章中，有“用之则行，舍之则藏，惟我与尔有是夫”一语。孔子的舍之则藏并不是藏而不用，而是待价而沽。

在17-01章中载：“阳货欲见孔子……曰：‘怀其宝而迷其邦，可谓仁乎？’曰：‘不可。’‘好从事而亟失时，可谓知乎？’曰：‘不可。’‘日月逝矣，岁不我与。’孔子曰：‘诺，吾将仕矣。’”与当权者相比，阳货更明白孔子之道的价值。

○

○

〖09-14〗**子欲居九夷。或曰：“陋，如之何？”子曰：“君子居之，何陋之有？”**

【注解】子欲居九夷九夷：指东方不发达部落居住的地方。或曰：“陋简陋，条件恶劣，如之何？”子曰：“君子居之，何陋之有？”

（［补充］“如之何？”古今多译为：“如何居住呢？”）

【译文】先生想到九夷去生活。有人说：“那么落后！去那里做什么？”先生说：“如果有君子在那里住，怎么会落后呢？”

【延伸】本章论述思想应用的前提是思想的传播。人们选择去华丽的地方，孔子却选择去简陋的地方，这不是因为孔子不知文明，而是因为他太了解文明了。富丽堂皇的地方，会因为没有思想而绝望；贫瘠鄙陋的地方，会因为有了思想而辉煌。有才能和品德的君子，是人类文明的代表。在生活条件优越的地方，人们因为追求奢侈而争权夺利，容易在精神上背离文明，以至放逐君子；在生活条件落后的地方，人们因为渴望发展，会对代表先进文明的君子倍加敬爱，这样反而容易发展出优秀的文明。

在05-07章中，有“道不行，乘桴浮于海”一语。作为一个社会理论家、活动家，孔子渴望将自己的理论付诸实践，为此他不惜去茹毛饮血的地方传播文明。君子的到来会使生活条件很差的地方洒满文明之光，而洒满文明之光的地方，文明就会茁壮成长，又怎么会像先前一样一直落后呢？事实上，整个人类的文明也正像孔子所说的那样，是由君子和落后地区的结合而促成的。

在03-05章中，有“夷狄之有君，不如诸夏之亡也”一语。夷狄更需要君子。

○

○

**〖09-15〗子曰：“吾自卫反鲁，然后乐正，《雅》《颂》各得其所。”**

【注解】子曰：“吾自卫反返鲁，然后乐正，《雅》雅乐演奏于朝廷《颂》颂乐演奏于宗庙各得其所。”

【译文】先生说："我从卫国返回鲁国，然后将乐制加以修正，使朝廷雅乐、宗庙颂乐各得其所。"

【延伸】本章论述端正思想。思想的端正，要从社会文化的端正开始。孔子正乐，一方面影响了他人的思想，一方面也实现了自己的理想。

在03-01章中，有"八佾舞于庭，是可忍也，孰不可忍也"一语。礼乐的破坏发源于思想的败坏。

在15-11章中，有"行夏之时，乘殷之辂，服周之冕，乐则《韶》《舞》。放郑声，远佞人。郑声淫，佞人殆"一语。孔子归国，第一件事便是正乐。在他人看来，娱乐或许只是小事一桩，无所谓好坏对错，但在孔子看来，淫声与佞言对于一个国家思想上的危害是不可小觑的。

在05-22章中载："子在陈，曰：'归与！归与！吾党之小子狂简，斐然成章，不知所以裁之。'"孔子回国，被尊为国老，但仍没有施政权力，他就通过发展文化的方式端正社会的意识形态，帮助年轻人以正确思想裁决事物。

○

○

**〖09-16〗子曰："出则事公卿，入则事父兄，丧事不敢不勉，不为酒困，何有于我哉？"**

【注解】子曰："出则事公诸侯卿卿大夫，入则事父兄，丧丧乱，离乱事不敢不勉，不为酒困因贪受困，何何难有于对于我哉？"

（［补充］丧，古今多解释为：丧葬。酒，古今多解释为：喝酒。"丧事不敢不勉，不为酒困”，古今多解释为：“办理丧事不敢不勉力，喝酒时不会因贪杯而醉倒”。）

【译文】先生说：“出仕当官就帮公卿好好做事，回到家里就帮父兄好好做事，遭逢丧乱也不敢不勤勉做事，更不可能为酒所困，这些事对我来说这有什么呀？”

【延伸】本章论述思想对行为的影响。在端正的思想下，端正的行为就会变得轻松自然。心理是行为的基础，一个人遵照自己的思想做事，那是最正常不过的事情了，有义心，就有义举。思想不好的人要做好事，是需要某种强制力的，而一个思想好的人做好事，就成了自然而然的事。

在18-07章中，有“不仕无义。长幼之节，不可废也；君臣之义，如之何其废之？欲洁其身，而乱大伦。君子之仕也，行其义也。道之不行，已知之矣”一语。任何人任何时候，都应该用正确的思想面对现实，无论社会多么失道，自己都应该为国尽忠，在家尽孝，做事勤勉，绝不消沉。

○

○

〖09-17〗**子在川上，曰：“逝者如斯夫！不舍昼夜。”**

【注解】子在川上，曰：“逝流逝者如斯夫！不舍停留昼夜。”

（［补充］逝者，古今多解释为：流逝的时光。）

【译文】先生站在河岸边，说：“事物的流逝就是如此哪！昼夜不停。”

【延伸】不灭的思想可以对抗时光的流逝。时光在流逝，文明在积累，生命会消失，事业会延续。人是时间的消费者，也是价值的创造者。每个人都会面对时间与生命的价值问题，是积极地做一个将时间转化为文明的搬运工，还是消极地做一个既浪费时光又耗费财富的寄生虫？人生观和价值观在这里形成，君子和小人却在这里分道扬镳。

在15-20章中，有“君子疾没世而名不称焉”一语。人生短促，事业远重，君子对待时间，必须争分夺秒。

○

○

〖09-18〗**子曰：“吾未见好德如好色者也。”**

【注解】子曰：“吾未见好音hào德德行如好色外貌者也。”

（［补充］本章古今多译为：“先生说：‘我还没见过谁爱好美德如同爱好美色一样啊。’”）

【译文】先生说：“我没见过喜欢德行能如喜欢外表一样的人啊！”

【延伸】本章论述人的理智与情感之间的关系。品德深藏而外表易见，品德恒常而外表易变。易见而且易变的事物更能进入人的感觉，更能触动人的情感；深藏而且恒常的事物则更能进入人的认识，更能使人趋于理智。

在12-01章中载："颜渊问仁。子曰：'克己复礼为仁。一日克己复礼，天下归仁焉。为仁由己，而由人乎哉？'颜渊曰：'请问其目。'子曰：'非礼勿视，非礼勿听，非礼勿言，非礼勿动。'颜渊曰：'回虽不敏，请事斯语矣。'"德行就是克己，克己就会逆反人的情感，逆反情感就不可能从直观上产生好感。

在09-24章中，有"法语之言，能无从乎？改之为贵。巽与之言，能无说乎？绎之为贵。说而不绎，从而不改，吾末如之何也已矣"一语。品德的进展要靠理智来推动，因为人的品德不可能像人的外表那样直观，所以仅从好恶出发，人就不可能在品德上有所进展。

在04-11章中，有"君子怀德，小人怀土；君子怀刑，小人怀惠"一语。君子怀德，并非好德，只是行其必然，以避刑戮。

本章与15-13章有相同内容："已矣乎！吾未见好德如好色者也。"

○

○

〖09-19〗**子曰："譬如为山，未成一篑，止，吾止也。譬如平地，虽覆一篑，进，吾往也。"**

【注解】子曰："譬如为音wéi山，未成一篑音kuì。盛土的竹筐，止，吾止也。譬如平地，虽覆倾倒一篑，进继续，吾往也。"

【译文】先生说："比如积土堆山，就差一筐土就完成了，却停止了，这是我停止的啊。比如在平地堆山，虽然只倒上一筐土，但还继续推进，那是我要去做的啊。"

【延伸】本章论述思想的主观能动性。关注自己的内心，就会发现，人的行为都是意志的结果；所以，要调整行为，就需要先调整意志，而调整意志，就是充分发挥思想的主观能动性。

在06-12章中载：“冉求曰：‘非不说子之道，力不足也。’子曰：‘力不足者，中道而废今女画。’”力量不足，可以等待，可以积累，而完全放弃，就是自己在思想上不想做了。

在02-04章中，有“吾十有五而志于学，三十而立，四十而不惑，五十而知天命，六十而耳顺，七十而从心所欲，不逾矩”一语。人的能动性决定着个人的人生质量，人类的能动性决定着人类的发展质量。善于使用能动性，既是一种智慧，又是一种能力，还是一种习惯。

○

○

〖09-20〗**子曰：“语之而不惰者，其回也与！”**

【注解】子曰：“语教导之而不惰者，其回也与！”

【译文】先生说：“教导他而他也能紧跟不落的，那一定是颜回了吧！”

【延伸】本章论述做思想工作的艰难。思想的抽象性使思想的传授工作显得枯燥乏味。老师能诲人不倦，但学生未必能听之不厌。

在05-10章中载：“宰予昼寝。子曰：‘朽木不可雕也，粪土之墙不可杇也。于予与何诛？’”对于老师的道德说教，学生们可能会因为觉得枯燥无味而懈怠，甚至还有逆反情绪，这是正常现象，因为思想成熟就意味着要瓦解那些不成熟的冲动，而这些冲动正是他们赖以维持生命的力量。

在06-07章中，有“回也，其心三月不违仁，其余则日月至焉而已矣”一语。由此可见，仁者不惰。仁作为一种成熟的思想感受，可以取代那些不成熟的思想冲动。

在05-09章中载：“子谓子贡曰：‘女与回也孰愈？’对曰：‘赐也何敢望回？回也闻一以知十，赐也闻一以知二。’子曰：‘弗如也，吾与女弗如也。’”由此可见，智者不惰。智者的判断能力可以将事物之间的内在联系清楚地摆列出来。

○

○

〖09-21〗**子谓颜渊，曰：“惜乎！吾见其进也，未见其止也。”**

**【注解】** 子谓颜渊，曰：“惜乎！吾见其进进步也，未见其止也。”

（［补充］“惜乎！”古今多译为：“死得真可惜啊！”）

**【译文】** 先生谈起颜渊，说：“真懂得珍惜呀！我只见他进步，没见他止步啊！”

**【延伸】** 本章论述思想的可成长性。当思想积累到一定程度，就会步入一种自我成长的阶段。要学生珍惜时光，是每一位老师最深切的教诲；见学生珍惜时光，是每一位老师最宽怀的欣慰。

在06-03章中载：“哀公问：‘弟子孰为好学？’孔子对曰：‘有颜回者好学，不迁怒，不贰过。不幸短命死矣。今也则亡，未闻好学者也。’”好学才能进而不止。

在09-17章中，有“逝者如斯夫！不舍昼夜”一语。意识到时光的可贵而易逝，也会令人发奋不止。

○

○

〖09-22〗**子曰：“苗而不秀者有矣夫！秀而不实者有矣夫！”**

【注解】子曰：“苗出苗而不秀抽穗者有矣夫！秀而不实结出果实者有矣夫！”

【译文】先生说；“那发了苗而不抽穗的也有呀！那抽了穗而不结实的也有呀！”

【延伸】本章论述思想不仅是一个过程，而且还应该包含一个结果。人的成长与苗木的成长是一样的，人停止成长与苗木停止成长也是一样的。一个人如果不学君子之道，就犹如禾苗不抽穗；学习君子之道却没有成为君子，就犹如抽穗而不结果。

在13-20章中载：“子贡问曰：‘何如斯可谓之士矣？’子曰：‘行己有耻，使于四方，不辱君命，可谓士矣。’曰：‘敢问其次。’曰：‘宗族称孝焉，乡党称弟焉。’曰：‘敢问其次。’曰：‘言必信，行必果，硁硁然小人哉！抑亦可以为次矣。’”人努力到什么程度，就会成为什么样的人。

○

○

〖09-23〗**子曰："后生可畏，焉知来者之不如今也？四十、五十而无闻焉，斯亦不足畏也已。"**

**【注解】**子曰："后生可畏，焉知来者之不如今也？四十、五十而无闻见闻，闻道焉，斯亦不足畏敬畏也已。"

（[补充]闻，古今多解释为：闻名，成为有名的人。）

**【译文】**先生说："后生可畏啊，怎么知道后来者就不如现在的人呢？如果四十、五十岁了还没什么见识，那他也就不值得敬畏了。"

**【延伸】**本章论述人的成长应该与思想的成长相一致。思想如同禾苗，错过了生长期，就可能一生再无结果。另外，人生还是一场积累，只有积累，才可能结出丰硕的果实。这样的积累，开始得越早，效果越好；开始得越晚，希望越小。

在08-12章中，有"三年学不至，于谷不易得也"一语。可以从一个人的学习态度推测出一个人将来的成就。

在14-43章中载："原壤夷俟。子曰：'幼而不孙弟，长而无述焉，老而不死，是为贼。'以杖叩其胫。"贼不足畏。

○

○

〖09-24〗**子曰："法语之言，能无从乎？改之为贵。**

**巽与之言，能无说乎？绎之为贵。说而不绎，从而不改，吾末如之何也已矣。”**

【注解】子曰：“法指礼法正道语之言，能无从乎？改之为贵。巽音xùn。恭顺与赞成之言，能无说音yuè。同“悦”乎？绎分析之为贵。说而不绎，从而不改，吾末如之何也已矣。”

（［补充］末，古今多解释为：没。“吾末如之何也已矣。”古今多译为：“我也没办法了。”）

【译文】先生说：“有道理的话，能不听吗？但可贵的是听了后要改正错误。顺心意的话，听了能不高兴吗？但可贵的是听了后要分析。高兴而不加分析，听从而不加改正，这种人我最后也不能把他们怎么样。”

【延伸】本章论述思想观念的可塑性。明白道理而不用于行为，爱听好话而不了解事实，人一旦落入这样的怪圈，就意味着他的观念丧失了可塑性，而他的思想也会定格在这个程度上无法改变。

在01-14章中，有“君子食无求饱，居无求安，敏于事而慎于言，就有道而正焉，可谓好学也已”一语。好学的人，往往是错的能改、对的能从的人。说而不绎、从而不改的人也往往不好学，不好学又往往是因为他们好饱食安居、懒事轻言。好饱食安居、懒事轻言的人大约从小未培养出“就有道而正焉”的勇气和习惯，这样，他们就会因为缺乏勇气和习惯而随波逐流，以至碌碌终生。

在16-09章中，有“生而知之者上也，学而知之者次也；困而学之，又其次也；困而不学，民斯为下矣”一语。对那些因为优越的物质条件而丧失了求学欲望的人，过过苦日子也许会重新燃起求学的欲望；而对于那些极端贫困的人，解除其后顾之忧，才可能使他们投身于学问。

○

○

〖09-25〗**子曰：“主忠信，毋友不如已者，过则勿惮改。”**

【译文】先生说：“要主张忠实可信，绝不友待那些违背自己内心的东西，对于错误的规则，也绝不会因为某种禁忌而不敢去纠正。”

【延伸】本章论述思想的原则。该捍卫的捍卫，该推翻的推翻，思想才能避免成长为一团乱麻。主张忠信、不违于心、不屈服于错误的教条是三种非常可贵的品质，这种不崇拜教条的教条，给思想者们提供了活力，为思想的成长预留了空间。

在15-27章中，有“巧言乱德：小不忍则乱大谋”一语。巧言乱德就是不主忠信，忍就是指有违于心，而小不忍则乱大谋本身就是一个错误的教条，这个错误的教条催生出人类史上无数恶劣的事件。

本章与01-08章有相同内容：“君子不重则，不威学，则不固，主忠信，无友不如已者，过则勿惮改。”

○

○

〖09-26〗**子曰：“三军可夺帅也，匹夫不可夺志也。”**

【注解】子曰：“三军可夺帅也，匹夫匹夫：指平民中的男子不可夺志意志也。”

（［补充］“匹夫不可夺志也。”古今多译为：“匹夫如果立志，别人也夺不了。”或：“一个人不可丧失志向。”）

【译文】先生说：“三军之帅可以替换，匹夫之志不可替换啊。”

【延伸】本章论述意志的难以改变。三军之帅是有形的，匹夫之志是无形的，改变这种无形的意志，极其艰难，但这正是思想教育的主要内容。思想的形成是一个漫长的过程，思想的改变也需要一个漫长的过程。所以，最好在一个人开始形成思想时就灌输以正确的思想，否则改变起来很困难。

在17-03章中，有“唯上知与下愚不移”一语。上智不移，叫作坚守；下愚不移，叫作固执。

在15-24章中载：“子贡问曰：‘有一言而可以终身行之者乎？’子曰：‘其恕乎！己所不欲，勿施于人。’”不夺自己之志而夺他人之志，是不可能的；先夺自己之志而后夺他人之志，才是可能的。

○

○

**〖09-27〗子曰：“衣敝缊袍，与衣狐貉者立，而不耻者，其由也与？‘不忮不求，何用不臧？’”子路终身诵之。子曰：“是道也，何足以臧？”**

【注解】子曰："衣敝破旧缊音yùn袍缊袍：用旧丝棉絮制成的袍子，与衣狐指狐裘貉音hé。指貉裘者立，而不耻者，其由也与？'不忮音zhì。嫉妒不求，何用不臧音zāng。好结果？'"子路终身诵之。子曰："是道也，何足以臧？"

【译文】先生说："穿着破旧棉袍，与穿着狐貉皮裘的人站在一起，而不感到耻辱的，一定是仲由了吧？'不忮不求，何用不臧？'"子路每天念叨这两句。先生说："仅做到这点，哪里就能说是很好了？"

【延伸】本章论述思想的片面性和极端性。折中固然可以抵消一部分片面性，但极端的折中只能使片面性更加严重。人在做选择时，除了一种调和式的选择外，还有一种超越式的选择。不忮不求固然不错，但远不及以义为标准的不忮不求更为可取。在本章中，子路认为不忮不求是成功之道，而孔子认为不忮不求作为一种品质是值得赞赏的，但成功的关键更在于知，如果不忮不求却无知，也不可能获得好的结果。

在04-09章中，有"士志于道，而耻恶衣恶食者，未足与议也"一语。子路耿直豪爽，光明磊落，有志于道，所以不会耻于穿破旧衣服、吃粗疏饭食。

在17-22章中，有"饱食终日，无所用心，难矣哉！不有博弈者乎？为之，犹贤乎已"一语。不忮不求，无所用心，就是浪费生命。

"不忮不求，何用不臧？"出自《诗经·邶风·雄雉》，原文为："百尔君子，不知德行。不忮不求，何用不臧？"意为："成百的君子们啊，也不知道什么是德行。只要不嫉妒不贪求，做什么还会不好？"

○

○

〖09-28〗子曰：**“岁寒，然后知松柏之后雕也。”**

【注解】子曰：“岁寒，然后知松柏之后雕通“凋”，凋枯也。”

【译文】先生说：“直到寒冬岁月，才知松柏最后凋零啊。”

【延伸】本章论述正确的思想经得起时间的考验。正确的思想因为符合事实，因而具有顽强的生命力。人做出的选择还会被社会再一次选择，在经过社会的选择之后它的正确性才会显现出来。

在04-02章中，有“不仁者不可以久处约，不可以长处乐。仁者安仁，知者利仁”一语。仁者安仁，可以长处约而不困；知者利仁，可以长处乐而不苦。

在07-26章中，有“善人，吾不得而见之矣；得见有恒者，斯可矣。亡而为有，虚而为盈，约而为泰，难乎有恒矣”一语。思想正确，容易有恒；思想错误，难以有恒。

○

○

〖09-29〗子曰：**“知者不惑，仁者不忧，勇者不惧。”**

【译文】先生说：“聪明的人不迷惑，仁德的人不忧愁，勇敢的人不畏惧。”

【延伸】本章论述思想对人的作用。思想的成果就是智仁勇，这三点犹如三个支点，为人奠定了稳固的基础，使人能够鼎立于世间，不惑不惧不忧则是人生最理想的幸福状态。作为思想的成果，智的不惑能使人做出正确的选择，仁的不忧能使人将选择付诸行动，勇的不惧能使人消除行动中的一切障碍。

在06-23章中，有“知者乐水，仁者乐山。知者动，仁者静。知者乐，仁者寿”一语。有智有仁的生活令人向往。

在01-01章中，有“学而时习之，不亦说乎？有朋自远方来，不亦乐乎？人不知而不愠，不亦君子乎”一语。学习增长智慧，朋友辅助仁德，不愠孕育勇气。

本章与14-28章有相同内容：“子曰：‘君子道者三，我无能焉：仁者不忧，知者不惑，勇者不惧。’子贡曰：‘夫子自道也。’”

○

○

**〖09-30〗子曰：“可与共学，未可与适道；可与适道，未可与立；可与立，未可与权。”**

**【注解】** 子曰：“可与共共同，跟随学，未可与适进入，到达道；可与适道，未可与立指立足于道，树立观念；可与立，未可与权权衡，权变。”

（［补充］与，古今多解为：和……一起。本章古今多译为：“先生说：‘有的人能与他一起学习，不能与他一起入道；能与他一起入道，不能与他一起依道立身；能与他一起依道立身，不能与他一起应用。’”）

**【译文】**先生说：“能帮着他跟着一起学，未必能帮他入道；

能帮他入道，未必能帮他坚定信念；能帮他坚定信念，未必能帮他应变。”

【延伸】本章论述人与人之间的思想差异。思想成长需要经历几个不同的阶段，各人的经历又各自不同，不经历共同的阶段或者经历共同的阶段但所学不同，都会加大人与人之间的思想差异。

在15-40章中，有“道不同，不相为谋”一语。双方拥有共同的认识基础，在此基础上增加一些新的认识是容易被接受的。如果没有共同的基础，又在各自的基础上增加了新认识，这就更难以被对方接受了。

在17-02章中，有“性相近也，习相远也”一语。不同的人在不同思想的影响下，差异会越来越大；而受同一种思想影响，差异就会越来越小。

○

○

〖09-31〗**“唐棣之华，偏其反而。岂不尔思？室是远而。”子曰：“未之思也，夫何远之有？”**

**【注解】**“唐棣之华花，偏其反而。岂不尔思？室家室是远而。”子曰：“未之思也，夫何远之有？”

**【译文】**“唐棣之华，偏其反而。岂不尔思？室是远而。”先生说：“还是没有想念啊，要不有什么远的呢？”

**【延伸】**本章论述思想的可能性与必然性。从可能性来看，思想是人最基本的能力，人人都可以思想，人也因此而创造了文明；从必然性来看，人活着就必须要进行思想，丧失了思想无异于丧失了人的属性。不想在人类文明的进展中继续学习或思考的人，总会找借口说文明离他们很远，因而他们对文明的进展也无能为力，而实际上，只要他们学习和思考，他们就已经沉浸于文明的进展中了。

在07-30章中，有“仁远乎哉？我欲仁，斯仁至矣”一语。思想就是如此，只要人想思想，思想就悄然而至。

“唐棣之华，偏其反而。岂不尔思？室是远而。”译为：“唐棣花呀，翩翩翻舞。难道我不想你吗？只是我家离你太远了。”

# 乡党篇第十

本篇原为一章，现分为二十七节。本篇以教养为讨论的核心，以孔子日常活动中的具体细节为线索，围绕孔子在工作生活、待人接物、衣食住行等方面的言行举止、仪容仪表等展开讨论。那些细节中所展现出来的教养，都是孔子思想及感情的贯彻与体现。读者可以通过这些细节描述，领略孔子内心的光明，领略孔子外表的风采，甚至可以再由此内心及外表的光明风采，细细揣摩，深切体味孔子在某时某地某种氛围之下的所思所想、所作所为。

○

○

〖10-01-01〗**孔子于乡党，恂恂如也，似不能言者。其在宗庙朝廷，便便言，唯谨尔。**

【注解】孔子于乡党，恂音xún恂恂恂：温和恭顺的样子如也，似不能言者。

其在宗庙朝廷，便音pián便便便：形容语言流畅言，唯谨谨慎尔。

【译文】孔子在乡里，表现得很温和恭顺，好像不善言谈。

他在宗庙朝廷，说话明白流畅，只是很谨慎。

【延伸】本节叙述孔子在不同场合下说话的神态。

在14-26章中，有“君子思不出其位”一语。君子说话也不出其位，对孔子而言，位不在乡党，所以说话恂恂如也；而宗庙朝廷正在其位，所以说话就便便言了。

在06-29章中，有“中庸之为德也，其至矣乎！民鲜久矣”一语。于乡党间恂恂如也，为中庸之德；在宗庙朝廷便便言，也为中庸之德。

○

○

〖10-01-02〗**朝，与下大夫言，侃侃如也；与上大夫言，訚訚如也。君在，踧踖如也，与与如也。**

【注解】朝，与下大夫下大夫：职官名，卿以下的大夫言，侃侃如也；与上大夫言，訚音yín訚訚訚：恭敬而正直的样子如也。君在，踧音cù。探脚踖音jí。探步如也，与与相与，贴切如也。

【译文】先生在朝廷时，与下大夫说话，显得温和而快乐；与上大夫说话，显得恭敬而正直。君主临朝时，先生总是显得恭敬不安，仪容合度。

【延伸】本节描写孔子对不同的人有不同的说话方式，由此可以看出孔子对人不隐于下，不失于中，不欺于上。

在15-08章中，有“可与言而不与之言，失人；不可与言而与之言，失言。知者不失人，亦不失言”一语。可见孔子言语有度。

○

○

〖10-01-03〗**君召使摈，色勃如也，足躩如也。揖所与立，左右手，衣前后，襜如也。趋进，翼如也。宾退，必复命曰：“宾不顾矣。”**

【注解】君召使摈音bìn。迎宾，色勃指脸色变得庄重如也，足躩音júe。快步走的样子如也。揖所与立，左右手，衣前后，襜音chān。整齐的样子如也。趋进，翼如也。宾退，必复命曰：“宾不顾回头矣。”

【译文】君主召先生去迎接宾客，先生的神色紧张凝重，步履急速。先生向站在一起的人作揖，向左向右拱手，衣服前后摆动，显得整齐不乱。快步前进时，衣如展翼。宾客走后，先生定会向君主复命说：“宾客已经走远了。”

【延伸】本节叙述孔子迎宾时的形象，真切而优美。

在14-25章中载：“使者出。子曰：‘使乎！使乎！’”私人之间的信使也代表着主人的人格，何况国使！他们所代表的，是一国的国格。礼貌是知礼的体现，知礼是仁义的体现，而仁义便是一个人的人格，一个国家的国格。

○

○

〖10-01-04〗**入公门，鞠躬如也，如不容。**

**立不中门，行不履阈。**

**过位，色勃如也，足躩如也，其言似不足者。**

**摄齐升堂，鞠躬如也，屏气似不息者。**

**出，降一等，逞颜色，怡怡如也。**

**没阶，趋近，翼如也。**

**复其位，踧踖如也。**

【注解】入公门，鞠躬鞠躬：这里形容恭敬谨慎的样子如也，如不容。

立不中门，行不履踩踏阈门槛。

过位，色勃如也，足躩如也，其言似不足者。

摄提起齐音zī。衣服下摆升堂，鞠躬如也，屏气似不息者。

出，降一等指台阶的层级，逞舒展颜色，怡怡如也。

没阶，趋进，翼如也。

复其位，踧踖如也。

（［补充］立不中门，古今多解释为：不在门的正中间立、行。）

【译文】先生进入公门时，显得恭敬谨慎，好像门矮不容直身通过一样。

站着时不当门而立，进去时不踩踏门槛。

路过君主迎接臣子所站过的位置时，神色庄重，脚步加快，说话像气力不足一样。

先生提起衣服的下摆升堂时，显得恭敬谨慎，好像屏气不呼吸一样。

先生出堂后，下一级台阶，面色才放松，好像很开心的样子。

下完所有台阶，先生才快步前进，衣如展翼。

再路过君主站过的位置时，又显出恭敬不安的样子。

【延伸】本节描述孔子上朝时为臣事君的形象。

在03-19章中载：“定公问：‘君使臣，臣事君，如之何？’孔子对曰：‘君使臣以礼，臣事君以忠。’”臣事君时，忠是重点，但也不能因忠而失礼。

在15-38章中，有“事君，敬其事而后其食”一语，可见敬是前提。

○

○

〖10-01-05〗**执圭，鞠躬如也，如不胜。上如揖，下如授。勃如战色，足蹜蹜如有循。**

**享礼，有容色。**

**私觌，愉愉如也。**

【注解】执圭音guī。一种玉器。这里指大臣出使邻国时，执圭以示君命，鞠躬如也，如不胜。上如揖，下如授。勃如战色，足蹜音sù蹜蹜蹜：脚步小而密如有循依循。

享献礼，有容色。

私觌音dí。相见，愉愉如也。

（［补充］战色，古今多解释为：战战兢兢。）

【译文】先生出使邻国，手执玉圭，恭敬谨慎，好像不胜其重的样子。他举圭向上如同作揖，执圭向下如同授物于人。神色庄重如同面临战争，脚步细密像沿着线前行。

在呈献礼物的仪式上，他神色就从容了。

在私人会见时，他神色就很愉悦了。

【延伸】本节描述的是孔子在各种活动中的形象。

○

○

〖10-01-06〗**君子不以绀緅饰，红紫不以为亵服。**

**当暑，袗絺绤，必表而出之。**

**缁衣，羔裘；素衣，麑裘；黄衣，狐裘。**
**亵裘长，短右袂。**
**必有寝衣，长一身有半。**
**狐貉之厚以居。**
**去丧，无所不佩。**
**非帷裳，必杀之。**
**羔裘玄冠不以吊。**
**吉月，必朝服而朝。**

【注解】君子不以绀音gàn。深青透红的颜色緅音zōu。比绀更暗的一种颜色饰镶边，红紫不以为亵音xiè。家居衣服服。

当暑，袗音zhěn。单衣絺音chī。细葛布绤音xì。粗葛布，必表而出之。

缁音zī。黑色衣，羔裘；素素色衣，麑小鹿裘；黄衣，狐裘。

亵裘长，短右袂音mèi。衣袖。

必有寝衣寝衣：指被子，长一身有半。

狐貉之厚以居坐。

去丧，无所不佩。

非帷裳帷裳：用整幅布做的礼服，必杀裁去之。

羔裘玄冠不以吊。

吉月吉月：正月，必朝服而朝。

【译文】君子不用绀緅色做衣服的镶边，不用红紫颜色作家居的衣服。

当天气入暑，穿单层葛衣时，外出一定要套上外衣。

缁衣要配羔裘，素衣要配麑裘，黄衣要配狐裘。

居家穿的亵衣要做得长些，右边袖子要裁短些。

睡觉必须得有被子，其长度为身长再过半。

选用毛厚的狐貉皮做坐垫。

除过服丧时期，没有什么不可佩戴的装饰。

除了上朝和祭祀穿的礼服外，其他衣服都要裁去多余的布。

吊丧时不能穿羔裘戴玄冠。

正月初一，一定要穿朝服朝拜君王。

【延伸】本节叙述的是衣服穿着方面需要注意的细节。

○

○

〖10-01-07〗**齐，必有明衣，布。**

**齐必变食，居必迁坐。**

【注解】 齐音zhāi。同“斋”，祭祀前齐思虑，以交神明， 必有明衣明衣：浴衣， 布。

齐必变改变食饮食， 居必迁改为坐坐姿。

（［补充］居必迁坐，古今多解释为：一定要改变居住的卧室。）

【译文】斋祭时，一定要有浴衣，而且是布做的。

斋祭时一定要改变日常的饮食，在家时也必须改为端坐。

【延伸】本节叙述的是斋祭时的注意事项。

○

○

〖10-01-08〗**食不厌精，脍不厌细。**

**食饐而餲，鱼馁而肉败，不食。色恶，不食。臭恶，不食。失饪，不食。不时，不食。割不正，不食。不得其酱，不食。**

**肉虽多，不使胜食气。惟酒无量，不及乱。**

**沽酒市脯不食。**

**不撤姜食，不多食。**

【注解】食不厌精，脍音kuài。细切的鱼肉不厌细。

食饐音yì。变质而餲音ài。变味，鱼馁音něi。鱼腐败而肉败肉腐烂，不食。色恶，不食。臭音xiù。气味恶，不食。失饪音rèn。烹饪，不食。不时，不食。割不正，不食。不得其酱，不食。

肉虽多，不使胜食气食气：饭料，主食。惟酒无量，不及乱。

沽酒市脯音fǔ。肉脯不食。

不撤姜食，不多食。

（［补充］“食不厌精，脍不厌细。”古今多译为：“饭不嫌精工，肉不嫌细做。”不撤姜食，古今多解释为：姜通神明，去污秽、去疲倦，所以饭后不撤下。）

【译文】饭食不嫌精少，肉食不嫌细小。

饭食变质变味，鱼腹塌陷或肉质腐败，不吃。颜色变坏，不吃。味道恶臭，不吃。烹饪得不适当，不吃。不合时令或不到饭时，不吃。切割分配不合规矩，不吃。调味的酱不合适，不吃。

席上肉品虽多，但吃肉的量不要盖过主食。酒不限定量，但不能喝醉。

买来的酒和肉干不吃。

不要把姜挑出去，但也不要多吃姜。

○

○

〖10-01-09〗**祭于公，不宿肉。祭肉不出三日。出三日，不食之矣。**

【注解】祭于公，不宿过夜肉。祭肉不出三日。出三日，不食之矣。

（［补充］祭于公，古今多解释为：助祭于国君。）

【译文】参加国君举行的祭祀礼时，所得祭肉不能再过夜。家祭的肉不能存放超出三天。过了三天，就不能吃了。

○

○

〖10-01-10〗**食不语，寝不言。**

【注解】食进食不语，寝睡觉不言。

【译文】吃饭时不交谈，睡觉时不说话。

○

○

〖10-01-11〗**虽疏食菜羹，必祭，必齐如也。**

【注解】虽疏食疏食：粗粝的饭食菜羹，必祭献祭，必齐同“斋”，严肃恭敬的样子如也。

【译文】虽然只是疏食、菜羹，但用餐前也一定先行祭礼，而且一定要恭敬。

【延伸】上四节叙述的是饮食方面的教养。从中可以看出，这些饮食细节不仅关系到卫生和养生，更关系到节制、节俭、分享等品德方面的素养。

○

○

〖10-01-12〗**席不正，不坐。**

【注解】席席位不正符合座序，不坐。

（［补充］席不正，古今多解释为：席子没铺正。）

【译文】座席次序不正，不坐。

【延伸】本节叙述的是座次礼节方面的教养。

在08-13章中，有“危邦不入，乱邦不居”一语。社会危乱则失正道，有失正道则社会危乱。座席有主客、尊卑、长幼、上下之分，席位不正，有失正道，所以不坐不正之席。

○

○

〖10-01-13〗**乡人饮酒，杖者出，斯出矣。**

【注解】乡人饮酒乡人饮酒：指古代乡饮酒礼，杖拄杖者出，斯出矣。

【译文】举行乡饮酒礼时，要等执杖老者都出去了，自己才能出去。

○

○

〖10-01-14〗**乡人傩，朝服而立于阼阶。**

【注解】乡人傩音nuó。驱鬼的一种仪式，朝服而立于阼音zuò。东面台阶，这是主人站立的地方阶。

【译文】乡人举行驱鬼仪式时，便穿着朝服站在东边的台阶上。

【延伸】本节和上节讲述的是孔子参加乡里活动时的表现。

在02-24章中，有“非其鬼而祭之，谄也。见义不为，无勇也”一语。尊老敬老，自己身处下位，可以使乡德敦厚；驱除恶鬼瘟神，自己身居主位，可以使乡人心安。

○
○
〖10-01-15〗**问人于他邦，再拜而送之。**

【注解】问问候人于他邦，再拜再拜：古代一种礼节，手据地，俯首但不至于手，这样拜两次而送之。

【译文】托人去他国问候人时，要下拜两次才送走他。

○
○
〖10-01-16〗**康子馈药，拜而受之。曰："丘未达，不敢尝。"**

【注解】康子馈馈赠药药饵，拜行拜礼而受之。曰："丘未达通达，明白，不敢尝。"

【译文】康子送药给先生，他下拜并接受。然后说："我还没搞清楚这药的药性，所以不敢服用。"

【延伸】本节和上节描述孔子与他人交往中表现出的有礼有节。派人出国问候他人，一般只拜使者一次，孔子多拜一次，如见所问候之人。

在07-28章中，有"盖有不知而作之者，我无是也"一语。对于他人赠送的一些东西，像术士丹药之类，虽然贵重，但难明就里，孔子便先拜受，然后再以研明药理为由，建议要小心服用，这样，既不失礼节，又维护了情义。

○

○

〖10-01-17〗**厩焚。子退朝，曰："伤人乎？"不问马。**

【注解】厩马厩焚焚烧。子退朝，曰："伤人乎？"不问马。

【译文】先生家的马厩失火了。先生退朝回来，说："伤着人了吗？"却不问马的情况。

【延伸】教养是深植于内心的良善。面对意外的灾情，孔子首先关心的是人的安危而不是财物的损失。

在01-12章中，有"礼之用，和为贵。先王之道，斯为美"一语。意外发生，但人不失和，事不失美，这便是礼的作用。

在03-04章中载："林放问礼之本。子曰：'大哉问！礼，与其奢也，宁俭。丧，与其易也，宁戚。'"可见，礼之本不在于物之奢，不在于事之易，而在于仁德之心。发自仁德之心，言行便能成礼。

○

○

〖10-01-18〗**君赐食，必正席先尝之。君赐腥，必熟而荐之。君赐生，必畜之。**

**侍食于君，君祭，先饭。**

【注解】 君赐食熟食，必正席先尝之。君赐腥生肉，必熟而荐进奉。这里指向先祖供奉之。君赐生指活着的食畜，必畜音xù。畜养之。

侍食于君，君祭，先饭先饭：在君行祭礼时先吃饭，是表示为君尝食的意思。

【译文】君主赐给熟食，一定要马上正席品尝一下。君主赐给生食，烹熟后一定要先向先祖进供。君主赐给活物，一定要畜养起来。

陪君主吃饭，要在君主进行饭前祭礼时，自己先尝饭食。

○

○

〖10-01-19〗**疾，君视之，东首，加朝服，拖绅。**

【注解】 疾，君视之，东首东首：即头朝东躺着。这里表示正面对着君主，加朝服，拖绅绅带。

【译文】先生生病了，君主来探望，先生便头朝东卧，身上披上朝服，拖着绅带。

○

○

〖10-01-20〗**君命召，不俟驾行矣。**

【注解】 君命召召请，不俟音sì。等候驾行矣。

【译文】君主召见，先生不等驾好马车就先步行前往。

【延伸】上三节叙述孔子在接受君主赏赐、陪侍君主吃饭、蒙受君主探病、听到君主召命时表现出来的恭敬与忠诚。

○

○

〖10-01-21〗**入太庙，每事问。**

【译文】先生进入太庙，每件事都要问问。

【延伸】本节记录孔子进入太庙的礼敬方式。问是追忆，也是谦卑，入太庙，追忆和谦卑才是对祖先的礼敬。

本章与3-15章有相同内容："子入大庙，每事问。或曰：'孰谓鄹人之子知礼乎？入大庙，每事问。'子闻之，曰：'是礼也。'"

○

○

〖10-01-22〗**朋友死，无所归，曰："于我殡。"**

【注解】朋友死，无所归，曰："于我殡音bìn。这里指殡葬事务。"

【译文】朋友死了，没人收敛，先生说："由我来料理丧事。"

○

○

〖10-01-23〗**朋友之馈，虽车马，非祭肉，不拜。**

【注解】朋友之馈馈赠，虽车马，非祭肉，不拜。

【译文】对于朋友的馈赠，即使是车马，但只要不是祭肉，先生在接受时也不行拜礼。

【延伸】本节和上节叙述了孔子与朋友交往时发生过的两件事情。对这些事情，礼制中并没有一定之规，孔子从道义出发而不从利益出发来处理这些事，就显得温暖感人，因此他也成为朋友之间尽礼的表率。

在04-16章中，有“君子喻于义，小人喻于利”一语。喻于义的人，即使没有现成的礼节可循，也能从道义出发处理妥当。

○

○

〖10-01-24〗**寝不尸，居不客。**

【注解】寝不尸，居居家不客。

【译文】睡觉时不像尸体那样直挺着，居家时不用像做客或待客那样恭敬。

○

○

〖10-01-25〗**见齐衰者，虽狎必变。见冕者与瞽者，虽亵必以貌。**

**凶服者式之。式负版者。**

**有盛馔，必变色而作。**

**迅雷风烈必变。**

【注解】见齐衰者，虽狎音xiá。新必变。见冕者与瞽者，虽亵常相见必以貌。

凶服凶服：丧服者式通“轼”，车前横木，可供乘者扶凭之。式负版国家图籍者。

有盛音chéng。盛舀馔，必变色而作。

迅雷风烈必变。

（［补充］有盛馔，古今多解释为：有丰盛的美食。）

【译文】见了重孝在身的人，虽然关系亲密也必改变为沉重之色。见了戴礼帽的人或盲人，虽然常常相见也一定显得很礼貌。

在车上遇到身穿丧服的人要凭轼致哀。遇见背负国家图籍的人也俯身凭轼致敬。

有人给盛饭，必正色并直身致意。

遇有疾雷大风时一定改变神色以示敬畏。

【延伸】本节和上节讲述的是孔子在日常行住坐卧、待人接物方面表现出来的教养。

在09-10章中，有“子见齐衰者、冕衣裳者与瞽者，见之，虽少，必作，过之，必趋”一语。礼出于人心，孔子所表现出来的礼，都是以人心为度自然流露出来的。

○

○

〖10-01-26〗**升车，必正立，执绥。**

**车中不内顾，不疾言，不亲指。**

【注解】升车，必正立，执绥登车用的扶绳。

车中不内顾，不疾言，不亲指。

（［补充］不内顾，古今多解释为：不回头看。）

【译文】先生上车时，一定先端正地站好，再握着扶绳登车。在车中，不左右查看，不大声说话，不伸手指指点点。

【延伸】本章叙述的是孔子上车和在车中的形象。

○

○

〖10-01-27〗**色斯举矣，翔而后集。曰："山梁雌雉，时哉时哉！"子路共之，三嗅而作。**

【注解】色斯举矣，翔而后集指鸟落在树木上。曰："山梁雌母雉音zhì。野鸡，时哉时哉！"子路共音gǒng。通"拱"之，三嗅当作"臭"，鸟张两翅而作。

（［补充］时哉，古今多解释为：饮食得时，闲暇自在。）

【译文】这里刚有点不友善的举动，鸟儿就飞起来落到树上。

先生说：“山梁中的这些野鸡，行动很及时呀！很及时呀！”子路对它们拱拱手，它们拍打着翅膀又飞走了。

【延伸】本节从雉鸡躲避人的行为中引申出人的形象问题。人的形象中包含着各种信息，雉鸡能从人的形象中感受到人的意图，人就更可以从他人的形象中感受到更多内容了，这些内容就是每个人发乎情止乎礼的教养。

在06-18章中，有“质胜文则野，文胜质则史。文质彬彬，然后君子”一语。君子应该拥有君子的形象。

# 先进篇第十一

本篇共计二十六章，以教学为讨论的核心，以孔子与本门弟子之间的故事为线索，围绕弟子们在道德品质、情怀趣味、性格特点、志向才能等方面的表现及受教情况展开讨论。本篇以叙事的形式记录了孔子与弟子们在一起学习、生活的情景，通过弟子们各自的表现以及孔子对他们的点评，呈现出孔门极具代表性的几名优秀弟子的生动形象，由此也可以看出孔子的教学方法以及弟子们的成长情况。

○

○

〖11-01〗**子曰："先进于礼乐，野人也；后进于礼乐，君子也。如用之，则吾从先进。"**

【句读新校】子曰："先进于礼，乐野人也；后进于礼，乐君子也。如用之则，吾从先进。"

【注解】子曰："先进于礼，乐野人野人：指没有爵禄的士人也；后进于礼，乐君子君子：指可享父兄庇荫的卿大夫子弟也。如用之则，吾从先进。"

（[补充]先进，古今多解释为：前辈，先入仕者。后进，古今多解释为：后辈，后入仕者。本章古今多译为："先生说：'先学习礼乐而后做官的，是一般的士人；先有官位而后学习礼乐的，是卿大夫的子弟。如果我选用人才，那我用先学习礼乐的人。'"）

【译文】先生说："先前在礼乐方面有所进展，这使一般的士人感到快乐；后来在礼乐方面的进展，让卿大夫的子弟们感到快乐。要说用其中一种做标准，我选择先前的那种。"

【延伸】教育是文明成果的传递，是人类享受文明幸福的必由之路。礼是文明的基础。人类为什么要发展出礼制来？这是一个比礼之本还根本的问题。

在12-01章中载："颜渊问仁。子曰：'克己复礼为仁。一日克己复礼，天下归仁焉。为仁由己，而由人乎哉？'颜渊曰：'请问其目。'子曰：'非礼勿视，非礼勿听，非礼勿言，非礼勿动。'颜渊曰：'回虽不敏，请事斯语矣。'"孔子所说的复礼，并非恢复周朝的礼制，因为周朝的礼制到孔子时代还没有遗失，而且还很完整，孔子说的复礼，是要恢复礼制——不论夏礼、殷礼还是周礼——的根本，即不仅可以使"君子"快乐，更要使"野人"快乐。

在01-12章中，有"礼之用，和为贵。先王之道，斯为美，小大由之。有所不行，知和而和，不以礼节之，亦不可行也"一语。礼的两极分化，导致社会失和。

○

○

## 〖11-02〗子曰："从我于陈、蔡者，皆不及门也。"

**【注解】** 子曰："从我于陈陈国、蔡蔡国。孔子流亡途中，在陈、蔡最为艰难者，皆不及门也。"

（[补充]皆不及门也，古今多解释为：都不在我的门下了。）

**【译文】** 先生说："跟随我在陈、蔡的那些人，都不登门来看我了。"

**【延伸】** 教育可以拉近人与人之间的距离。孔子一生致力教育，诲人不倦，毫无保留，同时也与弟子们结下了深厚的情谊。

在11-11章中载："颜渊死，门人欲厚葬之。子曰：'不可。'门人厚葬之。子曰：'回也视予犹父也，予不得视犹子也。非我也，夫二三子也。'"在孔子的教导下，师生之情和同门之谊已经超越了血缘关系。

在15-02章中载：“在陈绝粮，从者病，莫能兴。子路愠见曰：‘君子亦有穷乎？’子曰：‘君子固穷，小人穷斯滥矣。’”当那些令人穷且益坚的艰难岁月重现眼前时，年迈的孔子更加思念那些曾经与他朝夕相处、患难与共的弟子们了。

○

○

〖11-03〗**德行：颜渊，闵子骞，冉伯牛，仲弓。言语：宰我，子贡。政事：冉有，季路。文学：子游，子夏。**

**【译文】**以德行著称的有：颜渊、闵子骞、冉伯牛，仲弓。以言辞表达著称的有：宰我、子贡。以善于处理政事著称的有：冉有、子路。以熟悉古代文献著称的有：子游、子夏。

**【延伸】**教育造就优秀的人才。本章对孔子的几位弟子就德行、言语、政事、文学几方面进行了评价。

在09-02章中，有“大哉孔子！博学而无所成名”一语。弟子们的优秀与成功离不开老师的教诲与博学，老师的因材施教使弟子们各自在德行、言语、政事、文学等方面获得了非凡的成就。

○

○

〖11-04〗**子曰：“回也非助我者也，于吾言无所不说。”**

【注解】子曰："回也非助有助于我者也，于吾言无所不说音yuè。通"悦"，心悦诚服。"

【译文】先生说："颜回啊，他不是有助于我的人，他对我所说的无不心悦诚服。"

【延伸】孔子的言语，意味深长，他以责备的语气给了颜渊极高的评价，这种"非助"恰恰说明完全的志同道合，以及高效的教学形式。

在04-15章中载："子曰：'参乎！吾道一以贯之。'曾子曰：'唯。'子出，门人问曰：'何谓也？'曾子曰：'夫子之道，忠恕而已矣。'"孔子之道已然能够一以贯之，但他并不满足，还希望学生能帮助他，给他提意见，让他发现不足，改正错误，完善仁道。孔子与颜渊的关系，是最理想的师生关系。

○

○

〖11-05〗**子曰："孝哉闵子骞！人不间于其父母昆弟之言。"**

【注解】子曰："孝哉闵子骞！人不间嫌隙于其父母昆弟之言。"

（［补充］本章古今多译为："先生说：'闵子骞真孝啊！人们不怀疑他父母、兄弟称赞他的话。'"）

【译文】先生说："闵子骞真孝顺啊！人们从他父母、兄弟的话里找不出一点嫌隙。"

【延伸】知人是教育的前提。由家人及外人的评价可以看出闵子骞的孝心，由孝可以看出闵子骞的德行。

在15-25章中，有“吾之于人也，谁毁谁誉？如有所誉者，其有所试矣”一语。孔子判断事物的角度特别而贴切。德行不足，他人会非议；孝行不足，家人会不满。家人都说他好，他人无可非议，那就一定是孝了。

○

○

〖11-06〗**南容三复白圭，孔子以其兄之子妻之。**

【注解】南容三复白圭音guī。白圭：白玉做的礼器，孔子以其兄之子妻之。

【译文】南容反复诵读有关白圭的那几句诗，孔子把哥哥的女儿嫁给他为妻。

【延伸】人的思想，虽然微细难知，但它才是一个人的根本，而见微知著正是孔子知人的一种方法。在本章中，孔子从南容诵读有关白圭的诗句看出他有着崇尚、纯洁的思想，因此判断他也是一个纯洁的人。孔子把哥哥的女儿嫁给南容为妻，由此也可看出孔子对家庭的看法。

在02-02章中，有“诗三百，一言以蔽之，曰：‘思无邪。’”一语。反复诵读《诗经》，也能说明南容思想无邪。

在05-01章中载：“子谓公冶长：‘可妻也。虽在缧绁之中，非其罪也。’以其子妻之。”在05-02章中载：“子谓南容：‘邦有道，不废；邦无道，免于刑戮。’以其兄之子妻之。”洁身自好的人，是值得托付的人。

“白圭”，出自《诗经·大雅·抑》，全文为：“白圭之玷，尚可磨也。斯言之玷，不可为也！”人生一定要谨防出现污点，君子慎终，必先善始。

○

○

〖11-07〗**季康子问：“弟子孰为好学？”孔子对曰：“有颜回者好学，不幸短命死矣，今也则亡。”**

**【译文】**季康子问：“弟子中谁好学呢？”先生回答说：“曾有个叫颜回的好学，不幸短命死了，现在没有他这样的人了。”

**【延伸】**好学的人也最适合接受教育。人不好学，多半是对无知心存侥幸。好学，追求完善，是颜渊的主要特点。

在05-28章中，有“十室之邑，必有忠信如丘者焉，不如丘之好学也”一语。好学才能得教。

本章与06-03章有相同内容：“哀公问：‘弟子孰为好学？’孔子对曰：‘有颜回者好学，不迁怒，不贰过。不幸短命死矣。今也则亡，未闻好学者也。’”

○

○

〖11-08〗**颜渊死，颜路请子之车以为之椁。子曰：“才不才，亦各言其子也。鲤也死，有棺而无椁。吾不**

**徒行以为之椁。以吾从大夫之后，不可徒行也。”**

【注解】 颜渊死颜渊卒于前481年，享年四十岁，孔子时年七十岁，颜路颜氏，名无繇，字路。颜渊的父亲，小孔子六岁请子之车以为之椁音guǒ。古代棺材有两层，内层为棺，外层为椁。 子曰：“才不才，亦各言其子也。鲤子姓，孔氏，名鲤，字伯鱼。孔子之子，小孔子十九岁也死，有棺而无椁。吾不徒行以为之椁。以吾从大夫之后大夫之后：曾做过大夫，不可徒行不可徒行：《礼记·王制》君子耆老不徒行也。”

（［补充］请子之车以为之椁，古今多解释为：请孔子卖了车子来给颜渊做个椁。“才不才，亦各言其子也”，古今多解释为：“不管有才没才，但总是自己的儿子”。）

【译文】颜渊死了，颜路请求用先生的车给颜渊当椁用。先生说：“才在刚才，我们还各自说他是我们的儿子啊。孔鲤死时，也是有棺而无椁啊。我不能把车做了椁而步行的。因为我作为当过大夫的人，不能到哪里都走着去啊。”

【延伸】师生以道义建立感情，不会以感情违背道义。

在11-11章中载：“颜渊死，门人欲厚葬之。子曰：‘不可。’门人厚葬之。子曰：‘回也视予犹父也，予不得视犹子也。非我也，夫二三子也。’”君子爱人，爱之以礼；君子葬人，葬之以礼。而多数人习惯上还是爱之以厚、葬之以厚，这也是无可奈何的事。

在03-17章中载：“子贡欲去告朔之饩羊。子曰：‘赐也！尔爱其羊，我爱其礼。’”在羊与礼之间，孔子选择礼，在车与礼之间，他仍然选择礼。孔子不会让自己的儿子僭越礼制，也不愿意让视如己出的弟子僭越礼制。

在14-02章中，有“士而怀居，不足以为士矣”一语。死而厚葬类于生而怀居。

○

○

〖11-09〗**颜渊死。子曰："噫！天丧予！天丧予！"**

【注解】颜渊死。子曰："噫！天丧使……灭亡予！天丧予！"

【译文】颜渊死了。先生说："唉！天要断送我啊！天要断送我啊！"

【延伸】优秀的传道者对于传道的重要性是不言而喻的。孔子与弟子们之所以有这样深厚的感情，是因为他们的情谊建立在追求正道、弘扬正道的基础上。

在18-06章中，有"鸟兽不可与同群，吾非斯人之徒与而谁与？天下有道，丘不与易也"一语。孔子有志于改变天下之道，而改变天下之道的事业仅凭一代人是完成不了的，必须一代一代地继承下去。颜渊是孔子理想的接班人，所以颜渊死后，孔子对自己的事业顿有天不助我、后继无人之感。

○

○

〖11-10〗**颜渊死，子哭之恸。从者曰："子恸矣！"曰："有恸乎？非夫人之为恸而谁为？"**

【注解】颜渊死，子哭之恸音tòng。极度悲痛。从者曰："子恸矣！"曰："有恸乎？非夫人之为恸而谁为？"（［补充］为，古今多解释为：为了。"非夫人之为恸而谁为？"古今多译为："我不为这样的人悲痛，还为什么人悲痛呀？"）

【译文】颜渊死了，先生哭得非常悲痛。跟随先生的人说："您过于悲痛了！"先生说："过于悲痛了吗？不是那个人把我弄得这么悲痛，还能是谁呢？"

【延伸】仁者能通仁者之心。

在06-11章中，有"贤哉，回也！一箪食，一瓢饮，在陋巷，人不堪其忧，回也不改其乐。贤哉，回也"一语。看看眼前已死的颜渊，再想想颜渊活着时的快乐、无忧，别说孔子失声痛哭，即使千百年后的读者，读到此处，也难免掉泪。

○

○

〖11-11〗**颜渊死，门人欲厚葬之。子曰："不可。"门人厚葬之。子曰："回也视予犹父也，予不得视犹子也。非我也，夫二三子也。"**

【译文】颜渊死了，门人要隆重地安葬他。先生说："不可以。"

门人还是隆重地安葬了他。先生说："颜回啊，他把我当父亲看待，我却不能把他当儿子一样。这不是我的主张啊，是学生们要这样做啊。"

【延伸】就教学而言，理论上的教导比较容易学习，行为上的实践就难以接受了。弟子们身处学习阶段，学习成果还不够深刻坚定，面对这种情况，孔子也只是自己践行自己的主张，弟子们不能听从，他也不会强求。

在15-24章中载："子贡问曰：'有一言而可以终身行之者乎？'子曰：'其恕乎！己所不欲，勿施于人。'"孔子不僭越，也不想使颜渊僭越，但门人们执意要厚葬颜渊，孔子也不会以己之所欲强加于人。

在09-04章中，有"子绝四：毋意，毋必，毋固，毋我"一语。孔子明白，各人根据自己的见识而做选择，这是自然而然的事。

○

○

〖11-12〗**季路问事鬼神。子曰："未能事人，焉能事鬼？"**

**曰："敢问死。"曰："未知生，焉知死？"**

【译文】子路问如何事奉鬼神。先生说："还不能够事奉人，怎么能够去事奉鬼呢？"

子路问："敢问死是怎么回事？"先生说："还不懂得生，怎会懂得死呢？"

【延伸】对于人来说，生死是个大问题，对于教学来说，这也是一个不能回避的问题。孔子对待生死问题，采取的是一种先分解再整合的研究方法，即将生死分为两段，先研究其中最便于研究的生的一段，然后再根据生的研究结果来推知死的情况。

在14-26章中，有"君子思不出其位"一语。教学不仅要教人学习思想观念，还要教人学习思维方法。事者站在事的角度，考虑事的问题；生者站在生的角度，考虑生的问题；知者站在知的角度，考虑知的问题，这就是思不出其位。

君子选择务实不是随机的，也不是凭爱好选择的，而是经过层层思考后得出的结论。试想，如果鬼神多知，不外乎向鬼神学习而已，而人也有多知者，何不先向人学习呢？如果鬼神少知，也不外乎帮助鬼神而已，而人也有少知者，何不先帮助人呢？又，如果死后有生，知生就是知死；如果死后无生，知无生岂不就是知死？

○

○

〖11-13〗**闵子侍侧，訚訚如也；子路，行行如也；冉有、子贡，侃侃如也。子乐。“若由也，不得其死然”。**

【注解】闵子侍侧，訚訚如也；子路，行音hàng行行行：刚强的样子如也；冉有、子贡，侃侃如也。子乐音lè。快乐。“若由也，不得其死然”。

（［补充］不得其死然，古今多解释为：怕不得善终呀。）

【译文】闵子侍奉在先生身旁，显出恭敬、正直的样子；子路显出刚强的样子；冉有、子贡则显出温和、快乐的样子。先生很快乐。他说：“像仲由这样的，真想象不出他老死时会是个什么样子。”

【延伸】本章记录孔子与弟子们在一起的和乐情景。寥寥数语，形象生动地刻画出这些人的音容笑貌、言谈举止，在几千年后读来，仍然觉得栩栩如生，如在眼前。

在11-02章中，有“从我于陈、蔡者，皆不及门也”一语。孔子和弟子们有相聚之乐，也有想念之苦。

○

○

〖11-14〗**鲁人为长府。闵子骞曰：“仍旧贯，如之何？何必改作？”子曰：“夫人不言，言必有中。”**

**【句读新校】**鲁人为长府。闵子骞曰：“仍旧贯，如之何何？必改作。”子曰：“夫人不言，言必有中。”

**【注解】** 鲁人为长府长府：鲁国藏财货的府库名。闵子骞曰：“仍沿袭旧贯事情，如之何何？必改作。”子曰：“夫人不言，言必有中。”

（［补充］为，古今多解释为：建造，改建。“仍旧贯，如之何？何必改作？”古今多译为：“仍旧沿用老样子，有何不可？何必改建呢？”）

**【译文】**鲁国改建贮藏财货的长库。闵子骞说：“仍沿用老样子，那些有想法的人可怎么办呢？肯定会改建的。”先生说：“这个人要么不说，要说就会说中要害。”

**【延伸】**本章记录闵子骞的言行及孔子对闵子骞的赞赏。深刻的认识就是对事物必然性的认识，闵子骞能一针见血地指出鲁人改建长府的必然性，可见其认识事物的深刻程度。

在14-04章中，有“有德者必有言，有言者不必有德”一语。有德者之所以有德，是因为他对事物有深刻的认识，所以当他对事物发表看法时，也总能说中要害。

○

○

〖11-15〗**子曰："由之瑟奚为于丘之门？"门人不敬子路。子曰："由也升堂矣，未入于室也。"**

**【注解】**子曰："由之瑟古代一种拨弦乐器奚为于丘之门？"门人不敬子路。子曰："由也升堂门往里是厅，厅往里是堂矣，未入于室堂往里是室也。"

**【译文】**先生说："仲由为什么要到我门口弹瑟？"于是学生们便不敬重子路。先生说："仲由的学问已经登入堂中，只是还没入室罢了。"

**【延伸】**孔子之门，以仁义为本，子路重义，入于孔子门下，却不能像颜渊那样向仁处追求，所以孔子借子路的瑟声指出其仁心不足。对于那些连义都没有企及的门人，孔子仍以子路的瑟声，指出了他们的不足。

在07-11章中载："子谓颜渊曰：'用之则行，舍之则藏，惟我与尔有是夫。'子路曰：'子行三军，则谁与？'子曰：'暴虎冯河，死而无悔者，吾不与也。必也临事而惧，好谋而成者也。'"子路刚猛暴躁，瑟中难免有杀伐之声，但毕竟在孔子门下，所以杀伐之声中仍不乏堂堂正气。

在09-11章中载："颜渊喟然叹曰：'仰之弥高，钻之弥坚。瞻之在前，忽焉在后。夫子循循然善诱人，博我以文，约我以礼，欲罢不能。'"孔子知人，不仅知其短，也知其长，所以对学生总能做出中肯的评价。孔子教人，近的总能远之，远的总能近之，轻的总能重之，重的总能轻之，所以总能使人不断学习。

○

○

〖11-16〗**子贡问："师与商也孰贤？"子曰："师也过，商也不及。"**

**曰："然则师愈与？"子曰："过犹不及。"**

【注解】子贡问："师与商也孰贤？"子曰："师也过，商也不及。"

曰："然则师愈更好与？"子曰："过犹不及。"

【译文】子贡问："颛孙师与卜商谁更好？"先生说："颛孙师有些过度，卜商有些不及。"

子贡说："这就是说颛孙师更好吧？"先生说："过度犹如不及！"

【延伸】在教学中，学生的个性也会影响教学成果。子张、子夏是孔门中较小的一辈，老师的成熟与他们的勇于进取使他们获得了较快的进步，他们也成为非常优秀的弟子，连子贡这样的学长都难以看出他们的不足之处。

在19-16章中，有"堂堂乎张也，难于并为仁矣"一语。子张德才弘阔，然而待人过厚，难免克己而纵人。

在06-13章中载："子谓子夏曰：'女为君子儒，无为小人儒！'"子夏性情孤傲，待人不够宽容，难免克己克人。

○

○

〖11-17〗**季氏富于周公，而求也为之聚敛而附益之。子曰："非吾徒也。小子鸣鼓而攻之，可也。"**

【注解】季氏富于周公第一代鲁君之父，而求也为之聚敛而附益附益：增加之。子曰："非吾徒也。小子小子：指学生鸣鼓而攻之，可也。"

【译文】季氏的财富都超过周公了，而冉求还为他聚敛钱财、增加财富。先生说："冉求不是我的学生。你们这些学生可以敲着战鼓去攻击他啊。"

【延伸】本章论述教学成果的应用。对于利来说，这里的收获可以弥补那里的损失；但对于义来说，这里的正确掩盖不了那里的错误。尽管冉求才能出众，后来还将孔子迎回鲁国，但他为季氏聚敛财富的行为仍然受到老师的批评。

在16-12章中，有"齐景公有马千驷，死之日，民无德而称焉。伯夷、叔齐饿于首阳之下，民到于今称之"一语。聚敛财富的人，民众不会以德而称颂他，所以当多才多艺的冉有为季氏聚敛财富时，孔子倍感痛惜。

在06-12章中载："冉求曰：'非不说子之道，力不足也。'"从这句话中，可以感受到冉求对孔子之道的认可和对社会的无奈。冉求屈身于季氏，为季氏聚敛，这是不对的，但他与那些完全抛弃道义的人在本质上是完全不同的。

在13-14章中载："冉子退朝。子曰：'何晏也？'对曰：'有政。'子曰：'其事也。如有政，虽不吾以，吾其与闻之。'"

尽管孔子对冉求话里话外一点也不温和，但从冉求那里却看不出丝毫对老师的不满，退朝后很晚了还要去老师那里接受教诲，足见其师徒情深。

○

○

〖11-18〗**柴也愚，参也鲁，师也辟，由也喭。**

【注解】柴姓高，名柴，字子羔也愚，参也鲁，师也辟偏激，由也喭音yàn。刚猛。

【译文】高柴有点愚直，曾参有点鲁钝，颛孙师偏激，仲由刚猛。

○

○

〖11-19〗**子曰："回也其庶乎，屡空。赐不受命，而货殖焉，亿则屡中。"**

【注解】子曰："回也其庶将近，差不多乎，屡空。赐不受命不受命：古代经商皆有官方掌管，这里指不受命于官，自以财货经商牟利，而货殖货殖：经商获利焉，亿愿望则屡中实现。"

（［补充］屡空，古今多解释为：屡陷于空乏穷困。亿则屡中，古今多解释为：亿通"臆"，猜度物价贵贱屡中不爽。）

【译文】先生说："颜回的道德学问差不多了吧？可总是一无所获。端木赐未受官方之命而私自经商牟利，愿望却总能实现。"

【延伸】孔子善于因材施教，这是由于他擅于了解各个人的品质；而对人的品质的了解，则来源于孔子对人的本质的了解；而对人的本质的了解，则完全基于他对仁的了解。

在09-30章中，有“可与共学，未可与适道；可与适道，未可与立；可与立，未可与权”一语。如何教，在于老师；如何学，在于学生；如何用，则在于社会。尽管孔子的因材施教在众弟子身上取得了很好的成果，但对这种成果的应用，孔子也是无能为力的；因为那取决于人类发展的进程，取决于当时社会的现状。

○

○

〖11-20〗**子张问善人之道。子曰：“不践迹，亦不入于室。”**

【注解】子张问善人之道。子曰：“不践踩，踏迹他人足迹，亦不入入困于室闭室。”

（［补充］“不践迹，亦不入于室。”古今多译为：“不踏着前人的足迹走，就进不了圣人奥室。”或：“善人不用学习他人，但也达不到更高境界。”）

【译文】子张问善人怎么样。先生说：“不踩着人家的足迹走，也不局限于自家的一室之见。”

【延伸】在上一章中，孔子指出了门下弟子的各种不足之处，所以子张便问善人之道。子张内心宏阔，行为洒脱，但孔子不仅没有称之为善，反而认为他这样的行为有“践迹”的迹象，这样的内心有“入于室”的倾向，那是成为善人的障碍。

在02-12章中，有“君子不器”一语。善人不仅善于建设内心世界，也善于适应外部世界，而要达到这样的目的，就既不能盲从，也不能自封。

在01-08章中，有“君子不重则，不威学，则不固，主忠信，无友不如己者，过则勿惮改”一语。善人不循规蹈矩，也不别出心裁。

在07-22章中，有“三人行，必有我师焉。择其善者而从之，其不善者而改之”一语。善人成为善人的途径就是择其善者而从之，而择善的前提是知善、分辨善。

○

○

〖11-21〗**子曰：“论笃是与，君子者乎？色庄者乎？”**

【注解】子曰：“论言论笃笃实是与赞成，君子者乎？色庄者乎？”

【译文】先生说：“觉得言论实在就赞成他，也不看看他是真君子呢，还是表面上做出庄重的样子呢？”

【延伸】笃实是一种美德，经常被人称赞，因为笃实表示笃实者愿意接近事实，但笃实并不能替代事实。在教学中，一本正经胡说八道者大有人在，如果对善人没有分辨的能力，对事实没有正确的认识，人就容易被笃实的外表所欺骗，轻率地相信那些与事实不符的言论。

在15-23章中，有“君子不以言举人，不以人废言”一语。这说的是人和言的关系。事实上，言论与事实的关系更是我们考察的关键。

在05-10章中，有“始吾于人也，听其言而信其行；今吾于人也，听其言而观其行。于予与改是”一语。考察一个人，不仅要看他说话的内容和态度，还要看他的行为。

○

○

〖11-22〗**子路问：“闻斯行诸？”子曰：“有父兄在，如之何其闻斯行之？”**

**冉有问：“闻斯行诸？”子曰：“闻斯行之。”**

**公西华曰：“由也问闻斯行诸，子曰‘有父兄在’；求也问闻斯行诸，子曰‘闻斯行之’。赤也惑，敢问。”子曰：“求也退，故进之。由也兼人，故退之。”**

【注解】子路问：“闻斯行诸？”子曰：“有父兄在，如之何其闻斯行之？”

冉有问：“闻斯行诸？”子曰：“闻斯行之。”

公西华曰：“由也问闻斯行诸，子曰‘有父兄在’；求也问闻斯行诸，子曰‘闻斯行之’。赤也惑，敢问。”子曰：“求也退，故进之。由也兼兼任，担当人，故退之。”

（［补充］兼人，古今多解释为：勇力胜过他人。）

【译文】子路问：“刚有所闻就付诸行动？”先生说：“有父兄在，怎能刚有所闻就付诸行动呢？”

冉有问：“刚有所闻就付诸行动？”先生说：“听到了就付诸

行动。”

公西华说：“仲由问刚有所闻就付诸行动，先生说‘有父兄在’；冉求问刚有所闻就付诸行动，先生说‘听到了就付诸行动’。我很困惑，敢问先生这是怎么回事。”先生说：“冉求喜欢退让，所以激励他。仲由喜欢担当，所以劝阻他。”

【延伸】本章通过孔子教导三位弟子的故事，讲述了子路的兼人，冉有的退让，还有公西华的善于发现问题以及孔子对这三位弟子的因材施教。因材施教的前提是知人，因材施教的过程是提供针对性的教导，因材施教的结果是使退者进，使进者退，从而达到一种适宜的状态。

在05-20章中载：“季文子三思而后行。子闻之，曰：‘再，斯可矣。’”不假思索，犯错的可能性会增高；思索过度，做事的冲动性会降低，二者兼顾，才容易成功。

○

○

**〖11-23〗子畏于匡，颜渊后。子曰：“吾以女为死矣。”曰：“子在，回何敢死？”**

【注解】子畏于匡，颜渊后断后。子曰：“吾以女为死矣。”曰：“子在，回何敢死？”

（［补充］后，古今多解释为：逃散并落在后面。“吾以女为死矣。”古今多译为：“我以为你死了呢。”）

【译文】先生在匡地遇险，颜渊断后。先生说：“我以为你和他们拼命去了。”颜渊说：“只要先生在，颜回哪敢和他们拼命而死呢？”

【延伸】本章描述的是一则师徒逃亡的故事。教学不仅仅是一种教与学的围绕知识联系起来的一种社会关系，还是一种能将生与死捆绑在一起的人际关系。故事中颜渊的勇于断后、孔子对颜渊的担心、颜渊后来对孔子的好言安慰等情景将师徒之间的仁义展现得淋漓尽致。

在09-05章中，有“文王既没，文不在兹乎？天之将丧斯文也，后死者不得与于斯文也。天之未丧斯文也，匡人其如予何”一语。孔子不担心文明的传承，但他担心文明的传人。

在14-04章中，有“有德者必有言，有言者不必有德。仁者必有勇，勇者不必有仁”一语。颜渊是孔子最得意的传人，而在本章中，颜渊却舍命断后，尽管他对老师说“子在，回何敢死”，但事实已经将他的仁勇忠义展现无遗了。

○

○

**〖11-24〗季子然问：“仲由、冉求可谓大臣与？”子曰：“吾以子为异之问，曾由与求之问。所谓大臣者，以道事君，不可则止。今由与求也，可谓具臣矣。”**

**曰：“然则从之者与？”子曰：“弑父与君，亦不从也。”**

【注解】季子然季氏族人问：“仲由、冉求可谓大臣与？”子曰：“吾以子为异之问，曾由与求之问。所谓大臣者，以道事君，不可则止。今由与求也，可谓具臣具臣：备位充数的臣矣。”

曰：“然则从之者与？”子曰：“弑父与君，亦不从也。”

【译文】季子然问：“仲由、冉求可称之为大臣了吧？”先生说：“我以为先生能问个特别的问题，原来是问仲由和冉求啊。所谓大臣，是以道事奉君主的，如果行不通宁可不为臣。现在仲由和冉求呢，只可以说是个备位充数的臣子罢了。”

季子然说：“这样的话，他们就是一切顺从任用他们的人了吧？”先生说：“杀父与君的事，他们也不会顺从的。”

【延伸】学以致用，但致用之道也充满了艰难曲折。降志不是无志，辱身不是卖身，知其不可而为之，总会有几分悲壮。面对那些不学无术的当权者们借着他们的权势而对这些出类拔萃的人才挑挑拣拣时，孔子对他们的轻蔑与对自己学生的怜惜溢于言表。

在03-24章中载：“仪封人请见，曰：‘君子之至于斯也，吾未尝不得见也。’从者见之。出曰：‘二三子何患于丧乎？天下之无道也久矣，天将以夫子为木铎。’”木铎归木铎，但天下无道的现实不会因为有了孔子这样的木铎而突然改变。再看看子路、冉有，尽管具备大臣的德才，也不得不给那些无道天下的僭越者们做一个具臣。不过，凡事都有两面，如果从积极的一面来看，正是因为有了子路、冉有这些降志辱身的弟子，孔子这个不被见用却被人称为天下木铎的老师才能起到木铎的作用，并与他的弟子们一起成为那浩浩荡荡、无人能挡的历史潮流的主导者。

○

○

〖11-25〗**子路使子羔为费宰。子曰："贼夫人之子。"**

**子路曰："有民人焉，有社稷焉，何必读书，然后为学？"**

**子曰："是故恶夫佞者。"**

【注解】子路使子羔为费宰。子曰："贼害夫人之子。"

子路曰："有民人焉，有社土神稷谷神焉，何必读书，然后为学？"

子曰："是故恶憎恶夫佞者。"

（[补充]"是故恶夫佞者。"古今多译为："所以我讨厌那种错了还强词夺理的佞人。"）

【译文】子路派子羔去做费宰。先生说："误人子弟。"

子路说："有人民在那儿，有社稷在那儿，为什么一定要读书才算是学到为政之道了呢？"

先生说："人民憎恶那些会说话而不会做事的为政者。"

【延伸】上一章孔子还轻蔑那些不学无术的权贵，这一章子路反倒表现出一种对学术的轻蔑，究其原因，还在于学业不精，缺乏敬畏，不惜用民众去做实验。

在12-02章中载："仲弓问仁。子曰：'出门如见大宾，使民如承大祭。己所不欲，勿施于人。在邦无怨，在家无怨。'"恭敬待民，才能赢得民众爱戴。

在20-02章中载：“子张问于孔子曰：‘何如斯可以从政矣？’子曰：‘尊五美，屏四恶，斯可以从政矣。’”在孔子看来，为政应该具备一定的条件，不具备条件而去为政，不仅是戕害民众，也是戕害自己。

○

○

〖11-26〗**子路、曾皙、冉有、公西华侍坐。**

**子曰：“以吾一日长乎尔，毋吾以也。居则曰：‘不吾知也！’如或知尔，则何以哉？”**

**子路率尔而对曰：“千乘之国，摄乎大国之间，加之以师旅，因之以饥馑，由也为之，比及三年，可使有勇，且知方也。”**

**夫子哂之。**

**“求！尔何如？”**

**对曰：“方六七十，如五六十，求也为之，比及三年，可使足民。如其礼乐，以俟君子。”**

**“赤！尔何如？”**

**对曰：“非曰能之，愿学焉。宗庙之事，如会同，端章甫，愿为小相焉。”**

**“点！尔何如？”**

**鼓瑟希，铿尔，舍瑟而作，对曰：“异乎三子者之撰。”**

**子曰：“何伤乎？亦各言其志也。”**

**曰：“莫春者，春服既成，冠者五六人，童子六七人，浴乎沂，风乎舞雩，咏而归。”**

**夫子喟然叹曰："吾与点也！"**

**三子者出，曾皙后。曾皙曰："夫三子者之言何如？"**

**子曰："亦各言其志也已矣。"**

**曰："夫子何哂由也？"**

**曰："为国以礼，其言不让，是故哂之。"**

**"唯求则非邦也与？"**

**"安见方六七十如五六十而非邦也者？"**

**"唯赤则非邦也与？"**

**"宗庙会同，非诸侯而何？赤也为之小，孰能为之大？"**

【注解】子路、曾皙姒姓，曾氏，名点，字皙，曾参之父，小孔子六岁、冉有、公西华侍坐。

子曰："以吾一日长音zhǎng乎尔，毋吾以也。居闲居则曰：'不吾知也！'如或知尔，则何以哉？"

子路率尔率尔：急遽的样子而对曰："千乘之国，摄夹箝乎大国之间，加之以师两千五百军人为师旅五百军人为旅，因连年之以饥谷不熟馑音jǐn。蔬不熟，由也为之，比及比及：等到三年，可使有勇，且知方方正之道也。"

夫子哂音shěn。哂笑之。

"求！尔何如？"

对曰："方古代一种面积计量方式，表示纵横的长度六七十，如或五六十，求也为之，比及三年，可使足民。如其礼乐，以俟君子。"

"赤！尔何如？"

对曰："非曰能之，愿学焉。宗庙之事，如会诸侯会见同诸侯会盟，端一种礼服章甫章甫：一种礼帽，愿为小相祭祀、会盟时司仪赞礼的职务焉。"

"点！尔何如？"

鼓瑟希同"稀"，稀疏，铿尔铿尔：弹瑟结束时的声音，舍瑟而作，对曰："异乎三子者之撰才具。"

子曰："何伤妨害乎？亦各言其志也。"

曰："莫同"暮"，晚春者，春服既成，冠者冠者：指成年人。古代男子二十岁举行冠礼五六人，童子六七人，浴乎沂沂水，风乎舞雩音yú。舞雩：鲁国祭天求雨的场所，咏而归。"

夫子喟然叹曰："吾与点也！"

三子者出，曾皙后。曾皙曰："夫三子者之言何如？"

子曰："亦各言其志也已矣。"

曰："夫子何哂由也？"

曰："为国以礼，其言不让，是故哂之。"

"唯求则非邦也与？"

"安见方六七十如五六十而非邦也者？"

"唯赤则非邦也与？"

"宗庙会同，非诸侯而何？赤也为之小，孰能为之大？"

【译文】子路、曾皙、冉有、公西华陪坐在先生身边。

先生说："我的年龄比你们大一些，但你们不要因此感到拘束而不敢讲话。平常你们总是说：'人不了解我！'现在如果有人想了解你们，那你们会怎么做呀？"

子路不假思索地回答道："千乘之国，夹在几个大国之间，外有别国侵略，内有灾年饥荒，我去治理，只要三年，可以使人民英勇善战并恪守道义。”

先生哼笑一声。

“冉求！你怎样？”

冉求答道：“方圆六七十里或五六十里的地方，我去治理，只要三年，可以使民众富足。至于礼乐，还得让君子来实施。”

“公西赤！你怎么样？”

公西华答道：“不敢说我能干啥，只敢说愿学啥。我愿意在宗庙祭祀、举行诸侯会盟时穿礼服戴礼帽，在那里做个小司仪。”

“曾点！你怎么样？”

曾点正在鼓瑟，瑟声渐疏，然后铿的一声停止了，他推开瑟站起来答道：“我和他们三位的设想不同。”

先生说：“那有什么关系呢？本来就是各言其志嘛！”

曾点说：“暮春的时候，已经可以穿着春服了，我和五六个成人、六七个童子，去沂水边嬉戏，再上舞雩台沐浴春风，然后一路咏唱着回来。”

先生感叹道：“我赞同曾点的志向啊。”

子路、冉有、公西华都走了，最后留下曾皙。曾皙说：“那三位所说的怎么样呢？”

先生说：“也是各自说出他们的志向了。”

曾皙说：“先生为什么哂笑仲由呢？”

先生说：“治理国家靠礼，而他说话连礼让都没有，因此笑他。”

“不过冉求就没说治国呀？”

“从哪看出方圆六七十里或五六十里的地方不是国了呢？”

“公西赤就没说治国吧？”

“宗庙祭祀、会盟，不是诸侯之事又是什么呢？如果公西华只做小司仪，那谁能做了大司仪呢？”

**【延伸】**本章为《论语》中最长的一章，记录了孔子与四位弟子在一起听其各言其志的情景。孔子善于启发，弟子们直抒胸臆，这种教学方式在孔子的教学中是非常普遍的。

所谓人各有志，有追求身体感受的，有追求社会价值的，当然还有追求精神生活的。人的志向不仅有方向上的不同，还有高低远近上的不同，这不仅和各自所学的专业有关，还和各自的胸怀有关。而胸怀的深浅大小，无疑被孔子当作了志向中最重要的一部分，与胸怀相比，职业上的选择反而成了一个人志向中较次要的内容了。

在05-26章中载：“颜渊、季路侍。子曰：‘盍各言尔志？’子路曰：‘愿车马衣轻裘与朋友共敝之而无憾。’颜渊曰：‘愿无伐善，无施劳。’子路曰：‘愿闻子之志。’子曰：‘老者安之，朋友信之，少者怀之。’”这里谈论的志向就明显都是情怀了。

# 颜渊篇第十二

本篇共计二十四章，以归仁为讨论的核心，以个人与社会的根本问题为线索，围绕仁德、道义、明智、诚信、正名、司法、风尚等涉及仁义的问题展开讨论。本篇对仁德在个人行为和社会活动中的体现进行了全面而详细的阐释，使天下归仁的观念更加明晰并更容易付诸实践。

○

○

〖12-01〗**颜渊问仁。子曰："克己复礼为仁。一日克己复礼，天下归仁焉。为仁由己，而由人乎哉？"**

**颜渊曰："请问其目。"子曰："非礼勿视，非礼勿听，非礼勿言，非礼勿动。"**

**颜渊曰："回虽不敏，请事斯语矣。"**

【注解】颜渊问仁。子曰："克己复礼为仁。一日克己复礼，天下归称许仁焉。为仁由己，而由人乎哉？"

颜渊曰："请问其目细目？"子曰："非礼勿视，非礼勿听，非礼勿言，非礼勿动。"

颜渊曰："回虽不敏，请事斯语矣。"

**【译文】**颜渊问怎样才是仁。先生说："约束自己而合乎礼义便是仁。只要有一天能做到约束自己而合乎礼，天下便会称许你是仁人。实行仁德全由自己，哪在于别人呀？"

颜渊说："请问具体该怎么做。"先生说："不合礼的不看，不合礼的不听，不合礼的不说，不合礼的不做。"

颜渊说："我虽然不机敏，但让我依着这话去做吧。"

**【延伸】**本章从最高最广的角度对仁进行了阐释，同时也显示出孔子对颜渊的期许。孔子所说的是一套关于仁与人、人与礼、礼与仁、仁与天下的关系图谱，不仅指明了人成为仁人、天下成为仁天下的方向和道路，还提供了达成目标的行动纲领和实施细则。

在17-06章中载：“子张问仁于孔子。孔子曰：‘能行五者于天下为仁矣。’‘请问之。’曰：‘恭、宽、信、敏、惠。恭则不侮，宽则得众，信则人任焉，敏则有功，惠则足以使人。’”这是孔子教子张“为仁”于天下的话，与孔子对颜渊所说的使“天下归仁”互为支持，相得益彰。

在18-06章中，有“鸟兽不可与同群，吾非斯人之徒与而谁与？天下有道，丘不与易也”一语。“天下归仁”，以仁道的天下取代无道的天下，是孔子的理想。

○

○

〖12-02〗**仲弓问仁。子曰：“出门如见大宾，使民如承大祭。己所不欲，勿施于人。在邦无怨，在家无怨。”**

**仲弓曰：“雍虽不敏，请事斯语矣。”**

【注解】仲弓问仁。子曰：“出门如见大宾大宾：公侯级别的宾客，使民如承大祭大祭：邦国级别的祭礼。己所不欲，勿施于人。在邦指诸侯所辖范围无怨，在家指卿大夫所辖范围无怨。”

仲弓曰：“雍虽不敏，请事斯语矣。”

（［补充］“在邦无怨，在家无怨。”古今多译为：“在国内为政没人怨恨，在卿大夫家里做事没人怨恨。”）

【译文】仲弓问怎样才是仁。先生说：“出门见人就如见公侯贵宾，役使民众就如承担重大祭礼。自己不愿意接受的事，就不强迫他人接受。为国效力没有怨言，给卿大夫做事也不发牢骚。”

仲弓说：“我虽然不机敏，但让我依着这话去做吧。”

【延伸】本章从待人、用民、做事、修身几方面，描述了一个仁者应有的心理状态，读者可以由此反推其仁。

在06-22章中载：“樊迟问知。子曰：‘务民之义，敬鬼神而远之，可谓知矣。’问仁。曰：‘仁者先难而后获，可谓仁矣。’”仁者之智与智者之仁，面对事物的态度是一样的。务民之义的人，出门如见大宾；敬鬼神而远之的人，使民如承大祭。

○

○

〖12-03〗**司马牛问仁。子曰：“仁者，其言也讱。”**

**曰：“其言也讱，斯谓之仁已乎？”子曰：“为之难，言之得无讱乎？”**

【注解】司马牛子姓，向氏，名耕，一名犁，字子牛问仁。子曰：“仁者，其言也讱说话迟缓谨慎。”

曰：“其言也讱，斯谓之仁已乎？”子曰：“为之难，言之得无讱乎？”

【译文】司马牛问怎样才是仁。先生说：“仁人，说起话来迟缓谨慎。”

司马牛说：“说起话来迟缓谨慎，这就叫仁了吗？”先生说：“做起来很难，说起来能不迟缓谨慎吗？”

**【延伸】**本章为仁下了一个比较朴素的定义，它不是直接用语言说出仁的实质，而是对讲述包含这一实质的语言进行描述，那就是“讱”。通过“讱”，孔子教给司马牛一个检验仁的工具——既可以发现他人之仁，也可以发现自己之不仁。

在04-24章中，有“君子欲，讷于言而敏于行”一语。这里的“讱”不仅是“讷”，还有内容上的艰深难解。

在13-27章中，有“刚、毅、木、讷近仁”一语。《论语》为事物下定义有这么一种特点，它不直接说什么是什么，而是说什么在什么附近，或什么在什么范围内。

○

○

〖12-04〗**司马牛问君子。子曰：“君子不忧不惧。”曰：“不忧不惧，斯谓之君子已乎？”子曰：“内省不疚，夫何忧何惧？”**

**【译文】**司马牛问怎样才是君子。先生说：“君子不忧不惧。”

司马牛说：“不忧不惧，这样就能叫作君子了吗？”先生说：“如果内心自省不觉愧疚，那有什么可忧惧的呢？”

**【延伸】**与上一章相同，孔子没有从理论上说明什么是君子，而是列举出君子的心理状态，用它反过来说明什么是君子。显然，孔子认为，相同的心理状态源于相同的行事准则，君子的行事准则促成君子的心理状态。另外，不忧不惧的心理状态，也成为人们向往君子的重要原因。

在07-37章中，有“君子坦荡荡，小人长戚戚”一语。不忧不惧，才能坦坦荡荡。

在04-07章中，有“人之过也，各于其党。观过，斯知仁矣”一语。这种归类法可以在此处套用一下：“人之情也，各于其党。观情，斯知君子矣。”

○

○

〖12-05〗**司马牛忧曰：“人皆有兄弟，我独亡。”子夏曰：“商闻之矣：死生有命，富贵在天。君子敬而无失，与人恭而有礼。四海之内，皆兄弟也。君子何患乎无兄弟也？”**

**【译文】**司马牛忧心忡忡地说：“别人都有兄弟，我独独没有。”子夏说：“我听过这样的话呀：死生有命，富贵在天。君子敬畏天命而没有过失，与人交往时恭敬有礼，那么四海之内都是兄弟啊。君子何愁没有兄弟呢？”

**【延伸】**本章以广义的亲情阐述了君子应有的情怀。亲人之间的亲情是可贵的，主宰人的天命是可畏的。如果一个人能顺乎天命，那么即使他丧失了亲人之间的亲情，也可以从天下人的亲情那里获得弥补。在一个天下归仁的社会中，人不需要依靠血缘关系来满足亲情的需求，因为那个时候，天下的人都是君子，相互之间的关系都如同兄弟姐妹般亲切。

在12-22章中载：“樊迟问仁。子曰：‘爱人。’问知。子曰：‘知人。’”知人不仅是指对个人的认识，还指对人的群体及人际关系的认识。在本章中，子夏对司马牛解释兄弟概念时，从一种家庭的血缘关系扩展到整个人类的血缘关系，展示出了子夏对人际关系多维度多层次的认识，而这种认识，也正是使天下归仁的条件之一。

○

○

〖12-06〗**子张问明。子曰："浸润之谮，肤受之愬，不行焉，可谓明也已矣。浸润之谮，肤受之愬，不行焉，可谓远也已矣。"**

【注解】子张问明。子曰："浸润之谮音zèn。谮言，坏话，肤受之愬音sù。同"诉"，进谗，诬陷，不行焉，可谓明也已矣。浸润之谮，肤受之愬，不行焉，可谓远也已矣。"

【译文】子张问怎样才是明察。先生说："不被如水润物般细微的坏话、感同身受般的控诉所影响，就可以称得上明察了。不用如水润物般细微的坏话、感同身受般的控诉去影响他人，就可以称得上是看得远了。"

【延伸】明是知的具体体现，是对整个事实的明了，是对整个事实中全部关系的明了。远则是在明了全部关系后对不正当关系的彻底摈除，对正当关系的完全接受。

在12-22章中，有"富哉言乎！舜有天下，选于众，举皋陶，不仁者远矣。汤有天下，选于众，举伊尹，不仁者远矣"一语。选之以义，容易明是；本之以仁，容易远非。

在15-11章中载："颜渊问为邦。子曰：'……放郑声，远佞人。郑声淫，佞人殆。'"淫如浸润，佞如肤受，一定要看清并远离。

○

○

〖12-07〗**子贡问政。子曰："足食，足兵，民信之矣。"**

**子贡曰："必不得已而去，于斯三者何先？"曰："去兵。"**

**子贡曰："必不得已而去，于斯二者何先？"曰："去食。自古皆有死，民无信不立。"**

**【注解】**子贡问政。子曰："足食，足兵兵器，这里指军备，民信之矣。"

子贡曰："必不得已而去，于斯三者何先？"曰："去去掉兵。"

子贡曰："必不得已而去，于斯二者何先？"曰："去食。自古皆有死，民无信不立。"

**【译文】**子贡问怎样治理政事。先生说："粮食充足、军备充足、民众信任就好！"

子贡说："不得不去除一个的话，在这三者中先去掉哪个？"先生说："去掉军备。"

子贡说："不得不再去除的话，在这二者中先去掉哪个？"先生说："去掉粮食。自古人人都有一死，如果为政者使民众丧失了信任，那一切就都垮了。"

**【延伸】**孔子所说的信，立足于道义，所以可以为之至死不渝，所以不会为利益所左右。孔子所说的信，适用于个人、社会、国家，既是立人之本，也是立家之本，还是立国之本。

在本章中，孔子将民众的信任置于粮食和军队的前面，这不仅体现出他的个人行为与他的思想的一致性，还体现出他的思想与他的为政宗旨的一致性。

在02-22章中，有“人而无信，不知其可也。大车无輗，小车无軏，其何以行之哉”一语。人而无信，是因为将利益放在了首位。只有逐渐减轻利益在人们心目中的分量，才能使人恢复对仁义的信心。

○

○

〖12-08〗**棘子成曰：“君子质而已矣，何以文为？”子贡曰：“惜乎，夫子之说君子也。驷不及舌。文犹质也，质犹文也。虎豹之鞟犹犬羊之鞟。”**

【注解】棘子成卫国大夫曰：“君子质而已矣，何以文为？”子贡曰：“惜乎，夫子夫子：指棘子成之说君子也。驷驾一辆车的四匹马不及舌。文犹质也，质犹文也。虎豹之鞟音kuò。皮革犹犬羊之鞟。”

【译文】棘子成说：“君子有好的本质就行了，还要文采做什么呢？”子贡说：“真令人惋惜，先生竟这样说君子。驾四匹马拉的车也追不上人说的话啊。如果文就是质、质就是文的话，那么拔了毛的虎豹之皮就和拔了毛的犬羊之皮一样了啊。”

【延伸】文与质之间的关系，是一个事物的两面，有文必有质，有质必有文，也就是说，没有无质之文，也没有无文之质。如果看不出文与质的这种相互从属的关系，就会将文与质置于同等地位，或者将它们割裂，或者将它们合并。

在06-18章中，有“质胜文则野，文胜质则史。文质彬彬，然后君子”一语。这从另外一种角度阐明了文与质的关系。

在15-18章中，有“君子义以为质，礼以行之，孙以出之，信以成之。君子哉”一语。由此可见，君子之质为义，君子之文为行之以礼、出之以逊、成之以信。

○

○

〖12-09〗**哀公问于有若曰：“年饥，用不足，如之何？”**

**有若对曰：“盍彻乎？”**

**曰：“二，吾犹不足，如之何其彻也？”对曰：“百姓足，君孰与不足？百姓不足，君孰与足？”**

【注解】哀公问于有若曰：“年饥，用国用不足，如之何？”

有若对曰：“盍彻收一成税乎？”

曰：“二收二成税，吾犹不足，如之何其彻也？”对曰：“百姓足，君孰与不足？百姓不足，君孰与足？”

【译文】哀公问有若说：“年成荒歉，用度不足，怎么办？”

有若回答说：“何不按十分之一征田税呢？”

哀公说：“十分抽二，我还觉得不足，何况是十分之一呢？”有若说：“百姓用度够了，谁会给得让国君不足呢？百姓用度不足，谁能给得使国君富足呢？”

【延伸】文与质也是名与实，名实相符才能取信于人。有质必有文，因此，有利益之实也必有利益之名。利益都有与之相应的受益者，从理论上说，国家利益的相应受益者就是所有国人，既包含当权者，也包含无权者。但在当时，利益的分配权只被当权者掌握，因而利益是否能够得到合理地分配，就要看那些当权者的思想中是否有名至实归才能造就美好社会的思想观念了。

在12-11章中载："齐景公问政于孔子。孔子对曰：'君君，臣臣，父父，子子。'公曰：'善哉！信如君不君，臣不臣，父不父，子不子，虽有粟，吾得而食诸？'"国君做了国君该做的事，自然会被国人以国君之礼对待。

在13-17章中载："子夏为莒父宰，问政。子曰：'无欲速，无见小利。欲速则不达，见小利则大事不成。'"要做一名合格的为政者，最忌讳的就是贪图小利、盘剥民众。

○

○

〖12-10〗**子张问崇德辨惑。子曰："主忠信，徙义，崇德也。爱之欲其生，恶之欲其死。既欲其生，又欲其死，是惑也。'诚不以富，亦祇以异。'"**

**【注解】** 子张问崇德辨惑。子曰："主忠信，徙迁移义徙义：意谓使自己的思想行为随从义，崇德也。爱之欲其生，恶之欲其死。既欲其生，又欲其死，是惑也。'诚不以富，亦祇适，恰以异。'"

**【译文】** 子张问怎么样提高道德，辨别迷惑。先生说："主张忠信，追求道义，这就能提高道德。爱起来想让他生，恨起来又想让他死。像这样既要他生，又要他死，就是迷惑了。正所谓'诚不以富，亦衹以异’。”

**【延伸】**要崇德，不仅要明确德的含义，还要对德有具体的感受。当德和义连在一起时，人们感觉容易理解；当德和欲连在一起时，就容易引起人的困惑。从这个意义上来说，崇德也就是辨惑，就是对德与欲的关系加以分辨，从而在认识的根源上找出矛盾并加以解决。孔子的理论是以直观的事实为基础的，即使对于辨惑这种似乎应该辩论一番的问题，仍用了“爱之欲其生，恶之欲其死。既欲其生，又欲其死”这种直观生动的事例来呈现其惑，就分辨的效果来看，这也的确为一种既便捷又明确的分辨方式。

在01-09章中，有“慎终追远，民德归厚矣”一语。忠信徙义落实到日常生活就是慎终追远。

在09-29章中，有“知者不惑，仁者不忧，勇者不惧”一语。提高认识可以减少迷惑。

在13-05章中，有“诵《诗》三百，授之以政，不达；使于四方，不能专对；虽多，亦奚以为”一语。知识虽多，但不达义，便会在处理事情时不能恰当应对。

“诚不以富，亦衹以异。”出自《诗经·小雅·我行其野》，原文为：“我行其野，言采其葍。不思旧姻，求尔新特。诚不以富，亦衹以异。”译为：“我在那旷野徘徊，推说是采那里的葍菜。你不念我们的旧情，去求娶你的新爱。真诚不靠富有加持，是你存了异心。”

○

○

〖12-11〗**齐景公问政于孔子。孔子对曰：“君君，臣**

**臣，父父，子子。”公曰：“善哉！信如君不君，臣不臣，父不父，子不子，虽有粟，吾得而食诸？”**

【注解】齐景公姜姓，吕氏，名杵臼，齐国国君问政于孔子。孔子对曰：“君国君君指有君之实，臣臣，父父，子子。”公曰：“善哉！信如君不君，臣不臣，父不父，子不子，虽有粟粟米，指粮食，吾得而食诸？”

【译文】齐景公问孔子如何治政。孔子回答说：“君是君，臣是臣，父是父，子是子。”景公说：“对呀！真要君不是君，臣不是臣，父不是父，子不是子的话，即使有粮食，我能吃得上吗？”

【延伸】政的本质是正，正就是名实相符，该是什么就是什么。本章借齐景公问政，一针见血地指出为政的根本问题，那就是名实之间的关系不能混乱。心正则仁，如果从个人到天下的一切名实之间的关系都不混乱，那天下必定是一个仁义的天下。

在13-03章中载：“子路曰：‘卫君待子而为政，子将奚先？’子曰：‘必也正名乎！’”名正在一般人眼中是一文不值的，但在孔子看来，它却是事物中最关键的一环。

在12-01章中载：“颜渊问仁。子曰：‘克己复礼为仁。一日克己复礼，天下归仁焉。’”克己复礼，即是各就各位，这不仅可以使个人归仁，也可以使国家归仁，还可以使天下归仁。

○

○

〖12-12〗**子曰：“片言可以折狱者，其由也与？”**

**子路无宿诺。**

【注解】子曰："片言可以折狱者，其由也与？"

子路无宿停留诺。

【译文】先生说："根据单方面的言辞就可以判决案件的，大概只有仲由了吧？"

子路从没有不及时兑现的诺言。

【延伸】在子路看来，履行承诺是诚信的问题，不是代价的问题。

在19-08章中，有"小人之过也必文"一语。导致人际关系混乱的主要原因就是人们文过饰非、不说实话，或说了不算，不能信守承诺。个人的混乱会导致家庭混乱，为政者的混乱会导致国家混乱。

在09-25章中，有"主忠信，毋友不如己者，过则勿惮改"一语。孔子叹子路守诺，也是叹天下无信。

○

○

〖12-13〗**子曰："听讼，吾犹人也。必也使无讼乎！"**

【注解】子曰："听讼听讼：审理诉讼案件，吾犹人也。必也使无讼乎！"

【译文】先生说："审理诉讼案件时，我也和常人一样。肯定还是不使诉讼发生为好啊！"

【延伸】争讼的本质在于一方失信。作为人，就不可能给他人的诉讼做出绝对公正的、令双方都能满意的裁决。如果人人不迷惑、不隐瞒、不歪曲、不失信，知仁守义，天下就不会有争讼了，也就不需要裁决了。

在02-03章中，有“道之以政，齐之以刑，民免而无耻。道之以德，齐之以礼，有耻且格”一语。显然，在孔子的社会设计中，法制的作用远不如礼制的作用，像诉讼这样的事，孔子认为是完全可以靠提高人的素质而消除的。

○

○

〖12-14〗**子张问政。子曰：“居之无倦，行之以忠。”**

【译文】子张问如何治理政事。先生说：“居于职位要不倦怠，实施政令要出于忠心。”

【延伸】本章讲述为政所应有的态度。为政者的尽心尽职不仅是个人素质的体现，更是天下有道的象征。

在17-06章中载：“子张问仁于孔子。孔子曰：‘能行五者于天下为仁矣。’‘请问之。’曰：‘恭、宽、信、敏、惠。’”比起为仁的“恭、宽、信、敏、惠”来，为政的“居之无倦，行之以忠”还显得容易些。

在02-18章中载：“子张学干禄。子曰：‘多闻阙疑，慎言其余，则寡尤；多见阙殆，慎行其余，则寡悔。言寡尤，行寡悔，禄在其中矣。’”多闻慎言、多见慎行也是“居之无倦，行之以忠”时应当恪守的原则。

在20-02章中载："子张问于孔子曰：'何如斯可以从政矣？'子曰：'尊五美，屏四恶，斯可以从政矣。'"为政必然会接触人事，"尊五美，屏四恶"则是"居之无倦，行之以忠"态度之下的为政方针。

通过孔子对子张在为政方面的教导，也可以一窥孔子的为政理念。

○

○

〖12-15〗**子曰："博学于文，约之以礼，亦可以弗畔矣夫。"**

**【译文】**先生说："广泛地学习文献典籍，约束自己以礼乐制度，也就能不背离道了。"

**【延伸】**本章阐述了文与礼、忠实与背叛之间的关系，揭示了达成个人自觉所需要的条件。背叛指的是人的行为违反了道理，那么如果人掌握了道理，也就不可能做出违反道理的行为了。

本章与06-27章有相同内容："君子博学于文，约之以礼，亦可以弗畔矣夫。"

○

○

〖12-16〗**子曰："君子成人之美，不成人之恶。小人反是。"**

【注解】子曰："君子成达成人之美指美好品行，不成人之恶指恶劣品行。小人反是。"

（［补充］成，古今多解释为：成全。美，古今多解释为：美事。恶，古今多解释为：坏事。本章古今多译为："先生说：'君子成全别人的好事，不促成别人的坏事。小人和这相反。'"）

【译文】先生说："君子要成就的是人的美好品质，因而不会养成人的恶劣品行。小人正好与此相反。"

【延伸】天下归仁需要每个人提高个人修养。各人尽管有着各自对美丑和善恶的判断，但就人类整体而言，对个人也有一种美丑和善恶的定义。君子对自己的要求正是整个人类对个人的要求，而小人对自己的要求仅仅立足于自己最本能的一些感受，而这种对本能的不厌追求，正是人类所要极力摈弃的恶劣品行。

在04-16章中，有"君子喻于义，小人喻于利"一语。喻于义则美，喻于利则恶。

在09-14章中，有"子欲居九夷。或曰：'陋，如之何？'子曰：'君子居之，何陋之有？'"一语。君子成人之美，所以君子到哪里哪里不简陋。

在15-14章中，有"臧文仲其窃位者与？知柳下惠之贤而不与立也"一语。小人成人之恶，即使身居高位也会惹人厌恶。

○

○

〖12-17〗**季康子问政于孔子。孔子对曰："政者，正也。子帅以正，孰敢不正？"**

【注解】季康子问政于孔子。孔子对曰："政者，正也。子帅带领以正，孰敢不正？"

【译文】季康子向孔子询问怎样治政。孔子回答说："政就是正。先生带头行正道，谁还敢不正？"

【延伸】若想天下归仁就需要改变为政环境。政的本质就是正。为政不难，难在使为政者正。政权在手时，为政的问题就会集中到为政者自己的身上，也就是说，为政的问题就会转化成为政者自身是什么人的问题。因为有什么样的人就会有什么样的为政方式。正直的人就会以正直的方式为政，邪恶的人就会用邪恶的方式为政。

在13-15章中载："定公问：'一言而可以兴邦，有诸？'孔子对曰：'言不可以若是其几也。人之言曰："为君难，为臣不易。"如知为君之难也，不几乎一言而兴邦乎？'曰：'一言而丧邦，有诸？'孔子对曰：'言不可以若是其几也。人之言曰："予无乐乎为君，唯其言而莫予违也。"如其善而莫之违也，不亦善乎？如不善而莫之违也，不几乎一言而丧邦乎？'"正直的人为政，是付出，将一己之义通过权力传于千万人——德才不足，就难以胜任；所以正直的人为政，即使觉得很艰难，也会对为政有所贡献。邪恶的人为政，是索取，将千万人之利通过权力划给自己——无德无才，也容易胜任；所以邪恶的人为政，即使觉得很轻松，也只会给为政造成损失。

○

○

〖12-18〗**季康子患盗，问于孔子。孔子对曰："苟子之不欲，虽赏之不窃。"**

【译文】季康子以盗匪为患，因此请教于孔子。孔子答道：“如果你没有那么多贪欲，即使奖赏偷盗，也没人去偷窃。”

【延伸】天下归仁需要改变人对财物的观念。人从心，民从君。思正则行廉，上行则下效。为政者利字当头，民众也利字当头；为政者以盗窃取利，民众也会以盗窃取利。为政者的盗窃思想，是社会上盗窃行径的根源。

在02-03章中，有“道之以政，齐之以刑，民免而无耻。道之以德，齐之以礼，有耻且格”一语。以盗窃为耻辱，能从根本上断绝盗窃行为。

孔子对季康子问题所做的回答，只能使人看清问题的根本，并不能立时解决季康子的问题。因为在那时，除了季康子个人的因素外，社会发展的历史因素也决定了这个问题只能存在，不能消除。

○

○

〖12-19〗**季康子问政于孔子曰：“如杀无道，以就有道，何如？”孔子对曰：“子为政，焉用杀？子欲善而民善矣。君子之德风，小人之德草。草上之风，必偃。”**

【注解】季康子问政于孔子曰：“如杀无道，以就有道，何如？”孔子对曰：“子为政，焉用杀？子欲善而民善矣。君子之德德行风像风，小人之德德行草像草。草上加上之风，必偃仆倒。”

【译文】季康子向孔子询问治政之事，说：“如果用杀戮来使无道义的人变得有道义，如何？”孔子答道：“先生治理政事，哪用杀戮呢？先生行善，民众自然就行善了。君子的德能像风，百姓的德能像草。风吹到草上，草一定随风而倒。”

【延伸】天下归仁需要偃武修文。为政者拥有杀戮的权力，这是世间最可怕的一种权力，为政者总希望用这种权力来达到他们的目的。而在孔子看来，可怕的权力对事物的正面发展起不了正面的作用。

在16-08章中，有“君子有三畏：畏天命，畏大人，畏圣人之言。小人不知天命而不畏也，狎大人，侮圣人之言”一语。杀戮不能使人畏天命、畏大人、畏圣人之言，因而也不可能使人走向正道。

在13-11章中，有“‘善人为邦百年，亦可以胜残去杀矣。’诚哉是言也”一语。杀戮这种行为本身也应该被舍弃。

在12-22章中载：“樊迟问仁。子曰：‘爱人。’问知。子曰：‘知人。’樊迟未达。子曰：‘举直错诸枉，能使枉者直。’樊迟退，见子夏曰：‘乡也吾见于夫子而问知，子曰：“举直错诸枉，能使枉者直。”何谓也？’子夏曰：‘富哉言乎！舜有天下，选于众，举皋陶，不仁者远矣。汤有天下，选于众，举伊尹，不仁者远矣。’”尽管仁者做君王有助于对仁的推广应用，但仁者为君王的情况毕竟不多；所以，与其指望君王是尧舜，不如自己先成为一个仁者，然后教导天下人都成为仁者，这样，无论谁为君王，都是尧舜。

○

○

〖12-20〗**子张问：“士何如斯可谓之达矣？”子曰：“何哉，尔所谓达者？”子张对曰：“在邦必闻，在家**

**必闻。”子曰：“是闻也，非达也。夫达也者，质直而好义，察言而观色，虑以下人。在邦必达，在家必达。夫闻也者，色取仁而行违，居之不疑。在邦必闻，在家必闻。”**

【注解】子张问：“士何如斯可谓之达矣？”子曰：“何哉，尔所谓达者？”子张对曰：“在邦必闻，在家必闻。”子曰：“是闻也，非达也。夫达也者，质直而好义，察言而观色，虑以下人下人：处于别人之下。在邦必达，在家必达。夫闻也者，色表面取追求仁而行违，居之不疑。在邦必闻，在家必闻。”

（［补充］达，古今多解释为：通达，显达。闻，古今多解释为：名声，名望。“在邦必闻，在家必闻。”古今多译为：“在国家任官一定有名声，在卿大夫家任官一定有名声。”“在邦必达，在家必达。”古今多译为：“在国家任官一定显达，在卿大夫家任官一定显达。”）

【译文】子张问：“士要如何才可以说是达？”先生说：“什么意思呢，你所说的达？”子张答道：“在国家当官一定当得有名声，在卿大夫家当官也一定当得有名声。”先生说：“这叫成名，不是达。所谓达，应该是品质刚直，所行合义，能够察言观色，还能谦下待人。在国家当官一定以他的成就而显达，在卿大夫家当官也一定以他的成就而显达。至于那些名声在外的人啊，表面好仁而做事相违，自欺欺人而不自知，在国家任官一定以他的虚荣而为人所知，在卿大夫家任官也一定以他的虚荣而为人所知。”

【延伸】天下归仁需要的是达仁，不是闻名。本章阐述了闻与达的关系，也就是知名度与成熟度的关系。士具备了士的实质，就是达士，达士可以是闻名之士，也可以是隐士。只想闻名又没有实质的人，可以闻名，但不能成为达士，更不能成为闻名的达士。

在04-14章中，有“不患无位，患所以立。不患莫己知，求为可知也”一语。在孔子看来，人不必担心闻不闻名，而应该担心以什么闻名。旁观者清，在国人家人面前，追名逐利者，必定以追名逐利被人所知；追求仁义者，也必定以追求仁义被人所知。

○

○

〖12-21〗**樊迟从游于舞雩之下，曰：“敢问崇德，修慝，辨惑。”子曰：“善哉问！先事后得，非崇德与？攻其恶，无攻人之恶，非修慝与？一朝之忿，忘其身，以及其亲，非惑与？”**

【注解】樊迟从游于舞雩之下，曰：“敢问崇德，修治慝音tè。邪恶，辨惑。”子曰：“善哉问！先事做事后得获得，非崇德与？攻其恶，无攻人之恶，非修慝与？一朝之忿，忘其身，以及其亲，非惑与？”

（［补充］先事后得，古今多解释为：先劳于事，然后得报。“攻其恶，无攻人之恶，非修慝与？”古今多译为：“改正自己的过错，不攻击别人的过错，不就是消除邪念吗？”）

【译文】樊迟随着先生游于舞雩台下，他说：“敢问先生如何提高道德、去恶为善、辨明迷惑？”先生说：“问得好呀！有事先做，有获后得，不就是崇德吗？攻击那些邪恶的东西，而不是攻击某人的邪恶，不就是修治邪恶吗？一旦愤怒起来，就忘了自身安危以及父母，这不就是迷惑而不明事理吗？”

【延伸】要使天下归仁，就要从两方面努力，一方面是推广仁德，另一方面是铲除邪恶——仅仅努力还不够，还要保持足够的清醒。

在12-10章中载："子张问崇德辨惑。子曰：'主忠信，徙义，崇德也。爱之欲其生，恶之欲其死。既欲其生，又欲其死，是惑也。"诚不以富，亦祇以异。"'"这从另一个角度对崇德与辨惑进行了阐释。

○

○

〖12-22〗**樊迟问仁。子曰："爱人。"问知。子曰："知人。"**

**樊迟未达。子曰："举直错诸枉，能使枉者直。"**

**樊迟退，见子夏曰："乡也吾见于夫子而问知，子曰：'举直错诸枉，能使枉者直。'何谓也？"**

**子夏曰："富哉言乎！舜有天下，选于众，举皋陶，不仁者远矣。汤有天下，选于众，举伊尹，不仁者远矣。"**

【注解】樊迟问仁。子曰："爱人。"问知智。子曰："知人。"

樊迟未达明白。子曰："举直错诸枉，能使枉者直。"

樊迟退，见子夏曰："乡音xiàng。通"向"，之前也吾见于夫子而问知，子曰：'举直错诸枉，能使枉者直。'何谓也？”

子夏曰：“富哉言乎！舜有天下，选于众，举皋音gāo陶音yáo。皋陶：舜的臣子，不仁者远矣。汤有天下，选于众，举伊尹汤的辅相，不仁者远矣。”

（［补充］“举直错诸枉，能使枉者直。”古今多译为：“举用正直的人位居邪佞的人之上，能使邪佞的人变正直。”“舜有天下，选于众，举皋陶，不仁者远矣。汤有天下，选于众，举伊尹，不仁者远矣。”古今多译为：“舜取得天下后，在众人中挑选，挑选了皋陶，不仁的人就被疏远了。汤取得天下后，在众人中挑选，挑选了伊尹，不仁的人就被疏远了。”）

【译文】樊迟问什么是仁。先生说：“爱人。”又问什么是智。先生说：“知人。”

樊迟没明白。先生说：“用正直的纠正弯曲的，才能使弯曲的变正直。”

樊迟退下，去见子夏，说：“先前我见过先生并问什么是智，先生说：‘用正直的纠正弯曲的，能使弯曲的变正直。’什么意思呢？”

子夏说：“这样的语言多么富有哲理呀！舜拥有天下之权时，于大众中选拔人才，举用皋陶，不仁的现象就稀少了。汤拥有天下之权时，于大众中选拔人才，举用伊尹，不仁的现象就稀少了。”

【延伸】仁与智的概念是孔子之道中最重要的两个概念。在阶级社会中，虽然阶级矛盾使得爱人的主张无法在阶级之间实施，却不妨碍爱人的行为在个人之间实施：谁也可以爱那些饱受压迫的无知、野蛮的奴隶，谁也可以爱那些骄奢淫逸的无知、野蛮的奴隶主。同理，在阶级社会中，阶级压迫使“知人”的成果不能在阶级之间共享，却不妨碍“知人”的成果在个人之间交流：谁也可以了解本阶级的人，谁也可以了解其他阶级的人。由此可见，仁与智作为社会现象会受到阶级社会的制约，但作为个人却可以不受这种阶级的制约；所以，对个人来说，仁与智是超越阶级的。

本章通过樊迟的两个问题、两次问人，以及子夏讲的两个例子，描述出两条天下归仁的道路：一条是爱人，一条是知人。

如果天下由爱人者管理，不仁者就会远离，天下就会向仁的方向转变，这是一条自下而上的道路。

在17-04章中载："昔者偃也闻诸夫子曰：'君子学道则爱人，小人学道则易使也。'"仁者爱人，人们自然也爱仁者，所以在一场公平的推举中，被人们推举出来的人总是最仁义的。仁人以仁义治理天下，就有了使天下归仁的可能。例如，夏桀因为不仁而失去天下，众人便推选仁而爱人的汤接管天下，终于使天下远离不仁。

知人是天下归仁的另一条路，是一条自上而下的道路。

在01-16章中，有"不患人之不己知，患不知人也"一语。普通人以知道他人能不能被自己所用为知人，仁者则以知道他人能不能被天下所用为知人。所以，当仁者拥有管理天下之权时，就会选拔能被天下所用的人来管理天下事务。例如，舜拥有天下之权，因为知人而于大众中选拔皋陶来管理天下，以使天下远离不仁。

○

○

〖12-23〗**子贡问友。子曰："忠告而善道之，不可则止，毋自辱焉。"**

【注解】子贡问友。子曰："忠告而善道导，引导之，不可则止，毋自辱焉。"

【译文】子贡问如何对待朋友。先生说："对他提出忠告并善加引导，不接受就算了，不要自取其辱。”

【延伸】朋友的概念容易理解，为朋友着想也容易做到，但与朋友之间怎么保持适当距离就不容易掌握了。

在12-24章中，有“君子以文会友，以友辅仁”一语。这就是朋友之间的适当距离。

在01-04章中，有“吾日三省吾身：为人谋而不忠乎？与朋友交而不信乎？传不习乎”一语。忠信是朋友的基础。

在15-24章中载：“子贡问曰：‘有一言而可以终身行之者乎？’子曰：‘其恕乎！己所不欲，勿施于人。’”即使是朋友，也不能将自己的愿意强加于他。

○

○

## 〖12-24〗曾子曰：“君子以文会友，以友辅仁。”

【译文】曾子说：“君子通过学习文化结交朋友，用朋友来促进对仁德的培养。”

【延伸】君子以文会友，而不以质会友；君子以友辅仁，而不是以友辅利。

在06-18章中，有“质胜文则野，文胜质则史。文质彬彬，然后君子”一语。君子之质是道义，君子之文是礼节，以文会友可以避免粗野，以友辅仁可以避免刻板。

在04-25章中，有“德不孤，必有邻”一语。君子一定有朋友，也必须有朋友，因为要使天下归仁，一个君子是远远不够的，这需要无数的君子一起努力。

# 子路篇第十三

本篇共计三十章，以为政为讨论的核心，以为政的具体内容为线索，围绕为政所应有的做事态度、用人原则、领导意识、外交策略等问题展开讨论。本篇从为政的方方面面对为政进行了具体而系统地阐释，并提出许多为政的具体措施。社会的发展需要好的为政环境，好的为政环境需要好的为政人才，好的为政人才需要好的教育，好的教育需要好的思想。

○

○

〖13-01〗**子路问政。子曰："先之劳之。"请益。曰："无倦。"**

【注解】子路问政。子曰："先置于先之劳操劳之。"请益。曰："无倦倦怠。"

（［补充］"先之劳之。"古今多译为："先于民而为，民不令而行；先于民而劳，民不劝而勤。"）

【译文】子路问怎样治理政事。先生说："以它为重，为它操劳。"子路请求再讲点。先生说："不要倦怠。"

【延伸】态度上重视、时间上操劳以及精神上坚持是为政的三个基本因素。

在11-25章中载："子路曰：'有民人焉，有社稷焉，何必读书，然后为学？'"表面上看，子路对为政很有信心，但实际上从他的话中却反映出他对为政的轻视，所以孔子说要"先之"。

在08-14章中，有"不在其位，不谋其政"一语。心在哪里，人就会在哪里操劳；在哪里操劳，哪里就会出成果。子路粗犷，粗狂则难以躬身力行，所以孔子说要劳之。

在13-22章中载："子曰：'南人有言曰："人而无恒，不可以作巫医。"善夫"不恒其德，或承之羞"。'"子路暴躁，暴躁则难以持之以恒，所以孔子说要无倦。

〇

〇

〖13-02〗**仲弓为季氏宰，问政。子曰：“先有司，赦小过，举贤才。”**

**曰：“焉知贤才而举之？”子曰：“举尔所知。尔所不知，人其舍诸？”**

【注解】仲弓为季氏宰，问政。子曰：“先有司，赦赦免，宽宥小过，举贤才。”

曰：“焉知贤才而举之？”子曰：“举尔所知。尔所不知，人其舍诸？”

（［补充］先有司，古今多解释为：“先使办事人员各司其事”，或“先做好下属官员的表率”。）

【译文】仲弓给季氏做宰臣时，请教先生怎样治理政事。先生说：“先从有关主管着手，赦免别人小的过失，举用贤才。”

仲弓说：“怎么找到贤才并举用他呢？”先生说：“举用你所了解的人才。你不了解的人才，别人会舍弃不举用他们吗？”

【延伸】作为一个为政者，要充分认识到政权的结构性与层次性。例如，从为政的层次性来看，自己亲力亲为是一层，用人为政又是一层。值得一提的是，为政做事需要的是持之以恒地稳定，为政用人需要的则是持续不断地提升人才层次。

在13-01章中载：“子路问政。子曰：‘先之劳之。’请益。曰：‘无倦。’”这就是亲力亲为。

在06-14章中载："子游为武城宰。子曰：'女得人焉，尔乎？'曰：'有澹台灭明者，行不由径，非公事，未尝至于偃之室也。'"这就是用人为政。

○

○

〖13-03〗**子路曰："卫君待子而为政，子将奚先？"**

**子曰："必也正名乎！"**

**子路曰："有是哉，子之迂也！奚其正？"**

**子曰："野哉，由也！君子于其所不知，盖阙如也。名不正，则言不顺；言不顺，则事不成；事不成，则礼乐不兴；礼乐不兴，则刑罚不中；刑罚不中，则民无所措手足。故君子名之必可言也，言之必可行也。君子于其言，无所苟而已矣。"**

【注解】子路曰："卫君姬辄，谥号出公待子而为政，子将奚先？"

子曰："必也正名正名：辨正名分，使名实相符乎！"

子路曰："有是哉，子之迂也！奚其正？"

子曰："野粗野哉，由也！君子于其所不知，盖阙如阙如：缺失也。名不正，则言不顺；言不顺，则事不成；事不成，则礼乐不兴；礼乐不兴，则刑罚不中；刑罚不中，则民无所措放置手足。故君子名之必可言也，言之必可行也。君子于其言，无所苟而已矣。"

（［补充］"有是哉，子之迂也！奚其正？"古今多译为："真有到这地步了呀，先生您的迂腐！何必去正那名呀？"）

【译文】子路说："如果卫君等着先生去治理国政，先生将先做什么？"

先生说："必须要做的一定就是先辨正名分！"

子路说："现在的情况已经是这样了呀，先生要做的也太绕远了啊！那怎能正得过来呢？"

先生说："你好粗野呀，仲由！君子理应把他不知道的当成是自己的一种缺失啊。名分不符其实，说话就不顺于理；说话不顺于理，做事就做不成；做事做不成，礼乐就不得振兴；礼乐不得振兴，刑罚就不能得当；刑罚不能得当，民众就会手足无措。所以君子定下名分，就一定可以言之成理，言之成理就一定能实行。君子对自己所说的话，一定要一丝不苟才行啊。"

【延伸】权力结构的名正言顺是为政的正义基础。公元前493年，卫灵公去世，卫人立卫灵公之孙姬辄为卫君。这时，姬辄的父亲蒯聩从晋国返回，卫人不愿蒯聩继位，拒绝他入卫。由此，卫国的政治矛盾尖锐起来。

在07-15章中载："冉有曰：'夫子为卫君乎？'子贡曰：'诺。吾将问之。'入，曰：'伯夷、叔齐何人也？'曰：'古之贤人也。'曰：'怨乎？'曰：'求仁而得仁，又何怨？'出，曰：'夫子不为也。'"孔子认为卫君与其父亲争夺君位不是仁义之举——即使他有了卫君之名，也不可能有卫君之实。因此，孔子认为卫国的当务之急是解决这种名实不符的问题。

在12-11章中载："齐景公问政于孔子。孔子对曰：'君君，臣臣，父父，子子。'"孔子所说的正名，就是要理顺卫国君臣父子之间的关系。当然，卫君姬辄并没有让孔子帮助自己解决这一问题，以至公元前480年，其父蒯聩夺位，卫君姬辄被赶出卫国，而子路也在这场政变中身亡。

○

○

〖13-04〗**樊迟请学稼。子曰："吾不如老农。"请学为圃。曰："吾不如老圃。"**

**樊迟出。子曰："小人哉，樊须也！上好礼，则民莫敢不敬；上好义，则民莫敢不服；上好信，则民莫敢不用情。夫如是，则四方之民襁负其子而至矣，焉用稼？"**

【注解】樊迟请学稼种植五谷。子曰："吾不如老农。"请学为圃园圃，种植菜蔬瓜果。曰："吾不如老圃。"

樊迟出。子曰："小人哉，樊须也！上好礼，则民莫敢不敬；上好义，则民莫敢不服；上好信，则民莫敢不用情真实。夫如是，则四方之民襁音qiǎng。背婴儿的宽带或布兜负其子而至矣，焉用稼？"

【译文】樊迟向先生请求学习种庄稼。先生说："我不如老农。"樊迟又请求学习种菜。先生说："我不如老菜农。"

樊迟出去了。先生说："真没出息呀，这樊须！为政者好礼，民众就不敢不敬重礼仪；为政者好义，民众就不敢不服从道义；为政者好信，民众就不敢不诚实待人。如果做到这样，四方的民众就会背着他们的孩子蜂拥而至了，哪用得着自己种庄稼呢？"

【延伸】为政决定着社会权力的归属问题，因而也成为解决其他社会问题的关键。在任何一个社会，食物都是一种最基础的需求。但在阶级社会中，最接近食物生产的劳动者，社会地位反而低下，他们对社会的影响也微弱。如果不从当权者的思想处做出改变，不管生产多少粮食，都满足不了当权者的贪婪。

在12-07章中载：“子贡问政。子曰：‘足食，足兵，民信之矣。’子贡曰：‘必不得已而去，于斯三者何先？’曰：‘去兵。’子贡曰：‘必不得已而去，于斯二者何先？’曰：‘去食。自古皆有死，民无信不立。’”孔子认为在国家形态中，信仰对人的重要性要大于食物对人的重要性。

在15-32章中，有“君子谋道不谋食。耕也，馁在其中矣；学也，禄在其中矣。君子忧道不忧贫”一语。所以，当樊迟谋食时，孔子便批评他的思想方向有问题，因为要想改变民生，关键还在于改变为政形态。如果做一个好的为政者，可以使一方民众过上好生活；如果做一个好农圃，在为政者横征暴敛下，连饥饿都摆脱不了。

孔子这种将信仰、仁义，乃至为政置于人类社会首要地位的思想，对中国文化产生了深刻的影响。

○

○

〖13-05〗**子曰：“诵《诗》三百，授之以政，不达；使于四方，不能专对；虽多，亦奚以为？”**

**【注解】** 子曰：“诵《诗》三百，授交给之以政，不达通达；使于四方，不能专专指，针对对应对；虽多，亦奚以为？”

（［补充］专对，古今多解释为：独自应对。）

**【译文】** 先生说：“熟读《诗经》三百篇，让他处理政事，却不会妥善应对；让他出使他国，却不能恰当应对；虽然书读得多，又有什么用处呢？”

**【延伸】**本章论述为政理论与为政实践之间的关系。为政需要为政的理论，为政的理论还需要转化为具体的方法。将《诗经》变成为政的理论，再转化为具体的方法，才可以用于为政；否则，《诗经》只是《诗经》，可以这样，可以那样，就是不可以为政。

在02-02章中，有“诗三百，一言以蔽之，曰：‘思无邪。’”一语。学诗在于正思，如果思想端正了，为政就可能明辨是非，做事就可能通达便利，出使四方就可能不辱使命。

在03-08章中载：“子夏问曰：‘“巧笑倩兮，美目盼兮，素以为绚兮。”何谓也？’子曰：‘绘事后素。’曰：‘礼后乎？’子曰：‘起予者商也！始可与言《诗》已矣。’”这讲的是一个对《诗经》学习、思考并领悟到精髓的例子。

○

○

〖13-06〗**子曰：“其身正，不令而行；其身不正，虽令不从。”**

**【译文】**先生说：“自身端正，不用下命令人也听话；自身不正，虽然下达命令，人也不听。”

**【延伸】**为政就是带领他人去推动社会的发展，只有他人对为政者言听计从，为政者才可能达到其为政的目的，完成其为政的使命。

在13-13章中，有“苟正其身矣，于从政乎何有？不能正其身，如正人何”一语。为政者自身不正，是失政的根本原因。

在12-17章中，有“政者，正也。子帅以正，孰敢不正”一语。在孔子看来，为政的基本要素就是正。

○

○

〖13-07〗**子曰：“鲁、卫之政，兄弟也。”**

【译文】先生说：“鲁、卫两国的政事，就像是兄弟一样。”

【延伸】国与国之间的关系，可以类比于人与人之间的关系。

鲁国，周公的封地。卫国，康叔的封地。周公与康叔是兄弟，他们的封国在名义上便是兄弟之国。在孔子看来，为政者应该使这两国的关系在实际上也亲如兄弟。

在12-05章中载：“司马牛忧曰：‘人皆有兄弟，我独亡。’子夏曰：‘商闻之矣：死生有命，富贵在天。君子敬而无失，与人恭而有礼。四海之内，皆兄弟也。君子何患乎无兄弟也？’”相互恭敬，国与国都可以成为兄弟之邦。

○

○

〖13-08〗**子谓卫公子荆：“善居室。始有，曰：‘苟合矣。’少有，曰：‘苟完矣。’富有，曰：‘苟美矣。’”**

【句读新校】子谓卫公子荆：“善居。室始有，曰：‘苟合矣。’少有，曰：‘苟完矣。’富有，曰：‘苟美矣。’”

【注解】子谓卫卫国公子荆卫国大夫："善居。室始有，曰：'苟差不多合足矣。'少有，曰：'苟完矣。'富有，曰：'苟美矣。'"

【译文】先生评价卫公子荆说："他善于生活，家中刚有点财产，便说：'差不多够用了。'稍有增加，便说：'差不多完备了。'富有时，便说：'差不多完美了。'"

【延伸】为政者如何衡量自己正不正？这个问题可以从生活细节中予以说明，因为生活中的表现与为政的表现在本质上是一致的。生活态度端正的人其为政态度也会端正。例如，一个生活上寡欲知足的人，当他为政时，他不可能利用权力谋取私利。不贪婪不腐败的人，为政怎么可能不公正呢？

在01-15章中载："子贡曰：'贫而无谄，富而无骄，何如？'子曰：'可也。未若贫而乐，富而好礼者也。'"贫有贫的正，富有富的正，都可以正，都是以正为政的合适人选。

在04-05章中，有"富与贵，是人之所欲也；不以其道得之，不处也。贫与贱，是人之所恶也；不以其道得之，不去也"一语。在本章中，卫公子荆"以道得之，以道处之"，过上了完备的、完美的生活。

○

○

〖13-09〗**子适卫，冉有仆。子曰："庶矣哉！"冉有曰："既庶矣，又何加焉？"曰："富之。"曰："既富矣，又何加焉？"曰："教之。"**

【注解】子适卫，冉有仆驾车。子曰："庶支庶，支出繁盛，这里指人口繁盛矣哉！"

冉有曰："既庶矣，又何加焉？"曰："富之。"

曰："既富矣，又何加焉？"曰："教之。"

【译文】先生去到卫国，冉有驾车。先生说："卫国的人口真多呀！"

冉有说："有了人口，还要做什么？"先生说："使他们富裕。"

冉有说："富裕了以后还要做什么？"先生说："教育他们。"

【延伸】为政的最高形式是教育。繁衍人类、丰富物质都只是社会发展的条件，文明才是人类最终想要的结果，而教育又是文明的根本。

在07-25章中，有"子以四教：文、行、忠、信"一语。以文、行、忠、信这些内容来教育人，整个社会才可能会成为一个文、行、忠、信的社会。

○

○

〖13-10〗**子曰："苟有用我者，期月而已可也，三年有成。"**

【注解】子曰："苟有用我者，期音jī月期月：一周年而已可也，三年有成。"

【译文】先生说："如果有人用我执政，十二个月后就会令他满意，三年可获得成功。"

【延伸】本章论述为政才能与权力的错位。对仁义的认识越深刻，为政就显得越容易，但社会权力的世袭继承大大降低了仁义为政的可能性，而权力世袭导致的腐败对仁义又有着天然的排斥性。所以，仁义的施行不可能在社会中广泛流行，只能在很狭隘的范围内缓缓地传播。

在17-07章中载："佛肸召，子欲往。子路曰：'昔者由也闻诸夫子曰："亲于其身为不善者，君子不入也。"佛肸以中牟畔，子之往也，如之何？'子曰：'然有是言也："不曰坚乎？磨而不磷。不曰白乎？涅而不缁。"吾岂匏瓜也哉？焉能系而不食？'"天下无道，最明显的表现就是仁义为政的渠道全被封堵了。

在06-12章中载："冉求曰：'非不说子之道，力不足也。'子曰：'力不足者，中道而废今女画。'"仁义之道不得施行，甚至仁义之道不能容于现实，基于此，我们对于冉求的退而求其次也就好理解了。

○

○

**〖13-11〗子曰："'善人为邦百年，亦可以胜残去杀矣。'诚哉是言也！"**

【注解】子曰："'善人为邦百年，亦可以胜残残暴去杀杀戮矣。'诚哉是言也！"

【译文】先生说："'善人治理邦国一百年，也可以降服残暴消除杀戮了。’这是真话啊！”

【延伸】本章论述为政的持续性。给一个善人为邦的权力，并让他将善的思想普及整个社会，他也必须持续不断地将善的教育推广百年以上，这样才有可能将善的思想根深蒂固地注入所有人的思想中。

在09-26章中，有“三军可夺帅也，匹夫不可夺志也”一语。思想的灌输，是件很费时间的事。

○

○

〖13-12〗**子曰：“如有王者，必世而后仁。”**

【注解】子曰：“如有王者，必世世袭而后仁。”

（［补充］世，古今多解释为：三十年为一世。必世而后仁，古今多解释为：必须三十年才能使仁政大行天下。）

【译文】先生说：“即使有王者，也必须累世不动摇而后才能实现仁的社会。”

【延伸】本章论述为政内容的一贯性。圣人为政的仁义思想如果不能累世贯彻下去，也只能是将仁政推行一时；如果是几代王者持续不断地推行仁政，就可能使社会进入仁的时代。

在19-22章中载：“卫公孙朝问于子贡曰：‘仲尼焉学？’子贡曰：‘文武之道，未坠于地，在人。贤者识其大者，不贤者识其小者。莫不有文武之道焉。夫子焉不学？而亦何常师之有？’”文武之道虽然未坠于地，但后世君王如果不学，文武之道也会衰落，向仁义前进的社会也会重回险恶之境。

○

○

〖13-13〗**子曰："苟正其身矣，于从政乎何有？不能正其身，如正人何？"**

【注解】子曰："苟假如正其身矣，于从政乎何有？不能正其身，如正人何？"

**【译文】**先生说："如果自身端正了，那么治理政事还有什么困难呢？不能端正自身，如何端正他人呢？"

**【延伸】**王者能为仁，在于自身正。对任何一个为政者来说，端正自身不仅提高了自身素质，而且还可以轻松面对自己的职责。

在01-14章中，有"君子食无求饱，居无求安，敏于事而慎于言，就有道而正焉，可谓好学也已"一语。正其身就是向着道的方向努力。

在02-21章中载："或谓孔子曰：'子奚不为政？'子曰：'《书》云："孝乎惟孝？友于兄弟。"施于有政，是亦为政，奚其为为政？'"孔子虽然不能直接为政，但他通过端正自己，不仅影响了周围的普通人，也影响了那些高高在上的为政者，更影响了历史上一代又一代的人们。

○

○

〖13-14〗**冉子退朝。子曰：“何晏也？”对曰：“有政。”子曰：“其事也。如有政，虽不吾以，吾其与闻之。”**

【注解】冉子退朝。子曰：“何晏晚也？”对曰：“有政。”子曰：“其事也。如有政，虽不吾以用，吾其与给闻之。”

（［补充］与，古今多解释为：参与。）

【译文】冉子退朝回来。先生说：“为何这么晚啊？”冉子回答说：“有政事耽搁了。”先生说：“那叫家事。如果有政事，虽不把我的意见当回事，也肯定会让我听听的！”

【延伸】为政之正，首先是立场正确。家与国的利益有重合的部分，也有不可重合的部分。利益不同，立场也会不同。各自为政，也不可行，必须以一方为正，才能使家国利益取得一致。在孔子看来，家事叫事，国事叫政，家事从属国政，国政决定家事，孔子把这两种情况分开，再一次阐明了正的含义。

在13-03章中，有“君子于其言，无所苟而已矣”一语。孔子将政事与家事分开，表面上看，像咬文嚼字，实际上是一针见血地指出了家国颠倒的为政陷阱。也就是说，作为一个为政者，在为个人服务的时候，要明白自己是在为个人服务。如果一个人能保持这种清醒的头脑，就能守住公正的底线；如果他把这种社会扭曲的结果当作自己心甘情愿的选择，就会陷入私利的陷阱。

○

○

〖13-15〗**定公问："一言而可以兴邦，有诸？"**

**孔子对曰："言不可以若是其几也。人之言曰：'为君难，为臣不易。'如知为君之难也，不几乎一言而兴邦乎？"**

**曰："一言而丧邦，有诸？"**

**孔子对曰："言不可以若是其几也。人之言曰：'予无乐乎为君，唯其言而莫予违也。'如其善而莫之违也，不亦善乎？如不善而莫之违也，不几乎一言而丧邦乎？"**

【注解】定公问："一言而可以兴邦，有诸？"

孔子对曰："言不可以若像是其几几近也。人之言曰：'为君难，为臣不易。'如知为君之难也，不几几近乎一言而兴邦乎？"

曰："一言而丧邦，有诸？"

孔子对曰："言不可以若是其几也。人之言曰：'予无乐音lè乎为君，唯其言而莫予违也。'如其善而莫之违也，不亦善乎？如不善而莫之违也，不几乎一言而丧邦乎？"

【译文】定公问："一言而可以兴邦，有这事吗？"

先生答道："话不可能有如此效果，那只是接近啊。有句话叫：'为君难，为臣不易。'如果因这句话而知道为君的难处，那不就相当于因一言而兴邦了吗？"

定公说："一言而丧邦，有这事吗？"

先生答道："话不可能有如此效果，那只能是近似啊。有句话叫：'我不喜欢当国君，只是为了我说话而没人反对。'如果说得对而没人反对，不也挺好吗？如果说不对而没人反对，不就相当于一言而丧邦了吗？"

**【延伸】**一个国家中最大的为政者是国君，国君们在主观上也有兴邦的愿望，但客观上他们并不具备丰富的知识，他们总是寄希望于一些技巧性的手段或一两句口号。面对这些国君，孔子除了循循善诱外还是循循善诱。

在19-20章中，有"纣之不善，不如是之甚也。是以君子恶居下流，天下之恶皆归焉"一语。作为一国之君，更该努力向善。

○

○

## 〖13-16〗叶公问政。子曰："近者说，远者来。"

**【译文】**叶公问怎样治理政事。先生说："近处的人喜悦，远处的人愿来。"

**【延伸】**本章从为政效果反推该如何为政。"近者说，远者来"既是一个为政的标准，又是一个为政的目标，照此为政，即使昏庸的为政者也容易和民众一起形成向善的合力。

在12-02章中载："仲弓问仁。子曰：'出门如见大宾，使民如承大祭。己所不欲，勿施于人。在邦无怨，在家无怨。'仲弓曰：'雍虽不敏，请事斯语矣。'"以孔子推崇的这种态度为政，是一定能做到"近者说、远者来"的。

○

○

〖13-17〗**子夏为莒父宰，问政。子曰："无欲速，无见小利。欲速则不达，见小利则大事不成。"**

【注解】子夏为莒音jǔ父鲁邑名宰，问政。子曰："无欲速，无见小利。欲速则不达，见小利则大事不成。"

【译文】子夏做莒父的宰官，问先生怎样治理政事。先生说："不求速度，不图小利。求速度反而不能达到目的，图小利会毁了大事。"

【延伸】谈到"近者说、远者来"，人们自然会想到利益对人的吸引力。孔子反对以利益刺激达成为政目的，因为以利益刺激达成目的的手段是卑鄙的、短视的，只会招来小人、埋下祸根，后果就是一番热闹、一地鸡毛。

在06-13章中，有"女为君子儒，无为小人儒"一语。小人儒只会看小利，而且容易急功近利，尽管小人儒眼中的小利，可能也并非私利，但只要从利出发，就会导致大事不达。

在04-16章中，有"君子喻于义，小人喻于利"一语。在孔子看来，利再大也大不过义，君子儒注重的就应该是义。为政者一旦从利益出发考虑问题，哪怕是利国利民，都从根本上丧失了为政的正义性。至于急功近利，那只不过是一个错误势必会带来的另一个错误。

在15-34章中，有"君子不可小知而可大受也，小人不可大受而可小知也"一语。无见小利并不是无视小利，只是提醒君子应该放开眼光，让小利服从大义。

○

○

〖13-18〗**叶公语孔子曰："吾党有直躬者，其父攘羊，而子证之。"孔子曰："吾党之直者异于是。父为子隐，子为父隐，直在其中矣。"**

【注解】叶公语孔子曰："吾党有直躬直躬：以直道立身者，其父攘盗窃羊，而子证告发之。"孔子曰："吾党之直者异于是。父为子隐，子为父隐，直在其中矣。"

【译文】叶公对先生说："我们这里有以直道立身的人，他父亲偷羊，他作为儿子告发了此事。"先生说："我们这里以直道立身的人不同于你所说的。父亲为儿子隐瞒，儿子为父亲隐瞒，直道就在其中呢！"

【延伸】为政固然应该以正义为核心，但利害关系总会如影随形般给正义带来困扰，使人在利益的权衡中放弃了对正义的维护。一般来说，正来自直，直来自事物的本质。一个人对事物的本质认识到了，直就有了依据，而正也因此有了依据。例如，父子关系的本质决定了父应该为子隐，子应该为父隐，而所谓直，指的就是这种应该。对个人而言，该改正就改正；对社会而言，不该扭曲的也最好不要扭曲。作为一个为政者，坚持这样一个原则是很重要的。

在04-05章中，有"君子去仁，恶乎成名君子，无终食之间违仁，造次必于是，颠沛必于是"一语。君子不违于仁，所以宁可自己造次，也不应该"证父攘羊"。

在07-31章中，有"丘也幸，苟有过，人必知之"一语。明过易知，暗过难觉——宁犯明过，不犯暗过。

○

○

〖13-19〗**樊迟问仁。子曰："居处恭，执事敬，与人忠。虽之夷狄，不可弃也。"**

【注解】樊迟问仁。子曰："居处恭谦恭，执事敬认真，与人忠。虽之夷泛指东方各民族狄泛指北方各民族，不可弃也。"

【译文】樊迟问怎样才是仁。先生说："平常在家态度要谦恭，做事要诚敬，对人要忠厚。即使去了夷狄之邦，这些品格也不要丢。"

【延伸】作为为政者，个人素质很重要。仁作为一种精神，不可能被人直接看到，只能被推想。在本章中，孔子提供了仁的三方面表现让樊迟去反推其仁，就是这个道理。居处恭是仁对己而言的，执事敬是仁对事而言的，与人忠是仁对人而言的，而且无论在何地、对何事、与何人，都一概如此。因为只有仁才会有这样的表现，所以反过来就可以得出这样的结论：以这种表现为政，其结果就是仁政。

在12-22章中载："樊迟问仁。子曰：'爱人。'"恭、敬、忠的基础还在于爱人。

○

○

〖13-20〗**子贡问曰："何如斯可谓之士矣？"子曰：**

**“行己有耻，使于四方，不辱君命，可谓士矣。”**

**曰：“敢问其次。”曰：“宗族称孝焉，乡党称弟焉。”**

**曰：“敢问其次。”曰：“言必信，行必果，硁硁然小人哉！抑亦可以为次矣。”**

**曰：“今之从政者何如？”子曰：“噫！斗筲之人，何足算也！”**

【注解】子贡问曰：“何如斯可谓之士矣？”子曰：“行己有耻，使于四方，不辱君命，可谓士矣。”

曰：“敢问其次。”曰：“宗族称孝焉，乡党称弟焉。”

曰：“敢问其次。”曰：“言必信，行必果，硁音kēng硁硁硁：形容浅陋固执然小人哉！抑亦可以为次矣。”

曰：“今之从政者何如？”子曰：“噫！斗秦制，十升一斗筲音shāo。楚制，五升一筲。斗筲：指器量狭小的人之人，何足算也！”

【译文】子贡问：“怎样就算士了呢？”先生说：“做自己的事时有耻知止，出使四方时不辱使命，就可以称得上士了。”

子贡说：“请问次一等的是怎样。”先生说：“宗族称赞他孝，乡党称赞他悌。”

子贡说：“请问再次一等的是怎样。”先生说：“言出必信，行必有果，这是不管是非曲直的固执小人！或许也可以算作再次一等的士吧。”

子贡说：“当今的执政者们怎么样呢？”先生说：“噫！像斗筲那样器量小的人，哪能算啊！”

【延伸】士，就其现实的社会地位而言，是指有资格为政的人；就其理想的个人状态而言，是指有素质可以做表率的人。就社会需要而言，为政者应该选用有资格之士中的有能力之士为政，但在当时，这种士中之士是难以进入为政者行列的。这是因为对士来说，至少要做到言必信、行必果，但对当时的从政者来说，他们并不重视利用发言权发言或者利用施政权施政，他们喜欢的是利用发言权美化自己、利用施政权聚敛财富，因而也只有那些斗筲之士才更容易进入为政者行列。

在13-02章中载：“仲弓为季氏宰，问政。子曰：‘先有司，赦小过，举贤才。’”要想在为政上有所作为，最重要的就是将那些优秀之士吸收进为政者的行列。

在18-07章中，有“不仕无义。长幼之节，不可废也；君臣之义，如之何其废之？欲洁其身，而乱大伦。君子之仕也，行其义也。道之不行，已知之矣”一语。作为一名优秀的士，虽然为政不易，也应该努力去从政。

○

○

**〖13-21〗子曰：“不得中行而与之，必也狂狷乎！狂者进取，狷者有所不为也。”**

【注解】子曰：“不得中行而与之，必也狂指欲望强烈之人狷指孤洁之人乎！狂者进取，狷者有所不为也。”

（［补充］与之，古今多解释为：与之交往。“不得中行而与之，必也狂狷乎！”古今多译为：“不能与言行合乎中道的人交往，那就交往狂狷的人吧！”）

【译文】先生说："不正常行事也会被人赞许的，一定是狂狷之士吧！狂热者勇于进取能不断尝试，狷介者善于恪守能有所不为。"

【延伸】有一种士在本质上与其他士没有差别，只是在言行和个性上特立独行，这就是狂狷之士。狂狷之士对为政的态度也比较特别，有的激进，有的保守。

在06-18章中，有"质胜文则野，文胜质则史。文质彬彬，然后君子"一语。质胜文之士易狂，文胜质之士易狷，中规中矩、文质彬彬的君子形象，是士的理想形象。

○

○

〖13-22〗**子曰："南人有言曰：'人而无恒，不可以作巫医。'善夫！"**

**"不恒其德，或承之羞。"子曰："不占而已矣。"**

【句读新校】子曰："南人有言曰：'人而无恒，不可以作巫医。'善夫'不恒其德，或承之羞'。"子曰："不占而已矣。"

【注解】子曰："南人有言曰：'人而无恒，不可以作巫巫祝医医治。作巫医：用巫祝的方式来行医。'善夫'不恒其德，或承之羞'。"子曰："不占而已矣。"

（［补充］"人而无恒，不可以作巫医。"古今多译为："人没有恒心，是不可以成为巫医的。"）

【译文】先生说："南方人有句话说：'人而无恒，不可以作巫医。'这和那《易经》中所说的'不恒其德，或承之羞'说得一样好啊。"先生说："无恒心就不要去占卜了。"

【延伸】人而无恒，做巫医没疗效；不恒其德，只会承之以羞。为政也一样，没有恒心，不会有所成果；不顾德行，只会自取其辱。

在07-26章中，有"亡而为有，虚而为盈，约而为泰，难乎有恒矣"一语。想要做个有恒的人，就要避免亡而为有、虚而为盈、约而为泰时的冲动。

在04-04章中，有"苟志于仁矣，无恶也"一语。志于仁就是恒其德，恒其德，则无论占卜还是为政，都会有所收获。

"不恒其德，或承之羞"出自《易经·恒卦》，译为："不坚持自己的德行，就可能会承受羞耻。"

○

○

**〖13-23〗子曰："君子和而不同，小人同而不和。"**

【注解】子曰："君子和和谐而不同趋同，指盲目附从，小人同而不和。"

【译文】先生说："君子行事讲究和谐但不盲目附从，小人盲目附从却不能和谐。"

【延伸】为政是一种协调各方面力量使之一起致力于某项目标的行为，而不应该成为某一方面力量消灭或控制其他力量的手段。

在01-12章中，有“礼之用，和为贵”一语。礼能使人际关系变得和美。君子知礼、守礼，与他人即使意见相左也不会上升为情感上的矛盾，这就是君子之和；小人不能用礼获得和平，便用利的增减来协调矛盾，这就是小人之和。

在02-14章中，有“君子周而不比，小人比而不周”一语。君子和而不同是因为周，小人同而不和是因为比。

○

○

〖13-24〗**子贡问曰：“乡人皆好之，何如？”子曰：“未可也。”**

**“乡人皆恶之，何如？”子曰：“未可也。不如乡人之善者好之，其不善者恶之。”**

**【注解】** 子贡问曰：“乡人皆好喜欢之，何如？”子曰：“未可也。”

“乡人皆恶厌恶之，何如？”子曰：“未可也。不如乡人之善者好之，其不善者恶之。”

（［补充］本章古今多译为：“子贡问道：‘一乡之人都喜欢他，这个人怎么样呢？’先生说：‘不可就此肯定他好。’子贡又问：‘一乡之人都厌恶他，这个人怎么样呢？’先生说：‘不可就此肯定他坏。最好是乡人中的善人都喜欢他，不善的人都厌恶他。’”）

**【译文】** 子贡问道：“乡人们都喜欢的，如何？”先生说：“还不行啊。”

“那乡人们都讨厌的，如何？”先生说：“也不行啊。不如乡人中善的人喜欢它，不善的人讨厌它。”

【延伸】本章以政策的制定与实施为例，进一步阐明了君子和而不同的思想原则。

在15-28章中，有“众恶之，必察焉；众好之，必察焉”一语。为政的结果最终取决于政策及其实施，对于大家都喜欢的，不需要再制定政策去引导；对于大家都厌恶的，也不需要再制定政策去制止。只有那些善者喜欢而不善者不喜欢的，才有必要制定政策并实施。

在04-05章中，有“富与贵，是人之所欲也；不以其道得之，不处也。贫与贱，是人之所恶也；不以其道得之，不去也”一语。富贵，人人都喜欢，但倡导富与贵，不善之人会更加不善；贫贱，人人讨厌，但摈弃贫与贱，善人也会变得不善。所以，不如提倡正道而摈弃不道，善人因为喜欢正道会更加向善，不善之人虽然不喜欢正道但也能向善。

○

○

〖13-25〗**子曰：“君子易事而难说也。说之不以道，不说也。及其使人也，器之。小人难事而易说也。说之虽不以道，说也。及其使人也，求备焉。”**

【注解】子曰：“君子易事而难说也。说之不以道，不说也。及其使人也，器之器之：指根据各人才器合理使用。小人难事而易说也。说之虽不以道，说也。及其使人也，求备完备焉。”

【译文】先生说：“君子事奉起来容易而取悦他就难了。取悦他而不符合道，他是不会高兴的。但等他用人时，总能量才使用。小人事奉起来困难而取悦他就容易了。取悦他时虽不符合道，他也高兴。但等他用人时，又会求全责备。”

【延伸】为政就要用人，用人不仅要看用什么样的人，更要看什么人用人。在本章中，孔子对君子和小人用人做事的方式进行了生动地刻画，犹如给用人者竖了一面镜子，立了一块牌子，让人一眼就能从自己的用人方式看出自己是哪种人。

在13-23章中，有“君子和而不同，小人同而不和”一语。君子和，所以易于事奉；君子不同，所以难以取悦。小人则相反。

在02-14章中，有“君子周而不比，小人比而不周”一语。周则能量才使用，不比则不求全责备。小人则相反。

○

○

〖13-26〗**子曰：“君子泰而不骄，小人骄而不泰。”**

【注解】子曰：“君子泰安泰而不骄骄横，自傲，小人骄而不泰。”

【译文】先生说：“君子安泰而不骄横，小人骄横而不安泰。”

【延伸】君子在上位，德位相符，不以上位为上位，所以泰而不骄；小人在上位，德不配位，仍以上位为上位，所以骄而不泰。

在14-23章中，有“君子上达，小人下达”一语。君子胸怀全局，所以自己总觉处于下，在下就不会骄横；小人以局部为务，所以自己总觉居于上，居上就难以安泰。

○

○

**〖13-27〗子曰："刚、毅、木、讷近仁。"**

【译文】先生说："刚强、果敢、质朴、慎于言语，具备这四者的人接近于仁。"

【延伸】刚是指曲直中取直，毅是指远近中取远，木是指情义中取义，讷是指言行中取行，这四种取向都指向了仁。

在08-07章中，有"士不可以不弘毅，任重而道远。仁以为己任，不亦重乎？死而后已，不亦远乎"一语。这说的就是刚毅。

在04-24章中，有"君子欲，讷于言而敏于行"一语。这说的就是木讷。

○

○

**〖13-28〗子路问曰："何如斯可谓之士矣？"子曰："切切偲偲，怡怡如也，可谓士矣。朋友切切偲偲，兄弟怡怡。"**

【注解】子路问曰："何如斯可谓之士矣？"子曰："切切偲音cāi。才华偲才能，怡音yí。怡悦怡怡乐如的样子也，可谓士矣。朋友切切偲偲，兄弟怡怡。"

（［补充］"切切偲偲，怡怡如也"，古今多解释为："相互批评勉励，和和气气"。）

【译文】子路问道："怎样就可以称作士了呢？"先生说："情感恳切、才华横溢，怡然自得，就可以称为士了。和朋友在一起时，恳切而多思，和兄弟在一起时怡然自得。"

【延伸】士有粗犷的一面，也有儒雅的一面；有担当苦难的一面，也有享受欢愉的一面。

在12-24章中，有"君子以文会友，以友辅仁"一语。士不孤独，有真心朋友。

在07-04章中，有"子之燕居，申申如也，夭夭如也"一语。士不苦闷，活得很自在。

○

○

〖13-29〗子曰："善人教民七年，亦可以即戎矣。"

【注解】子曰："善人教民七年七年：在《经法》中有"一年从其俗，二年用其德，三年而民有得，四年而发号令，五年而以刑正，六年而民畏敬，七年而可以正"一语，亦可以即靠近，就戎兵戎，指军队、战争等矣。"

【译文】先生说："善人教导民众七年，也可以进行征战了。"

【延伸】为政中比较特殊的一个方面就是军事，军事是社会安全的保证。只有在善人的教导下，才会将一个平民训练为真正的战士，才会为国家缔造出一支真正的军队。

在17-23章中载："子路曰：'君子尚勇乎？'子曰：'君子义以为上，君子有勇而无义为乱，小人有勇而无义为盗。'"善人以道义教民，民就不仅有勇而且有义。

○

○

〖13-30〗**子曰：“以不教民战，是谓弃之。”**

【译文】先生说：“将不经过教导和训练的民众投入战争，这可说是抛弃他们。”

【延伸】为政者最糟糕的战争策略就是将没有思想觉悟的民众投入战争中，其结果不是因为自己的愚昧无知而被入侵之敌迅速消灭，就是因为自己野蛮残暴的侵略而被反抗者最终消灭。

在07-25章中，有“子以四教：文、行、忠、信”一语。教育是提高国民整体素质的必由之路，而战争其实就是两个社会群体间文明程度的较量。

# 宪问篇第十四

本篇共计四十四章，以修身为讨论的核心，以个人对社会的适应为线索，围绕人在心理因素、思想观念、价值体系、行为能力等方面的完善展开讨论。本篇首先讨论个人的心理及其外在表现，其次讨论个人的能力及其提升之路，接着讨论个人的行为及其背后的实质，继而讨论个人的学习及其思想进展，然后讨论个人对天命的认识及顺从，最后讨论个人的自知及知人。

一个人随时随地表现出来的判断及抉择能力，都是其学习与思考的结果。勤学善思的人，容易做到判断清晰、抉择正确，这也使得其能更快地实现愿望，完成使命。

○

○

〖14-01〗**宪问耻。子曰："邦有道，谷。邦无道，谷，耻也。"**

**"克、伐、怨、欲不行焉，可以为仁矣？"子曰："可以为难矣，仁则吾不知也。"**

【注解】宪问耻。子曰："邦有道，谷指当官领取食禄。邦无道，谷，耻也。"

"克、伐、怨、欲不行焉，可以为仁矣？"子曰："可以为难灾难矣，仁则吾不知也。"

（［补充］伐，古今多解释为：自伐，自夸。难，古今多解释为：难能可贵。"邦有道，谷。邦无道，谷，耻也。"古今多译为："邦国有道，可以当官。邦国无道，当官是可耻的。""'克、伐、怨、欲不行焉，可以为仁矣？'子曰：'可以为难矣，仁则吾不知也。'"古今多译为："原宪又问：'好胜、自夸、怨恨、贪欲，这些不再有，就可以称之为仁了吧？'先生说：'可以说难能可贵了，至于是否是仁，我就不知道了。'"）

【译文】原宪问什么是耻辱。先生说："邦国有道，当官领取食禄是光荣的。邦国无道，当官领取食禄，就是耻辱啊。"

原宪说："征服、讨伐、仇怨、纵欲这些事不去做，就可以成仁了吗？"先生说："可能会造成灾难。至于成仁，那我就不知道了。"

【延伸】修身当从知耻开始。耻辱感是维持操守的一种力量。所谓无道之邦，就是指国家的当权者寡廉鲜耻。因此在无道之邦为政，首先自己要深以为耻，然后使他人知耻而后勇，从而改变无道的局面。

修身是一件严肃认真的事，任何天真的想法都会导致灾难性的后果。如果消除了克、伐、怨、欲这些心理，人或许会变得平静，但同时也丧失了积极进取的动力，这样就只能任由命运摆布了，还何谈成仁呢？克、伐、怨、欲作为一种心理调节功能，本身和仁并没有关系，强行消除自己克、伐、怨、欲的功能，不仅不能使人成仁，还可能使人陷入灾难。

在04-09章中，有“士志于道，而耻恶衣恶食者，未足与议也”一语。对不可耻的事物觉得可耻，就叫不知耻。

在08-13章中，有“邦有道，贫且贱焉，耻也；邦无道，富且贵焉，耻也”一语。对可耻的事物感到可耻，就叫知耻。

在02-03章中，有“道之以政，齐之以刑，民免而无耻。道之以德，齐之以礼，有耻且格”一语。民众的无耻或有耻来源于为政者的无耻或有耻。有耻且格的为政者道之以德、齐之以礼，民众也会有耻且格；无耻的为政者道之以政、齐之以刑，民众就会免而无耻。

在12-01章中，有“克己复礼为仁”一语。不要克，就成不了仁。

在14-21章中载：“陈成子弑简公。孔子沐浴而朝，告于哀公曰：‘陈恒弑其君，请讨之。’”没有讨，体现不了仁。

在14-34章中载：“或曰：‘以德报怨，何如？’子曰：‘何以报德？以直报怨，以德报德。’”不去怨，也不可能直。

在07-30章中，有“仁远乎哉？我欲仁，斯仁至矣”一语。失去欲，也来不了仁。

○

○

〖14-02〗**子曰："士而怀居，不足以为士矣。"**

【译文】先生说："士如果怀恋安居的生活，就不足以称为士了。"

【延伸】修身不等于养身。士有士的使命，如果家庭生活成为士的重心，士的使命就可能被抛诸脑后了。

在08-07章中，有"士不可以不弘毅，任重而道远。仁以为己任，不亦重乎？死而后已，不亦远乎"一语。贪图安居的人，怎么能以仁为己任，死而后已呢？

○

○

〖14-03〗**子曰："邦有道，危言危行；邦无道，危行言孙。"**

【注解】子曰："邦有道，危高远言危行；邦无道，危行言孙通"逊"。"

（［补充］危，古今多解释为：正，直。）

【译文】先生说："国家有道，高调说话高调行事；国家无道，高调行事低调说话。"

【延伸】人总要受到环境的制约，所以人的言行一定要符合环境，既要有原则性，又要有灵活性。

在15-07章中，有“直哉史鱼！邦有道，如矢；邦无道，如矢。君子哉蘧伯玉！邦有道，则仕；邦无道，则可卷而怀之”一语。邦有道，就投身道义的事业，高调做事，对道义进行广泛而深刻的宣传；邦无道，就保存道义的火种，默默做事，不与无道作无谓的争论。

○

○

**〖14-04〗子曰：“有德者必有言，有言者不必有德。仁者必有勇，勇者不必有仁。”**

【注解】子曰：“有德者必有言指符合德行的言论，有言者不必有德。仁者必有勇，勇者不必有仁。”

【译文】先生说：“有德的人必定有正确言论，有正确言论的人不一定有德。有仁的人必定有勇，有勇的人不一定有仁。”

【延伸】修身不是修如何会说、如何有勇，而是修德、修仁。有德的人能够体验到德，所以他能说出符合德的言辞。有仁的人能够体验到仁，所以他能产生符合仁的勇气。

在11-21章中，有“论笃是与，君子者乎？色庄者乎”一语。以言论判断人，是判断不了的。

在17-23章中载：“子路曰：‘君子尚勇乎？’子曰：‘君子义以为上，君子有勇而无义为乱，小人有勇而无义为盗。’”以勇判断人，也判断不了。

○

○

〖14-05〗**南宫适问于孔子曰："羿善射，奡荡舟，俱不得其死然。禹、稷躬稼而有天下。"夫子不答。**

**南宫适出，子曰："君子哉若人！尚德哉若人！"**

**【注解】** 南宫适姓南宫，名括，一名适，字子容，孔子侄女婿问于孔子曰："羿音yì。人名，传说是夏代有穷国的君主善射，奡音ào。人名，传说为寒浞的儿子荡舟荡舟：指以舟师冲锋陷阵，俱不得其死然。禹大禹、稷后稷躬稼稼穑而有天下。"夫子不答。

南宫适出，子曰："君子哉若人！尚德哉若人。"

**【译文】**南宫适问先生道："羿擅长射箭，奡擅长水战，但他们都没得好死。禹、稷亲身耕作却拥有了天下。"先生没有答话。

南宫适走后，先生说："这个人是个君子呀！这个人能崇尚德行呀！"

**【延伸】**高超的技能和过人的勇力如不能配合仁德，也难有好结果；平凡的能力配合上仁德，也会有很好的结果。

在02-01章中，有"为政以德，譬如北辰居其所而众星共之"一语。为政主要靠德，而不靠善射、荡舟，也不靠稼穑。

在08-03章中载："曾子有疾，召门弟子曰：'启予足！启予手！《诗》云："战战兢兢，如临深渊，如履薄冰。"而今而后，吾知免夫！小子！'"小心谨慎还恐有灾殃，横行霸道更是自取灭亡。

○

○

〖14-06〗**子曰：“君子而不仁者有矣夫，未有小人而仁者也。”**

【注解】子曰：“君子而不仁仁德者有矣夫，未有小人而仁者也。”

（［补充］君子而不仁者有矣夫，古今多解释为：君子中没有仁德的人是有的。）

【译文】先生说：“是君子，但其在德行上却达不到仁的情况是有的；但从未有是小人却达到了仁的情况。”

【延伸】君子修仁尚且不易，小人修仁就更困难了。

在04-11章中，有“君子怀德，小人怀土；君子怀刑，小人怀惠”一语。作为小人想要向君子转变，应该从改变观念和情怀开始。

在04-04章中，有“苟志于仁矣，无恶也”一语。立志为仁，无论谁都会有很大的进步。

○

○

〖14-07〗**子曰：“爱之，能勿劳乎？忠焉，能勿诲乎？”**

【注解】子曰：“爱喜爱之，能勿不要劳操劳乎？忠忠于焉，能勿诲乎？”

（［补充］本章古今多译为：“先生说：‘爱他，能不让他参加劳动吗？忠于他，能不让他接受教诲吗？’”）

【译文】先生说："对于所爱，能不为之操劳吗？对于所忠，能不予以教诲吗？"

【延伸】君子不仁，主要还是因为一些观念没有转变。一般认为，喜欢谁就应该为谁付出辛劳，忠于谁就应该对谁予以教诲；但事实上，因为爱而操劳其实只是爱自己，因为忠而教诲其实也只是忠于自己。如果爱与劳之间、忠与诲之间没有了私欲，它们就没有了关系。所以，对待所爱，不要自私地去放纵；对待所忠，也不要自大地去限制。

在12-22章中载："樊迟问仁。子曰：'爱人。'"爱人基于知人，劳不劳还要看情况。

在07-02章中，有"默而识之，学而不厌，诲人不倦，何有于我哉"一语。默而识之，学而不厌，然后才能诲人不倦。诲人基于博学。

○

○

**〖14-08〗子曰："为命，裨谌草创之，世叔讨论之，行人子羽修饰之，东里子产润色之。"**

【注解】子曰："为制定命政命，裨谌音chén。郑国大夫草创草创：起草之，世叔郑国大夫讨论之，行人官名子羽郑国大夫修饰之，东里地名子产润色之。"

【译文】先生说："制定政命时，由裨谌起草，由世叔提出意见，由做行人的子羽进行修改加工，由东里子产进行润色。"

【延伸】政命的制定需要多道工序，修身也不可能一蹴而就。政命是为政者团队制定并执行的为政纲领，它直接反映了一个国家对道义的理解、表达与遵守。修身则是一个人对自己所做的人生规划，反映的是自己对道义的理解、表达与遵守。

在07-06章中，有“志于道，据于德，依于仁，游于艺”一语。任何一条政令的出炉都饱含着很多人的心血：不志于道者不足以草创，不据于德者不足以讨论，不游于艺者不足以修饰，不依于仁者不足以润色。

○

○

〖14-09〗**或问子产。子曰：“惠人也。”**

**问子西。曰：“彼哉！彼哉！”**

**问管仲。曰：“人也。夺伯氏骈邑三百，饭疏食，没齿无怨言。”**

【注解】或问子产。子曰：“惠人也。”

问子西或说为子产同宗兄弟，与子产同在郑国为政。曰：“彼哉！彼哉！”

问管仲。曰：“人也。夺伯氏齐国大夫骈音pián邑骈邑：邑名三百三百户，饭疏食，没音mò齿牙齿掉光无怨言。”

（［补充］“彼哉！彼哉！”古今多译为：“他呀！他呀！”“人也。”古今多译为：“是个仁人啊。”）

【译文】有人问子产是怎样的人。先生说：“他是个惠泽他人的人啊。”

又问子西是怎样的人。先生说：“那人啊！就那样吧！”

又问管仲是怎样的人。先生说：“他是个真正的人啊。将伯氏的骈邑及三百户人口充公，使伯氏只能吃粗劣的饭，但伯氏老死也毫无怨言。”

【延伸】对人生的规划，不能凭空制定，可以找一些榜样，对这些榜样进行分析，得出一些结论并据此来规划自己的人生。

在05-16章中载：“子谓子产：‘有君子之道四焉：其行己也恭，其事上也敬，其养民也惠，其使民也义。’”以子产为榜样，可以成为惠人。

在14-17章中，有“管仲相桓公，霸诸侯，一匡天下，民到于今受其赐。微管仲，吾其被发左衽矣”一语。以管仲为榜样，可以成为一个真正的人。

○

○

〖14-10〗**子曰：“贫而无怨难，富而无骄易。”**

【注解】子曰：“贫而无怨抱怨难畏难，富而无骄骄横易轻慢。”

（［补充］本章古今多译为：“先生说：‘贫困而不抱怨很困难，富贵而不骄横倒是容易。’”）

【译文】先生说：“贫困时不要抱怨，不要畏难；富贵时不要骄纵，不要态度轻慢。”

【延伸】贫富对修身而言，是关键的一课。人的一生，生活条件不可能一成不变，有时贫穷些，有时富裕些。如果能排除这些变化的干扰，就能使人在求仁的道路上走得更快更远。

在01-15章中载：“子贡曰：‘贫而无谄，富而无骄，何如？’子曰：‘可也。未若贫而乐，富而好礼者也。’”贫而乐道，则无怨难，无怨难则不谄；富而好礼，则无骄易，无骄易则不傲人。

○

○

**〖14-11〗子曰：“孟公绰为赵、魏老则优，不可以为滕、薛大夫。”**

【注解】子曰：“孟公绰鲁国大夫为作为赵晋国赵氏魏晋国魏氏老家老，年老德高的家臣则优有余力，不可以为滕滕国薛薛国大夫。”

【译文】先生说：“孟公绰做个赵、魏家的老管家才有余力，但不可以做滕、薛这样小国的大夫。”

【延伸】人的能力是一回事，观念的差异是一回事。作为个人，应该分清公私之间的差异，分清为私人服务与为国家服务的区别；不然，无论能力如何，都只能为私人所用。

在13-14章中载：“冉子退朝。子曰：‘何晏也？’对曰：‘有政。’子曰：‘其事也。如有政，虽不吾以，吾其与闻之。’”可见，孔子将卿大夫家的家事与邦国的政事分得很清楚。家事再大也是私事，对一个人负责就可以了；国事再小也是公事，要对一国人负责。

○

○

〖14-12〗**子路问成人。子曰："若臧武仲之知，公绰之不欲，卞庄子之勇，冉求之艺，文之以礼乐，亦可以为成人矣。"曰："今之成人者何必然？见利思义，见危授命，久要不忘平生之言，亦可以为成人矣。"**

**【注解】** 子路问成人成人：完人，真正的人。子曰："若臧武仲臧孙纥，鲁国大夫，矮小多智，号称圣人之知，公绰之不欲，卞庄子鲁国大夫，封地卞邑之勇，冉求之艺，文之以礼乐，亦可以为成人矣。"曰："今之成人者何必然？见利思义，见危授命，久要紧要关头不忘平生之言，亦可以为成人矣。"

（［补充］平生，古今多解释为：平日。久要不忘平生之言，古今多解释为：平日与人的约定历久不忘。）

**【译文】** 子路问怎样才算是完人。先生说："有臧武仲的智慧、公绰的不贪、卞庄子的勇敢、冉求的才艺，再加上礼乐的文采，也就可以称为完人了！"接着又说："如今的完人哪里一定要这样？只要见利不舍义，见危不惜命，多久多险也不忘平生的诺言，也就可以算完人了。"

**【延伸】** 无论是智德还是勇才，都需要文之以礼乐。而要文之以礼乐，除了个人的努力外，更要看整个社会的文化氛围。

在08-11章中，有"如有周公之才之美，使骄且吝，其余不足观也已"一语。完人需要全方面地发展，而遵守礼乐是基础。

○

○

〖14-13〗**子问公叔文子于公明贾曰："信乎，夫子不言，不笑，不取乎？"**

**公明贾对曰："以告者过也。夫子时然后言，人不厌其言；乐然后笑，人不厌其笑；义然后取，人不厌其取。"**

**子曰："其然？岂其然乎？"**

【注解】子问公叔文子卫大夫公孙拔于公明贾卫国人曰："信乎，夫子不言，不笑，不取取利乎？"

公明贾对曰："以告者过也。夫子时适时然后言，人不厌其言；乐然后笑，人不厌其笑；义然后取，人不厌其取。"

子曰："其然？岂其然乎？"

（［补充］"其然，岂其然乎？"古今多译为："是这样吗？难道真是这样吗？"）

【译文】先生就公叔文子的事问公明贾说："可信吗，那老先生不言语、不笑、不取于人？"

公明贾答道："把这话传给你的那个人传错了。老先生在时机成熟时发言，别人就不讨厌他的话；在大家都乐了后才笑，别人就不讨厌他笑；在符合道义时才有所取，别人就不讨厌他的取。"

先生说："传言中的那个样子岂是真实的那个样子呢？"

【延伸】学习文化需要榜样，同时也需要具备分辨榜样的能力，而不能去机械模仿。人们每天都会接受许多信息，这其中就包括各种传言。对于传言，要有清醒的认识，既能理解其特殊而神奇的表象，又能理解其平凡而无奇的实质。这样，就不用机械地学习他人不言、不笑、不取，而能灵活地学习他人时然后言、乐然后笑、义然后取了。

在02-10章中，有“视其所以，观其所由，察其所安。人焉廋哉？人焉廋哉”一语。人的言行都是有依据的，如果觉得有悖常理，那是因为不知其所以然。

○

○

**〖14-14〗子曰：“臧武仲以防求为后于鲁，虽曰不要君，吾不信也。”**

【注解】子曰：“臧武仲以防地名，臧武仲的采邑求为后为后：指让后人继承前人封爵于鲁，虽曰不要要挟君鲁君，吾不信也。”

【译文】先生说：“臧武仲以将防邑归于鲁国为条件向鲁君请求使臧氏后人继承封爵，虽然他说没有要挟鲁君的意思，但我是不信的。”

【延伸】本章以臧武仲为例，说明一个以智著称的人，如果不能立足于道义，终究只是世智辩聪。

在04-26章中，有“事君数，斯辱矣。朋友数，斯疏矣”一语。臧武仲事君，数之以智巧，这是对君臣关系的辱没。

在04-12章中，有“放于利而行，多怨”一语。以臧武仲之智，也看不出放于利而行的后果，可见其智的局限性。

○

○

〖14-15〗**子曰："晋文公谲而不正，齐桓公正而不谲。"**

【注解】子曰："晋文公姓姬，名重耳谲音jué。诡谲，善变而不正，齐桓公姜姓，吕氏，名小白正而不谲。"

（［补充］本章古今多译为："先生说：'晋文公诡诈而不守正派，齐桓公守正而不诡诈。'"）

【译文】先生说："晋文公善变而不能守正，齐桓公守正而不能善变。"

【延伸】以两位春秋霸主为例，说明了一个人应该既善于变化又善于守正。

在06-23章中，有"知者乐水，仁者乐山。知者动，仁者静。知者乐，仁者寿"一语。智者善于变化，仁者乐于守成，相辅相成，相得益彰。

○

○

〖14-16〗**子路曰："桓公杀公子纠，召忽死之，管仲不死。"曰："未仁乎？"子曰："桓公九合诸侯，不以兵车，管仲之力也。如其仁，如其仁。"**

【句读新校】子路曰："桓公杀公子纠，召忽死之，管仲不死，曰'未仁'乎。"子曰："桓公九合诸侯，不以兵车，管仲之力也。如其仁，如其仁。”

【注解】子路曰：“桓公杀公子纠齐桓公之兄，召忽公子纠之臣死之，管仲不死，曰‘未仁’乎。”子曰：“桓公九为虚指，意为多次合会盟诸侯，不以兵车，管仲之力也。如其仁，如其仁。”

（［补充］本章古今多译为：“子路说：‘桓公杀了公子纠，召忽为公子纠殉死，管仲却不跟随而死。’子路接着问：‘管仲这样做不能算仁吧？’先生说：‘桓公多次召诸侯会盟，不再使用武力，这都是管仲的作用啊。这就是他的仁！这就是他的仁！’”）

【译文】子路说：“桓公杀了公子纠，召忽为公子纠殉死，管仲却不跟随而死，还说‘这不是仁’。”先生说：“桓公多次会合诸侯解决纷争而不用兵车，这都依靠管仲之力。像那样的仁，才是如他所说的仁啊。”

【延伸】召忽死节，管仲投敌，这是个争议极大的历史事件，直接影响到后来者修身的方向问题；所以对这个事件从仁的角度做一个定论，是非常必要的。如何成仁取决于一个人对仁的认识，对仁的认识越正确，成仁的可能性就越大。在本章中，孔子根据管仲的所作所为还原出了管仲对仁的认识，并给予了一定程度的肯定。

在14-17章中载：“子贡曰：‘管仲非仁者与？桓公杀公子纠，不能死，又相之。’子曰：‘管仲相桓公，霸诸侯，一匡天下，民到于今受其赐。微管仲，吾其被发左衽矣。岂若匹夫匹妇之为谅也，自经于沟渎而莫之知也？’”由此可见，死节不易，但孔子也不认为殉死是仁，他更赞成管仲活下来做一番事业。

在03-22章中，有“管仲之器小哉”一语。在孔子看来，管仲之仁，虽然已经超越了匹夫匹妇对仁的认识，但仍有一定的局限性。

○

○

〖14-17〗**子贡曰："管仲非仁者与？桓公杀公子纠，不能死，又相之。"子曰："管仲相桓公，霸诸侯，一匡天下，民到于今受其赐。微管仲，吾其被发左衽矣。岂若匹夫匹妇之为谅也，自经于沟渎而莫之知也？"**

**【注解】** 子贡曰："管仲非仁者与？桓公杀公子纠，不能死，又相辅佐之。"子曰："管仲相桓公，霸诸侯，一匡匡正天下，民到于今受其赐。微无管仲，吾其被同"披"发左衽音rèn。衣襟。矣。岂若匹夫匹妇之为谅谅解也，自经自缢于沟沟壑渎通污的水渠而莫之知也？"

（［补充］左衽，古今多解释为：野蛮地区的人衣襟向左开，中原地区的人衣襟向右开。谅，古今多解释为：小信小节。）

**【译文】** 子贡说："管仲不是仁者吧？桓公杀了公子纠，他不能为公子纠殉死，反而辅佐桓公。"先生说："管仲辅佐桓公，称霸诸侯，一匡天下，民众到现在还领受着他的恩赐。多亏管仲，要不我肯定还披发袒臂呢。难道应该像匹夫匹妇们那样为了让人谅解，把自己勒死在沟渠中且没有人知道吗？"

**【延伸】** 虽然说正确看待他人他事，可以指导自己做人做事，但要想正确看待管仲其人其事，却远非普通人想象得那么容易。因为，如果没有比管仲更高的立足点，就根本做不到对他正确看待。

本章继续围绕管仲展开讨论，但孔子这次并不谈仁，而是把关注点直接聚焦到现实的生死存亡问题上。他对管仲放弃自杀，继而为社会做出非凡贡献予以了充分肯定。显然，在孔子看来，管仲仁不仁和他自杀不自杀没有任何关系，而且，选择生存下来并积极作为，正是既正又谲的选择。如果所谓的仁连最基本的务实都做不到，还要被那些荒谬的观念所挟持，甚至为此白白葬送掉自己的生命，那这样的仁就是虚幻的仁，而不是真正的仁。

在15-09中，有“志士仁人，无求生以害仁，有杀身以成仁”一语。管仲求生并没有害仁，而他殉死也不会成仁。倒是受困于匹夫匹妇仁义之见的殉死，不仅不能成仁，还会害仁。

在06-26章中载：“宰我问曰：‘仁者，虽告之曰“井有仁焉”，其从之也？’子曰：‘何为其然也？君子可逝也，不可陷也；可欺也，不可罔也。’”仁者不愚，管仲也不愚。

在06-30章中载：“子贡曰：‘如有博施于民而能济众，何如？可谓仁乎？’子曰：‘何事于仁！必也圣乎！尧、舜其犹病诸！夫仁者，己欲立而立人，己欲达而达人。能近取譬，可谓仁之方也已。’”管仲辅佐齐桓公所成就的霸业，客观上起到了博施于民而能济众的作用，但主观上他还没有具备己欲立而立人、己欲达而达人的仁者思想，因此孔子认为管仲的仁是有局限性的。

○

○

〖14-18〗**公叔文子之臣大夫僎与文子同升诸公。子闻之，曰：“可以为‘文’矣。”**

**【注解】** 公叔文子之臣家臣大夫僎音zhuàn。人名与文子同升诸公公朝。子闻之，曰：“可以为‘文’矣。”

**【译文】**做过公叔文子家臣的大夫僎，与文子一同做了国家的大臣。先生听说这事，说："他可以谥号'文'了。"

【延伸】评价一个人，要看他的所作所为。由血统意义上的高低贵贱之分到文化意义上的高低贵贱之分，这就是文化的进程。在文化进程上做出表率的人，都可以称之为文。

在01-06章中，有"弟子入则孝，出则弟，谨而信泛，爱众而亲仁，行有余力，则以学文"一语。文是修身中的重要内容，从孩提时候的学文就开始了。

○

○

〖14-19〗**子言卫灵公之无道也，康子曰："夫如是，奚而不丧？"孔子曰："仲叔圉治宾客，祝鮀治宗庙，王孙贾治军旅。夫如是，奚其丧。"**

【注解】子言卫灵公之无道也，康子曰："夫如是，奚为什么而不丧？"孔子曰："仲叔圉音yǔ。姓孔，名圉，谥号文。卫国大夫治宾客，祝鮀治宗庙，王孙贾治军旅。夫如是，奚其丧？"

【译文】先生说卫灵公无道，康子说："既是那样，为何还不丧国？"先生说："仲叔圉负责宾客，祝鮀负责宗庙，王孙贾负责军事，像这样，又怎会丧国呢？"

【延伸】主弱而臣强，虽不致丧国，也不能强盛；德弱而技强，虽不致破落，也不能振作。修身就是修道，个人修身，人能振作；君主修身，国能强盛。

在03-05章中，有“夷狄之有君，不如诸夏之亡也”一语。诸夏深厚的文化底蕴便是无形的力量，如果诸夏之君善加修身，诸夏文明将会何其昌盛！

○

○

〖14-20〗**子曰：“其言之不怍，则为之也难。”**

【注解】子曰：“其言之不怍音zuò。惭愧，则为之也难。”

【译文】先生说：“一个人说起话来大言不惭，那他要实行起来就很难了。”

【延伸】修身从耻修起，修耻从言修起，言谈恬不知耻，修身便不可能。

在04-22章中，有“古者言之不出，耻躬之不逮也”一语。如果一个人认为言行不一是可耻的，那他说话自然会谨慎。

○

○

〖14-21〗**陈成子弑简公。孔子沐浴而朝，告于哀公曰：“陈恒弑其君，请讨之。”公曰：“告夫三子。”**

**孔子曰：“以吾从大夫之后，不敢不告也。君曰‘告夫三子’者。”**

**之三子告，不可。孔子曰：“以吾从大夫之后，不**

**敢不告也。”**

【注解】陈成子陈恒，齐国大夫弑简公姜姓，吕氏，名壬，齐国国君。孔子沐浴而朝朝见，告于哀公曰：“陈恒弑其君，请讨讨伐之。”公曰：“告夫三子指鲁国三大夫孟孙、叔孙、季孙。”

孔子曰：“以吾从大夫之后，不敢不告也。君曰‘告夫三子’者。”

之三子告，不可。孔子曰：“以吾从大夫之后，不敢不告也。”

【译文】陈成子杀了齐简公。孔子沐浴后去朝见哀公，告诉哀公说：“陈恒杀了他的国君，请讨伐他。”哀公说：“告诉那三位大臣。”

孔子说：“因为我曾忝居大夫之列，所以不敢不去报告。但君主却说‘告诉那三位大臣’。”

先生又去三位大臣那里报告，他们不同意出兵。先生说：“因为我曾忝居大夫之列，所以不敢不来转告啊。”

【延伸】有些话说出来是耻辱，有些话不说是耻辱；有些事做了是耻辱，有些事不做是耻辱。孔子作为一个思想成熟的老人，他的一言一行无不是他思想的体现，看似一场徒劳的奔波，其中蕴含着的却是孔子之道中必不可少的一个环节，那就是知其不可而为之。

在04-15章中载：“子曰：‘参乎！吾道一以贯之。’曾子曰：‘唯。’子出，门人问曰：‘何谓也？’曾子曰：‘夫子之道，忠恕而已矣。’”作为一个人，其成熟的标志应该就是，从说话到做事、从小事到大事、从内心到外表、从开始到结束都能一以贯之。

在14-38章中载：“子路宿于石门。晨门曰：‘奚自？’子路曰：‘自孔氏。’曰：‘是知其不可而为之者与？’”对孔子而言，做和不做有质的差别，能做到什么程度，那只是量的差别。

人们将本章看作是孔子知其不可而为之的典型事例。在这个事例中，鲁国听不听孔子的话、伐不伐陈并不重要，重要的是孔子的这种行为本身。如果缺乏了这种行为，孔子之道就不是一套完整的理论了。

世袭制下的君王有德有能者少，无德无能者多。哀公不能算是有德有能之君，三家更是多有僭越，少有德能，但孔子仍会尽最大的努力影响他们，为他们做出表率，这就是他的知其不可而为之的精神。历史终究不会沿着孔子之道一蹴而就，它总是会绕一个很大的圈子，但孔子那个知其不可而为之的真正目标，却使历史最终不能一条直线地背离而去。

○

○

〖14-22〗**子路问事君。子曰："勿欺也，而犯之。"**

**【注解】**子路问事君。子曰："勿欺欺瞒，欺骗也，而犯冒犯，犯颜之。"

（［补充］"勿欺也，而犯之。"古今多译为："不要欺骗他，但可犯颜直谏。"）

**【译文】**子路问怎么事奉国君。先生说："不要有欺他之心，更不要有犯他之举。"

**【延伸】**面对昏弱之君，人难免有欺他之心，即使没有欺他之心，也难免有犯他之言。孔子认为面对昏弱之君，更不应该欺他犯他。因为明辨是非需要的是一个长久的教育过程，而不需要那种即兴的据理力争。欺他犯他不仅改变不了他的昏弱，而且可能使他更加昏弱。

在03-19章中载："定公问：'君使臣，臣事君，如之何？'孔子对曰：'君使臣以礼，臣事君以忠。'"尽忠在于自己，不在君主的贤明或昏弱。

在12-02章中，有"在邦无怨，在家无怨"一语。不忠多生于怨。臣事君以忠不应该以君使臣是否以礼为条件，而应该以义为标准。作为一个人，既然选择了为君所使，就不应该再有怨言，更不应该因怨而不忠。

子路耿直，欺君不可能，犯君那是肯定的，所以孔子如此教诲。

○

○

〖14-23〗**子曰："君子上达，小人下达。"**

【注解】子曰："君子上对上达通达，小人下对下达。"

（[补充]本章古今多译为："先生说：'君子上达于德义，小人下达于财利。'"或："先生说：'君子向上进步，小人向下沉沦。'"）

【译文】先生说："君子越往上越通达，小人越往下越通达。"

【延伸】君子以全局为务，向上通达才能看清全局；小人以局部为务，向下通达才能看清局部。想做君子，只靠表面上学习君子怎么说话、怎么行事是不够的，还必须了解君子说话行事的原委。也就是说，只有站在君子看待事物的角度上，才能自觉地拥有君子的那些言行。

在09-11章中，有“仰之弥高，钻之弥坚。瞻之在前，忽焉在后。夫子循循然善诱人，博我以文，约我以礼，欲罢不能。既竭吾才，如有所立卓尔。虽欲从之，末由也已”一语。上达才能统摄事物，统摄事物才能使人获得自由。

在19-04章中，有“虽小道，必有可观者焉，致远恐泥，是以君子不为也”一语。下达只能关注事物的一部分，只在某一方面努力，眼界就会被局限在某一部分或某一方面。

在15-34章中，有“君子不可小知而可大受也，小人不可大受而可小知也”一语。君子上达所以认可大受，小人下达所以认可小知。

○

○

〖14-24〗**子曰：“古之学者为己，今之学者为人。”**

**【注解】** 子曰：“古从前之学者为己自己，今现在之学者为人他人。”

（［补充］本章古今多译为：“先生说：‘古代的学者为完善自己，现今的学者为惊美他人。’”）

**【译文】** 先生说：“从前的人求学是为解决自己的问题，现在的人求学是为满足他人的要求。”

**【延伸】** 学习应该以上达为务，也就是以俯视自己的人生为务，如果把学习的动机放在满足他人的要求上，必然会以下达为务了。知己是知人的前提，解决自身问题是满足他人要求的前提。自己的问题解决了，再去满足他人的要求就相对容易；自己的问题解决不了，是难以满足他人要求的。

在15-20章中，有“君子疾没世而名不称焉”一语。自己究竟怎样，君子至死都很在意。

在04-14章中，有“不患无位，患所以立。不患莫己知，求为可知也”一语。搞清自己是搞清怎样做人的前提。

○

○

**〖14-25〗蘧伯玉使人于孔子。孔子与之坐而问焉，曰：“夫子何为？”对曰：“夫子欲寡其过而未能也。”**

**使者出。子曰：“使乎！使乎！”**

【注解】蘧音qú伯玉卫国大夫，名瑗，思想家。孔子漂泊十四年，有九年住在他家使人于孔子。孔子与之坐而问焉，曰：“夫子指蘧伯玉何为？”对曰：“夫子欲寡减少其过过错而未能也。”

使者出。子曰：“使乎！使乎！”

【译文】蘧伯玉派使者到孔子那里。孔子陪使者坐下并相互问候，然后说：“先生现在做些什么啊？”使者回答：“先生想再减少点他的过错，但还没能做到。”

使者辞去。先生说：“真是好使者啊！真是好使者啊！”

【延伸】本章通过两位亦师亦友的思想家，靠委派使者保持交往的一个片段，同时展现出三个人的修养。首先展现的是孔子对使者对蘧伯玉的恭敬；其次展现的是蘧伯玉的不断改过；最后展现的是使者对答的精辟和中肯。

在06-21章中，有“中人以上，可以语上也；中人以下，不可以语上也”一语。上人上语。无论是在礼节上、态度上，还是在交谈的内容上，这样的人总会淋漓尽致地体现出其良好的修养及其达到的人生高度，这也会给交谈者带来一种心灵上的感动。

○

○

**〖14-26〗子曰：“不在其位，不谋其政。”**
**曾子曰：“君子思不出其位。”**

【注解】子曰：“不在其位位置，不谋其政。”
曾子曰：“君子思不出其位地位，范围。”

（［补充］“不在其位，不谋其政。”古今多译为：“不在那个职位，就不要考虑那个职位上的事。”“君子思不出其位。”古今多译为：“君子不会思考超出自己的职位的问题。”）

【译文】先生说：“找不准那个位置，就做不好那份工作。”
曾子说：“君子考虑问题不会超出它应有的范围。”

【延伸】修身就是要找准自己的位置，这样才能获得更好的人生。人会随着处境的变化而变化，人在哪里，心就在哪里；心在哪里，精力就在哪里；精力在哪里，哪里就会出成果。

在12-01章中，有“克己复礼为仁”一语。克己就是将自己强行放在该在的位置上，想该想的事。

人在说话做事之前总要思考，思考的质量决定了言行的质量。如果是胡思乱想的话，质量就会很低；如果是有条有理的思考，就会有益于言行。

在05-20章中载：“季文子三思而后行。子闻之，曰：‘再，斯可矣。’”思考的关键在于不出其位，而不在于思考几遍。

在02-15章中，有“学而不思则罔，思而不学则殆”一语。有根有据地进行思考，才能获得正确判断。

本章与08-14有相同内容：“子曰：‘不在其位，不谋其政。’”

○

○

〖14-27〗**子曰：“君子耻其言而过其行。”**

【注解】子曰：“君子耻知耻于其言而过知过于其行。”

（［补充］本章古今多译为：“先生说：‘君子为自己的言过其实而感到可耻。’”）

【译文】先生说：“君子说话时因为知耻而有分寸，做事时会检查其过。”

【延伸】知耻于言，不容易说错话；知过于行，不容易做错事。

在14-20章中，有“其言之不怍，则为之也难”一语。知道羞耻的人说话时有分寸，做事时也容易做好。

在19-08章中，有“小人之过也必文”一语。发现过错却不觉羞耻，还要文过饰非，那就错得更严重了。

在05-27章中，有“已矣乎！吾未见能见其过而内自讼者也”一语。对普通人来说，肯定、美化自己的言行是种天然的心理机制。

○

○

〖14-28〗**子曰："君子道者三，我无能焉：仁者不忧，知者不惑，勇者不惧。"子贡曰："夫子自道也。"**

**【注解】**子曰："君子道者三，我无能焉：仁者不忧，知者不惑，勇者不惧。"子贡曰："夫子自自己的道进取之道也。"

（［补充］"夫子自道也。"古今多译为："这正是老师的自我写照啊。"）

**【译文】**先生说："君子之道有三个方面，我都没能做到：有仁德的人不忧愁，有智慧的人不迷惑，勇敢的人不畏惧。"子贡说："这正是先生自己的进取之道啊！"

**【延伸】**"耻言、过行"就是自己不满意自己，而自己不满意自己正是修身进取之道。自行其道与传道于人，是道得以实现的两个方面；自我批评与批评他人，是批评得以实现的两个方面；遵从教诲与教诲他人，是教诲得以实现的两个方面。孔子不满足于自己的仁、智、勇，才能继续追求仁、智、勇，才能最终成就仁、智、勇并保持仁、智、勇。

在15-32章中，有"君子谋道不谋食。耕也，馁在其中矣；学也，禄在其中矣。君子忧道不忧贫"一语。仁道不能行于天下，是孔子之忧。

在09-08章中，有"吾有知乎哉？无知也。有鄙夫问于我，空空如也。我叩其两端而竭焉"一语。不能尽知一切，是孔子之惑。

在07-11章中载："子谓颜渊曰：'用之则行，舍之则藏，惟我与尔有是夫。'子路曰：'子行三军，则谁与？'子曰：'暴虎冯河，死而无悔者，吾不与也。必也临事而惧，好谋而成者也。’”言必行，行必果，临事而惧，是孔子之惧。

本章与9-29章有相同内容：“子曰：‘知者不惑，仁者不忧，勇者不惧。’”

○

○

〖14-29〗**子贡方人。子曰：“赐也贤乎哉？夫我则不暇。”**

【注解】子贡方指正人。子曰：“赐也贤乎哉？夫我则不暇闲暇。”

（［补充］方，古今多解释为：通“谤”，非议，讥评。）

【译文】子贡指正他人。先生说：“赐啊，你就那么好吗？给了我可顾不上。”

【延伸】改正错误本身不难，因为改正错误毕竟是件好事，而人又喜欢接受好事，真正难的是认识错误。认识错误的途径有几条，自己找出来，或者求别人帮自己找出来，又或者别人主动给自己找出来，再或者别人被迫向自己提出来。可是，因为错误本身是件坏事，因此认识错误就意味着要接受一件坏事，而人又不喜欢接受坏事，所以当一个人主动指出他人的错误就意味着他将一件坏事强塞给人，且不考虑别人愿不愿意接受，能不能接受。这样一来，好事变成了坏事。

在05-12章中载：“子贡曰：‘我不欲人之加诸我也，吾亦欲无加诸人。’子曰：‘赐也，非尔所及也。’”主动指正他人，也属于欲加诸人的情况。

在19-10章中，有“君子信而后劳其民；未信，则以为厉己也。信而后谏；未信，则以为谤己也”一语。信然后谏，才能达成好的效果。

在07-07章中，有“自行束脩以上，吾未尝无诲焉”一语。在他人要求上进时给以教诲，容易起到教诲的作用。

○

○

〖14-30〗**子曰：“不患人之不己知，患其不能也。”**

**【注解】** 子曰：“不患人之不己对自己知理解，患其不能也。”

（［补充］“患其不能也。”古今多译为：“担心自己没有能力。”）

**【译文】** 先生说：“不怕他人不理解自己，怕的是他人不能理解自己啊。”

**【延伸】** 并不是人人都能够理解他人，所以也不能指望人人都能理解自己。指正他人的错误，按理说是一件好事，但如果对方不能接受，就会对此产生反感，不仅不能理解，还会造成误解。

在15-19章中，有“君子病无能焉，不病人之不己知也”一语。让人理解自己的无能，就失去了理解的意义。

在04-14章中，有“不患无位，患所以立。不患莫己知，求为可知也”一语。获得理解的前提是，拥有值得让人理解的东西。

在01-16章中，有“不患人之不己知，患不知人也”一语。只让人理解自己，而自己不理解人，这也是行不通的。

将以上的内容连起来，就会得出一套完整的关于理解的理论。人首先应该担心的是，自己是否值得被人理解；其次应该担心的是，自己是否创造出了必须被人理解的东西；再次应该担心的是，自己能不能理解他人；最后应该担心的是，他人有没有能力理解自己。

○

○

**〖14-31〗子曰：“不逆诈，不亿不信，抑亦先觉者，是贤乎！”**

【注解】子曰：“不逆逆料诈欺诈，不亿臆测不信，抑抑或亦先觉者，是贤乎！”

（［补充］“抑亦先觉者，是贤乎！”古今多译为：“但也能预先觉察，这就是贤人了吧！”）

【译文】先生说：“不揣度他人欺诈，不臆想他人不诚信，抑或也只先觉者才有此贤德吧！”

【延伸】修身不只修诚，还要修明。作为贤人，只有诚还不够，还需要有明，这样才能拥有先知先觉的贤德。

在06-26章中，有“君子可逝也，不可陷也；可欺也，不可罔也”一语。君子不逆不亿、待人真诚，是因为君子不可被构陷、不可被迷惑。

○

○

〖14-32〗**微生亩谓孔子曰："丘何为是栖栖者与？无乃为佞乎？"孔子曰："非敢为佞也，疾固也。"**

**【注解】** 微生亩人名谓孔子曰："丘何为是栖栖栖栖：忙碌不安的样子者与？无乃为佞乎？"孔子曰："非敢为佞也，疾憎恶固固执也。"

（［补充］"非敢为佞也，疾固也。"古今多译为："我不敢花言巧语，只是讨厌做一个固执的人。"）

**【译文】** 微生亩对孔子说："孔丘你怎么成了这样忙碌不安的人了呀？莫非是因为卖弄口才吗？"先生说："我哪敢卖弄口才，人家讨厌的是我的顽固啊。"

**【延伸】** 孔子善言，人们却怀疑他为佞；孔子仁义，有人却痛恨他顽固。面对他们的不理解，孔子却表现得非常理解，不仅毫无愠怒，而且还真诚地回答对方不无讽刺的诘问。

在05-05章中载："或曰：'雍也仁而不佞。'子曰：'焉用佞？御人以口给，屡憎于人。不知其仁，焉用佞？'"推行仁义，不能用佞。

在18-03章中载："齐景公待孔子曰：'若季氏，则吾不能；以季、孟之间待之。'曰：'吾老矣，不能用也。'孔子行。"孔子对仁道的固执由此可见一斑。

○

○

〖14-33〗**子曰："骥不称其力，称其德也。"**

【注解】子曰："骥音jì。良马不称称誉其力，称其德也。"

【译文】先生说："有良马称号的不是因为它有力，而是因为它有德。"

【延伸】本章以良骥为例，强调了德行的重要，并由此说明贤人被称为贤人也不是因为他的能力，而是因为他的德行。在08-11章中，有"如有周公之才之美，使骄且吝，其余不足观也已"一语，直接借用周公之才来强调本观点。

○

○

〖14-34〗**或曰："以德报怨，何如？"子曰："何以报德？以直报怨，以德报德。"**

【注解】或曰："以德报回报怨，何如？"子曰："何以报德？以直正直报怨，以德报德。"

【译文】有人问："以恩惠回报怨恨，怎样？"先生说："那用什么来回报恩惠呢？还是应该以正直回报怨恨，以恩惠回报恩惠。"

【延伸】怨恨对于修身影响很大，人生难免遭受屈辱，遭受屈辱难免心生怨恨，那么该如何面对这种怨恨呢？没有胜过对方的力量，是做不到以德报怨的，对于那些以大欺小、倚强凌弱造成的怨恨，最好报之以直。需要注意的是，以直报怨并不是以怨报怨，而是以符合道义的方式去解决怨恨。

在04-10章中，有“君子之于天下也，无适也，无莫也，义之与比”一语。对于怨恨，孔子也毫无例外地根据义来做抉择，直就是不曲于义的一种态度。

在04-12章中，有“放于利而行，多怨”一语。怨是由于放于利而行造成的，那么消灭怨就需要放于义而行。放于义而行，也就是以直报怨。

○

○

**〖14-35〗子曰：“莫我知也夫！”子贡曰：“何为其莫知子也？”子曰：“不怨天，不尤人，下学而上达。知我者其天乎！”**

【注解】子曰：“莫我知理解也夫！”子贡曰：“何为其莫知子也？”子曰：“不怨责怪天，不尤优异，突出人，下学而上达通达。知我者其天乎！”

（［补充］尤，古今多解释为：非议，责怪。“不怨天，不尤人，下学而上达，知我者其天乎。”古今多译为：“不埋怨天，也不责备人，下学人事而上达天命。了解我的只有天了吧！”）

【译文】先生说：“就没人能理解我啊！”子贡说：“为什么没人理解先生啊？”先生说：“不抱怨天，不高看人，下学于物而上达于道。能理解我的那只有天了吧！”

【延伸】体味到天人合一的感觉，意味着思想趋于成熟。

在05-13章中，有“夫子之文章，可得而闻也。夫子之言性与天道，不可得而闻也”一语。孔子对天道的言论较少，他更注重的是通向性与天道的途径，即下学而上达。

在17-19章中载：“子曰：‘予欲无言。’子贡曰：‘子如不言，则小子何述焉？’子曰：‘天何言哉？四时行焉，百物生焉，天何言哉？’”孔子谈及天道时，总给人以惊鸿一瞥的感觉。

在02-15章中，有“学而不思则罔，思而不学则殆”一语。上达则不罔，下学则不殆。

○

○

〖14-36〗**公伯寮愬子路于季孙。子服景伯以告，曰：“夫子固有惑志于公伯寮，吾力犹能肆诸市朝。”**

**子曰：“道之将行也与，命也；道之将废也与，命也。公伯寮其如命何！”**

【注解】公伯寮人名愬挑拨子路于季孙。子服景伯子服氏，名何，字伯，谥号景，鲁国大夫以告，曰：“夫子指季孙氏固有惑志于公伯寮，吾力权力犹能肆暴尸示众诸市朝指人集会处。”

子曰：“道之将行也与，命天命也；道之将废也与，命也。公伯寮其如命何！”

（［补充］夫子固有惑志于公伯寮，古今多解释为：先生因公伯寮对子路有了猜疑之心。“道之将行也与，命也；道之将废也与，命也。公伯寮其如命何！”古今多译为：“我的道能实行，是天命；我的道被损毁，也是天命。公伯寮能把天命怎样呢？”）

【译文】公伯寮在季孙那里诋毁子路。子服景伯把这事告诉先生，并说：“季孙先生对公伯寮的蛊惑本来也有认识，以我之力还能让他暴尸于大庭广众之下。”

先生说：“道的流行与否啊，在天命；道的毁灭与否啊，在天命。公伯寮哪能影响了天命呢！”

【延伸】本章以事实为例，进一步阐明了孔子不怨天、不尤人的人生态度。在孔子看来，天道的兴亡，表现出来就是天命，天命只受天道的影响，不受个人的影响。就社会而言，天命即是社会发展的客观规律，社会的发展只会通过个人来实现，而不会因为个人而改变。

在14-35章中，有“不怨天，不尤人，下学而上达。知我者其天乎”一语。思想成熟时会像瓜熟蒂落一样，将思想从人本身、人事、社会中分离出来。孔子对于诋毁子路，诋毁他自己，以及诋毁所有弘扬道义者的那些人，显得非常宽容。显然，他深知这种诋毁对于个人是不能避免的，同时也深知这种诋毁对于天道是无能为力的。

在07-23章中，有“天生德于予，桓魋其如予何”一语。对于道之命、德之予，个人应该清醒地去遵循，不应该糊涂地去违背。

○

○

〖14-37〗**子曰：“贤者辟世，其次辟地，其次辟色，其次辟言。”**

**子曰：“作者七人矣。”**

【注解】子曰：“贤者辟开辟世世道，其次辟地，其次辟色面色，指精神信仰，其次辟言理论。”

子曰：“作围绕……做，这样做者七人矣。”

（［补充］辟，古今多解释为：避，逃避。本章古今多译为：“先生说：‘最上等的贤人逃避昏乱的社会而隐居，次一等的逃离一个地方再另择一个地方，再次一等的避开他人难看的脸色，最次一等的避开他人不善的言语。’”）

【译文】先生说：“贤者能开辟一个时代，其次还能开辟一方天地，其次还能开辟一种精神，其次还能开辟一套理论。”

先生说：“做到的有七人了。”

【延伸】公伯寮违背不了天命，贤者则能遵循天命。遵循天命是一种理论，又是一种精神，遵循天命会拥有一方天地，还会创造一个时代。在孔子看来，这也是一个人所能达到的极致。

在03-14章中，有“周监于二代，郁郁乎文哉！吾从周”一语。这是辟世。

在08-20章中，有“三分天下有其二，以服事殷。周之德，其可谓至德也已矣”一语。这是辟地。

在01-03章中，有“巧言令色鲜矣，仁”一语。这是辟色。

在19-22章中，有“文武之道，未坠于地，在人。贤者识其大者，不贤者识其小者。莫不有文武之道焉”一语。这是辟言。

本章中所说的“七人”应该是指《尚书》中记载的尧、舜、禹、汤、文、武等圣贤君王，因为这些人才同时具备辟世、辟地、辟色、辟言这些条件。

在07-05章中，有“甚矣吾衰也！久矣吾不复梦见周公”一语。周公也可能是这七人之一。

○

○

〖14-38〗**子路宿于石门。晨门曰："奚自？"子路曰："自孔氏。"曰："是知其不可而为之者与？"**

【注解】子路宿于石门石门：鲁城的外门。晨门晨门：守门吏曰："奚自？"子路曰："自孔氏。"曰："是知其不可而为之者与？"

【译文】子路在石门睡了一宿。早晨守门的人问："你来自哪啊？"子路说："从孔氏那儿来。"守门人说："是'知其不可而为之'的那人吗？"

【延伸】与前文提到的七人相比，风尘仆仆的子路与被人奚落的孔子似乎显得微不足道，但他们师徒的知其不可而为之，是明知一人为之绝不可能成功——然千千万万人为之或可成功——而为之，是明知现在为之绝不可能成功——然时时刻刻为之或可成功——而为之，是现实主义者为现实而为之，是理想主义者为理想而为之。反观整个人类历史，也无不是被一个个像子路与孔子那样的仁人志士以"知其不可而为之"的精神所谱写。

在08-07章中，有"士不可以不弘毅，任重而道远。仁以为己任，不亦重乎？死而后已，不亦远乎"一语。从那个知其不可而为之的老师，不难想象子路这个知其不可而为之的学生——他品德纯净、勇武过人、一心求道、赤胆忠诚，丝毫不以自己眼下的饥寒困倦为意，也不为他人的冷嘲热讽动摇——一位弘毅之士的形象，赫然出现在读者的眼前，千年岁月不能磨灭他的光辉。

○

○

〖14-39〗**子击磬于卫。有荷蒉而过孔氏之门者，曰：“有心哉，击磬乎！”既而曰：“鄙哉，硁硁乎！莫己知也，斯己而已矣。深则厉，浅则揭。”**

**子曰：“果哉！末之难矣。”**

**【注解】** 子击磬音qìng。一种打击乐器于卫。有荷肩负蒉音kuì。草编的筐而过孔氏之门者，曰：“有心哉，击磬乎！”既而曰：“鄙鄙视哉，硁音kēng硁硁硁：坚石撞击声乎！莫己知也，斯己而已矣。深指水深则厉用力压，浅指水浅则揭高举。”

子曰：“果哉！末最后之难困难矣。”

（［补充］“鄙哉，硁硁乎！”古今多译为：“真粗鄙呀，这硁硁的声音！”“斯己而已矣。”古今多译为：“只相信自己罢了。”或：“这样结束了就罢了。”厉，古今多解释为：以衣涉水。揭，古今多解释为：撩衣过河。“深则厉，浅则揭。”古今多译为：“水深就穿着衣服过去，水浅就撩衣服过去。”或：“河水深就踩着石头过，河水浅就撩衣服过。”果，古今多解释为：果决。末，古今多解释为：无。难，古今多解释为：诘难。“果哉！末之难矣。”古今多译为：“说得真果决呀！没什么可责问他的了！”或：“这样果决呀！是因为这对他没有什么难的！”）

**【译文】**先生在卫国，有一天击磬时，有个人背着编筐路过孔家门口，他说：“有心志吧，所以才这样击磬鸣志吧！”既而又说：“心有所鄙呀，所以硁硁不平吧！觉得没人理解自己啊，这只是自己的感觉罢了。自己思想深刻，就不要指望他人能马上理解；自己思想浅薄，就不要以为他人理解不了。”

先生说：“果然是呀！最后的困难就是这了。”

【延伸】先进者与落后者之间的差距会使相互理解变得困难，但也只是相对困难一些而已，并非绝对不能相互理解。例如，在自己看来不能被别人理解的事，其实在别人看来或许很好理解。反过来说，人不能了解另一个人的全部，但总能了解一部分，而这一部分，往往才是关键部分。

在14-35章中载："子曰：'莫我知也夫！'子贡曰：'何为其莫知子也？'子曰：'不怨天，不尤人，下学而上达。知我者其天乎！'"推行他人难以理解的思想是一件困难、苦闷的事，本章通过荷蒉者对孔子击磬的分析，为孔子提供了这样一个思路：自己深刻，就不要指望他人能马上理解；自己浅薄，就不要以为他人理解不了。

在02-10章中，有"视其所以，观其所由，察其所安。人焉廋哉？人焉廋哉"一语。人与人之间的理解不可能做到一目了然，但也做不到永远不被理解。

"深则厉，浅则揭。"出自《诗经·邶风·匏有苦叶》，原句为："匏有苦叶，济有深涉。深则厉，浅则揭。"译为："匏瓜有枯叶啊扎成渡船，撑渡时河水啊有深有浅。水深处船篙啊入水不见，水浅处船篙啊扬出水面。"

○

○

〖14-40〗**子张曰："《书》云：'高宗谅阴，三年不言。'何谓也？"子曰："何必高宗，古之人皆然。君薨，百官总己以听于冢宰三年。"**

【注解】子张曰："《书》云：'高宗商王武丁谅体谅，理解阴背阴，阴暗。谅阴：也说亮阴或谅暗，意思为照亮阴暗的一面，例如将生土翻晒为熟土，引申为解决思想问题，三年不言言政。’何谓也？”子曰：“何必高宗，古之人皆然。君薨音hōng。在《礼记·曲礼下》中载“天子死曰崩，诸侯曰薨”，百官总己以听于冢音zhǒng。总，大宰宰臣三年。”

（[补充]谅阴，古今多解释为：“信默，谓武丁信任冢宰，默而不言”，或“天子居丧三年所住的茅庐，也叫凶庐”。“高宗谅阴，三年不言。”古今多译为：“高宗住在居丧的凶庐中，三年都不说话。”）

【译文】子张说：“《尚书》中讲：‘高宗谅阴，三年不言。’说什么呢？”先生说：“何止是高宗这样呢，古代人都这样的。国君死了，百官们统理自己的职事并听命于冢宰三年。”

【延伸】常人修身修一家，天子修身修天下。一个人解决思想问题的深度标示着他个人素质的高低，一个国君解决思想问题的深度则标示着一个国家文化的兴衰。高宗言政之前用三年的时间去解决思想问题，这一方面表现出他不贪图权力的品德，一方面表现出他学习思考的能力；同时，这也使他面对民众时容易获得支持，面对君权时懂得如何使用。

在15-03章中载：“子曰：‘赐也，女以予为多学而识之者与？’对曰：‘然，非与？’曰：‘非也，予一以贯之。’”孔子对古人普遍的谅阴行为持赞成态度，他认为谅阴这个形式有益于个人思想的一以贯之。

“高宗谅阴，三年不言。”出自《尚书·无逸》，原文语句与此稍有不同。原文为：“其在高宗，时旧劳于外，爰暨小人。作其即位，乃或亮阴，三年不言。其惟不言，言乃雍。”译为：“到了高宗那个时候，他还时常像旧日一样劳作于野外，惠爱普通民众。等到他即位后，还时不时地沉浸在冥思苦想中，以至于三年不谈政事。正因为三年不谈政事，一旦谈论，就得到极大的拥护。”

○

○

〖14-41〗**子曰：“上好礼，则民易使也。”**

**【译文】**先生说：“上面为政者喜好以礼待下，下面的民众就容易听上指使。”

**【延伸】**个人素质的提高能带动整个社会素质的提高。人与人之间的相互理解必然会导致礼的出现，礼也因此而成为个人素质的体现，强势的一方好礼，弱势的一方自然也会追随。

在13-04章中，有“上好礼，则民莫敢不敬；上好义，则民莫敢不服；上好信，则民莫敢不用情”一语。上长于权力，下长于能力。上无礼就容易伤害下，伤害下就容易令下反叛；上好礼则容易维护下，维护下则容易令下易使。

在17-11章中，有“礼云礼云，玉帛云乎哉？乐云乐云，钟鼓云乎哉”一语。好礼应该从礼的本质出发而好礼，而不是从玉帛钟鼓等表象出发而好礼。

○

○

〖14-42〗**子路问君子。子曰：“修己以敬。”**

**曰：“如斯而已乎？”曰“修己以安人。”**

**曰：“如斯而已乎？”曰：“修己以安百姓。修己以安百姓，尧、舜其犹病诸！”**

【注解】子路问君子。子曰："修己以敬。"

曰："如斯而已乎？"曰："修己以安人。"

曰："如斯而已乎？"曰："修己以安百姓。修己以安百姓，尧、舜其犹病病患，忧患诸！"

（[补充]安人，古今多解释为：让族人或地位高的人安乐。）

【译文】子路问如何做君子。先生说："修正自己以做到诚敬。"

子路说："像这样就行了吗？"先生说："修正自己以使人放心。"

子路说："像这样就行了吗？"先生说："修正自己以使百姓安居。而修正自己以使百姓安居，尧、舜肯定也为此很发愁吧！"

【延伸】君子有内外、远近、高低、大小之分，要成为君子，就应该由内而外、由近而远、由低到高、由小到大地去做，而修身正是这样一个既内又近、既低又小的出发点。如果以修身作为一切社会活动的核心，不仅可以达到一切社会活动的目的，而且是正确地达到。

在01-10章中载："子禽问于子贡曰：'夫子至于是邦也，必闻其政。求之与？抑与之与？'子贡曰：'夫子温、良、恭、俭、让以得之。夫子之求之也，其诸异乎人之求之与？'"温、良、恭、俭、让是孔子修己的结果。

○

○

〖14-43〗**原壤夷俟。子曰："幼而不孙弟，长而无述**

**焉，老而不死，是为贼。”以杖叩其胫。**

【注解】原壤人名，孔子故人夷叉腿蹲坐俟等待。子曰：“幼而不孙谦逊弟孝悌，长而无述讲述，称道焉，老而不死，是为贼盗贼，指有危害的人。”以杖拄杖叩轻触其胫小腿。

【译文】原壤蹲坐在那儿等待先生。先生说：“年幼时就不逊悌，长大了也乏善可陈，现在老了还不死，你就是个祸害啊。”边说边用拄杖磕了磕他的小腿。

【延伸】本章以孔子老友，或许还是儿时玩伴的原壤为例，描述了一个不服礼教、不事修身、一事无成者的晚年景象。

在07-19章中载：“叶公问孔子于子路，子路不对。子曰：‘女奚不曰：“其为人也，发愤忘食，乐以忘忧，不知老之将至云尔。”’”一个人到老都应该保持一种积极进取的人生态度。

○

○

〖14-44〗**阙党童子将命。或问之曰：“益者与？”子曰：“吾见其居于位也，见其与先生并行也。非求益者也，欲速成者也。”**

【注解】阙阙里，孔子居处党童子将音jiāng。奉持，带将命使命，捎话。将命：指在宾主之间传话。或问之曰：“益更好者与？”子曰：“吾见其居于位指成人的位置也，见其与先生老师或长辈并行也。非求益者也，欲速快速成指成为成年者也。”

（［补充］阙党，古今多解释为：一个名叫阙党的地方。益，古今多解释为：上进。）

【译文】老家的乡党们派一个孩子来传话。有人问先生：“这孩子特别好吧？”先生说：“我见他敢坐成人的席位，还见他敢和长辈并排行走，不像是个求好的孩子，倒像是个追求快点长大的孩子啊。”

【延伸】上一章记录了孔子见老家一位老友的情况，这一章则是记录孔子在外乡会见一个来自老家的少年的情况。对老友他可以当面调侃，对少年则只能暗中观察：修身当然应该尽早，但不应该追求速成。

在01-06章中，有“弟子入则孝，出则弟，谨而信泛，爱众而亲仁，行有余力，则以学文”一语。这是孔子眼中好少年的模样。

在13-17章中，有“无欲速，无见小利。欲速则不达，见小利则大事不成”一语。修身不能着急，欲速则不达。

# 卫灵公篇第十五

本篇共计四十二章，以知与行为讨论的核心，以人对行为方式的选择为线索，围绕人在各种情况下应该选择怎样的行为方式，以及各种行为方式将会导致怎样的后果展开讨论。本篇是一场有关行为的经验总结和理论指导，旨在为那些完成了个人修养，即将投身社会的人提供帮助，使他们能够将个人的理想与个人的行为、社会的环境与社会的要求很好地贯穿起来。同时，本篇还以人的行为的必然性为框架，构建出一个理想化的社会模型。在这个社会模型中，人的行为方式会遵循一定的原则，人的社交活动会遵循一定的原则，人的社会关系会遵循一定的原则，人的权力责任会遵循一定的原则。这不是一个空想的社会设计模型，而是未来现实的社会；因为它是有现实的人做基础的。这些现实的人一旦获得道德上的成熟，他们就一定会去实现这个理想的社会。这也不是一种可能的社会演化模型，而是未来必然的社会，因为它是被历史的必然性所规定的。作为人类个体，一个人最终只能成为一个道德完善的人；而作为人类全体，整个社会可以因为个体的完善而成为一个整体完善的社会。

○
○

〖15-01〗**卫灵公问陈于孔子。孔子对曰："俎豆之事，则尝闻之矣；军旅之事，未之学也。"明日遂行。**

【注解】 卫灵公问陈即今"阵"于孔子。孔子对曰："俎音zǔ。方盘，几案豆高脚圆形容器之事俎豆之事：这里借指礼仪之事，则尝闻之矣；军旅之事，未之学也。"明日遂行。

【译文】卫灵公问先生陈兵列阵的事。先生说："礼仪方面的事，那些规矩我还曾听说过；军旅方面的事，我没去学过。"第二天先生便离开了卫国。

○
○

〖15-02〗**在陈绝粮，从者病，莫能兴。子路愠见曰："君子亦有穷乎？"子曰："君子固穷，小人穷斯滥矣。"**

【注解】 在陈绝粮，从者病，莫能兴振作。子路愠见曰："君子亦有穷乎？"子曰："君子固穷，小人穷斯滥没有操守、节制矣。"

（［补充］莫能兴，古今多解释为：没人能起身行走。君子固穷，古今多解释为：

“君子本来就有穷困之时”，或“君子能固守穷困”。）

【译文】到了陈国时，断粮了，追随他的人们病得很严重，谁也没有办法。子路很恼怒地来见先生说：“君子也有这么穷困的时候吗？”先生说：“君子穷困也会固守信念，小人穷困就会滥无节制。”

【延伸】国家兴于有道，亡于无道，卫灵公的思想决定着卫灵公的行为，卫灵公的行为决定着道义是否能在卫国被大力推行。个人成于有道，败于无道，子路的思想决定着子路的行为，子路的行为决定着道义是否能被坚决捍卫。面对卫灵公的喜兵而不喜道，孔子选择了迅速离开；面对子路的谋食而不谋道，孔子给予了尖锐的批评。

在14-36章中载：“公伯寮愬子路于季孙。子服景伯以告，曰：‘夫子固有惑志于公伯寮，吾力犹能肆诸市朝。’子曰：‘道之将行也与，命也；道之将废也与，命也。公伯寮其如命何！’”人在主观上的行为，都脱离不了道在客观上的规定。

在04-05章中，有“富与贵，是人之所欲也；不以其道得之，不处也。贫与贱，是人之所恶也；不以其道得之，不去也。君子去仁，恶乎成名君子，无终食之间违仁，造次必于是，颠沛必于是”一语。君子既然可以因为不违于仁而甘领穷困，又怎么会因为穷困而再违于仁呢？因此，当子路愠怒时，孔子不仅毫不后悔，而且还告诫子路不要因穷困而丧失操守。

在追随者心中，追随孔子就是追随孔子之道，追随孔子之道就是追随天下之道，而天下之道似乎就该行之天下而无阻，因此大家就不应该落到如此穷困的地步！那么，在现实中他们落到如此穷困的地步，是因为他们追错了方向，跟错了人吗？事实上，这是因为天下无道，行天下正道者才会有如此困境。

在11-02章中，有“从我于陈、蔡者，皆不及门也”一语。在陈、蔡时的那些追随者，以及在陈、蔡时经历的那些艰难，总让孔子念念不忘，可见那次遇困不仅没有分裂和摧毁他们，反而使他们更加团结和坚定了。

○

○

**〖15-03〗子曰：“赐也，女以予为多学而识之者与？”对曰：“然，非与？”曰：“非也，予一以贯之。”**

**【注解】**子曰：“赐也，女以予为多学而识音zhì。记住之者与？”对曰：“然，非与？”曰：“非也，予一一致以用来贯贯穿之指知识。”

（［补充］予一以贯之，古今多解释为：我是有一个道理贯穿所学之中。）

**【译文】**先生说：“端木赐啊，你以为我是学得多并记得住的那种人吗？”子贡回答说：“是啊，难道不是吗？”先生说：“当然不是啊，我是把事物都贯穿在一起了。”

**【延伸】**对普通人来说，知与行的矛盾是个比较突出的矛盾。矛盾重重，称为无道；一以贯之，则为有道。一以贯之是一种方法，也是一种成果。在理论上，部分是整体的一部分；所以，如果掌握了整体的框架，就可以将部分贯穿于整体之中。例如，将部分知识贯穿于整体知识之中，将部分人生贯穿于整体人生之中，将部分社会贯穿于整体社会之中，将部分世界贯穿于整体世界之中。这样，部分就实实在在地成为整体的一部分，并且顺着整体，从一部分可以到达其他任何部分。

在09-08章中，有“吾有知乎哉？无知也。有鄙夫问于我，空空如也。我叩其两端而竭焉”一语。对事物的认识是一回事，对认识本身的认识又是一回事。学会正确地认识事物，不仅可以扩展知识并获得正确的知识，而且可以将知识运用到自己身上。

在04-15章中载：“子曰：‘参乎！吾道一以贯之。’曾子曰：‘唯。’子出，门人问曰：‘何谓也？’曾子曰：‘夫子之道，忠恕而已矣。’”忠恕可以使人消除一切行为中的矛盾。

○

○

〖15-04〗**子曰：“由！知德者鲜矣。”**

【句读新校】子曰：“由知德者鲜矣。”

【注解】子曰：“由遵循知德者鲜矣。”

（［补充］本章古今多译为：“仲由！了解德的人太少了。”）

【译文】先生说：“遵循智慧和道德的人很少呀。”

【延伸】一个人其行为遵循智慧和道德原则，这个人会成为一个理想的人；一个社会其活动遵循智慧和道德原则，这个社会会成为一个理想的社会；一个国家其运作遵循智慧和道德原则，这个国家会成为一个理想的国家。

在06-17章中，有“谁能出不由户，何莫由斯道也”一语。所谓斯道，就是智慧与道德之道。

在14-35章中，有“不怨天，不尤人，下学而上达。知我者其天乎”一语。下学上达就是遵循智慧与道德的原则。

○
○

〖15-05〗**子曰：“无为而治者其舜也与？夫何为哉？恭己正南面而已矣。”**

【注解】子曰：“无为作为而治者其舜也与？夫何为作为哉？恭己正南南向面而已矣。”

【译文】先生说：“无为而治的人一定是舜了吧？他做了什么呢？只是恭敬端正地面朝南方坐在王位上而已。”

【延伸】人的行为是其当下知识与道德的一个体现。当一个知识与道德体系成熟的人位于天子的位置时，他所做的一切自然就会遵循知识与道德的原则；而当天下因为遵循了知识与道德的原则而使人的一切行为都自然发生并畅行无阻时，就显现不出天子的作用了。

在02-01章中，有“为政以德，譬如北辰居其所而众星共之”一语。天子得其位，诸臣才能各就各位，诸事才能有秩有序，天下才能无为而治。

○
○

〖15-06〗**子张问行。子曰：“言忠信，行笃敬，虽蛮貊之邦，行矣。言不忠信，行不笃敬，虽州里，行乎哉？立则见其参于前也，在舆则见其倚于衡也，夫然后**

**行。"子张书诸绅。**

【注解】子张问行出行。子曰："言忠信，行笃笃实敬，虽蛮古代对南方少数民族部落的泛称貊音mò。古代北方的少数民族部落之邦，行矣。言不忠信，行不笃敬，虽州在《周礼·地官·大司徒》中载"五党为州"里州里：指乡里本土，行行得通乎哉？立站立则见其参参见，参拜于前前面的人也，在舆车箱则见其倚倚立于衡车辕前的横木也，夫然后行。"子张书诸绅音shēn。绅带。

（［补充］"立则见其参于前也，在舆则见其倚于衡也，夫然后行。"古今多译为："站着时就见那几个字直竿在眼前，在车上就见那几个字映在衡木上，那样就到处都行得通了。"）

【译文】子张问有关出行的事。先生说："语言忠信，行为笃敬，即使到了荒蛮之地也可通行了。语言不忠信，行为不笃敬，即使在州里，能行得通吗？站着时则见他参拜前面的人，在车上则见他倚靠着横木给人让座，做到那样就能出发了。"子张马上把这些话写到了绅带上。

【延伸】遵循言忠信、行笃敬的行为原则，可以弱化人与人之间的对立，强化人与人之间的信任。另外，将社交理论付诸实践是一个行为细化的过程，这些细化的细节就体现在待人接物的言谈举止上。有的细节，比如礼仪礼貌等，可以从传统中学到，有的细节则需要自己用心体会才能领悟。

在08-02章中，有"恭而无礼则劳，慎而无礼则葸，勇而无礼则乱，直而无礼则绞"一语。好的内容也需要好的表达形式。

○

○

〖15-07〗**子曰："直哉史鱼！邦有道，如矢；邦无道，如矢。君子哉蘧伯玉！邦有道，则仕；邦无道，则可卷而怀之。"**

【注解】子曰："直哉史鱼姓史，名鮀，字子鱼，也称祝鮀。卫国大夫！邦有道，如矢；邦无道，如矢。君子哉蘧伯玉！邦有道，则仕任职；邦无道，则可卷如书卷一样卷起来而怀怀藏之。"

【译文】先生说："真刚直呀，史鱼！邦国有道时，刚直如箭；邦国无道时，刚直如箭。真是君子呀，蘧伯玉！邦国有道时，出仕尽责；邦国无道时，就将才能怀藏起来。"

【延伸】有的国君昏暗，有的国君清明，本章以史鱼和蘧伯玉为例，展示了不同情形下的两种行为方式。

在06-16章中，有"不有祝鮀之佞，而有宋朝之美，难乎免于今之世矣"一语。史鱼能在邦国无道时也保持刚直，是因为他有极好的口才。

在07-11章中，有"用之则行，舍之则藏，惟我与尔有是夫"一语。孔子的行为策略，与蘧伯玉是一样的。

○

○

〖15-08〗**子曰："可与言而不与之言，失人；不可与**

**言而与之言，失言。知者不失人，亦不失言。”**

【注解】子曰：“可与言而不与之言，失错失人；不可与言而与之言，失言。知者不失人，亦不失言。”

（［补充］失人，古今多解释为：错失人才。失言，古今多解释为：浪费语言。）

【译文】先生说：“可以和人说而不和人说，是待人上的过失；不可以和人说而和人说，是说话上的冒失。智者不会在待人时失人，也不会在说话时失言。”

【延伸】可行不可行因邦而异，可言不可言则因人而异。面对社会就意味着面对人，面对人就意味着需要进行语言上的交流，而交流的关键就是既不失人又不失言。

在10-01-01节中，有“孔子于乡党，恂恂如也，似不能言者。其在宗庙朝廷，便便言，唯谨尔”一语。根据环境与对象，决定说话的内容和方式。

在12-22章中载：“樊迟问仁。子曰：‘爱人。’问知。子曰：‘知人。’”爱人不会失人于言，知人不会失言于人。

○

○

〖15-09〗**子曰：“志士仁人，无求生以害仁，有杀身以成仁。”**

【注解】子曰：“志士仁人，无求生以害损害仁，有杀舍弃身以成仁。”

【译文】先生说："志士仁人，不会为求生而为害于仁，只会以杀身来成就于仁！"

【延伸】志士仁人的行为不为求生，而是为了求仁，所以志士仁人面对生死，不贪不畏，当生则生，当死则死。

在15-02章中载："在陈绝粮，从者病，莫能兴。子路愠见曰：'君子亦有穷乎？'子曰：'君子固穷，小人穷斯滥矣。'"穷困才显君子之本，生死方知志士之仁。

在15-35章中，有"民之于仁也，甚于水火。水火，吾见蹈而死者矣，未见蹈仁而死者也"一语。有了仁的思想，才有仁的行为；为仁而生的人，才能蹈仁而死。

○

○

〖15-10〗**子贡问为仁。子曰："工欲善其事，必先利其器。居是邦也，事其大夫之贤者，友其士之仁者。"**

【注解】子贡问为仁。子曰："工工匠欲善做好其事，必先利利落，顺利其器。居是邦也，事其大夫之贤者，友交友其士之仁者。"

（［补充］利，古今多解释为：锋利。）

【译文】子贡问为仁之道。先生说："工匠要做好工作，必须先备好工具。居住在这个国家，就要事奉这个国家中那些大夫中的贤人，结交这个国家中那些士中的仁者。"

【延伸】志士仁人从事的是天下归仁的事业，但要使仁义成长，首先就要找到适合仁义生长的地方。主观上的仁义需要落实到客观的言行上，客观上的言行又需要落实到现实的对象上；而将言行落实到贤者与仁者身上，才能不失言又不失人，才能将仁义的力量联合壮大，才能使仁义的思想首先在一个国家弘扬开来。

在13-25章中，有“君子易事而难说也。说之不以道，不说也。及其使人也，器之”一语。以仁义去事奉贤者，容易而且愉快。

在06-21章中，有“中人以上，可以语上也；中人以下，不可以语上也”一语。同一思想高度的思想交流会使交流更顺畅。

○

○

〖15-11〗**颜渊问为邦。子曰：“行夏之时，乘殷之辂，服周之冕，乐则《韶》《舞》。放郑声，远佞人。郑声淫，佞人殆。”**

【注解】颜渊问为邦。子曰：“行夏之时夏之时：指夏朝的历法。夏历比较合于农时，乘殷之辂音lù。大车。殷代的车比较质朴，服周之冕礼帽子。周代的礼帽等制完备，乐音yuè。音乐制度则效法《韶》《舞》。放舍弃郑声音乐，远疏远佞人佞人：花言巧语奉承别人的人。郑声淫，佞人殆。”

【译文】颜渊问治国之道。先生说：“实行夏朝的历法，乘坐殷朝的大车，戴周朝的礼帽，乐制效法《韶》乐及《武》乐。舍弃郑国的音乐，远离奸佞之人。郑国的音乐淫靡，奸佞之人危险。”

【延伸】仁义的事业总需要先从一个地方展开，所以颜渊问为邦。孔子教给颜渊的治国方针是，在国家行为层面，推行先进的天文历法、质朴的生活理念、严格的人伦制度等；在个人行为层面，提倡端正务实、不佞不淫的工作精神及生活态度。

在08-14章中，有“不在其位，不谋其政”一语。治国的关键在于以什么为立足点。立足点正确才能得出正确的观念，有了正确的观念才能制定正确的方针，有了正确的方针才能指导人的行为，从而使国家沿着正道而行。

在17-18章中，有“恶紫之夺朱也，恶郑声之乱雅乐也，恶利口之覆邦家者”一语。爱好坏的行为，这个国家好不了；爱好好的行为，这个国家坏不了。可以通过政策引导人的行为。

○

○

## 〖15-12〗子曰：“人无远虑，必有近忧。”

**【译文】**先生说：“一个人没有长远的考虑，必定会有眼前的忧患。”

**【延伸】**一个远虑的人会为自己的行为制定计划，而这个计划必须立足于道义。只有立足于道义的计划，才不会遭到规律的惩罚，才能禁得起时间的考验。

在04-11章中，有“君子怀德，小人怀土；君子怀刑，小人怀惠”一语。从某种意义上来说，怀德怀刑就是一种远虑，而怀土怀惠者自是常有近忧。

○

○

〖15-13〗**子曰："已矣乎！吾未见好德如好色者也。"**

【注解】子曰："已矣乎！吾未见好音hào。德如好色脸色，外表者也。"

（［补充］本章古今多译为："先生说：'完了呀！我没见过谁爱好美德能比得上爱好美色呀。'"）

【译文】先生说："就这样了吧！我还没见过谁爱好德行能如爱好外表一样呢。"

【延伸】人无远虑，行为就由好恶决定，而对于好恶来说，表面之色对它的影响远远胜过内在之德对它的影响。另外，好色是一种本能的感受，它能使人不由自主地生起追求的欲望并且付诸行动。好德并不像好色那样来自本能，它甚至是一种对本能好恶的克制——因为深知道义的必然，从而自觉自愿地对本能的行为加以克制。

在06-16章中，有"不有祝鮀之佞，而有宋朝之美，难乎免于今之世矣"一语。仅仅追求表面光鲜，会引来灾祸。

在04-09章中，有"士志于道，而耻恶衣恶食者，未足与议也"一语。克制好色的本能，强化道德追求，是文明的要求。

在13-18章中载："叶公语孔子曰：'吾党有直躬者，其父攘羊，而子证之。'孔子曰：'吾党之直者异于是。父为子隐，子为父隐，直在其中矣。'"人应该提倡道义，但也不能因此而扼杀本能，事实上，本能也永远不可能被扼杀。只有承认并尊重这种好色的自然倾向，才可能使好德也成为一种可以与自然倾向相抗衡的人为倾向。

在06-18章中，有“质胜文则野，文胜质则史。文质彬彬，然后君子”一语。好德与好色，应该各取所需，各尽其义。

本章与9-18章有相同内容：“子曰：‘吾未见好德如好色者也。’”

○

○

〖15-14〗**子曰：“臧文仲其窃位者与？知柳下惠之贤而不与立也。”**

**【注解】** 子曰：“臧文仲其窃窃取位职位者与？知柳下惠鲁国贤人，姬姓，展氏，名获，字禽，食邑柳下，私谥为惠之贤而不与给予，帮助立立于朝，任职也。”

（［补充］窃位，古今多解释为：占据官位而不称职。）

**【译文】** 先生说：“臧文仲是个窃取他人权位的人吧？明知柳下惠贤德，却不给他做事的权位。”

**【延伸】** 贤人的行为大多符合社会进步的要求，因此贤人在位就会推动社会进步。孔子认为，不贤之人的权位是窃取来的，同时，他们还窃取了贤人所应有的权位。

在14-18章中载：“公叔文子之臣大夫僎与文子同升诸公。子闻之，曰：‘可以为“文”矣。’”孔子赞赏公叔文子的与贤并立。

在05-18章中，有“臧文仲居蔡，山节藻棁，何如其知也”一语。给一只乌龟盖房子而且还“山节藻棁”，却不与贤人共立于朝，臧文仲表面的聪明掩盖不了他本质上的无知。

在18-02章中载：“柳下惠为士师，三黜。人曰：‘子未可以去乎？’曰：‘直道而事人，焉往而不三黜？枉道而事人，何必去父母之邦？’”由此也能看出柳下惠的贤直。

在13-02章中载：“仲弓为季氏宰，问政。子曰：‘先有司，赦小过，举贤才。’曰：‘焉知贤才而举之？’子曰：‘举尔所知。尔所不知，人其舍诸？’”为政者而不举贤才，在孔子看来，这就是窃取其位而不作为。

○

○

**〖15-15〗子曰：“躬自厚而薄责于人，则远怨矣。”**

**【注解】** 子曰：“躬躬身于自厚而薄责责怪于人，则远远离怨怨恨矣。”

（［补充］躬自厚，古今多解释为：对自己要求严格。）

**【译文】** 先生说：“躬身增厚自己的德行而很少责备于人，就远离怨恨了。”

**【延伸】** 本章论述要将无意识的行为上升为有意识的行为。在群居条件下，责怪他人与被人责怪已成为一种普遍的现象，尽管这种现象也会促使整个社群成长，但这种共同成长是被动而不自觉的，主动而自觉的成长还是要靠克己宽人来实现。

在09-26章中，有“三军可夺帅也，匹夫不可夺志也”一语。人的思想很难改变，因此行为也很难改变；所以，当一个人想靠责备另一个人来改变其行为时，其效果往往是微乎其微的，除非责备者改用强制的力量，被责备者才可能在行为上勉强做出改变。但靠力量强迫出来的改变是不能长久的，而且还有可能引发怨恨。其实，对思想的改变最终还是要靠思想的自我作用，自己加强自己的德行，既能避免他人的责备，还能使自己快速成长，最后还可以以榜样的形式去影响他人——如果人人都能如此，社会就不可能不变得美好。

在12-23章中载：“子贡问友。子曰：‘忠告而善道之，不可则止，毋自辱焉。’”即使是朋友犯了错，也只能是“忠告而善道之”，不能强求。

在08-10章中，有“好勇疾贫，乱也。人而不仁，疾之已甚，乱也”一语。自己不仁还指责他人不仁，这种指责只会让彼此心生怨恨。

○

○

〖15-16〗**子曰：“不曰‘如之何，如之何’者，吾末如之何也已矣。”**

**【句读新校】**子曰：“不曰‘如之何？如之何？’者，吾末‘如之何？’也已矣。”

**【注解】**子曰：“不曰‘如之何如之何：如此怎么办？如之何？’者，吾末最终‘如之何？’也已矣。”

（［补充］末，古今多解释为：没。“吾末如之何也已矣。”古今多译为：“我也没办法了。”）

**【译文】**先生说：“对一个不考虑‘这该怎么办？这该怎么办？’的人，我最后也只能说‘这该怎么办？’罢了。”

**【延伸】**躬身自厚并非是闭关修行，想要提高德行就要主动向人求教求证——与其事后被人声讨，不如事前与人商讨。一个人的见识永远只是群体见识中的一小部分，群策群力才更容易做出正确的决定。

在05-15章中载："子贡问曰：'孔文子何以谓之"文"也？'子曰：'敏而好学，不耻下问，是以谓之"文"也。'"敏而好学，不耻下问也是躬身自厚。

在08-05章中，有"以能问于不能，以多问于寡；有若无，实若虚，犯而不校。昔者吾友尝从事于斯矣"一语。多向别人求教，懂得就多，行为就不容易出现问题。

○

○

**〖15-17〗子曰："群居终日，言不及义，好行小慧，难矣哉！"**

【注解】子曰："群一群人居终日，言说话不及义，好音hào行施展小慧智慧，难音nàn。遭难矣哉！"

（［补充］难，古今多解释为：难有所成。）

【译文】先生说："大家整天待在一起，言语之间缺少义理，喜欢表现些小聪明，这是陷入灾难了呀！"

【延伸】人的言行作用在哪方面，哪方面就会有所收获。如果每天混迹于一个自我感觉舒服的小群体中，说话不涉及道义，只想着卖弄聪明，就难免把空虚当作轻松，把腐朽当作欢乐。对于一个人来说，身体死亡是场灾难，活着而无所事事也是灾难。

在17-22章中，有"饱食终日，无所用心，难矣哉！不有博弈者乎？为之，犹贤乎已”一语。饱食终日，无所用心，这不是幸福，是浪费生命。

在13-27章中，有“刚、毅、木、讷近仁”一语。如果群居不能达道，就孤志而独行。

在14-02章中，有“士而怀居，不足以为士矣”一语。安逸是生活，道义才是生命。

○

○

〖15-18〗**子曰：“君子义以为质，礼以行之，孙以出之，信以成之。君子哉！”**

**【注解】** 子曰：“君子义以为质本质，礼以行实行之，孙通“逊”，谦逊以出之，信以成成就之。君子哉！”

**【译文】** 先生说：“君子的本质就是道义，礼仪是用以践行它的，谦逊是用以表现它的，诚信是用以成就它的。这才是君子呀！”

**【延伸】** 人的言行，应该以义为核心，以礼为规矩，以逊为表现，以信为途径——只要这样做了，就会成为君子。

在05-10章中，有“始吾于人也，听其言而信其行；今吾于人也，听其言而观其行。于予与改是”一语。什么样的人有什么样的言行，什么样的言行就是什么样的人。

在06-18章中，有“质胜文则野，文胜质则史。文质彬彬，然后君子”一语。质就是道义，文就是礼节、谦逊和忠信。

○

○

〖15-19〗**子曰："君子病无能焉，不病人之不己知也。"**

【译文】先生说："君子常恨自己的无能，不在乎他人对自己的不了解。"

【延伸】一个人可以在提高言行上下功夫以达到君子的标准，也可以在提高名声上下功夫以获得君子的名声；但自己究竟是不是君子，自己心中是清楚的。

在11-26章中载："子路、曾皙、冉有、公西华侍坐。子曰：'以吾一日长乎尔，毋吾以也。居则曰："不吾知也！"如或知尔，则何以哉？'"如果希望他人了解自己，就应该向他人提供些值得人家了解的内容。

12-20章中载："子张问：'士何如斯可谓之达矣？'子曰：'何哉，尔所谓达者？'子张对曰：'在邦必闻，在家必闻。'子曰：'是闻也，非达也。夫达也者，质直而好义，察言而观色，虑以下人。在邦必达，在家必达。夫闻也者，色取仁而行违，居之不疑。在邦必闻，在家必闻。'"闻名与达道，君子选择达道。

○

○

〖15-20〗**子曰："君子疾没世而名不称焉。"**

【注解】子曰："君子疾没没于，消失于世而名不称音chèn

焉。”

（［补充］本章古今多译为：“先生说：‘君子忧虑他死后名字不能被人称颂。’”）

【译文】先生说：“君子忧虑的是到死也配不上君子之名。”

【延伸】君子的追求就是成为真正的君子，而非名义上的君子，所以当他有了君子之名时，反而会更担心名不副实。

在06-07章中，有“回也，其心三月不违仁，其余则日月至焉而已矣”一语。君子以知仁、守仁为务，徒有君子之名而没有仁义之实，君子不仅不会以此为荣反而会以此为耻。

在04-24章中，有“君子欲，讷于言而敏于行”一语。人若急于为仁，自然讷于言而敏于行，更不可能在意虚名。

○

○

〖15-21〗**子曰：“君子求诸己，小人求诸人。”**

【注解】子曰：“君子求求得，获得诸己，小人求诸人。”

【译文】先生说：“君子有所要求时会求之于自己，小人有所要求时会求之于他人。”

【延伸】需求决定言行。吃饭是为了活着，但活着不应该仅仅是为了吃饭，人有更高的需求，才能有更高的言行。想要成为社会的脊梁，就必须学会自强。君子以社会之要求来要求自己，因此他会节约资源且努力生产；小人以生理之要求来要求自己，因此他会霸占资源且不事生产。

在14-42章中载：“子路问君子。子曰：‘修己以敬。’曰：‘如斯而已乎？’曰：‘修己以安人。’曰：‘如斯而已乎？’曰：‘修己以安百姓。修己以安百姓，尧、舜其犹病诸！’”君子修己以利他人，小人只想借助他人为自己谋利。

在13-25章中，有“君子易事而难说也。说之不以道，不说也。及其使人也，器之。小人难事而易说也。说之虽不以道，说也。及其使人也，求备焉”一语。君子做事，以自己尽力为主，以他人帮助为辅；小人做事，以他人帮助为主，以自己尽力为辅。

○

○

〖15-22〗**子曰：“君子矜而不争，群而不党。”**

【注解】子曰：“君子矜音jīn。自矜而不争，群合群而不党结党，相护。”

（［补充］矜而不争，古今多解释为：君子庄重而不与人争执。）

【译文】先生说：“君子有所捍卫而不与人相争，合群却不与人结党。”

【延伸】就行为特征而言，君子追求的是一切道义，所以不会去争私利；君子凝聚的是整个社会，所以不会去搞小团体。

在01-10章中，有“夫子温、良、恭、俭、让以得之。夫子之求之也，其诸异乎人之求之与”一语。君子走到哪里都受人尊重，不是因为他争而结党，而是因为他矜而合群。

在02-14章中，有“君子周而不比，小人比而不周”一语。周则合群，比则结党。

○

○

〖15-23〗**子曰：“君子不以言举人，不以人废言。”**

【注解】子曰：“君子不以言言论举推举人，不以人废言。”

【译文】先生说：“君子不凭一个人的言论而推崇这个人，也不因为一个人的品德不好而否定这个人的言论。”

【延伸】君子善于自省，也能分辨他人，有人言行一致，有人言行相违，由此就能看出一个人的长短；所以君子用人时，总能做到知人善任、扬长避短。

在12-03章中载：“司马牛问仁。子曰：‘仁者，其言也讱。’曰：‘其言也讱，斯谓之仁已乎？’子曰：‘为之难，言之得无讱乎？’”说话艰涩，有可能是源于愚昧，也可能是出于慎重，所以不能以言废人。

在17-01章中载：“阳货欲见孔子，孔子不见，归孔子豚。孔子时其亡也，而往拜之。遇诸涂。谓孔子曰：‘来！予与尔言。’曰：‘怀其宝而迷其邦，可谓仁乎？’曰：‘不可。’‘好从事而亟失时，可谓知乎？’曰：‘不可。’‘日月逝矣，岁不我与。’孔子曰：‘诺，吾将仕矣。’”阳货德行较差，但他说的话令人无可辩驳，所以不能以人废言。

○

○

〖15-24〗**子贡问曰："有一言而可以终身行之者乎？"子曰："其恕乎！己所不欲，勿施于人。"**

【注解】子贡问曰："有一言一言：一个字而可以终身行之者乎？"子曰："其恕乎！己所不欲想，愿意，希望，勿施施加于人。"

【译文】子贡问："是否有一个字可以终身奉行呢？"先生说："那就是恕了吧！自己不愿意的事情，不要施加给他人。"

【延伸】人的行为大都是其内心原则的一个外在反映。将"恕"作为行为的原则，既有益于他人，也有益于自己，"恕"是一切良好社会关系的基础。

在06-30章中载："子贡曰：'如有博施于民而能济众，何如？可谓仁乎？'子曰：'何事于仁！必也圣乎！尧、舜其犹病诸！夫仁者，己欲立而立人，己欲达而达人。能近取譬，可谓仁之方也已。'"常以自己所欲推想他人所欲，常以自己不欲推想他人不欲，长此以往，不仁也难。

○

○

〖15-25〗**子曰："吾之于人也，谁毁谁誉？如有所誉者，其有所试矣。斯民也，三代之所以直道而行也。"**

【注解】子曰："吾之于人也，谁毁诋毁谁誉赞誉？如有所誉者，其有所试试验，尝试矣。斯民也，三代三代：指夏、商、周之所以直正直道而行运行也。"

（［补充］本章古今多译为："先生说：'我对他人，诋毁了谁，赞美了谁呢？如果是我所赞美过的，那定是经过考验的。现在这些百姓啊，也就是夏、商、周三代以直道行施天下时的百姓啊。'"）

【译文】先生说："我这个人对他人来说，谁会说坏，谁会说好？如果有人说好，那他总是有所领略了。这民众们啊，正是三代之所以能直道而行的原因啊。"

【延伸】个人理论属社会之言，民众运动属社会之行。再完善的理论也得接受民众的检验，而民众的毁誉就是理论正确与否的一个重要衡量标准；因为民众才是理论的实践者、后果的承担者、对错的裁决者。所以孔子说，三代政权更迭的背后，其实是民众运动推动下的直道而行。

在08-09章中，有"民可使，由之，不可使，知之"一语。民众的喜怒，就是对错；民众的毁誉，就是得失。

○

○

〖15-26〗**子曰："吾犹及史之阙文也。有马者借人乘之，今亡矣夫！"**

【句读新校】子曰："吾犹及史之阙文也：'有马者，借人乘之。'今亡矣夫！"

【注解】子曰："吾犹及见及史史书之阙门阙文也：'有马者，借人乘骑乘之。'今亡矣夫！"

（［补充］阙，古今多解释为：标注或空缺。本章古今多译为："先生说：'我还见过史书存疑的地方。有马的人借给别人骑乘以调训，现在没有这种事了！'"）

【译文】先生说："我还见史书上记录着一句门阙上的文字：'有马者，借人乘之。'现在没有那样的事了！"

【延伸】人的行为与其对财物所抱态度有着因果关系。有的人愿意与人共享财物，有的人则更喜欢私藏。从孔子对偶然看到的"有马者，借人乘之"这么一句话念念不忘来看，他虽然没有明确反对财物的私有化，但对财物的共享表现出明显的向往。

在11-17章中载："季氏富于周公，而求也为之聚敛而附益之。子曰：'非吾徒也。小子鸣鼓而攻之，可也。'"随着社会私有化情况的严重，私人的力量也越来越强大，社会矛盾也越来越尖锐，人也越来越自私，有马者借人乘之的现象也就不再有了，孔子对于这种与天下归仁的社会理想背道而驰的社会现象深感忧虑。

在09-13章中载："子贡曰：'有美玉于斯，韫椟而藏诸？求善贾而沽诸？'子曰：'沽之哉！沽之哉！我待贾者也。'"物尽其用，人尽其才，是孔子对财物与才能的态度。

○

○

〖15-27〗**子曰："巧言乱德。小不忍，则乱大谋。"**

【句读新校】子曰："巧言乱德：小不忍则乱大谋。"

【注解】子曰："巧构思精巧言乱扰乱德德行：小不忍残忍，狠心则乱打乱大谋计划。"

（［补充］本章古今多译为："先生说：'花言巧语会扰乱德行。小事不忍会影响大事谋划。'"）

【译文】先生说："有些好听的话会扰乱德行，例如：小不忍则乱大谋。"

【延伸】人的言语与其对事件所抱态度有着因果关系。面对恶行，有人主张容忍，有人主张不忍。社会上久为流传或广为流传的名言或俗语对人的观念有着较大的影响。如果这些言语中的经验之谈包含偏激思想，那就不仅会扰乱人的观念，还会混乱人的行为。在本章中，孔子举出一例"朗朗上口、富于哲理"的名言，它潜移默化地从根本上扰乱了社会道德。这种似是而非的名言，时至今日，仍然被那些丧失操守的人引来为自己做辩解。

在03-01章中，有"八佾舞于庭，是可忍也，孰不可忍也"一语。那些一"忍"再"忍"的人，他们的大谋虽然不可告人，但天下人早已心知肚明。

在07-24章中，有"二三子以我为隐乎？吾无隐乎尔。吾无行而不与二三子者，是丘也"一语。君子没有不可见人的大谋。

在09-11章中，有"仰之弥高，钻之弥坚。瞻之在前，忽焉在后。夫子循循然善诱人，博我以文，约我以礼，欲罢不能。既竭吾才，如有所立卓尔。虽欲从之，末由也已"一语。君子所作所为，不需要忍，也不需要保密，他们的追求从头到尾不仅不怕天下人知晓，而且恨不能让天下人都知晓。

在14-34章中载："或曰：'以德报怨，何如？'子曰：'何以报德？以直报怨，以德报德。'"不忍不是以怨报怨，也不是以德报怨，而是以直报怨。

○

○

〖15-28〗**子曰：“众恶之，必察焉；众好之，必察焉。”**

【注解】子曰：“众恶音wù之，必察体察，察觉焉；众好音hào之，必察焉。”

（［补充］之，古今多解释为：……的人。）

【译文】先生说：“对大众憎恶的东西，一定要去了解其深层次的原因；对大众喜爱的东西，也一定要去了解其深层次的原因！”

【延伸】大众的好恶就是言行的标准之一。虽然不能绝对地说大众的意见就一定是正确的，但用大众的意见做标准一定是正确的。

在13-24章中载：“子贡问曰：‘乡人皆好之，何如？’子曰：‘未可也。’‘乡人皆恶之，何如？’子曰：‘未可也。不如乡人之善者好之，其不善者恶之。’”善者好之，不善者不能察；不善者恶之，善者不能察。

在12-16章中，有“君子成人之美，不成人之恶。小人反是”一语。根据大家的好恶去做事，才能成就其美好。

○

○

〖15-29〗**子曰：“人能弘道，非道弘人。”**

【注解】子曰："人能弘弘扬道，非道弘人。"

【译文】先生说："人能弘扬道义，而非以道义弘扬人。"

【延伸】人能弘道，好的行为能体现出道义；非道弘人，道义不受人具体行为的影响。如果非要弘扬人怎么办？那就只能把弘扬人作为弘扬道的一个环节，而不能将弘扬道作为弘扬人的一个环节。

在17-04章中载："子之武城，闻弦歌之声。夫子莞尔而笑，曰：'割鸡焉用牛刀？'子游对曰：'昔者偃也闻诸夫子曰："君子学道则爱人，小人学道则易使也。"'子曰：'二三子！偃之言是也。前言戏之耳。'"弘道是社会发展的内在的必然要求。

在17-19章中载："子曰：'予欲无言。'子贡曰：'子如不言，则小子何述焉？'子曰：'天何言哉？四时行焉，百物生焉，天何言哉？'"不能以道弘人是天道自身的根本特征。

○

○

〖15-30〗子曰："过而不改，是谓过矣。"

【注解】子曰："过有过而不改，是谓过过错矣。"

【译文】先生说："有错而不改，这就是真的过错了。"

【延伸】弘道就是指围绕道义不断改过，有过不改就会脱离道义，成为过错。人能弘扬正确的理论，也能坚持错误的理论。用正确的理论指导言行，会有好的结果；用错误的理论指导言行，会有坏的结果。善于改错就会得到好的结果。

在19-21章中，有“君子之过也，如日月之食焉。过也，人皆见之；更也，人皆仰之”一语。君子坦荡，有过必改。

在19-08章中，有“小人之过也必文”一语。小人对过错认识不足，改正起来就难一些。

○

○

〖15-31〗**子曰：“吾尝终日不食，终夜不寝，以思，无益，不如学也。”**

【注解】子曰：“吾尝终日不食，终夜不寝，以用以思思考，无益收益，不如学也。”

【译文】先生说：“我曾整日不吃，整夜不睡，时间全部用来思考，却一无所获，还不如去学习啊。”

【延伸】缺乏内容的事物是空洞的，空洞的事物是难以成长的。缺失内容的纯粹思考无法展开，缺失内容的无聊言行难有结果，而要使思考和言行变得有的放矢，就需要通过学习来增加内容。

在02-15章中，有“学而不思则罔，思而不学则殆”一语。学习时总会做一些思考，而思考却可能脱离学习。边学边思，才会有所得。

○

○

〖15-32〗**子曰：“君子谋道不谋食。耕也，馁在其中**

**矣；学也，禄在其中矣。君子忧道不忧贫。”**

【注解】子曰：“君子谋谋求，致力道不谋食吃食。耕耕作也，馁音něi。饥饿在其中矣；学也，禄在其中矣。君子忧道不忧贫。”

【译文】先生说：“君子谋虑得道而不谋虑吃食。耕作呢，就有可能挨饿；学道呢，俸禄就少不了。君子担忧不能求得道而不担忧家贫。”

【延伸】上一章说纯粹的思考不如学习，本章则说以道为内容的学习是最优选择。面对精神与物质，孔子认为，追求精神的同时也会获得物质，而单纯追求物质不仅无益于物质，而且还会丧失精神。

在18-06章中，有“鸟兽不可与同群，吾非斯人之徒与而谁与？天下有道，丘不与易也”一语。天下无道时，君子更应该谋道，因为只有使天下有道，饥饿与贫困才能彻底消除。

○

○

〖15-33〗**子曰：“知及之，仁不能守之，虽得之，必失之。知及之，仁能守之，不庄以涖之，则民不敬。知及之，仁能守之，庄以涖之，动之不以礼，未善也。”**

【句读新校】子曰：“知及之仁，不能守之，虽得之，必失之。知及之仁，能守之，不庄以涖之，则民不敬。知及之仁，能守之，庄以涖之，动之不以礼，未善也。”

【注解】子曰："知认知及达到之仁，不能守守护之，虽得之，必失之。知及之仁，能守之，不庄庄重以涖音lì。同"莅"，面对之，则民不敬敬重。知及之仁，能守之，庄以涖之，动之不以礼，未善完美也。"

（［补充］本章古今多译为："先生说：'靠智力获得权位，却不能用仁德持守，虽然得到了官职，也必定会失去。靠智力获得权位，也能用仁德持守，但不能庄重地面对民众，也得不到民众的敬重。靠智力获得权位，能用仁德持守，还能庄重地面对民众，但使用民众不以礼义，也是不完善的。'"）

【译文】先生说："知道了仁，但不能守护，虽说获得了，终究会失去。知道了仁，并能守护，但不能庄严地对待它，那民众也不会心存敬重。知道了仁，并能守护，还能庄严地对待它，但不能以礼施行，就还不算完善。"

【延伸】君子一心谋道，所谋之道便是仁道，但仁道之仁也不是能一谋便成的，通常要经历一段从知仁到成仁的过程，也就是要经历从认识到守护、从守护到推崇、从推崇到施行的过程。

在04-01章中，有"里仁为美。择不处仁，焉得知"一语。知及之仁，虽然只是知及，也并不容易，何况守护、推崇、施行呢？

在12-01章中，有"克己复礼为仁。一日克己复礼，天下归仁焉"一语。礼是完善仁的最后一个环节，也是最重要的一个环节。

○

○

〖15-34〗**子曰："君子不可小知而可大受也，小人不可大受而可小知也。"**

【注解】子曰："君子不可认可小片面的知知识，了解而可认可大全面的受接受也，小人不可大受而可小知也。"

（[补充]可，古今多解释为：可以。小知，古今多解释为：从小事上去了解。大受，古今多解释为：承担大任。本章古今多译为："先生说：'君子不可以从小事上去了解他，但他可以承担大任；小人不可以承担大任，但可以从小事上了解他。'"）

【译文】先生说："君子不认可小聪明而认可大智慧，小人不认可大智慧而认可小聪明。"

【延伸】君子为什么要谋道？除为了解决生存问题外，君子的思想倾向决定了君子在解决了生存问题之后依然会继续去解决思想问题。对君子而言，打破思想上的桎梏比解决生存问题更重要。同样是谋道，人的格局不同，看到的内容就不同，得出的结论也会不同。大格局不会认可小格局，小格局也不会认可大格局。

在02-14章中，有"君子周而不比，小人比而不周"一语。周是因为大受，比是因为小知。

在19-04章中，有"虽小道，必有可观者焉，致远恐泥，是以君子不为也"一语。基于全局之下的言行，更容易成为正确的言行。

○

○

**〖15-35〗子曰："民之于仁也，甚于水火。水火，吾见蹈而死者矣，未见蹈仁而死者也。"**

【注解】子曰："民之于仁也，甚甚难于水火。水火，吾见蹈跳入，走进而死者矣，未见蹈仁而死者也。"

（[补充]甚，古今多解释为：甚需。本章古今多译为："先生说：'民众对仁德的需求，胜过对水火的需求。我见过踏入水火而死的人，还没见过遵循仁德而死的人呢。’”）

【译文】先生说：“仁对于民众来说，更甚于水火啊。我见过踏入水火而死的人，但还没见过为践行仁而死的人啊。”

【延伸】民众不愿蹈仁而死，是因为天下失道，教化不足。民众是社会的底层，备受压迫，他们的一切言行都是围绕着反抗压迫而展开的，他们不可能有机会考虑仁的问题。尽管从宏观上来看，民心向背代表天道，民众对仁也有天然的渴求，但就个体而言，教育程度限制了民众的认识——知信知耻都不容易，至于知仁行仁就更难了；所以孔子说有赴汤蹈火而死的人，却没有蹈仁而死的人。

在15-09章中，有“志士仁人，无求生以害仁，有杀身以成仁”一语。民众如果成为志士仁人，他们就会愿意蹈仁而死。

在13-09章中载：“子适卫，冉有仆。子曰：‘庶矣哉！’冉有曰：‘既庶矣，又何加焉？’曰：‘富之。’曰：‘既富矣，又何加焉？’曰：‘教之。’”要使民众成为志士仁人，就要让民众接受志士仁人的教育。

在13-06章中，有“其身正，不令而行；其身不正，虽令不从”一语。若当权者肯蹈仁而死，民众必会相随。

○

○

〖15-36〗**子曰：“当仁，不让于师。”**

【注解】子曰：“当仁，不让让开，退让于师军队。”

（［补充］师，古今多解释为：老师。本章古今多译为：“先生说：‘仁义当前，就是对老师也不用谦让。’”）

【译文】先生说：“仁义当前，面对大军也不退缩。”

【延伸】仁义的力量是无形且强大的，基于仁义的言行也会因此而充满无形且强大的力量。

在14-04章中，有“有德者必有言，有言者不必有德。仁者必有勇，勇者不必有仁”一语。凭借外力的勇气难以长久，而且未必会“当仁，不让于师”；发自仁义的勇气不会枯竭，而且一定会“当仁，不让于师”。

在14-16章中，有“桓公九合诸侯，不以兵车，管仲之力也。如其仁，如其仁”一语。不以兵车就能九合诸侯，这就是仁义的力量。

○

○

〖15-37〗**子曰：“君子贞而不谅。”**

【注解】子曰：“君子贞纯真而不谅体谅。”

（［补充］谅，古今多解释为：小信用。本章古今多译为：“先生说：‘君子坚守正道而不拘泥于小信用。’”）

【译文】先生说：“君子坚贞自守而不会求人谅解。”

【延伸】君子自能理解君子纯真的思想，而小人也自会看到君子坚贞的行为，因此君子可以只顾言行的坚贞而不求他人的体谅。

在01-16章中，有“不患人之不己知，患不知人也”一语。在社会范围内，一个人的言行，总有人能予以理解，也总有人理解不了。

在14-17章中，有“管仲相桓公，霸诸侯，一匡天下，民到于今受其赐。微管仲，吾其被发左衽矣。岂若匹夫匹妇之为谅也，自经于沟渎而莫之知也”一语。如果忙于求人谅解，就一定没有后来的管仲之功。

○

○

## 〖15-38〗子曰：“事君，敬其事而后其食。”

【注解】子曰：“事君，敬其事而后指放在后面，先不予考虑其食食禄。”

（［补充］本章古今多译为：“先生说：‘事奉君主，先恭敬地做事，有功后再说食禄。’”）

【译文】先生说：“侍奉君主，要对所做之事充满敬畏，而将食禄之事置之脑后。”

【延伸】君子事君，为的是通过做事创造社会价值，并不是为了通过获得职位来填饱个人肚子。

在15-32章中，有“君子谋道不谋食”一语。谋道就是敬其事，不谋食就是后其食。

在03-19章中载：“定公问：‘君使臣，臣事君，如之何？’孔子对曰：‘君使臣以礼，臣事君以忠。’”臣之忠就包括敬君事，君之礼就包括谋臣食。

○

○

〖15-39〗子曰：“有教无类。”

【注解】子曰：“有教教育无类分类，区别。”

（［补充］本章古今多译为：“先生说：‘对所有人给予教育，不区分类别。’”）

【译文】先生说：“教育可以消除人的差别。”

【延伸】推行仁道，最直接的方式就是教育。教育可以直接地提高人的文化素质，还可以间接地实现社会公平。教育可以在物质不公平的社会中，提供给人文化公平的机会，而文化公平又提供给人重新选择社会角色的机会。

在07-25章中，有“子以四教：文、行、忠、信”一语。教育的目的就是将在文、行、忠、信方面参差不齐的人教育成为文、行、忠、信都完善的人。

○

○

〖15-40〗子曰：“道不同，不相为谋。”

【注解】子曰：“道不同，不相相互为谋参谋。”

【译文】先生说：“思想不同，就不能互相给对方出谋划策。”

【延伸】教育能够统一思想，思想能够统一行为。要理解当时各种思想不相为谋的现实，也要树立人类因统一思想而相互为谋的理想。

在09-30章中，有“可与共学，未可与适道；可与适道，未可与立；可与立，未可与权”一语。看清楚人与人之间的差别，就可以有针对性地对其加以消除。

○

○

〖15-41〗**子曰：“辞达而已矣。”**

【注解】子曰：“辞言辞达通达而已矣。”

【译文】先生说：“把话说明白就可以了！”

【延伸】人与人之间的言行不能融洽是因为道不同，道不同是因为教不同，教不同是因为辞不达。通达自洽的语言代表着正确的教育，正确的教育代表着正确的思想，正确的思想代表着正确的行为。

在15-06章中载：“子张问行。子曰：‘言忠信，行笃敬，虽蛮貊之邦，行矣。言不忠信，行不笃敬，虽州里，行乎哉？立则见其参于前也，在舆则见其倚于衡也，夫然后行。’子张书诸绅。”言辞忠信，在异国他乡也能行得通。

在16-08章中，有“君子有三畏：畏天命，畏大人，畏圣人之言。小人不知天命而不畏也，狎大人，侮圣人之言”一语。圣人之言，都是通达之言。

在11-14章中载：“鲁人为长府。闵子骞曰：‘仍旧贯，如之何何？必改作。’子曰：‘夫人不言，言必有中。’”辞达就是说言必有中，就是指能正确地说出事物的本质。

○

○

〖15-42〗**师冕见，及阶，子曰："阶也。"及席，子曰："席也。"皆坐，子告之曰："某在斯，某在斯。"**

**师冕出。子张问曰："与师言之道与？"子曰："然，固相师之道也。"**

【注解】师乐师冕人名，此人是个盲人见来见，及阶台阶，子曰："阶也。"及席，子曰："席也。"皆坐，子告之曰："某在斯，某在斯。"

师冕出。子张问曰："与师言之道与？"子曰："然，固相帮助师之道也。"

【译文】乐师冕来见先生，走到台阶旁了，先生说："到台阶了。"走到席位旁了，先生说："到席位了。"都坐下后，先生告给他说："某某在这里，某某在那里。"

乐师冕走后，子张问道："这就是与盲乐师的说话之道吧？"先生说："是。这其实也是对盲乐师的相助之道。"

【延伸】帮助普通人了解仁，如同帮助盲人了解环境。帮助盲人走路靠的是自己的一双眼睛，帮助他人为仁靠的是自己的一颗仁心。

在12-22章中载："樊迟问仁。子曰：'爱人。'"仁者爱人，体现在方方面面。仁者的说话之道是可以模仿的，仁者的助人之道也是可以模仿的，但仁者的仁爱之心就难以模仿了；所以说，说话之道与助人之道都是表象，我们最终需要学习的是仁者的仁爱之道。

# 季氏篇第十六

本篇共计十四章，以名实为讨论的核心，以厘清日常生活中最常用的若干名词内涵为线索，围绕君臣、父子、夫妻、朋友，快乐、求知、思考、善恶、称谓等名实问题展开讨论。季氏伐颛臾反映的是一种社会权力关系的错乱，这种错乱导致了掌控社会的权力由天子到诸侯，再到大夫，乃至到家臣。由之而来的是为政者自上而下名实关系的错乱，以及他们个人在整个社会中定位的错乱。要想改变这种错乱，就需要先摆正个人的位置，理顺人际关系，进而调整好社会各方面的关系，使各级社会权力实至名归，充分发挥其应有的社会作用，最终使社会成为一个合情合理的社会。

○

○

〖16-01〗季氏将伐颛臾。冉有、季路见于孔子曰："季氏将有事于颛臾。"

孔子曰："求！无乃尔是过与？夫颛臾，昔者先王以为东蒙主，且在邦域之中矣，是社稷之臣也。何以伐为？"

冉有曰："夫子欲之，吾二臣者皆不欲也。"

孔子曰："求！周任有言曰：'陈力就列，不能者止。'危而不持，颠而不扶，则将焉用彼相矣？且尔言过矣，虎兕出于柙，龟玉毁于椟中，是谁之过与？"

冉有曰："今夫颛臾，固而近于费。今不取，后世必为子孙忧。"

孔子曰："求！君子疾夫舍曰欲之而必为之辞。丘也闻有国有家者，不患寡而患不均，不患贫而患不安。盖均无贫，和无寡，安无倾。夫如是，故远人不服，则修文德以来之。既来之，则安之。今由与求也，相夫子，远人不服，而不能来也；邦分崩离析，而不能守也；而谋动干戈于邦内。吾恐季孙之忧，不在颛臾，而在萧墙之内也。"

【注解】 季氏将伐颛音zhuān臾音yú。颛臾：鲁国的附属国。冉有、季路见于孔子曰："季氏将有事军事行动于颛臾。"

孔子曰："求！无乃尔是过过错与？夫颛臾，昔者先王以为东指鲁东蒙蒙山主指主祭，且在邦域之中矣，是社稷之臣也。何以伐为？"

冉有曰："夫子欲之，吾二臣者皆不欲也。"

孔子曰："求！周任人名有言曰：'陈施展力就列位列，不能者止作罢。'危而不持，颠而不扶，则将焉用彼相扶助盲人的人矣？且尔言过矣，虎兕音sì。雌性犀牛，或说野牛出于柙音xiá。木笼，龟龟甲玉毁于椟，是谁之过与？"

冉有曰："今夫颛臾，固坚固而近于费费邑，季氏的采邑。今不取，后世必为子孙忧。"

孔子曰："求！君子疾痛恨夫舍隐不示人曰欲之而必为之辞借口，托词。丘也闻有国有家者，不患寡少而患不均，不患贫而患不安。盖均无贫，和无寡，安安定无倾颠覆。夫如是，故远边远人不服，则修修整文德以来使……来之。既来之，则安之。今由与求也，相辅助夫子，远人不服，而不能来也；邦分崩离析，而不能守也；而谋谋划动发动干戈干戈：指战争于邦内。吾恐季孙之忧，不在颛臾，而在萧墙萧墙：指私家院落之内也。"

（［补充］"君子疾夫舍曰欲之而必为之辞。"古今多译为："君子痛恨那种不说自己想做还一定要另找托辞的行为。"萧墙，古今多解释为：肃墙，即门屏，君主家门口的立屏。）

【译文】季氏想讨伐颛臾。冉有、子路为此去见孔子，说："季氏对颛臾要有军事行动了。"

孔子说："冉求！不会是你犯的这错吧？那颛臾，早就被先王委以蒙山主祭，而且它又在鲁国境域内，是鲁国臣属啊。怎么还要讨伐呢？”

冉有说：“季孙先生想这样做，我们两个做臣子的都不赞同。”

孔子说：“冉求！周任说过：‘能施展才力就任职，不能就辞职。’如果一个盲人有危险而不去扶持他，要跌倒了而不去搀扶他，那又何必用人来扶助他呢？并且你说的话也错了，老虎、犀牛跑出笼子，龟甲、玉器毁在盒中，这是谁的过错呢？”

冉有说：“如今颛臾城墙坚固而且靠近费邑，现在不攻取，将来必定给子孙留下后患。”

孔子说：“冉求！君子痛恨那些把自己想做的事说成是必须得做的事的说辞。我孔丘也听说过有国有家的人，不担心少而担心不均，不担心人口不足而担心不安定。那是因为财富平均就不会觉得贫困，关系和谐就不会觉得人口不足，境内安定就不会有倾覆之事。做到这样，远方的人还不归服，就修文修德招他们来。他们来了，就要让他们安居。现在仲由和冉求辅助季孙，远方的人不归服，你们不能去招来；国家分崩离析，你们不能保全；却想着动用武力在国内发动战争。我怕季孙家的忧患不在颛臾，而是在自家的院子里啊。”

**【延伸】**事物之间错综复杂的联系使得任何一处的错乱都不是单独出现的，季氏导致的错乱也不会仅仅只影响季氏。本章记录了孔子对季氏伐颛臾的批评，他思路清晰，观点明确，分析深刻，总结到位，不仅指出了为政者最容易犯的错误，而且还提出了一套可行的治国策略。

在02-01章中，有“为政以德，譬如北辰居其所而众星共之”一语。为政以德就是偃武修文，就是让为政者不以武力吞并的方式扩展自己的力量，而是以修文修德的方式去吸引周边的人心甘情愿地来归附。任何一群人都是人类文明的一部分，消灭一群人，意味着文明的损失；团结一群人，则意味着文明的强大。

在11-24章中载：“季子然问：‘仲由、冉求可谓大臣与？’子曰：‘吾以子为异之问，曾由与求之问。所谓大臣者，以道事君，不可则止。今由与求也，可谓具臣矣。’曰：‘然则从之者与？’子曰：‘弑父与君，亦不从也。’”以道事君，是孔子一贯的主张，不可则止，就是对这一主张的坚持。颛臾被伐不见于史书，大概是因为孔子的这番话起了作用。

○

○

〖16-02〗**孔子曰：“天下有道，则礼乐征伐自天子出；天下无道，则礼乐征伐自诸侯出。自诸侯出，盖十世希不失矣；自大夫出，五世希不失矣；陪臣执国命，三世希不失矣。天下有道，则政不在大夫。天下有道，则庶人不议。”**

**【注解】**孔子曰：“天下有道，则礼乐征伐自天子出；天下无道，则礼乐征伐自诸侯出。自诸侯出，盖十世希同“稀”，少有不失矣；自大夫出，五世希不失矣；陪臣陪臣：卿大夫的家臣执国命，三世希不失矣。天下有道，则政不在大夫。天下有道，则庶人不议。”

**【译文】**孔子说：“天下有道时，制礼作乐及出兵征伐都决定于天子；天下无道时，制礼作乐及出兵征伐都决定于诸侯。这些事决定于诸侯时，一般十代以后就少有不丧失权位的了；决定于大夫时，五代以后就少有不丧失权位的了；如果是家臣执掌了国家命运，三代以后就少有不丧失权位的了。天下有道时，政权就不会落在大夫手中。天下有道时，普通百姓就不会议论政事。”

【延伸】在上一章，季氏作为大夫而决定征伐颛臾，本章则就天下礼乐征伐的权力做了一番梳理和总结。孔子从天子丧失礼乐征伐的权力这一现象指出了天下失道的事实，又从权力的层层下落，预言了一个王朝将要覆灭的命运。

在13-03章中，有“名不正，则言不顺；言不顺，则事不成；事不成，则礼乐不兴；礼乐不兴，则刑罚不中；刑罚不中，则民无所措手足。故君子名之必可言也，言之必可行也。君子于其言，无所苟而已矣”一语。礼乐征伐不自天子出，则天子之名不正，天子之名不正则天下失道。礼乐征伐出自诸侯、大夫及陪臣，则诸侯、大夫及陪臣之名不正，诸侯、大夫及陪臣之名不正则必然导致家国的失败。

在13-04章中，有“上好礼，则民莫敢不敬；上好义，则民莫敢不服；上好信，则民莫敢不用情。夫如是，则四方之民襁负其子而至矣”一语。上自天子下至庶人，若都能以礼义为重，则可以使天下重归于道。

○

○

〖16-03〗**孔子曰：“禄之去公室五世矣，政逮于大夫四世矣，故夫三桓之子孙微矣。”**

**【注解】** 孔子曰：“禄指实行爵禄的权利，即国家政权之去公室公室：指诸侯之家五世五世：指鲁桓公之后鲁国的宣公、成公、襄公、昭公、定公五代人矣，政逮及，到于大夫四世四世：指季孙氏家的文子、武子、平子、桓子四代人矣，故夫三桓三桓：鲁国三卿仲孙、叔孙、季孙都是鲁桓公的后代，故称三桓之子孙微衰微矣。”

【译文】孔子说：“食禄不由公室发放有五世了，政权归于大夫有四世了，因此那三桓的子孙们都衰微了。”

【延伸】名实脱节会使事物逐渐走向衰微。

在14-36章中，有“道之将行也与，命也；道之将废也与，命也。公伯寮其如命何”一语。上失下僭，背后都有客观规律在起作用。从理论上看，三桓的衰微是必然的，而事实也验证了这一点。

○

○

〖16-04〗**孔子曰：“益者三友，损者三友。友直，友谅，友多闻，益矣。友便辟，友善柔，友便佞，损矣。”**

【注解】孔子曰：“益者三友，损者三友。友直，友谅谅解，友多闻见识，益矣。友便辟，友善柔，友便音pián佞便佞：巧言善辩，损矣。”

（［补充］谅，古今多解释为：诚信。）

【译文】孔子说：“有益的朋友有三种，有害的朋友有三种。朋友正直、朋友宽容、朋友见多识广，就受益。朋友好走极端、朋友优柔寡断、朋友巧言善辩，就有害。”

【延伸】所谓朋友，应该是有益于自己的关系人，将有损于自己的人称为朋友是一种名实关系上的错乱。

在12-24章中，有“君子以文会友，以友辅仁”一语。正直而不激进，宽容而不纵容，见多识广而不巧言善辩，这样的朋友才是益友，才能辅仁。

○

○

〖16-05〗**孔子曰：“益者三乐，损者三乐。乐节礼乐，乐道人之善，乐多贤友，益矣。乐骄乐，乐佚游，乐晏乐，损矣。”**

**【注解】**孔子曰：“益者三乐音lè，损者三乐。乐节礼乐音yuè，乐道人之善，乐多贤友，益矣。乐骄轻慢乐音lè，乐佚闲逛游，乐晏乐音lè，损矣。”

（［补充］乐道人之善，古今多解释为：乐于称道他人的优点。乐晏乐，古今多解释为：喜欢宴饮之乐。）

**【译文】**孔子说：“有益的乐趣有三种，有害的乐趣有三种。乐于依照礼乐行事，乐于引导他人向善，乐于多交好的朋友，就受益了。乐于骄纵跋扈，乐于闲逛游玩，乐于苟且偷安，就受害了。”

**【延伸】**做喜欢做的事，会感到很快乐，但一定要弄清自己的这种喜欢是否有益。

在04-11中，有“君子怀德，小人怀土；君子怀刑，小人怀惠”一语。乐的时候不忘德也不忘刑，就会有益；乐土乐惠而忘乎所以，就无益了。

○

○

〖16-06〗**孔子曰："侍于君子有三愆：言未及之而言谓之躁，言及之而不言谓之隐，未见颜色而言谓之瞽。"**

【注解】孔子曰："侍于君子有三愆音qiān。疏忽，过失：言未及轮到之而言谓之躁急躁，言及之而不言谓之隐隐晦，未见颜脸面色表情而言谓之瞽目盲。"

【译文】孔子说："侍奉君子时易犯三种过失：不到他说话的时候就说，这叫急躁；轮到他说的时候不说，这叫隐晦；还没看看别人的脸色就说，这叫没眼色。"

【延伸】名实相符不仅包括名与实的相符，还包括事与时、事与事的相符。不与君子相处，难以发现自己的不足。自以为是的积极可能是急躁，自以为是的沉稳可能是隐晦，自以为是的直来直去可能是没有眼色。究其根源，还是缺乏谦让、忠实、恭敬的品质。

在10-01-02节中，有"朝，与下大夫言，侃侃如也；与上大夫言，訚訚如也。君在，踧踖如也，与与如也"一语。说话不仅要考虑说话的内容，还要考虑说话的时机和场合。

在10-01-27节中载："色斯举矣，翔而后集。曰：'山梁雌雉，时哉时哉！'子路共之，三嗅而作。"人也应该与时俱进。

○

○

〖16-07〗**孔子曰："君子有三戒：少之时，血气未定，戒之在色；及其壮也，血气方刚，戒之在斗；及其老也，血气既衰，戒之在得。"**

【注解】孔子曰："君子有三戒警惕：少之时，血气未定稳定，戒之在色表面；及其壮也，血气方刚旺盛，戒之在斗争斗；及其老也，血气既衰，戒之在得贪得。"

（［补充］色，古今多解释为：女色。）

【译文】孔子说："君子有三个方面需要警戒：年少时，血气还没稳定，要警戒的是追求表面文章；等到壮年时，血气方刚，要警戒的是与人争斗；等到年老时，血气已经衰弱，要警戒的是贪得无厌。"

【延伸】该戒就戒，事与时要相符，人生的各阶段有各阶段该做的事，也有各阶段容易犯的错误。

在05-26章中载："子路曰：'愿闻子之志。'子曰：'老者安之，朋友信之，少者怀之。'"年少时戒色有利于立志，壮年时戒斗有利于诚信，老年时戒得有利于心安。

○

○

〖16-08〗**孔子曰："君子有三畏：畏天命，畏大人，畏圣人之言。小人不知天命而不畏也，狎大人，侮圣人**

**之言。”**

【注解】孔子曰：“君子有三畏：畏天命，畏大人大人：人中表率，畏圣人之言。小人不知天命而不畏也，狎音xiá。狎昵大人，侮圣人之言。”

（［补充］大人，古今多解释为：位高权重的人。）

【译文】孔子说：“君子有三种敬畏：敬畏天命，敬畏大人，敬畏圣人的话。小人不懂得天命因而也不加敬畏，并且还会狎昵大人，轻侮圣人之言。”

【延伸】该怕就怕，人是世界一过客，对这个世界应该抱有敬畏之心。一个人是否出生于这个世上并不决定于自己，所以天命值得敬畏；一个人要想生存于这个社会，需要向大人学习，所以大人值得敬畏；一个人要想成为君子，需要听从圣人的教诲，所以圣人之言值得敬畏。一个人如果不畏天命，不畏大人，不畏圣人之言，就难以走好路，做好事，成为好人。

在20-03章中，有“不知命，无以为君子也。不知礼，无以立也。不知言，无以知人也”一语。畏天命才能为君子，畏大人才能立，畏圣人之言才能知人。

○

○

〖16-09〗**孔子曰：“生而知之者上也，学而知之者次也；困而学之，又其次也；困而不学，民斯为下矣。”**

【注解】孔子曰："生而知之者上也，学而知之者次也；困因为受困而学之，又其次也；困而不学，民斯为下矣。"

【译文】孔子说："天生就知道的人上等，学习后知道的人是次一等；为摆脱困境而学习的人又次一等；身处困境还不学习，作为一介平民，这样子就最不好了。"

【延伸】该学一定要学。人要做到彻底认识自己也不容易，所以人的所作所为也不一定就总是与自己的所思所想相一致，纠正这种错乱的唯一途径就是学习。

在17-04章中载："子之武城，闻弦歌之声。夫子莞尔而笑，曰：'割鸡焉用牛刀？'子游对曰：'昔者偃也闻诸夫子曰："君子学道则爱人，小人学道则易使也。"'子曰：'二三子！偃之言是也。前言戏之耳。'"学习不仅关系到一个人对自我的认识，还关系到一个人能力的提高和境界的提升，从而关系到整个社会的进步和幸福。

○

○

**〖16-10〗孔子曰："君子有九思：视思明，听思聪，色思温，貌思恭，言思忠，事思敬，疑思问，忿思难，见得思义。"**

【注解】孔子曰："君子有九思思虑：视思明，听思聪，色脸色思温，貌神态思恭，言思忠，事思敬，疑思问，忿思难，见得思义道义。”

【译文】孔子说：“君子有九种考虑：观看时考虑是否看明白了，听闻时考虑是否听清楚了，对于脸色考虑是否温和，对于神貌考虑是否谦恭，言谈时考虑是否忠信，办事时考虑是否诚敬，存疑时考虑如何向人求教，愤怒时考虑有何后患，见利时考虑是否合乎道义。”

【延伸】该考虑的一定要考虑。上章说学，本章则说思。人的疑虑、愤恨、希求以及对别人疑虑、愤恨、希求的态度，会反映在人的言行上，而这些言行，又会落入人的视听，继而反映在人的神色上。一个人的素质，就体现在这些细节中。

在14-26章中，有“君子思不出其位”一语。人在做事时都会思考，用正确的思想指导做事，就叫思考到位。

在12-01章中载：“颜渊问仁。子曰：‘克己复礼为仁。一日克己复礼，天下归仁焉。为仁由己，而由人乎哉？’颜渊曰：‘请问其目。’子曰：‘非礼勿视，非礼勿听，非礼勿言，非礼勿动。’颜渊曰：‘回虽不敏，请事斯语矣。’”言行举止，处处想着与礼吻合，久而久之，便是仁了。

○

○

〖16-11〗**孔子曰：“见善如不及，见不善如探汤。吾见其人矣，吾闻其语矣。隐居以求其志，行义以达其道。吾闻其语矣，未见其人也。”**

【注解】孔子曰："见善如不及如不及：唯恐赶不上，见不善如探伸手，试探汤热水。吾见其人矣，吾闻其语矣。隐居以求其志，行义以达其道。吾闻其语矣，未见其人也。"

【译文】孔子说："见善就追求，好像自己赶不上似的；见不善就躲避，好像将手伸到沸水里似的。我见过那样的人，也听过那样的话。避世隐居以求保全自己的志向，出世行义以求实施自己所持之道。我听过这样的话，但还没见过这样的人。"

○

○

**〖16-12〗齐景公有马千驷，死之日，民无德而称焉。伯夷、叔齐饿于首阳之下，民到于今称之。其斯之谓与？**

【注解】齐景公有马千驷，死之日，民无德而称焉。伯夷、叔齐饿于首阳山名之下，民到于今称称颂之。其斯之谓与？

【译文】齐景公拥有四千匹马，到死那天民众也没有称颂他有德；伯夷、叔齐饿死在首阳山下，民众到今天还称颂他们。大概就是这个道理吧？

【延伸】本章及上章论述的是，一个人的志向和他的作为是一致的，民众对他的评价和他的作为也是一致的。一个人追求仁义，坚持至死，哪怕隐居无名，身困、家贫，他在民众心里也是值得称道的，因为他有崇高的志向，并用实际行动实践自己的志向。

在15-19章中，有“君子病无能焉，不病人之不己知也”一语。德不配位的人想让人称颂是不可能的，而德行崇高的人自然会被人称颂。

在04-06章中，有“我未见好仁者，恶不仁者。好仁者，无以尚之；恶不仁者，其为仁矣，不使不仁者加乎其身。有能一日用其力于仁矣乎？我未见力不足者。盖有之矣，我未之见也”一语。见善不只喜欢还要去践行，见不善不仅不碰还要远离，而且不论贫富贵贱，不论何时何地，都能矢志不渝、行之以义，这样的人才是一个值得称道的人。

“见善如不及，见不善如探汤。”出自古代俗语，译为：“见了善就要追赶一番，见了不善也要试探试探。”

“隐居以求其志，行义以达其道。”出自古代俗语，译为：“宁可退隐在家也要追求他的志向，靠着行为合理来达到他的理想。”

○

○

〖16-13〗**陈亢问于伯鱼曰：“子亦有异闻乎？”**

**对曰：“未也。尝独立，鲤趋而过庭。曰：‘学诗乎？’对曰：‘未也。’‘不学诗，无以言。’鲤退而学诗。他日，又独立，鲤趋而过庭。曰：‘学礼乎？’对曰：‘未也。’‘不学礼，无以立。’鲤退而学礼。闻斯二者。”**

**陈亢退而喜曰：“问一得三，闻诗，闻礼，又闻君子之远其子也。”**

【注解】陈亢问于伯鱼子姓，孔氏，名鲤，字伯鱼，孔子的儿子曰：“子亦有异闻乎？”

对曰：“未也。尝曾独立，鲤孔鲤自称趋快步而过庭庭院。曰：‘学诗乎？’对曰：‘未也。’‘不学诗，无以言。’鲤退而学诗。他日，又独立，鲤趋而过庭。曰：‘学礼乎？’对曰：‘未也。’‘不学礼，无以立。’鲤退而学礼。闻斯二者。”

陈亢退而喜曰：“问一得三，闻诗，闻礼，又闻君子之远指不偏私其子也。”

【译文】陈亢问伯鱼：“作为儿子也能有些特殊的教诲吧？”

伯鱼回答说：“没有啊。一天，他独自站在庭中，我恭敬地快步走过。他说：‘学诗了吗？’我回答说：‘没有。’他说：‘不学诗就不知道如何说话。’我退下后就学习诗。一天，他又独自站在庭中，我恭敬地快步走过。他说：‘学礼了吗？’我回答说：‘没有。’他说：‘不学礼就不知如何立身。’我退下后就学习礼。我听到的就这两点。”

陈亢退下后高兴地说：“问一个问题得知了三件事，知道了要学诗，要学礼，还知道了君子对他的儿子没有偏私之心。”

【延伸】父父子子是比较难以处理的一对名实关系。从孔子教子可以看出，孔子不重视子女的衣食，而重视他们对诗的学习；不重视他们的住行，而重视他们对礼的学习；不在情感上放纵对他们的溺爱，而在人格上尊重他们的独立。

在17-09章中，有“小子何莫学夫诗？诗，可以兴，可以观，可以群，可以怨。迩之事父，远之事君。多识于鸟兽草木之名”一语。与美衣美食相比，诗中的内容更能展现生活的美好。

在08-02章中，有“恭而无礼则劳，慎而无礼则葸，勇而无礼则乱，直而无礼则绞”一语。与富贵相比，懂得礼节更能使人立身于社会。

在17-25章中，有“唯女子与小人为难养也，近之则不孙，远之则怨”一语。父父、子子，孔子在处理自己的父子关系时，也奉行这一原则。

○

○

〖16-14〗**邦君之妻，君称之曰夫人，夫人自称曰小童；邦人称之曰君夫人，称诸异邦曰寡小君；异邦人称之亦曰君夫人。**

**【译文】**国君的妻子，国君称她为夫人，夫人自称为小童；国人称她为君夫人，在他国人面前则称她为寡小君；而他国人称呼她也为君夫人。

**【延伸】**名实关系并不是一种一对一的关系，同一事物在不同的关系下会被赋予不同的名称。同一个人有不同的称呼，这意味着一个人可以有不同的身份，而每一种身份都代表着一种社会关系；这就需要每个人不能只关注于一种关系，满足于一种身份。

在12-11章中载：“齐景公问政于孔子。孔子对曰：‘君君，臣臣，父父，子子。’公曰：‘善哉！信如君不君，臣不臣，父不父，子不子，虽有粟，吾得而食诸？’”个人理顺个人的关系，社会理顺社会的关系。

# 阳货篇第十七

本篇共计二十六章，以应变为讨论的核心，以孔子应对各种人事变化的情况为线索，围绕人情、性情、智识、地位、事业、能力、操守、进取等方面的变化展开讨论。本篇是《论语》中比较开放的一篇，它为一个人的改变或一个社会的变革提供了根本方略和完成步骤。由于本篇讲述的是应对变化，而应变又无一定之规，因此从古到今人们对本篇的内容争议较多，这就需要读者在阅读本篇时，不仅要对原文原义仔细揣摩，还要对自己的内心详加体会，一定要相信穿过历史的谜团，就能走进孔子那清晰的世界。

○

○

〖17-01〗**阳货欲见孔子，孔子不见。归孔子豚。**

**孔子时其亡也，而往拜之。**

**遇诸涂。**

**谓孔子曰："来！予与尔言。"曰："怀其宝而迷其邦，可谓仁乎？"曰："不可。好从事而亟失时，可谓知乎？"曰："不可。日月逝矣，岁不我与。"**

**孔子曰："诺，吾将仕矣。"**

**【句读新校】**阳货欲见孔子，孔子不见。归孔子豚。

孔子时其亡也，而往拜之。

遇诸涂。

谓孔子曰："来！予与尔言。"曰："怀其宝而迷其邦，可谓仁乎？"曰："不可。""好从事而亟失时，可谓知乎？"曰："不可。""日月逝矣，岁不我与。"

孔子曰："诺，吾将仕矣。"

**【注解】** 阳货姬姓，阳氏，名虎，一名货欲见孔子，孔子不见，归通"馈"，送给孔子豚音tún。小猪。

孔子时当……时其亡通"无"，这里指不在家也，而往拜之。

遇诸涂同"途"，路上。

谓孔子曰："来！予与尔言。"曰："怀其宝而迷其邦，可谓仁乎？"曰："不可。""好从事而亟音jí。急着失丧失，舍弃时时机，可谓知乎？"曰："不可。""日月逝矣，岁不我与。"

孔子曰："诺，吾将仕矣。"

（[补充]亟，古今多解释为：屡次。"曰：'怀其宝而迷其邦，可谓仁乎？'曰：'不可。好从事而亟失时，可谓知乎？'曰：'不可。日月逝矣，岁不我与。'"古今多译为："阳货说：'你身怀才干而听任国家迷乱，这可算仁吗？'他自己接着说：'不可。喜好参与政事而又屡失时机，这可算聪明吗？'他又自己回答：'不可。光阴飞逝，时不我待呀。'"）

【译文】阳货想见孔子，孔子不见，他就送了孔子一头小猪。

孔子趁他不在家时，去拜谢他。

两人却相遇于路上。

阳货对孔子说："来！我和你说句话。"他说："怀藏治国之宝而听任他的国家迷失，能叫仁吗？"孔子说："不能。"阳货说："爱好参与政事而又急着放弃时机，能叫智吗？"孔子说："不能。"阳货说："日月流逝，时不我待啊。"

孔子说："好的，我准备出仕了。"

【延伸】本章叙述孔子在阳货的劝导下改变主意，决定出仕。孔子的应变出乎不少人的意料，因此有注疏者认为，孔子在此说了假话，他在敷衍阳货。

在15-23章中，有"君子不以言举人，不以人废言"一语。孔子不会因为阳货其人就听不进去他说的话。

在09-24章中，有"法语之言，能无从乎？改之为贵。巽与之言，能无说乎？绎之为贵。说而不绎，从而不改，吾末如之何也已矣”一语。孔子认为，只要别人说得对，就应该马上改。

在18-08章中载：“逸民：伯夷、叔齐、虞仲、夷逸、朱张、柳下惠、少连。子曰：‘不降其志，不辱其身，伯夷、叔齐与！’谓柳下惠、少连：‘降志辱身矣。言中伦，行中虑，其斯而已矣。’谓虞仲、夷逸：‘隐居放言，身中清，废中权。我则异于是，无可无不可。’”这很好地说明了孔子出仕的原因。

○

○

## 〖17-02〗子曰：“性相近也，习相远也。”

【注解】子曰：“性本质属性相近接近也，习指积习相远也。”

【译文】先生说：“人的本性本来相近，积习使人产生差别。”

【延伸】本章讲的是不断地变化是形成差别的原因。只要找到形成差别的原因，人们就可以理解差别，并且还可以据此人为地制造差别或消除差别，使事物明确地朝着人们所预期的方向发展。

在05-13章中，有“夫子之文章，可得而闻也。夫子之言性与天道，不可得而闻也”一语。所以说，本章是孔子仅有的一次谈论本性，虽然只是借用了一下本性的概念并未阐述本性的内容，但已借此揭示出了人以及人类社会的自然本质，并将个人与社会的变化纳入了自然的范畴，从而使人类之变化与天地之变化一样有章可循、有道可遵。

在12-01章中，有“克己复礼为仁。一日克己复礼，天下归仁焉”一语。既然人的善恶都是后天积习导致的，那么只要对积习过程给予积极引导，就能使人沿着善的方向前进，进而使整个人类社会同归于善。

○

○

〖17-03〗**子曰：“唯上知与下愚不移。”**

【注解】子曰：“唯上知智与下愚不移改变立场。”

（［补充］本章古今多译为：“先生说：‘上智不会改而作恶，下愚不会改而行善。’”）

【译文】先生说：“只有最智慧的人与最愚昧的人才表现得坚定不移。”

【延伸】本章论述变化的快慢和难易。人类的发展史，就是从愚昧到文明的发展史。

在09-26章中，有“三军可夺帅也，匹夫不可夺志也”一语。人最难改变的是志，尤其上智之人与下愚之人的志更难改变。上智者因为知晓事实，所以没什么可移的；下愚者因为一无所知，所以也不知道该移什么。

在16-09章中，有“生而知之者上也，学而知之者次也；困而学之，又其次也；困而不学，民斯为下矣”一语。学习是从下愚变为上智的途径。

○

○

〖17-04〗**子之武城，闻弦歌之声。夫子莞尔而笑，曰："割鸡焉用牛刀？"**

**子游对曰："昔者偃也闻诸夫子曰：'君子学道则爱人，小人学道则易使也。'"**

**子曰："二三子！偃之言是也。前言戏之耳。"**

【注解】子之武城鲁国邑名，时子游为武城宰，闻弦弦乐歌诗歌之声。夫子莞尔莞尔：形容嘴角上翘，这里指微笑的样子而笑，曰："割鸡焉用牛刀？"

子游对曰："昔者偃也闻诸夫子曰：'君子学道则爱人，小人学道则易容易使指使也。'"

子曰："二三子！偃之言是也。前言戏开玩笑之耳。"

【译文】先生到了武城，听到弹唱之声。先生莞尔一笑，说："杀鸡何必用宰牛刀呢？"

子游回答说："从前我从先生那里听过：'任官位的人学礼乐之道就会爱人，百姓学礼乐之道就容易听从役使。'"

先生说："你们几个听着，言偃的话是对的。我刚才的话是和他开玩笑呢。"

【延伸】本章叙述的是学道对人的改变。

在07-07章中，有"自行束脩以上，吾未尝无诲焉"一语。孔子是教育普及的开路人，子游则将教育进一步普及，甚至利用社会权力去推行全民教育，难能可贵。

○

○

〖17-05〗**公山弗扰以费畔，召，子欲往。**

**子路不说，曰："末之也已，何必公山氏之之也？"**

**子曰："夫召我者，而岂徒哉？如有用我者，吾其为东周乎！"**

【注解】公山弗扰姓公山，名不狃、弗扰、不扰，字子泄以凭费畔通"叛"，召，子欲往。

子路不说，曰："末最差的之也已，何必公山氏之之也？"

子曰："夫召我者，而岂徒步卒哉？如有用我者，吾其为东东方周周朝乎！"

（[补充]徒，古今多解释为：空，空召，徒劳。）

【译文】公山弗扰凭借费邑反叛，他请先生过去，先生也想去。

子路不高兴，说："没有比那更糟的去处了，何必要去公山氏那里呢？"

先生说："那召我去的人，难道只是让我去当小兵吗？如果有人真用我，我不就可以在东方振兴周朝了吗！"

【延伸】本章叙述了孔子改变天下的志向。掌握了天下变易之道的人，还需要掌握天下变易之权，才可能使天下发生改变。从古到今，人们都难以理解孔子为什么愿意去一个叛臣那里做事，而且质疑孔子说造就一个周朝这样的话是否有些过头。其实，这正说明孔子一方面深知权力的重要性，一方面对自己的志向毫不隐瞒。

在13-10中，有“苟有用我者，期月而已可也，三年有成”一语。由此可见，孔子对自己的理论已经有了足够的信心，他缺乏的只是一个施展抱负的机会。

○

○

〖17-06〗**子张问仁于孔子。孔子曰：“能行五者于天下为仁矣。”**

**“请问之。”曰：“恭、宽、信、敏、惠。恭则不侮，宽则得众，信则人任焉，敏则有功，惠则足以使人。”**

【注解】子张问仁于孔子。孔子曰：“能行五者于天下为仁矣。”

“请问之。”曰：“恭、宽、信、敏、惠。恭则不侮侮辱，宽则得适应，相得众，信则人任任事焉，敏则有功功劳，惠则足以使使唤人。”

【译文】子张向孔子请教怎样才是仁。孔子说：“能把五种品格施行于天下就是仁了。”

子张说：“请问是什么？”孔子说：“庄重、宽厚、诚信、勤敏、慈惠。庄重就不会被侮辱，宽厚就能与众人相处，诚信就能被人任用，勤敏就能建功立业，慈惠就能指使他人。”

【延伸】本章叙述了改变天下的具体措施。孔子认为，将恭、宽、信、敏、惠这五者行于天下，就一定能把无道的天下改变为有道的天下。孔子把在天下推行这五者定义为仁，这也就意味着推翻任何不仁政权都是合乎仁道的。

在13-12章中，有“如有王者，必世而后仁”一语。可以想象，这个王者一定是通过将恭、宽、信、敏、惠这五者行于天下而令天下归仁的。而且，这样的王者可以是世袭的，也可以是推翻了世袭王位的新王者。

在20-02章中载：“子张曰：‘何谓五美？’子曰：‘君子惠而不费，劳而不怨，欲而不贪，泰而不骄，威而不猛。’”这里的五美与本章的五者是相辅相成的。

在15-11章中载：“颜渊问为邦。子曰：‘行夏之时，乘殷之辂，服周之冕，乐则《韶》《舞》。放郑声，远佞人。郑声淫，佞人殆。’”对于社会具体规划，孔子也有整体构思。

○

○

〖17-07〗**佛肸召，子欲往。**

**子路曰：“昔者由也闻诸夫子曰：‘亲于其身为不善者，君子不入也。’佛肸以中牟畔，子之往也，如之何？”**

**子曰：“然，有是言也。不曰坚乎，磨而不磷；不曰白乎，涅而不缁。吾岂匏瓜也哉？焉能系而不食？”**

**【句读新校】**佛肸召，子欲往。

子路曰：“昔者由也闻诸夫子曰：‘亲于其身为不善者，君子不入也。’佛肸以中牟畔，子之往也，如之何？”

子曰：“然有是言也：‘不曰坚乎？磨而不磷。不曰白乎？涅而不缁。’吾岂匏瓜也哉？焉能系而不食？”

【注解】佛音bì肸音xī。晋国范氏中牟宰召，子欲往。

子路曰：“昔者由也闻诸夫子曰：‘亲于其身为不善者，君子不入也。’佛肸以中牟晋国邑城畔，子之往也，如之何？”

子曰：“然有是言也：‘不曰坚乎？磨而不磷片石。不曰白乎？涅指用涅石粉染黑而不缁黑色。’吾岂匏音páo瓜匏瓜：一种植物，果实比葫芦大，味苦不能食用也哉？焉能系吊着而不食？”

（［补充］“然，有是言也。”古今多译为：“是的，我说过这样的话。”）

【译文】佛肸召先生，先生也想去。

子路说：“以前我听先生说过：‘自己害自己的事，君子是不会去干的。’佛肸凭借中牟反叛，先生还要去那里，这算什么？”

先生说：“但是还有这样的话：‘不曰坚乎？磨而不磷。不曰白乎？涅而不缁。’我难道是个葫芦吗？怎么只能挂在那里而不能被食用呢？”

【延伸】本章叙述了孔子改变天下的坚定信念与迫切心情。

在09-13章中载：“子贡曰：‘有美玉于斯，韫椟而藏诸？求善贾而沽诸？’子曰：‘沽之哉！沽之哉！我待贾者也。’”梦想天下归仁的孔子，渴望有一方用武之地，所以即使佛肸这样的叛臣相邀，他也愿意前去一试。

在06-27章中，有“君子博学于文，约之以礼，亦可以弗畔矣夫”一语。君子以叛有道为叛，不以叛无道为叛。

“不曰坚乎？磨而不磷。不曰白乎？涅而不缁。”出自古代俗语，译为：“不是有坚硬的东西吗？那怎么磨也不会薄！不是有洁白的东西吗？那怎么染也不会黑！”

○

○

〖17-08〗**子曰：“由也！女闻六言六蔽矣乎？”对曰：“未也。”**

**“居，吾语女。好仁不好学，其蔽也愚。好知不好学，其蔽也荡。好信不好学，其蔽也贼。好直不好学，其蔽也绞。好勇不好学，其蔽也乱。好刚不好学，其蔽也狂。”**

【注解】子曰：“由也！女闻六言六蔽弊端矣乎？”对曰：“未也。”

“居坐！吾语女。好仁不好学，其蔽也愚。好知不好学，其蔽也荡摇摆。好信不好学，其蔽也贼伤害。好直不好学，其蔽也绞执拗。好勇不好学，其蔽也乱。好刚不好学，其蔽也狂。”

【译文】先生说：“仲由呀！你听说过六种主张及六种流弊吗？”子路说：“没有啊。”

先生说：“坐下来！我告诉你。好仁而不好学，那会导致愚昧。好智而不好学，那会导致动摇。好信而不好学，那会导致伤害。好直而不好学，那会导致偏执。好勇而不好学，那会导致纷争。好刚而不好学，那会导致狂疏。”

【延伸】本章论述孔子对旧有观念进行的一个革新和深化。孔子对世俗中一些美德的概念以好学为标尺进行了一次扬弃，将普通人凭感觉总结出来的美德提升到一个新的高度。

在04-01章中，有“里仁为美。择不处仁，焉得知”一语。任何一种美好的品质，必须真的拥有它，才能从中受益。

在05-28章中，有“十室之邑，必有忠信如丘者焉，不如丘之好学也”一语。要想拥有美好的品质，需要经过广泛而深入的学习。

○

○

〖17-09〗**子曰：“小子何莫学夫诗？诗，可以兴，可以观，可以群，可以怨。迩之事父，远之事君。多识于鸟兽草木之名。”**

**【注解】**子曰：“小子小子：长辈对小辈的称呼何莫学夫诗？诗，可以兴譬喻，可以观，可以群，可以怨。迩近之事父，远之事君。多识于鸟兽草木之名。”

**【译文】**先生说：“你们为什么不去学诗呢？学习诗，可以培养联想力，可以提高观察力，可以加强合群性，可以掌握讥讽方法。眼下可用它去事奉父母，将来可用它去事奉君主，还可以从中学得很多鸟兽草木的名字。”

**【延伸】**本章叙述学习对人的具体改变。孔子特意给人推荐了一套简单实用的“教材”，那就是《诗经》。孔子所在的时代，《诗经》既不在官方的六艺教学之内，也没有其他私人教育将之纳入教学内容，只有站在文化高度上的孔子，才知道《诗经》的重要性——他亲自编订了《诗经》。

在06-20章中，有“知之者不如好之者，好之者不如乐之者”一语。寓教于乐，诗歌无疑会吸引许多乐之者前来学习。

在03-08章中载：“子夏问曰：‘“巧笑倩兮，美目盼兮，素以为绚兮。”何谓也？’子曰：‘绘事后素。’曰：‘礼后乎？’子曰：‘起予者商也！始可与言《诗》已矣。’”由此也可看出诗对人的教化作用。

○

○

〖17-10〗**子谓伯鱼曰：“女为《周南》《召南》矣乎？人而不为《周南》《召南》，其犹正墙面而立也与？”**

【注解】子谓伯鱼曰：“女为《周南》在《诗经·国风》中有《周南》《召音shào南》在《诗经·国风》中有《召南》矣乎？人而不为《周南》《召南》，其犹正墙面而立正墙面而立：指正对墙而立，意为看不见任何东西，也无法前行也与？”

【译文】先生对伯鱼说：“你修习《周南》《召南》了吗？一个人如果不修习《周南》《召南》，那就好像面墙而立吧？”

【延伸】本章叙述的是改变的必要性，以及如何做出突破性的改变。不断地学习某种观点，可以使人获得某种视角；获得某种视角，就可以打开某一世界的大门。

在02-02章中载：“诗三百，一言以蔽之，曰：‘思无邪。’”思无邪就是指能够正确地思考，正确地思考是正确地认识世界的前提。

在16-13章中载：“陈亢问于伯鱼曰：‘子亦有异闻乎？’对

曰：‘未也。尝独立，鲤趋而过庭。曰：“学诗乎？”对曰：“未也。”“不学诗，无以言。”鲤退而学诗……’”熟读《诗经》可以让人学会说话，并且言之有物。当然，言之有物的前提一定是对事物有深刻理解。学习《周南》《召南》可使人看清事物，就犹如推倒了挡住视线的墙壁。

在06-17章中，有“谁能出不由户？何莫由斯道也”一语。不学则无知，无知则看不见出路。

○

○

**〖17-11〗子曰：“礼云礼云，玉帛云乎哉？乐云乐云，钟鼓云乎哉？”**

**【译文】**先生说：“礼呀礼呀，只是指玉帛之类的礼器吗？乐呀乐呀，只是指钟鼓等乐器吗？”

**【延伸】**本章指出，如果只注重形式便会让人走弯路。

在15-29章中，有“人能弘道，非道弘人”一语。钟鼓玉帛可用于展现礼乐，但礼乐不只是钟鼓玉帛。

在03-03章中，有“人而不仁，如礼何？人而不仁，如乐何”一语。人们虽然知道礼并非玉帛，乐也并非钟鼓，但难免不会世俗地认为，礼就是利益的输送，乐就是快乐的媒介。礼乐之形成，以仁为本，如果礼乐不出于仁，而出于利益，出于快乐，那么作为礼的玉帛就一定会助长人的贪婪，作为乐的钟鼓就一定会使人沉湎。

○

○

〖17-12〗**子曰："色厉而内荏，譬诸小人，其犹穿窬之盗也与？"**

【注解】子曰："色厉而内荏音rěn。怯懦，譬诸小人，其犹穿窬音yú。洞之盗也与？"

【译文】先生说："外表严厉而内心懦弱的人，如果将之比作小人，那也只是像打洞的小偷吧？"

【延伸】色厉内荏的人，大多是有权力却没能力，或者有能力却没品德的人，他们首先盗窃的是社会的权力资源，然后再通过权力盗取社会中的各种财富。

在15-14章中，有"臧文仲其窃位者与？知柳下惠之贤而不与立也"一语。窃位之害首先是浪费权力资源，其次是埋没事业人才，最后是社会财富被侵吞。

在12-18章中载："季康子患盗，问于孔子。孔子对曰：'苟子之不欲，虽赏之不窃。'"大盗窃政，这是对社会资源的巨大浪费，也是社会发展的巨大阻碍。

○

○

〖17-13〗**子曰："乡原，德之贼也。"**

【注解】子曰："乡同"嚮"原通"愿"，德之贼也。"

（［补充］乡原，古今多解释为：乡里貌似忠厚，实则没有是非观念、同流合污的人。本章古今多译为："先生说：'貌似忠厚而没有是非的人，是道德的败坏者。'"）

【译文】先生说："满足愿望，是道德的大敌。"

【延伸】本章论述纵容欲望的害处。

在04-09章中，有"士志于道，而耻恶衣恶食者，未足与议也"一语。热衷于满足欲望的人不会热衷于道。

在04-12章中，有"放于利而行，多怨"一语。热衷于满足欲望的人，必然会放于利而行，其结果必然是怨声载道。

○

○

〖17-14〗**子曰："道听而涂说，德之弃也。"**

【注解】子曰："道听而涂同"途"，路途说，德之弃舍弃也。"

（［补充］德之弃也，古今多解释为：这是被道德所摒弃的。）

【译文】先生说："半道听来中途就讲出去，这是对德的摈弃啊。"

【延伸】本章论述热衷于小道消息传播的害处。传播小道消息，满足了人的猎奇心理，但这是对大道传播的背离，不仅无益于事，还有损于人的德行。

在01-04章中，有"吾日三省吾身：为人谋而不忠乎？与朋友交而不信乎？传不习乎"一语。君子即使传道于人也会自省。

在05-14章中，有"子路有闻，未之能行，惟恐有闻"一语。君子重道，不关心小道新闻，更不会热衷于道听途说。

○

○

〖17-15〗**子曰：“鄙夫可与事君也与哉？其未得之也，患得之。既得之，患失之。苟患失之，无所不至矣。”**

【句读新校】子曰：“鄙夫可与事君也，与哉。其未得之也，患得之。既得之，患失之。苟患失之，无所不至矣。”

【注解】子曰：“鄙地位低下夫可与事君也，与哉。其未得之也，患担心得之。既得之，患失之。苟患失之，无所不至尽心矣。”

（［补充］鄙夫，古今多解释为：庸恶陋劣的人。本章古今多译为：“先生说：‘一个鄙夫，怎么可以与他一起事奉君主呢？他在没有得到职位时，总担心得不到。当他已经得到职位了，又怕失去它。如果他担心失去职位，那他就什么坏事都干得出来。’”）

【译文】先生说：“一个地位低下的人可以用来事君为政，那就用他。他还没做好时，会担心做不好。他已经做好了，又会担心有闪失。如果他总操心有所闪失之处，那就不会再有什么考虑不到的地方了。”

【延伸】本章将用人范围按量才使用与任人唯贤的原则扩展到士之外，这样可以使有才能而无身份的人也发挥出其应有的社会作用。

在13-20章中载：“子贡问曰：‘何如斯可谓之士矣？’子曰：

‘行己有耻，使于四方，不辱君命，可谓士矣。’曰：‘敢问其次。’曰：‘宗族称孝焉，乡党称弟焉。’曰：‘敢问其次。’曰：‘言必信，行必果，硁硁然小人哉！抑亦可以为次矣。’曰：‘今之从政者何如？’子曰：‘噫！斗筲之人，何足算也！’”由此可见，孔子已经将判断一个人是否是士的标准从血缘关系转移到智德关系上——硁硁然的小人，如果言必信行必果，也可以称之为士，他也优于那些已经出仕从政的斗筲之士。

在17-04章中载：“子之武城，闻弦歌之声。夫子莞尔而笑，曰：‘割鸡焉用牛刀？’子游对曰：‘昔者偃也闻诸夫子曰：“君子学道则爱人，小人学道则易使也。”’子曰：‘二三子！偃之言是也。前言戏之耳。’”小人学得道，也可以成为有为之士。

在09-06章中载：“太宰问于子贡曰：‘夫子圣者与？何其多能也？’子贡曰：‘固天纵之将圣，又多能也。’子闻之，曰：‘太宰知我乎！吾少也贱，故多能鄙事。君子多乎哉？不多也。’”在09-07章中载：“牢曰：‘子云：“吾不试，故艺。”’”人不能改变自己的出身，但这并不意味着智德水平和社会地位也不能改变。

○

○

**〖17-16〗子曰：“古者民有三疾，今也或是之亡也。古之狂也肆，今之狂也荡。古之矜也廉，今之矜也忿戾；古之愚也直，今之愚也诈而已矣。”**

**【句读新校】**子曰：“古者民有三疾，今也，或是之，亡也。古之狂也肆，今之狂也荡。古之矜也廉，今之矜也忿戾；古之愚也直，今之愚也诈而已矣。”

【注解】子曰："古者民有三疾恨，今也，或是之，亡也。古之狂狂放也肆率意，今之狂也荡轻浮；古之矜高傲也廉廉洁，今之矜也忿戾乖戾；古之愚愚鲁也直，今之愚也诈而已矣。"

（［补充］"古者民有三疾，今也或是之亡也。"古今多译为："古代的民众有三种毛病，现在或许连这些毛病都没有了。"）

【译文】先生说："过去，民众对为政者三方面很反感，现在呢，倘或想说它们的好，它们却消失不见了。过去的狂中有洒脱，现在的狂只是轻浮；过去的矜持源出刚廉，现在的矜持中只有怒气和暴戾；过去的愚中还不失正直，现在的愚只是挟私欺诈罢了。"

【延伸】本章论述改变也许会将一些本质上属善的缺点改变为本质上属恶的错误。

15-30章中，有"过而不改，是谓过矣"一语。有些过错只是单纯的过错，而有些过错则会阻碍人改过，对于这种阻碍人改过的过错一定要警惕。

在19-08章中，有"小人之过也必文"一语。小人为政，借助权力的庇护，不仅不会改正错误，反而会文过饰非，一错再错。

○

○

〖17-17〗**子曰："巧言令色，鲜矣仁！"**

【句读新校】子曰："巧言令色鲜矣，仁！"

【译文】先生说："用善巧的言辞令人面貌一新，这才是仁！”

【延伸】本章叙述的是一种理想的对人的改变方式。好的内容通过好的方式传达给人，人就容易接受，并由此生发出思想上的转变。

在09-24章中，有“法语之言，能无从乎？改之为贵。巽与之言，能无说乎？绎之为贵。说而不绎，从而不改，吾末如之何也已矣”一语。好的外因也需要好的内因与之契合才能产生好的变化。

本章与01-03章有相同内容：“巧言令色鲜矣，仁。”

○

○

**〖17-18〗子曰：“恶紫之夺朱也，恶郑声之乱雅乐也，恶利口之覆邦家者。”**

【注解】子曰：“恶音wù紫之夺朱紫之夺朱：古以朱为正色，紫是间色。春秋时一些诸侯国国君以穿紫色衣服为时尚，紫色渐渐取代了朱色的地位也，恶郑声之乱雅乐雅乐：纯正典雅的音乐也，恶利口之覆邦家者。”

（［补充］利口，古今多解释为：快利的口舌。）

【译文】先生说：“可恨紫色取代了朱红而成为正色，可恨郑国的靡靡之声扰乱了雅乐而成为正乐，可恨唯利是图的言论败坏了国家而成为主流。”

【延伸】本章论述不好的内容通过不好的方式运行造成的恶劣结果。孔子并非憎恶紫色而喜欢朱色，憎恶郑声而喜欢雅乐，他憎恶的是事物朝不好的方向改变。

在15-11章中载："颜渊问为邦。子曰：'行夏之时，乘殷之辂，服周之冕，乐则《韶》《舞》。放郑声，远佞人。郑声淫，佞人殆。'"对于一个邦国而言，任何一方面的改变，其取得成功的关键在于变化得当。从颜色到音乐，再到言论，变化得当则国家兴盛，变化不当则国家败亡。

○

○

**〖17-19〗子曰："予欲无言。"子贡曰："子如不言，则小子何述焉？"子曰："天何言哉？四时行焉，百物生焉，天何言哉？"**

**【注解】**子曰："予欲无言。"子贡曰："子如不言，则小子何述焉？"子曰："天何言哉？四时行运行焉，百物生焉，天何言哉？"

**【译文】**先生说："我不想再说什么了。"子贡说："先生如果不说话，我们传述什么呢？"先生说："上天说了什么呢？四季仍旧在那里运行，万物仍旧在那里生长，上天说了什么呢？"

**【延伸】**本章论述社会发展的主观力量与客观规律之间的关系。与天地对人类社会的影响相比，个人对社会的改变是微乎其微的，从孔子颇感失落的言语中，可以看出他已对此有了深刻的认识。

在15-29章中，有"人能弘道，非道弘人"一语。人能弘道，但如何弘道，这是一个问题。人对天道的表述永远不能像天道对自身的呈现那样浩瀚而细微。孔子在本章中的感叹，也是对这个问题的一种解答。

在14-36章中载："公伯寮愬子路于季孙。子服景伯以告，曰：'夫子固有惑志于公伯寮，吾力犹能肆诸市朝。'子曰：'道之将行也与，命也；道之将废也与，命也。公伯寮其如命何！'"由此可看出，孔子对于个人的主观与天道的客观已经看得很清楚了。

〇

〇

〖17-20〗**孺悲欲见孔子，孔子辞以疾。将命者出户，取瑟而歌，使之闻之。**

【注解】孺音rú悲人名欲见孔子，孔子辞以疾。将命者出户，取瑟而歌，使之闻之。

【译文】孺悲想见孔子，孔子以患病为由推辞不见。传话的人刚出房门，孔子便取瑟弹唱，以使孺悲听到他的歌声。

【延伸】本章叙述孔子如何婉转而明确地拒绝某事。从古至今，人们对于这件事很疑惑，好礼的孔子怎么会用这种近乎无礼的方式对待孺悲？有人为了维护孔子的形象，不惜污损孺悲，将这件事解释为孔子对不肖之徒的不言之教，或警戒之教，或不屑之教。

在17-01章中，有"阳货欲见孔子，孔子不见"一语。孔子对阳货的态度都是直接"不见"，而对孺悲却是"辞以疾"；所以据此推断，孔子推辞的不是孺悲，而是孺悲所背负的某种使命。但为了消除孺悲对自己健康方面的担忧，也为了表明自己的真心，前脚使人"辞以疾"，后脚便取瑟而歌，以表明生病实是托词。

在15-37章中，有"君子贞而不谅"一语。孔子只能自己做到君子之贞，并为孺悲回去复命找一个说辞，至于孺悲能不能谅解，其他人能不能理解，他就难以顾及了。

○

○

〖17-21〗**宰我问：“三年之丧，期已久矣。君子三年不为礼，礼必坏；三年不为乐，乐必崩。旧谷既没，新谷既升，钻燧改火，期可已矣。”**

**子曰：“食夫稻，衣夫锦，于女安乎？”**

**曰：“安。”**

**“女安，则为之！夫君子之居丧，食旨不甘，闻乐不乐，居处不安，故不为也。今女安，则为之！”**

**宰我出。子曰：“予之不仁也！子生三年，然后免于父母之怀。夫三年之丧，天下之通丧也。予也有三年之爱于其父母乎？”**

【注解】宰我问：“三年之丧，期已久矣。君子君子：这里指代国君三年不为礼，礼必坏；三年不为乐，乐必崩。旧谷既没，新谷既升，钻钻木燧火石改火改火：古礼，每年在特定时间，重新生火，然后靠续薪维持火种，期音jī。一周年可已矣。”

子曰：“食夫稻古代北方以稻为贵，故居丧期间不食用，衣夫锦，于女安乎？”

曰：“安。”

“女安，则为之！夫君子之居丧，食旨脂油不甘，闻乐音yuè不乐音lè，居处不安，故不为也。今女安，则为之！”

宰我出。子曰：“予之不仁也！子生三年，然后免于父母之怀。夫三年之丧，天下之通丧也。予也有三年之爱于其父母乎？”

（［补充］“夫三年之丧，天下之通丧也。”古今多译为：“那居丧三年的丧期，是天下通行的丧礼呀。”）

【译文】宰我问：“三年的丧期，期限太久了。国君三年不讲礼仪，礼仪必定会废弃；三年不碰音乐，音乐必定会亡失。从旧谷收割至新谷长出，或每年钻燧改生新火，期限这么长时间也可以了。”

先生说：“居丧不到三年你就吃稻米，穿锦衣，你会觉得安心吗？”

宰我说：“安心。”

先生说：“你觉得安心就去做好了。国君在居丧期内，食油脂不香，闻音乐不悦，在家中坐卧不安，所以才不那样做。如今你要觉得安心，你就这样做好了。”

宰我退了出去。先生说：“宰予在向不仁发展啊！孩子生下来三年，才可以脱离父母的怀抱。那三年的丧亲之痛，正是天下人普遍会经历的丧痛。宰予从他的父母那获得过三年之爱吗？”

【延伸】本章论述内容与形式相等的问题，切入点是国君在三年丧期内不为礼乐的居丧形式是否符合国君居丧的内容。国君三年服丧，不为礼乐，不涉君权，这对于国君而言似乎是不利的；但这事发生在殷高宗身上，国家也因此而繁荣昌盛，所以孔子并不认为三年不为礼乐真的会导致礼崩乐坏。另外，孔子从情怀方面做出的回答似乎不足以解答宰我单纯从生产力角度提出的这个问题；究其原因，是孔子更看重有情义加持的、高效而持久的生产力。

在01-09章中，有“慎终追远，民德归厚矣”一语。朝祥而莫歌，情感和德行会变淡薄，如果能给思念和哀痛多让出点时间，情感和德行就会变得深厚。

在01-11章中，有“父在，观其志；父没，观其行；三年无改于父之道，可谓孝矣”一语。孔子说三年之丧，强调的是无改于父亲的教导；有人则理解为三年守在父亲的坟旁，哪儿都不去，什么也不干，而对父亲的教导，却早已抛诸脑后了。

○

○

〖17-22〗**子曰：“饱食终日，无所用心，难矣哉！不有博弈者乎？为之，犹贤乎已。”**

【注解】子曰：“饱食终日，无所用心，难灾难矣哉！不有博掷彩弈围棋者乎？为之，犹贤乎已。”

（［补充］“难矣哉！”古今多译为：“难有出息呀！”）

【译文】先生说：“饱食终日，无忧无虑，这是灾难呀！不是有各种博弈游戏吗？做做那些，也好过这样活着啊。”

【延伸】本章论述人应该有所作为，不应该过浑浑噩噩的生活。

在15-05章中，有“无为而治者其舜也与？夫何为哉？恭己正南面而已矣”一语。无为而治与那饱食终日而无所用心的无所作为有着天壤之别。

在14-02章中，有“士而怀居，不足以为士矣”一语。怀居怀的就是在家饱食终日、无所用心的生活。

在15-09章中，有“志士仁人，无求生以害仁，有杀身以成仁”一语。生命自有生命的意义，生命的过程就是实现这个意义的过程。

如果一个人找不到生命的意义或自以为是地假设出一个生命的意义，那这个人的生命就难以实现他应该实现的意义。在孔子及其弟子们看来，人生的意义就是人对仁的追求。人生任重而道远，懈怠都不应该，何况饱食终日、无所用心呢！

○

○

〖17-23〗**子路曰："君子尚勇乎？"子曰："君子义以为上，君子有勇而无义为乱，小人有勇而无义为盗。"**

**【译文】**子路说："君子崇尚勇敢吗？"先生答道："君子认为义是最可崇尚的，君子只有勇而无义就会乱来，小人只有勇无义就会成为盗贼。"

**【延伸】**本章论述所有变化都是有其规律的。不讲原则的改变会将好的改变成不好的。

在15-18章中，有"君子义以为质，礼以行之，孙以出之，信以成之，君子哉"一语。义是君子之质，是君子在变化中保持不变的原则。

○

○

〖17-24〗**子贡曰："君子亦有恶乎？"子曰："有恶。恶称人之恶者，恶居下流而讪上者，恶勇而无礼者，恶果敢而窒者。"**

**曰："赐也亦有恶乎？""恶徼以为知者，恶不孙以为勇者，恶讦以为直者。"**

【注解】子贡曰："君子亦有恶音wù乎？"子曰："有恶。恶称人之恶音è者，恶居下流而讪音shàn。讥讽上者，恶勇而无礼者，恶果敢而窒阻塞不通，指固执而不通事理者。"

曰："赐也亦有恶乎？""恶徼循迹以为知者，恶不孙以为勇者，恶讦音jié。揭短以为直者。"

（［补充］"恶称人之恶者，恶居下流而讪上者，恶勇而无礼者，恶果敢而窒者。"古今多译为："憎恶议论别人坏处的人，憎恶居于下级而毁谤上级的人，憎恶勇猛而不懂礼节的人，憎恶果敢而顽固执拗的人。""恶徼以为知者，恶不孙以为勇者，恶讦以为直者。"古今多译为："憎恶剽窃别人而自以为聪明的人，憎恶不懂谦虚而自以为勇敢的人，憎恶当面揭发别人而自以为直率的人。"）

【译文】子贡说："君子也有憎恶的事吗？"先生说："有憎恶的事啊。憎恶喜欢称赞却称赞恶行的，憎恶甘居下流却讥讽高尚的，憎恶崇尚勇敢却毫无礼貌的，憎恶标榜果敢却故步自封的。"

先生接着说："赐啊，你也有憎恶的事吗？"子贡说："我憎恶把因循当智慧的，把傲慢当勇敢的，把攻讦当刚直的。"

【延伸】本章讲述的是推动变化的动力。有人认为修身会让人消除憎恶的情绪，而孔子则认为憎恶也是使人远离不仁的动力。对恶的纵容，就是对善的扼杀，所以孔子说君子也有憎恶。

在15-24章中载："子贡问曰：'有一言而可以终身行之者乎？'子曰：'其恕乎！己所不欲，勿施于人。'"待人以恕——不是不恶。

在04-06章中，有“我未见好仁者，恶不仁者。好仁者，无以尚之；恶不仁者，其为仁矣，不使不仁者加乎其身”一语。君子憎恶不仁的东西，自己也不沾染它；普通人憎恶他人的不仁，却不憎恶自己的不仁。

○

○

〖17-25〗**子曰：“唯女子与小人为难养也，近之则不孙，远之则怨。”**

**【注解】** 子曰：“唯女子与小人为难养教养，蓄养也，近之则不孙，远之则怨。”

（［补充］女子，古今多解释为：女人。唯女子与小人为难养也，古今多解释为：只有女子和小人是最难养的。）

**【译文】** 先生说：“只有你家的孩子和小人才是最难教养的啊。亲近他，他就会骄慢；疏远他，他就会怨恨。”

**【延伸】** 从古至今，人们对本章的误读都源于对“女”字的解读。女可解作女人，也可解作汝。古今多将女字当女人解。而天下母亲都是女人，正是女人抚养了人类，如果孔子说她们不好养，这就和孔子的仁义学说背道而驰了。所以，这里的女字应是汝字。汝子，即你家的孩子。是否可以这样理解：子女和小人都需要得到“教养”。父母要培养自家的孩子，社会要教育思想上落后的小人，使他们博文约礼，从而有益于家庭，有益于社会。

在16-13章中载：“陈亢退而喜曰：‘问一得三，闻诗，闻礼，又闻君子之远其子也。’”作为一名教育家的孔子，也认为父母与子女之间应该保持一种恰当的距离，这样才能避免不逊与怨的问题。

○

○

〖17-26〗**子曰：“年四十而见恶焉，其终也已。”**

【句读新校】子曰：“年四十而见恶，焉其终也已？”

【注解】子曰：“年四十而见知见，见解恶音wù，焉其终也已？”

（［补充］见恶，古今多解释为：被厌恶。本章古今多译为：“先生说：‘四十岁了还被人厌恶，那就完了。’”）

【译文】先生说：“四十岁了所持观念还令人厌恶，他到哪里才是个头啊？”

【延伸】年龄越小，可塑性越大；年龄越大，可塑性越小。年过四十还不能把自己修炼成一个思想端正的人，再以后就更不可能了。

在01-06章中，有“弟子入则孝，出则弟，谨而信泛，爱众而亲仁，行有余力，则以学文”一语。教养是一件很重要的事，应该尽早养成。

在02-04章中，有“吾十有五而志于学，三十而立，四十而不惑，五十而知天命，六十而耳顺，七十而从心所欲，不逾矩”一语。四十不惑，如果到了四十岁连基本的教养都没养成，那真的是没希望了。

# 微子篇第十八

本篇共计十一章，以致用为讨论的核心，以志士仁人在社会中的作用为线索，围绕为还是不为、可为还是不可为、逃避还是不逃避、超脱还是不超脱等问题展开讨论。本篇通过志士仁人在各种社会环境下的各种遭遇，及其所思所想、所作所为，将志士仁人与社会权力之间的相互作用做了一番形象生动的演绎与阐释，这也为志士仁人的积极进取奠定了理论基础，为社会权力的任贤用能指明了方向。

○

○

〖18-01〗**微子去之，箕子为之奴，比干谏而死。孔子曰：“殷有三仁焉。”**

**【注解】** 微子殷纣王的庶兄，见纣王无道，谏之不听，遂早早离去去之，箕子殷纣王的亲戚，因屡谏纣王被囚为奴为之奴，比干殷纣王的亲戚，因强谏纣王而被剖心谏而死。孔子曰：“殷有三仁焉。”

（［补充］“微子去之，箕子为之奴，比干谏而死。”古今多译为：“微子离开了纣王，箕子被纣王降为奴隶，比干劝谏被纣王杀死。”）

**【译文】** 微子离开了殷商，箕子沦为殷商奴隶，比干力谏而死。孔子说：“殷朝有三位仁人。”

**【延伸】** 本章描述的是在政治昏暗的社会中，不被约束的权力对志士仁人的戕害。或被杀，或被囚，或被迫逃离，这是志士仁人在那样的社会中面临的三种典型结果。一旦社会如此戕害志士仁人，这个社会就会变得非常脆弱。

在15-35章中，有“民之于仁也，甚于水火。水火，吾见蹈而死者矣，未见蹈仁而死者也”一语。民不蹈仁的另外一个原因，就是民众被这些蹈仁而死的事例所震慑——蹈仁的代价太大了。

在08-20章中载：“武王曰：‘予有乱臣十人。’”与纣王迫害仁人相比，武王很注重对人才的任用，所以武王最终灭商。

○

○

〖18-02〗**柳下惠为士师，三黜。人曰：“子未可以去乎？”曰：“直道而事人，焉往而不三黜？枉道而事人，何必去父母之邦？”**

【注解】柳下惠为士师官职名，负责狱讼刑罚，三黜罢免。人曰：“子未可以去乎？”曰：“直道而事人，焉往而不三黜？枉道而事人，何必去父母之邦？”

【译文】柳下惠做士师官时，三次被免。有人说：“先生不可以离开这里去其他国家吗？”柳下惠说：“以正直之道事奉人，到哪里能不三次被免呢？以枉曲之道事奉人，何必还要离开父母之邦呢？”

【延伸】本章论述的是在政治昏暗的社会中，一位官员三次被罢官的遭遇。他的做人做事准则是，直道事人、不羞污君、不辞小官、热爱父母之邦。

在15-14章中，有“臧文仲其窃位者与？知柳下惠之贤而不与立也”一语。乱政之下，劣币驱逐良币是一种普遍现象。

在18-08章中载：“谓柳下惠、少连：‘降志辱身矣。言中伦，行中虑，其斯而已矣。’”由此可见在孔子眼中，柳下惠这种随遇而安的态度与其说是超脱的，不如说是无奈的。

〇

〇

〖18-03〗**齐景公待孔子曰："若季氏，则吾不能；以季、孟之间待之。"**

**曰："吾老矣，不能用也。"孔子行。**

【注解】齐景公待孔子曰："若季氏，则吾不能；以季、孟之间季、孟之间：鲁国三卿中，季氏为上卿，位最贵，孟氏为下卿，故有此说法待之。"

曰："吾老矣，不能用也。"孔子行。

（［补充］齐景公待孔子曰，古今多解释为：齐景公讲到如何对待孔子时说。"曰：'吾老矣，不能用也。'"古今多译为："又说：'我老了，不能用他了。'"）

【译文】齐景公接待孔子时说："像季氏那样的礼遇，我不能给；但我能按介于季氏、孟氏之间的那种待遇来对待他。"

他接着又说："我老了，不能照你说的有所作为了啊。"孔子于是离开了齐国。

【延伸】本章叙述的是在政治昏暗的社会中，用贤才之名而不用贤才之才是为政者对待贤才的一种方式。面对这种情形，孔子断然选择离开。

在16-12章中，有"齐景公有马千驷，死之日，民无德而称焉"一语。齐景公好大喜功，只想称霸天下，却不倚重贤才，对于天下归仁毫无兴趣，他死后，齐国被田氏取而代之。

在15-38章中，有"事君，敬其事而后其食"一语。贤才想的是做事，无事可做而食禄丰厚不是贤才所求。

○

○

〖18-04〗**齐人归女乐，季桓子受之，三日不朝，孔子行。**

**【注解】** 齐人归配送，送给女乐女乐：歌舞伎，季桓子姬姓，季氏，名斯，谥桓，鲁定公时执鲁政受之，三日不朝，孔子行。

**【译文】** 齐人送来一班舞女乐姬，季桓子收下了，三天都不上朝，于是孔子出行他国。

**【延伸】** 本章叙述的是政治昏暗时，志士仁人在朝堂之上就显得势单力薄的情形。当朝政被腐败势力所掌控时，孔子没有像柳下惠那样选择随遇而安，而是选择去他国发展。

在03-01章中，有“八佾舞于庭，是可忍也，孰不可忍也”一语。沉溺于歌舞对个人来说，只能算个不良嗜好；但对一个为政者来说，这就意味着政事荒废。不过，仅是政事荒废，那也只能算是为政者心智孱弱，如果政事荒废还要僭越，那就的确有些疯狂了。

在07-06章中，有“志于道，据于德，依于仁，游于艺”一语。孔子的志向是正道，而不是志于某个人或某个国家或某个时代，所以，一个为政者不用他，他就换一个为政者；一个国家不用他，他就换一个国家；一个时代不用他，他就换一个时代。

在15-29章中，有“人能弘道，非道弘人”一语。尽管某个人不可为，某个国家不可为，甚至某个时期不可为；但道是可为的，民众是可为的，人类社会的发展是可为的。

○

○

〖18-05〗**楚狂接舆歌而过孔子曰："凤兮凤兮！何德之衰？往者不可谏，来者犹可追。已而，已而！今之从政者殆而！"**

**孔子下，欲与之言。趋而辟之，不得与之言。**

【注解】楚狂接对接舆舆车歌而过孔子曰："凤兮凤兮！何德之衰？往者不可谏，来者犹可追。已而，已而！今之从政者殆而！"

孔子下，欲与之言。趋而辟之，不得与之言。

（［补充］楚狂接舆歌而过孔子，古今多解释为：名叫接舆的楚国狂人唱着歌走过孔子坐的车。"凤兮凤兮！何德之衰？"古今多译为："你这只凤呀，你这只凤呀！为什么你的德行如此衰败？""往者不可谏，来者犹可追。"古今多译为："过去执着也就算了，现在隐退还来得及。"）

【译文】楚国一位狂士从车对面而来，唱着歌路过孔子："凤凰啊，凤凰！为何世间的道德如此沦丧？过往的不可阻挡，将来的还可指望。不要这样啊，不要这样！当今的从政者们偏要这样灭亡！"

孔子下车，想与他说话。他却快步避开，孔子没能与他搭话。

【延伸】本章描述的是一位曾积极进取以期有所作为，却因看到从政者们的普遍败坏而对现实完全绝望的悲愤狂士的所作所为。德不配位者居其位，才不堪任者任其事，作为从政者不以认真做事为要务，却以丧德毁政为能事，当天下倾覆人人遭殃时，于他们而言自然是罪有应得，但多少无辜的人也得为他们陪葬！越是清醒的人，越会为这种必然的然而自己对此又是无能为力的惨淡前途而发狂！

在13-15章中载："定公问：'一言而可以兴邦，有诸？'孔子对曰：'言不可以若是其几也。人之言曰："为君难，为臣不易。"如知为君之难也，不几乎一言而兴邦乎？'曰：'一言而丧邦，有诸？'孔子对曰：'言不可以若是其几也。人之言曰："予无乐乎为君，唯其言而莫予违也。"如其善而莫之违也，不亦善乎？如不善而莫之违也，不几乎一言而丧邦乎？'"权力可以迫使他人顺从自己，权力的继承靠血缘决定，这就使得私欲膨胀及权力腐败成为必然。社会权力本是用来推动整个社会发展的，但很多时候却被当权者用其来满足自己的私利。这样一来，就会出现一批为满足私欲而窃取公众权力的从政者，这些从政者越得偿所愿，社会就越会陷入绝望、混乱。

○

○

〖18-06〗**长沮、桀溺耦而耕，孔子过之，使子路问津焉。**

**长沮曰："夫执舆者为谁？"**

**子路曰："为孔丘。"**

**曰："是鲁孔丘与？"**

**曰："是也。"**

**曰："是知津矣。"**

**过于桀溺。**

**桀溺曰："子为谁？"**

**曰："为仲由。"**

**曰："是鲁孔丘之徒与？"**

**对曰："然。"**

**曰："滔滔者天下皆是也，而谁以易之？且而与其**

**从辟人之士也，岂若从辟世之士哉？”耰而不辍。**

**子路行以告。**

**夫子怃然曰：“鸟兽不可与同群，吾非斯人之徒与而谁与？天下有道，丘不与易也。”**

【注解】长沮楚国隐士、桀溺春秋时隐士耦而耕耦而耕：两人并行耕作，孔子过之，使子路问津渡口焉。

长沮曰：“夫执舆执舆：执辔，手执马缰绳者为谁？”

子路曰：“为孔丘。”

曰：“是鲁孔丘与？”

曰：“是也。”

曰：“是知津矣。”

问于桀溺。

桀溺曰：“子为谁？”

曰：“为仲由。”

曰：“是鲁孔丘之徒与？”

对曰：“然。”

曰：“滔滔者天下皆是也，而谁以易之？且而且而：而且与其从辟人之士也，岂若从辟世之士哉？”耰音yōu。摊平耕沟掩埋种子而不辍。

子路行以告。

夫子怃音wǔ然怃然：怅然若失的样子曰：“鸟兽不可与同群，吾非斯人之徒与而谁与？天下有道，丘不与易也。”

（[补充]执舆，古今多解释为：执辔驾车。是知津矣，古今多解释为：他常年在外周游，应该熟悉渡口。“滔滔者天下皆是也，而谁以易之”，古今多解释为：“像滔滔洪水一样遍天下都一般混乱，能和谁一起去改变它呢”。且而，古今多解释为：而同“尔”，且而意为而你。辟，古今多解释为：辟同“避”。“且而与其从辟人之士也，岂若从辟世之士哉？”古今多译为：“而你与其跟着那种逃避坏人的人，还不如跟着我们这些逃避社会的人。”“鸟兽不可与同群，吾非斯人之徒与而谁与？”古今多译为：“人不能和鸟兽同群，我不和世人同群和谁同群呢？”“丘不与易也。”古今多译为：“我不和你们一起来变革了。”）

【译文】长沮、桀溺两人在一起耕作，孔子路过他们，让子路去询问渡口在哪里。

长沮说：“那个扶车而立的是谁呀？”

子路说：“是孔丘。”

长沮说：“是鲁国的孔丘吗？”

子路说：“是啊。”

长沮说：“那他是知道渡口在哪里的。”

子路再问桀溺。

桀溺说：“先生是谁？”

子路说：“是仲由。”

桀溺说：“是孔丘的门徒吧？”

子路说：“对。”

桀溺说：“口若悬河的人满天下都是，而谁又因此而有所改变呢？而且与其跟随一个开导他人的人，哪如去跟随一个开辟世事的人呢？”说话间，耕种不停。

子路回来以实相告。

先生怅然若失地说：“飞鸟和走兽不能同群相处，如果我不和这些人是一类人的话又能和谁是一类呢？但天下如果有道，我孔丘也用不着去改变它啊。”

【延伸】本章通过叙述长沮、桀溺以及孔子三人的言行，展示了志士仁人面对社会的不同态度：长沮、桀溺是自然而超脱的，孔子是自觉而主动的。

在14-35章中载：“子曰：‘莫我知也夫！’子贡曰：‘何为其莫知子也？’子曰：‘不怨天，不尤人，下学而上达。知我者其天乎！’”长沮以渡口为切入点，暗指孔子推行天下归仁的主张前应该了解天下的形势。当然，实际上，了解天下的人也未必有共同的主张。

在17-19章中载：“子曰：‘予欲无言。’子贡曰：‘子如不言，则小子何述焉？’子曰：‘天何言哉？四时行焉，百物生焉，天何言哉？’”由此可见，孔子与桀溺都对天道与社会理论，以及社会理论与现实的关系进行过深刻的思考，也得出了几乎一致的结论，但在实践上他们却选择了截然不同的方向。

在08-07章中，有“士不可以不弘毅，任重而道远。仁以为己任，不亦重乎？死而后已，不亦远乎”一语。孔子及其弟子们没有选择做一个超然之士，而是选择做一个担重任之士。

在07-34章中，有“若圣与仁，则吾岂敢？抑为之不厌，诲人不倦，则可谓云尔已矣”一语。有人会折服于孔子的积极态度，但孔子的积极并不是对主观意志或社会规范的一个体现，这完全是仁义推动的结果。仁义，不仅是孔子理论的核心，也是孔子实践的核心。

○

○

〖18-07〗**子路从而后，遇丈人，以杖荷蓧。**

**子路问曰：“子见夫子乎？”**

**丈人曰：“四体不勤，五谷不分，孰为夫子？”植其杖而芸。**

**子路拱而立。**

**止子路宿，杀鸡为黍而食之，见其二子焉。**

**明日，子路行以告。**

**子曰："隐者也。"使子路反见之。至，则行矣。**

**子路曰："不仕无义。长幼之节，不可废也；君臣之义，如之何其废之？欲洁其身，而乱大伦。君子之仕也，行其义也。道之不行，已知之矣。"**

【句读新校】子路从而后，遇丈人，以杖荷蓧。

子路问曰："子见夫子乎？"

丈人曰："四体不勤五谷，不分孰为夫子。"植其杖而芸。

子路拱而立。

止子路宿，杀鸡为黍而食之，见其二子焉。

明日，子路行以告。

子曰："隐者也。"使子路反见之。至，则行矣。

子路曰："不仕无义。长幼之节，不可废也；君臣之义，如之何其废之？欲洁其身，而乱大伦。君子之仕也，行其义也。道之不行，已知之矣。"

【注解】子路从而后，遇丈人丈人：指老者，以杖拄杖荷挑着蓧音tiáo。羊蹄菜。

子路问曰："子见夫子乎？"

丈人曰："四体不勤五谷指五谷之事。古代出仕俸禄的多少和五谷的收成有关，不分孰为夫子。"植竖立其杖而芸除草。

子路拱而立。

止子路宿，杀鸡为黍而食之，见其二子焉。

明日，子路行以告。

子曰："隐者也。"使子路反见之。至，则行矣。

子路曰："不仕出仕无义。长幼之节关节，关系，不可废也；君臣之义，如之何其废之？欲洁其身，而乱大伦。君子之仕也，行其义也。道之不行，已知之矣。"

（［补充］蓧，古今多解释为：一种器具。"四体不勤，五谷不分，孰为夫子？"古今多译为："我手脚不勤快，五谷也分不清，谁是你的老师呀？""使子路反见之。"古今多译为："让子路返回去见老者。"）

【译文】子路跟先生外出时落在了后面，遇到一位老者，他用拄杖挑着些蓧菜。

子路问道："先生看见夫子了吗？"

老者说："四肢不忙于官场的事，分辨不出哪位是夫子。"他把拄杖插在地上就去除草了。

子路拱着手恭敬地站在一旁。

老丈留子路去他家过夜，杀了鸡，做了黍米饭来吃，并让他的两个儿子来与子路相见。

第二天，子路辞行，他到孔子那里把这事告诉了先生。

先生说："隐者啊。"让子路带他返回去见见那人。到了那里，老者却已离家远行。

子路说："这样不肯做官是不合道义的。如果长幼之间的礼节都不可废弃，那么君臣之间的道义又凭什么要废弃呢？这其实是为了自身清白而乱了大伦。君子做官是为了施行道义，至于道义不会畅行于天下，君子早就知道了。"

【延伸】本章叙述的是子路劝诫一位隐士放弃隐居生活而转投现实社会的故事。

在04-08章中，有"朝闻道，夕死可矣"一语。老者留子路住宿，杀鸡为黍，相谈甚欢——夜闻道，朝即行，足见子路的一番话有多么深刻。

○

○

〖18-08〗**逸民：伯夷、叔齐、虞仲、夷逸、朱张、柳下惠、少连。子曰："不降其志，不辱其身，伯夷、叔齐与！"谓"柳下惠、少连，降志辱身矣，言中伦，行中虑，其斯而已矣。"谓"虞仲、夷逸，隐居放言，身中清、废中权。我则异于是，无可无不可。"**

【句读新校】逸民：伯夷、叔齐、虞仲、夷逸、朱张、柳下惠、少连。子曰："不降其志，不辱其身，伯夷、叔齐与！"谓柳下惠、少连："降志辱身矣。言中伦，行中虑，其斯而已矣。"谓虞仲、夷逸："隐居放言，身中清，废中权。我则异于是，无可无不可。"

【注解】逸逸出，超脱民：伯夷、叔齐、虞仲人名、夷逸人名、朱张人名、柳下惠、少连人名。子曰："不降其志，不辱其身，伯夷、叔齐与！"谓柳下惠、少连："降志辱身矣。言中音zhòng伦，行中虑，其斯而已矣。"谓虞仲、夷逸："隐居放言放言：指不谈世事，身中清，废中权权变。我则异于是，无可无不可。"

【译文】遗佚于世的人有伯夷、叔齐、虞仲、夷逸、朱张、柳下惠、少连。先生说："不降低心志，不辱没人格，这是伯夷、叔齐吧！"谈起柳下惠、少连时先生说："已经降志辱身了。但言语上不失伦常，行为上不失考量，他们也只能这样了。”谈起虞仲、夷逸时先生说：“他们隐居而沉默，让自身保持清白，废弃世事也合乎权变的道理。我不同于这些人，我不存在可以怎样或不可以怎样的问题。”

【延伸】本章叙述了四种面对现实而降志辱身的做法，即抗拒、接受、逃避、超越。所谓的超越，就是仁者无所谓出仕，也无所谓隐居；无所谓有为，也无所谓无为。只一点是有所谓的，那就是任何时候，仁者都以天下归仁为己任。

在04-10章中，有“君子之于天下也，无适也，无莫也，义之与比”一语。孔子以义为质，当志气、人格、伦理、名声等与义发生矛盾时，他都会取义而舍弃其他。

孔子的积极——或者说责任感——并非是一味地坚守那些精神上的东西，他是会灵活地接近那些可以利用的事实。他没有激进地去为，也没有降志辱身地去为，更没有消极避世地选择无为，他孜孜不倦地为着那些被人认为明知不可为的事。而实际上，他的这种作为恰恰是最广义的为，他为的不是一两个人的事，不是一两个国家的事，他为的是整个华夏文明乃至整个世界文明的事，他为的是整个人类在一切发展阶段中的事。

○

○

〖18-09〗**大师挚适齐，亚饭干适楚，三饭缭适蔡，四饭缺适秦，鼓方叔入于河，播鼗武入于汉，少师阳、击磬襄入于海。**

【注解】大通“太”师太师：鲁国乐官之长挚人名适齐，亚饭亚饭：乐师。古代天子诸侯吃饭时都奏乐。亚饭即第二次进食时奏乐的乐师，以下三饭、四饭也由此得名干人名适楚，三饭乐师缭人名适蔡，四饭乐师缺人名适秦，鼓鼓手方叔人名入于河，播摇鼗音táo。一种摇鼓武人名入于汉，少师乐官名阳人名、击磬襄人名入于海。

【译文】太师挚到了齐国，亚饭干到了楚国，三饭缭到了蔡国，四饭缺到了秦国，打鼓的方叔隐居于黄河边，摇小鼓的武隐居于汉水边，少师阳和击磬的襄隐居于海滨。

【延伸】本章叙述的是一个优秀团队解散后，人才四处飘零的可惜可叹的情形。想要听好听的音乐，就需要由好乐师组成一个乐队，而组建一个乐队不易，解散却不难。

在14-19章中载：“子言卫灵公之无道也，康子曰：‘夫如是，奚而不丧？’孔子曰：‘仲叔圉治宾客，祝鮀治宗庙，王孙贾治军旅。夫如是，奚其丧？’”君主无道而贤才众多，也能维持国家运转。

在15-10章中，有“工欲善其事，必先利其器。居是邦也，事其大夫之贤者，友其士之仁者”一语。为仁也需要有一个为仁的团队。

○

○

〖18-10〗**周公谓鲁公曰：“君子不施其亲，不使大臣怨乎不以。故旧无大故，则不弃也。无求备于一人。”**

【句读新校】周公谓鲁公曰：“君子不施其亲，不使大臣怨乎不以。故旧无大，故则不弃也。无求备于一人。”

【注解】周公谓鲁公周公的儿子伯禽，封于鲁曰："君子不施施展其亲亲力亲为，不使大臣怨乎不以用。故旧无大壮大，故则不弃也。无求备于一人。"

（［补充］施，古今多解释为：通"弛"，意为疏远。亲，古今多解释为：亲戚。"故旧无大故，则不弃也。"古今多译为："故旧之臣无大错，就不要抛弃而不用。""无求备于一人。"古今多译为："不要对一个人求全责备。"）

【译文】周公对鲁公说："君子不会去亲力亲为，不会使大臣们抱怨说不被信任。故旧交情不会形成势力，根本原则不会形同虚设。不会指望靠一个人就能做好一切。"

【延伸】本章讨论的是社会权力的一种结构模式。在这种权力结构下，君主不独裁而信任大臣，为政者不念私交而恪守规则，士人不屈从权威而各尽所能，民众不崇拜个人而崇尚自由。在这样的社会背景之下，任何志士仁人都有一展宏图的机会，不必为了做事而降志辱身，也不必为了做事而流落四方。

在15-05章中，有"无为而治者其舜也与？夫何为哉？恭己正南面而已矣"一语。君子治国，不施其亲。

在11-24章中载："季子然问：'仲由、冉求可谓大臣与？'子曰：'吾以子为异之问，曾由与求之问。所谓大臣者，以道事君，不可则止。今由与求也，可谓具臣矣。'曰：'然则从之者与？'子曰：'弑父与君，亦不从也。'"重用大臣，政事清明。

在08-02章中，有"君子笃于亲，则民兴于仁；故旧不遗，则民不偷"一语。故旧之物不遗，则民不偷；故旧之人无大，则民不谄。

在13-02章中载："仲弓为季氏宰，问政。子曰：'先有司，赦小过，举贤才。'曰：'焉知贤才而举之？'子曰：'举尔所知。尔所不知，人其舍诸？’”社会是所有人的社会，充分发挥贤才的作用，是社会觉醒和自主的标志。

○

○

〖18-11〗**周有八士：伯达、伯适、仲突、仲忽、叔夜、叔夏、季随、季骗。**

【注解】周有八士：伯达、伯适、仲突、仲忽、叔夜、叔夏、季随、季騧音guā。

【译文】周朝有八兄弟都成了士：伯达、伯适、仲突、仲忽、叔夜、叔夏、季随、季騧。

【延伸】本章旨在表明，好的权力结构有利于人才的成长。任何社会都不缺乏贤才，而是缺乏对贤才的发现与任用。当天下有道时，社会上就会出现名士如潮的现象。

在08-20章中，有“才难，不其然乎？唐、虞之际，于斯为盛。有妇人焉，九人而已。三分天下有其二，以服事殷。周之德，其可谓至德也已矣”一语。道德高尚的社会，会促生道德高尚的人才；道德高尚的人才，会对社会的道德产生更加深远的影响。

# 子张篇第十九

本篇共计二十五章，以传承为讨论的核心，以孔门弟子的言论为线索，围绕子张、子夏、子游、曾子、子贡几人的思想、情感、斗争、追求等展开讨论。通过本篇这些言论，可以看出孔门弟子对孔子之道的领悟、应用，以及孔子在弟子们心中的形象。

○

○

〖19-01〗**子张曰："士见危致命，见得思义，祭思敬，丧思哀，其可已矣。"**

【注解】子张曰："士见危致送上命，见得思义，祭思敬，丧思哀，其可已矣。"

【译文】子张说："士人见人危险时能舍命相救，有所收获时能考虑是否合乎道义，祭祀时想的是恭敬，居丧时想的是悲哀，那就可以了。"

【延伸】本章讨论人生的目标。作为一名士，以道义对待万事万物，以仁心衡量所思所想，是对生命的升华。

在14-12章中载："子路问成人。子曰：'若臧武仲之知，公绰之不欲，卞庄子之勇，冉求之艺，文之以礼乐，亦可以为成人矣。'曰：'今之成人者何必然？见利思义，见危授命，久要不忘平生之言，亦可以为成人矣。'"不论成人还是做士，都要以智、仁、勇为基础。

○

○

〖19-02〗**子张曰："执德不弘，信道不笃，焉能为有？焉能为亡？"**

【注解】子张曰："执持守德不弘弘扬，信忠信道不笃，焉能为有？焉能为亡？"

（［补充］本章古今多译为："子张说：'执着于德却不弘扬，信仰于道却不坚守，怎能算有他这个人？怎能算没他这个人？'"其意为：这样的人有不足为重，无不足为轻。）

【译文】子张说："执着于德不能弘扬，信仰于道不能笃行，这种人怎能算他有？又怎能算他没有？"

【延伸】本章讨论道德实践的问题。努力弘扬是德的必然要求，埋头笃行是道的必然要求。德的成长就是一个不断展现的过程，道的成长就是一个不断体现的过程，道德完善后才能在该有为的时候有为，该无为的时候无为。

在09-24章中，有"法语之言，能无从乎？改之为贵。巽与之言，能无说乎？绎之为贵。说而不绎，从而不改，吾末如之何也已矣"一语。执德信道，还得要做到。

○

○

〖19-03〗**子夏之门人问交于子张。子张曰："子夏云何？"**

**对曰："子夏曰：'可者与之，其不可者拒之。'"**

**子张曰："异乎吾所闻。君子尊贤而容众，嘉善而矜不能。我之大贤与，于人何所不容？我之不贤与，人将拒我，如之何其拒人也？"**

【注解】子夏之门人问交与人交往于子张。子张曰："子夏云何？"

对曰："子夏曰：'可者与之，其不可者拒之。'"

子张曰："异乎吾所闻。君子尊贤而容众，嘉善而矜同情不能。我之大贤与，于人何所不容？我之不贤与，人将拒我，如之何其拒人也？"

【译文】子夏的门人向子张请教交友之道。子张说："子夏怎么说？"

门人答道："子夏说：'可以为友的就与他相交，不可为友的就拒绝他。'"

子张说："这就不同于我所听说的。君子尊重贤人却也包容常人，嘉许有能力的人也怜悯无能力的人。我若作为一个优秀的人去与人交往，对他人有什么包容不了的？我若作为一个不好的人去与人交往，别人将拒绝我，这样我怎么可能去拒绝别人呢？"

【延伸】本章论述交友之道。志同道合的朋友越多，越有利于志向的实现。

在11-16章中载："子贡问：'师与商也孰贤？'子曰：'师也过，商也不及。'曰：'然则师愈与？'子曰：'过犹不及。'"

师即子张，商即子夏，此处的过与不及是指义而言的。子夏教导门人根据标准选择交友对象，却没有进一步指出隐含于标准中的善恶之别，这是不及义；子张教子夏的门人在交友时不可设立条件，却没有进一步指出隐含于朋友中的亲疏之别，这是过于义。

○

○

〖19-04〗**子夏曰："虽小道，必有可观者焉，致远恐泥，是以君子不为也。"**

【注解】子夏曰："虽小道，必有可观者焉，致远恐泥阻滞，是以君子不为也。"

（［补充］本章古今多译为："子夏说：'虽然是小技艺，也一定有可取之处，但恐怕妨碍远大事业的实现，所以君子不干这些事。'"）

【译文】子夏说："即使一个小领域的道理，也一定有启发人的地方，但要达到高远恐怕就会受到局限，所以君子不在小道上下功夫。"

【延伸】本章讨论选择职业的问题。择业是人生重要的一步，但并非根本的一步，根本的一步还在于仁道上的进步。

在13-04章中载："樊迟请学稼。子曰：'吾不如老农。'请学为圃。曰：'吾不如老圃。'樊迟出。子曰：'小人哉，樊须也！上好礼，则民莫敢不敬；上好义，则民莫敢不服；上好信，则民莫敢不用情。夫如是，则四方之民襁负其子而至矣，焉用稼？'"君子做选择时，总是向上选择。

在09-06章中载："太宰问于子贡曰：'夫子圣者与？何其多能

也？’子贡曰：‘固天纵之将圣，又多能也。’子闻之，曰：‘太宰知我乎！吾少也贱，故多能鄙事。君子多乎哉？不多也。’”由此可见，理论上的不为小道与实践中的多能鄙事并不矛盾。

○

○

〖19-05〗**子夏曰：“日知其所亡，月无忘其所能，可谓好学也已矣。”**

**【注解】**子夏曰：“日知其所亡，月无忘其所能指已学会的，可谓好学也已矣。”

（［补充］月无忘其所能，古今多解释为：每月不忘已经学到的知识。）

**【译文】**子夏说：“每天知道点自己原来所不知道的，过一个月也不遗忘已经学会的，可以说是很好学了。”

**【延伸】**本章讨论好学的问题。生命的过程也是一个学习的过程，好的生命过程便是一个好的学习过程。

在01-01章中，有“学而时习之，不亦说乎”一语，以学而时习之构建起来的生命，一定是一段愉悦的生命。

○

○

〖19-06〗**子夏曰：“博学而笃志，切问而近思，仁在其中矣。”**

**【译文】**子夏说：“广泛学习并坚定信念，问与自己所学切近的问题，并思考近前的事，仁就在这里边了。”

【延伸】本章论述做学问与仁的关系问题。博学、笃志、切问、近思，而博学、笃志、切问、近思自然会将人带到仁那里。

在17-08章中载：“子曰：‘由也！女闻六言六蔽矣乎？’对曰：‘未也。’‘居！吾语女。好仁不好学，其蔽也愚……’”要想成仁，仅仅好仁是不够的，还要好学。

在12-22章中载：“樊迟问仁。子曰：‘爱人。’”仁者爱人，这爱不是糊涂的爱，不是冲动的爱，不是自私的爱，不是情欲的爱，而是清醒、永恒、彻底、理智的爱，而清醒、永恒、彻底、理智的爱，不通过博学、笃志、切问、近思等努力，是难以做到的。

○

○

〖19-07〗**子夏曰：“百工居肆以成其事，君子学以致其道。”**

【注解】子夏曰：“百工百工：各行各业的工匠居肆手工业作坊以成其事，君子学以致其道。”

【译文】子夏说：“各种工匠要在作坊里来完成他们的工作，君子要通过学习来获得道。”

【延伸】本章论述学以致道的关系。要想达到目的必须经由正确的途径，君子通过学习君子之道而成为君子。

在14-26章中，有“君子思不出其位”一语。百工思其事，君子思其道。

在06-17章中，有“谁能出不由户？何莫由斯道也”一语。学习是通往道的正确途径。

在15-03章中载：“子曰：‘赐也，女以予为多学而识之者与？’对曰：‘然，非与？’曰：‘非也，予一以贯之。’”君子学以致道，但也并非只一味学习就可以致其道，在学的过程中还要注意一以贯之。

○

○

〖19-08〗**子夏曰：“小人之过也必文。”**

【注解】子夏曰：“小人之过过错也必文指掩饰。”

【译文】子夏说：“小人犯了错误总会加以掩饰。”

【延伸】本章讲的是有了过错不该去粉饰。小人虽学，不能致道，其主要原因就是小人对待过错不是改正而是粉饰。粉饰错误就会错失道义。

在07-31章中，有“丘也幸，苟有过，人必知之”一语。君子以知过为幸事。

○

○

〖19-09〗**子夏曰：“君子有三变：望之俨然，即之也温，听其言也厉。”**

【注解】子夏曰：“君子有三变：望之俨然，即之也温温和，听其言也厉深刻。”

【译文】子夏说：“君子有三种变化的形象：远望去威严，接触时温和，听他说话觉得深刻。”

【延伸】本章讲述君子给人的感觉。成为君子后就具有了君子特有的气质，人们也可以通过这些气质，分辨出君子。

在15-18章中，有“君子义以为质，礼以行之，孙以出之，信以成之。君子哉”一语。礼以行之则望之俨然，孙以出之则即之也温，信以成之则听其言也厉。

○

○

〖19-10〗**子夏曰：“君子信而后劳其民；未信，则以为厉己也。信而后谏；未信，则以为谤己也。”**

【注解】子夏曰：“君子信而后劳其民；未信，则以为厉压迫己也。信而后谏；未信，则以为谤己也。”

【译文】子夏说：“君子先立信而后才去指挥民众劳动；不然，民众就会以为这是压迫他们。君子先立信而后才去劝谏；否则，君王就会以为这是在诽谤他。”

【延伸】本章论述取得信任的重要性。有了信任，君子可以领导民众，民众甘受驱使；有了信任，君子可以劝谏他人，他人甘受其教。

在02-22章中，有“人而无信，不知其可也。大车无輗，小车无軏，其何以行之哉”一语。信是一个人综合素质的体现。

在12-07章中载：“子贡问政。子曰：‘足食，足兵，民信之矣。’子贡曰：‘必不得已而去，于斯三者何先？’曰：‘去兵。’子贡曰：‘必不得已而去，于斯二者何先？’曰：‘去食。自古皆有死，民无信不立。’”信是一个国家的立国之本。

○

○

## 〖19-11〗子夏曰：“大德不逾闲，小德出入可也。”

【注解】子夏曰：“大德不逾闲栅栏等阻隔物，这里指界限，小德出入可也。”

【译文】子夏说：“大德上不要越界，小德上可以有些出入。”

【延伸】理论是纯粹而恒一的，实践是复杂而多变的，当两义不能兼顾时，取大德舍小德，取根本舍末节。

在13-18章中载：“叶公语孔子曰：‘吾党有直躬者，其父攘羊，而子证之。’孔子曰：‘吾党之直者异于是。父为子隐，子为父隐，直在其中矣。’”大德为主要矛盾，小德为次要矛盾，取大舍小就是集中力量优先解决主要矛盾。

在07-31章中载：“陈司败问：‘昭公知礼乎？’孔子曰：‘知礼。’孔子退，揖巫马期而进之，曰：‘吾闻君子不党，君子亦党乎？君取于吴，为同姓，谓之吴孟子。君而知礼，孰不知礼？’巫马期以告。子曰：‘丘也幸，苟有过，人必知之。’”宁可自己受过，也要隐君之过，这就是守大德而放弃小德。

○

○

〖19-12〗**子游曰：“子夏之门人小子，当洒扫应对进退，则可矣，抑末也。本之则无，如之何？”**

**子夏闻之，曰：“噫！言游过矣！君子之道，孰先传焉？孰后倦焉？譬诸草木，区以别矣。君子之道，焉可诬也？有始有卒者，其惟圣人乎！”**

【注解】子游曰：“子夏之门人小子，当洒扫应对进退，则可矣，抑抑或末也。本根本之则无，如之何？”

子夏闻之，曰：“噫！言游过矣！君子之道，孰先传焉？孰后倦倦怠焉？譬诸草木，区以别矣。君子之道，焉可诬也？有始有卒者，其惟圣人乎！”

（［补充］过，古今多解释为：过错。“君子之道，孰先传焉？孰后倦焉？譬诸草木，区以别矣。君子之道，焉可诬也？有始有卒者，其惟圣人乎！”古今多译为：“君子之道，哪些是一定要先传授的呢？哪些是一定要后传授的呢？这就好比草木，是要对不同种类加以区别的。君子之道，如何可以胡乱教人？能有始有终地依次教人的，大概只有圣人吧！”）

【译文】子游说：“子夏的门人弟子，担当洒水扫地、应对宾客这些具体的事，那是可以了，不过这些只是细枝末节的事。根本的道理却没有学到，这如何是好呢？”

子夏听到了，说：“噫！言游要求过高了！对于君子之道，谁在前面传习？谁又在后面偷懒？这就好比草木生长，区别自然而然就形成了。至于君子之道，怎么可能欺瞒得了他人呢？能将君子之道有始有终贯彻下来的，大概只有圣人了！”

【延伸】本章讨论教学问题。教学的效果，一方面在于教，一方面在于学，如果传道者善于教，求道者善于学，那么效果就会好很多。在本章中，子游强调通过教可以使学发生质的变化，子夏则强调只有学才能使学发生质的变化。

在06-13章中，有“女为君子儒，无为小人儒”一语。儒以学问为本，君子以仁义为本。单纯重视学问，就难免以勤勉机敏、进退方略为务，而忽略了仁义上的追求。

在05-10章中载：“宰予昼寝。子曰：‘朽木不可雕也，粪土之墙不可杇也。于予与何诛？’”老师相同，学道者自身的差异也影响其学道的结果。

在07-30章中，有“仁远乎哉？我欲仁，斯仁至矣。’”实际上，仁不是靠教就能传授，也不是靠学就能学到，仁本来就存在于人的心中，只是需要去发现，需要去体验，需要去自内而外地贯彻到个人的一切活动中。

○

○

## 〖19-13〗子夏曰：“仕而优则学，学而优则仕。”

【译文】子夏说：“做官而有余力便去学习，学习而有余力就去做官。”

【延伸】本章论述学习与出仕的关系。既不要一味学习而不做事，也不要一味做事而不学习。要让理论和实践相互促进、同步提升。

在11-25章中载："子路使子羔为费宰。子曰：'贼夫人之子。'子路曰：'有民人焉，有社稷焉，何必读书，然后为学？'子曰：'是故恶夫佞者。'"子路将做事与学习割裂开来，因此遭到老师的批评；子夏把出仕和学习联系起来，说明实践需要理论，理论也需要实践。

○

○

〖19-14〗**子游曰："丧致乎哀而止。"**

【注解】子游曰："丧致乎哀哀情而止。"

【译文】子游说："居丧能充分表达哀伤之情就可以了。"

【延伸】本章论述尺度问题。居丧不哀是失礼的表现，哀伤过度也不合礼。

在03-04章中载："林放问礼之本。子曰：'大哉问！礼，与其奢也，宁俭。丧，与其易也，宁戚。'"哀戚是丧礼之本，所以，丧礼应以哀戚为原则。

○

○

〖19-15〗**子游曰："吾友张也为难能也，然而未仁。"**

【译文】子游说："我的朋友子张可说是难能可贵的了，然而还没到达到仁的境界。"

【延伸】知仁不易，成仁更难。

在12-01章中载：“颜渊问仁。子曰：‘克己复礼为仁。一日克己复礼，天下归仁焉。’”子张克己过甚，反而未能成仁。

在17-06章中载：“子张问仁于孔子。孔子曰：‘能行五者于天下为仁矣。’‘请问之。’曰：‘恭、宽、信、敏、惠。恭则不侮，宽则得众，信则人任焉，敏则有功，惠则足以使人。’”克己过甚，必伤于政，虽然身兼五者，不能行于天下。

○

○

**〖19-16〗曾子曰：“堂堂乎张也，难于并为仁矣。”**

【注解】曾子曰：“堂堂堂堂：光明正大乎张也，难于并为仁矣。”

（［补充］堂堂，古今多解释为：仪表堂堂，高不可攀。）

【译文】曾子说：“堂堂正正的子张啊，难以与他并肩求仁啊。”

【延伸】在本章中，曾子以自己为尺度，说明子张在为仁的道路上已堪称表率，但是他太过激进，他人难以与之相伴。

在08-03章中载：“曾子有疾，召门弟子曰：‘启予足！启予手！《诗》云：“战战兢兢，如临深渊，如履薄冰。”而今而后，吾知免夫！小子！’”曾子谨小慎微、敦厚踏实，与子张的堂堂风格有些不同。

○

○

〖19-17〗**曾子曰："吾闻诸夫子：人未有自致者也，必也亲丧乎！"**

【注解】曾子曰："吾闻诸夫子：人未有自致竭尽，这里指真情不能自已而尽其极者也，必也亲丧乎！"

【译文】曾子说："我听先生说过：人没有自己竭尽其情的，假如有，那就一定是父母去世的时候吧！"

【延伸】本章论述情感的真挚度。有丰富的情感是人的特征。极端的情感触及人的心灵深处，这种情感有利于人认识自己。

在07-09章、07-10章中，有"子食于有丧者之侧，未尝饱也""子于是日哭，则不歌"一语，可见孔子的感情敏感而深厚。

○

○

〖19-18〗**曾子曰："吾闻诸夫子：孟庄子之孝也，其他可能也，其不改父之臣与父之政，是难能也。"**

【注解】曾子曰："吾闻诸夫子：孟庄子鲁国大夫，姬姓，孟孙氏，名速，谥号庄之孝也，其他可能也，其不改父之臣与父之政，是难能也。"

【译文】曾子说："我听老师说过：孟庄子的孝行，其他的方面别人也能做到，只他不更换父亲的旧臣与父亲的政策，别人就难以做到。”

【延伸】本章论述孝行与继承的关系。孟庄子的父亲孟献子时称贤大夫，孟庄子不改父之臣与父之政，也足见其贤。

在01-11章中，有“父在，观其志；父没，观其行；三年无改于父之道，可谓孝矣”一语。没有敦厚的品德就不会有孝的表现。

在13-11章中，有“‘善人为邦百年，亦可以胜残去杀矣。’诚哉是言也”一语。善人善政，后人不改前人之政，相当于善人一直为政。

○

○

〖19-19〗**孟氏使阳肤为士师，问于曾子。曾子曰：“上失其道，民散久矣。如得其情，则哀矜而勿喜！”**

【注解】孟氏使阳肤曾子的学生为士师，问于曾子。曾子曰：“上失其道，民散久矣。如得其情，则哀哀怜矜而勿喜！”

【译文】孟氏任命阳肤做典狱官，阳肤征求曾子的意见。曾子说：“上面的人丧失了正道，使民心长久离散。如果查清了犯法的情节，应该哀悯他们，而不要为自己的明察沾沾自喜。”

【延伸】本章论述邦国无道与个人成功之间的关系。君主失道，民心离散，在这种情况下出仕，即使取得些成绩，也要保持对民众的哀悯之心。

在14-01章中载：“宪问耻。子曰：‘邦有道，谷。邦无道，谷，耻也。’”上失其道，下仕为耻。

在13-13章中，有“苟正其身矣，于从政乎何有？不能正其身，如正人何”一语。上面的人不正，自己无法改变；但如果自身不正，那就连下面的不正都无法改变了。

在04-15章中载：“子曰：‘参乎！吾道一以贯之。’曾子曰：‘唯。’子出，门人问曰：‘何谓也？’曾子曰：‘夫子之道，忠恕而已矣。’”上失其道，但自己的忠实可以不失；民散久矣，但自己的恕谅可以不散。

○

○

〖19-20〗**子贡曰：“纣之不善，不如是之甚也。是以君子恶居下流，天下之恶皆归焉。”**

【注解】子贡曰：“纣商纣王之不善，不如是之甚也。是以君子恶音wù居下流下流：地势低洼处，比喻恶名归集的地位，天下之恶音è皆归焉。”

【译文】子贡说：“纣王的不善，也不像人们说的这么严重。所以君子最怕置身于下流之地，那样天下不好的事都会堆到他的头上。”

【延伸】本章论述社会对君王个人善恶的放大作用。君王的地位会使君王的个人行为影响到整个社会风尚。君王若行善，那他就不会是只被几个人爱敬，他是会被天下爱敬的；君王居于下流，那他就不会是只被几个人憎恶，他会被天下所憎恶，所以君王应当力争上游。

在15-28章中，有“众恶之，必察焉；众好之，必察焉”一语。明白了众人的好恶，谁也不会去触犯众怒。

在04-05章中，有“富与贵，是人之所欲也；不以其道得之，不处也。贫与贱，是人之所恶也；不以其道得之，不去也”一语。富贵如纣王，如果甘居下流，也会被天下唾弃；贫贱如常人，如果甘居下流，就更难摆脱困境了。

○

○

〖19-21〗**子贡曰：“君子之过也，如日月之食焉。过也，人皆见之；更也，人皆仰之。”**

【注解】子贡曰：“君子之过也，如日月之食日月之食：指日食、月食焉。过也，人皆见之；更也，人皆仰之。”

【译文】子贡说：“君子的过错好比日食或月食。有过失时，人人都看得见；改正的时候，人人都会仰视。”

【延伸】本章论述社会对君王改过的反应。越明显的错误，越容易得到纠正。反过来说，越是社会影响大的人，越应该见微知著、坦荡正直。因为他的细微思想和现实举动都会被社会放大，都会在社会尺度上影响人们的思想、影响社会的进程。

在19-08章中，有“小人之过也必文”一语。如果一国之君像小人一样文过饰非，结果只能是自欺欺人。得不到纠正的小错误可能会酿成无法挽回的大损失。

在14-27章中，有“君子耻其言而过其行”一语。谨记耻其言而过其行则不容易犯错，即使犯了错也可以及时发现并改正。

○

○

〖19-22〗**卫公孙朝问于子贡曰："仲尼焉学？"子贡曰："文武之道，未坠于地，在人。贤者识其大者，不贤者识其小者。莫不有文武之道焉。夫子焉不学？而亦何常师之有？"**

【注解】卫公孙朝卫国大夫问于子贡曰："仲尼焉学？"子贡曰："文指文王武指武王之道，未坠于地，在人。贤者识其大者，不贤者识其小者。莫不有文武之道焉。夫子焉不学？而亦何常师之有？"

【译文】卫国的公孙朝问子贡说："仲尼的学问自哪里学得？"子贡说："文王武王之道，并没有流失，就在人世间。贤人认识到那些大道，不贤的人认识到那些小道。那里面无不存有文王武王之道。夫子哪里学不到这些呢？而又哪有个固定的老师呢？"

【延伸】本章论述学习与继承的关系。没有常师，是缺憾，但不是缺点。子贡将文王武王之道的传承寄于所有人身上，而不是局限在少数人身上，这一观点为所有有志于学道者开辟了一条正确而便捷的通道。子贡将掌握文王武王之道的表现定位在是否贤德上，而不定位在是否有社会地位上，这一立场为所有求学者指明了求师问道的方向。

在07-22章中，有"三人行，必有我师焉。择其善者而从之，其不善者而改之"一语。以学立师的方式与以师立学的方式各有所长，不必拘泥，也不可偏废。

○

○

〖19-23〗**叔孙武叔语大夫于朝曰："子贡贤于仲尼。"**

**子服景伯以告子贡。**

**子贡曰："譬之宫墙，赐之墙也及肩，窥见室家之好。夫子之墙数仞，不得其门而入，不见宗庙之美，百官之富。得其门者或寡矣。夫子之云，不亦宜乎！"**

【注解】叔孙武叔姬姓，叔孙氏，名州仇，谥号武，鲁国大夫。孔子堕三都时，叔孙武叔的郈邑最先被堕语大夫于朝曰："子贡贤于仲尼。"

子服景伯以告子贡。

子贡曰："譬之宫墙宫墙：围墙，赐之墙也及肩，窥见室家之好。夫子之墙数仞古代长度单位，一仞周制八尺，汉制七尺，不得其门而入，不见宗庙之美，百官馆舍之富。得其门者或寡矣。夫子指叔孙武叔之云，不亦宜乎！"

【译文】叔孙武叔在朝堂上对大夫们说："子贡比仲尼更好。"

子服景伯把这告诉了子贡。

子贡说："比如说围墙吧，我家的围墙只有肩膀那么高，瞟一眼就能见到房屋有多好。我老师家的围墙有几丈高，如果不从大门进入，就不会见到宗庙之美，以及百间馆舍的富丽堂皇。可能找到大门的人不多吧。叔孙武叔先生这样说，不也在情理之中吗！"

【延伸】本章论述不同的人对孔子的不同评价。品德低下者贬低品德高尚者是因为他不了解高尚品德的美好之处；见识过品德高尚的美好，人就会对品德高尚者加以赞美。孔子死后，子贡守墓六年，可见孔子的美好是多么令人怀念，孔子的品德是多么震撼人心。

在04-01章中，有"里仁为美。择不处仁，焉得知"一语。处仁才能知仁之美。

在04-16章中，有"君子喻于义，小人喻于利"一语。出于私利，就可能贬低孔子；出于道义，就会赞美孔子。子贡维护老师，也并非只出于师生情义，更是因为子贡深知老师品德的美好。

在07-25章中，有"子以四教：文、行、忠、信"一语。老师教什么，学生学什么，子贡所展现的，正是老师所教的。

○

○

〖19-24〗**叔孙武叔毁仲尼。子贡曰："无以为也！仲尼不可毁也。他人之贤者，丘陵也，犹可逾也。仲尼，日月也，无得而逾焉。人虽欲自绝，其何伤于日月乎？多见其不知量也。"**

【注解】叔孙武叔毁仲尼。子贡曰："无以为也！仲尼不可毁也。他人之贤者，丘陵也，犹可逾也。仲尼，日月也，无得而逾焉。人虽欲自绝，其何伤于日月乎？多通"祇"，不过见音xiàn。显现其不知量也。"

（［补充］自绝，古今多解释为：自寻绝路。）

【译文】叔孙武叔诽谤仲尼。子贡说："无事可做了吧！仲尼是毁谤不了的。其他贤者好比是丘陵，还可逾过。仲尼好比是日月，谁也无法逾越。即使有人在心里对日月深恶痛绝，可那对日月又有什么损害呢？这最多只表现出他的不自量力而已。”

【延伸】君子以义作为做事标准，就势必会遭到那些利益受损的权贵们的反对。面对那些反对孔子的声音，子贡以日月做比喻，说明了孔子对文明的贡献是任何愚昧的人无法诋毁的，而人类需要这样的文明来驱散内心的黑暗。

在09-11章中载：“颜渊喟然叹曰：‘仰之弥高，钻之弥坚。瞻之在前，忽焉在后。夫子循循然善诱人，博我以文，约我以礼，欲罢不能。既竭吾才，如有所立卓尔。虽欲从之，末由也已。’”颜渊对孔子学问的博大精深也感慨不已。

在15-25章中，有“吾之于人也，谁毁谁誉？如有所誉者，其有所试矣。斯民也，三代之所以直道而行也”一语。从道义的角度看毁誉，就会看得很清楚。

○

○

**〖19-25〗陈子禽谓子贡曰：“子为恭也，仲尼岂贤于子乎？”**

**子贡曰：“君子一言以为知，一言以为不知，言不可不慎也。夫子之不可及也，犹天之不可阶而升也。夫子之得邦家者，所谓立之斯立，道之斯行，绥之斯来，动之斯和。其生也荣，其死也哀，如之何其可及也？”**

【注解】陈子禽谓子贡曰：“子为恭也，仲尼岂贤于子乎？”

子贡曰："君子一言以为知，一言以为不知，言不可不慎也。夫子之不可及比及也，犹天之不可阶指踏阶而升指登高也。夫子之得邦家者，所谓立之斯立，道之斯行，绥抚绥之斯来，动之斯和和顺。其生也荣光荣，其死也哀哀痛，如之何其可及也？"

（［补充］夫子之得邦家者，古今多解释为：如果夫子得国为诸侯，或得封邑为卿大夫。）

【译文】陈子禽对子贡说："你是出于恭敬吧，仲尼难道会比你还好吗？"

子贡说："君子会因为一句话而被认为智，也会因为一句话而被认为不智，所以说话不可不慎重啊。先生之不可企及，犹如天之不可用阶梯攀登一样。先生之所以深得为邦为家者的信赖，正是因为他可以像人们所说的那样，树立什么什么就树立，教导什么什么就流行，安抚什么什么就归附，改动什么什么就和顺。他活着时多么光荣，他死了多么令人哀痛，像这样的人怎么能企及呢？"

【延伸】在本章中，子贡将孔子对社会的作用进行了如实的陈述，做出了精辟的总结。孔子的主张、孔子的思想、孔子的方法使得孔子在人类社会中垂范千年而不朽。

在03-24章中载："仪封人请见，曰：'君子之至于斯也，吾未尝不得见也。'从者见之。出曰：'二三子何患于丧乎？天下之无道也久矣，天将以夫子为木铎。'"天将以夫子为木铎，人将以夫子为楷模。

# 尧曰篇第二十

本篇共计三章，以传统为讨论的核心，以古今圣贤对人类社会纲领性的指导为线索，围绕天下的权力、职责、物质、精神、方针、政策、美恶、信仰等方面的内容展开讨论。第一章是尧舜、商汤、武王等先圣先哲的语录，它们代表的是传统的思想文化，据此可以看出孔子的思想与之一脉相承。在第二章中，孔子提出了“尊五美、屏四恶”的为政纲领，并逐一给予详细解释，这是孔子对传统文化在为政中的总结应用。第三章作为本章及全书的总结，指出了“知”是人类一切社会活动的基础，是一切文明成就的内容，是一切自由幸福的保证，是一切继承发扬的主体。

○

○

〖20-01-01〗[1]**尧曰："咨！尔舜！天之历数在尔躬，允执其中。四海困穷，天禄永终。"**

**舜亦以命禹。**

**【句读新校】**尧曰："咨尔，舜。天之历数在尔躬，允执其中。四海困穷，天禄永终。"

舜亦以命禹。

**【注解】**尧曰："咨谋划尔，舜。天之历数历数：指帝王相继的次序在尔躬，允诚信执其中。四海困穷，天禄永终。"

舜亦以命禹。

（［补充］咨，古今多解释为：语气词，嗟叹声。）

**【译文】**尧说："做好你自己啊，舜！天道运行轮到你这里，一定要忠实地执行正确原则。如果四海百姓陷入穷困时，天赋予你的权利将永被终止。"

舜也以这话嘱托禹。

**【延伸】**尧舜的伟大就伟大在，他们既能够认识主观的自己，

---

1　为了论述方便，将本章分为六部分进行探讨。20-01-01 表示第二十篇第一章第一部分。以下类推。

又能够尊重客观的规律。人类社会的发展，既是一种自然的进化，又是一种人为的发展。

在12-17章中，有“政者，正也。子帅以正，孰敢不正”一语。人若中正就是天的化身。

○

○

〖20-01-02〗**曰：“予小子履敢用玄牡，敢昭告于皇皇后帝：有罪不敢赦。帝臣不蔽，简在帝心。朕躬有罪，无以万方。万方有罪，罪在朕躬。”**

【注解】曰：“予小子履商汤的名字敢用玄黑色牡音mǔ。公牛，敢昭明白告于皇皇伟大光明状后帝后帝：天帝：有罪不敢赦。帝臣不蔽，简考察在帝心。朕我躬有罪，无以万方。万方有罪，罪在朕躬。”

（［补充］有罪不敢赦，古今多解释为：对有罪的人我不敢擅自赦免。帝臣不蔽，古今多解释为：对天帝臣仆的善恶，我不会欺瞒掩盖。）

【译文】商汤说：“在下履斗胆请用黑公牛作祭品，明白地禀告至高至伟至明的天帝：有罪不敢请求赦免。作为天帝之臣，决不有所欺瞒，天帝心中自是明察一切。我身有罪，不要累及天下万方。万方有罪，请只降罪给我一人。”

【延伸】这是商汤祝祷时所说的话。在商汤看来，社会管理者的责任是促进社会的发展、遵循天道的变化，如果不能如此，便是有罪。

在15-15章中，有“躬自厚而薄责于人，则远怨矣”一语。躬自厚而薄责于人，不仅可以远人怨，也可以息天怒。

“有罪不敢赦。帝臣不蔽，简在帝心。朕躬有罪，无以万方。万方有罪，罪在朕躬。”出自《书·商书·汤诰》，原文为：“罪当朕躬，弗敢自赦，惟简在上帝之心。其尔万方有罪，在予一人；予一人有罪，无以尔万方。”

○

○

〖20-01-03〗**周有大赉，善人是富。“虽有周亲，不如仁人。百姓有过，在予一人。”**

**【注解】** 周有大赉音lài，善人是富。“虽有周亲周亲：至亲，不如仁人。百姓有过，在予一人。”

（［补充］“周有大赉，善人是富。”古今多译为：“周朝大加封赏，善人都富了起来。”周亲，古今多解释为：周围的亲人或至亲之人。）

**【译文】** 周朝有大财富，就是善人多。“虽有周室宗亲，不如用仁人。百姓凡有错，错在我一人。”

**【延伸】** 本段内容为周武王所说。在武王看来，善人比财物更富有价值，仁人比周室宗亲更值得亲近，一国之君当然应该庇护一国百姓。

在18-10章中载：“周公谓鲁公曰：‘君子不施其亲，不使大臣怨乎不以。故旧无大，故则不弃也。无求备于一人。’”用亲还是用贤，取仁还是取利，保护百姓还是欺压百姓，直接关系到为政的好坏乃至成败。

○

○

〖20-01-04〗**谨权量，审法度，修废官，四方之政行焉。兴灭国，继绝世，举逸民，天下之民归心焉。**

【注解】谨权秤量斗斛，审法度法度：指量长度的寸、尺、丈等，修废官，四方之政行焉。兴灭国，继绝世，举逸民，天下之民归心焉。

【译文】认真检查并审定度量衡，修复被废弃的官职与机构，四方的政令就通行于各地了。复兴灭亡的国家，延续受封者断绝的后代，举用隐逸在野的贤人，天下之民就凝聚为一心了。

【延伸】这句话讲的是社会管理的基本原则及具体措施。由此可见，人类社会管理方式已由粗犷型向精细型转化。前半段文字对度量衡、管理、体制等提出了细化的要求，后半段文字对推动文明、文化、道德的提升提出了要求。

在15-11章中，有“行夏之时，乘殷之辂，服周之冕，乐则《韶》《舞》。放郑声，远佞人。郑声淫，佞人殆”一语。治国之道，总是物质文明建设与精神文明建设两部分内容的协调发展。

○

○

〖20-01-05〗**所重：民、食、丧、祭。**

【译文】所重视的是：人民、粮食、丧葬、祭祀。

【延伸】无论社会如何变化，人类的种族和群体、人类的生存和发展、人类的价值和归宿、人类的思想和信仰都是人类所要面对的重要问题。

在07-13章中，有“子之所慎：齐，战，疾”一语。民、食、丧、祭是社会确定因素，斋、战、疾是社会不确定因素。

○

○

〖20-01-06〗**宽则得众，信则民任焉，敏则有功，公则说。**

【注解】宽则得众，信则民任焉，敏则有功，公则说音yuè。

【译文】宽厚就能融入大众，诚信就能得人任用，勤敏就能创造功绩，公平就会使百姓幸福。

【延伸】这句话中涉及的四种品质为社会管理者应有的品质。

在17-06章中载：“子张问仁于孔子。孔子曰：‘能行五者于天下为仁矣。’‘请问之。’曰：‘恭、宽、信、敏、惠。恭则不侮，宽则得众，信则人任焉，敏则有功，惠则足以使人。’”所谓仁政，就体现在为政者有恭、宽、信、敏、惠的品质上。

○

○

〖20-02〗**子张问于孔子曰：“何如斯可以从政矣？”**

**子曰：“尊五美，屏四恶，斯可以从政矣。”**

**子张曰：“何谓五美？”**

**子曰：“君子惠而不费，劳而不怨，欲而不贪，泰而不骄，威而不猛。”**

**子张曰：“何谓惠而不费？”**

**子曰：“因民之所利而利之，斯不亦惠而不费乎？择可劳而劳之，又谁怨？欲仁而得仁，又焉贪？君子无众寡，无小大，无敢慢，斯不亦泰而不骄乎？君子正其衣冠，尊其瞻视，俨然人望而畏之，斯不亦威而不猛乎？”**

**子张曰：“何谓四恶？”**

**子曰：“不教而杀谓之虐；不戒视成谓之暴；慢令致期谓之贼；犹之与人也，出纳之吝谓之有司。”**

【注解】子张问于孔子曰：“何如斯可以从政矣？”

子曰：“尊五美，屏摒弃四恶，斯可以从政矣。”

子张曰：“何谓五美？”

子曰：“君子惠而不费，劳而不怨，欲而不贪，泰而不骄，威而不猛。”

子张曰：“何谓惠而不费？”

子曰：“因民之所利而利之，斯不亦惠而不费乎？择可劳而劳之，又谁怨？欲仁而得仁，又焉贪？君子无众寡，无大小，无敢慢，斯不亦泰而不骄乎？君子正其衣冠，尊其瞻视瞻视：指外观，仪容，俨然人望而畏之，斯不亦威而不猛乎？”

子张曰："何谓四恶？"

子曰："不教而杀谓之虐；不戒视成谓之暴；慢令致期谓之贼；犹之与人也，出纳之吝谓之有司。"

（［补充］慢令致期，古今多解释为：很晚才下达命令，却要求限期完成。）

【译文】子张向孔子请教说："怎样就可以从政了？"

先生说："尊崇五种美德，摒弃四种恶政，这样就可以从政了。"

子张问："什么是五种美德？"

先生说："君子给人恩惠而自己也不耗费，使人劳作而无人怨恨，心有所欲而不贪婪，态度从容而不傲慢，仪表威严而不凶猛。"

子张说："怎样才是给人恩惠而自己也不耗费？"

先生说："根据民众的利益所在去利导他们，这不就是给人恩惠而自己也不耗费吗？挑可以使唤百姓的时候使唤他们，又有谁会抱怨呢？追求仁义而获得仁义，又哪里会贪呢？君子不管人多人少，不论事大事小，都不敢怠慢，这不就是从容而不傲慢吗？君子衣冠整齐，仪容尊贵，严整的样子使人一见便心生敬畏，这不就是威严而不凶猛吗？"

子张问："什么是四种恶政呢？"

先生说："不去教化而是靠杀戮制止恶行，这叫肆虐；不去监管而只看成果，这叫粗暴；漫长的工作让在极短的期限内完成，这叫迫害；同样是给人财物，接送时很不痛快，这叫弄权。"

【延伸】本章对为政的要点做了详尽的概括。

在19-04章中，有"虽小道，必有可观者焉，致远恐泥，是以君子不为也"一语。在孔子看来，与大道最接近的应用就是为政，为政是推动社会发展的关键因素；因此他对为政不仅追求，而且深入研究。他将为政要点归结为五美四恶，使为政者易记易行，且易于接受监督。

○

○

〖20-03〗**孔子曰：“不知命，无以为君子也。不知礼，无以立也。不知言，无以知人也。”**

【译文】孔子说：“不知天命，就无法去做君子啊。不知礼节，就无法立身处世啊。不知辨析别人的言谈，就无法理解他人啊。”

【延伸】本章论述的是“知”对人生格局的意义，对社会活动的意义，对生命存在的意义。命即天道，天道即自然规律。不知规律，人就会妄为，妄为的人就不可能成为君子。礼的关键在节，节的关键在理，理的关键在仁，无礼也就无节、无理、无仁了，也就无法立身处世了。言为心声，不知言就不知心，不知心就不能叫知人了。

在8-08章中，有“兴于诗，立于礼，成于乐”一语。诗能言情怀，礼能立人格，乐能成君子。

在09-09章中，有“凤鸟不至，河不出图，吾已矣夫”一语。人类的一切知识都是对传统的继承与发展。

在01-01章中，有“学而时习之，不亦说乎？有朋自远方来，不亦乐乎？人不知而不愠，不亦君子乎”一语。论语以第一篇第一章中的学开始，以最后一篇最后一章的知结束，其中意味，不言自明。